STUDIA
HUMANITATIS
문명지평

STUDIA HUMANITATIS
문명지평
12

# 조선여성문학사

## 이론과 실제

이경하 지음

서울대학교출판문화원

STUDIA HUMANITATIS
문명지평
⑫

# 조선여성문학사
## 이론과 실제

초판 1쇄 발행 2023년 12월 30일
초판 2쇄 발행 2024년 10월 5일

지은이 이경하

펴낸곳 서울대학교출판문화원
주소 08826 서울 관악구 관악로 1
도서주문 02-889-4424, 02-880-7995
홈페이지 www.snupress.com
페이스북 @snupress1947
인스타그램 @snupress
이메일 snubook@snu.ac.kr
출판등록 제15-3호

ISBN 978-89-521-3080-8 94810
978-89-521-1576-8 (세트)



이 저서는 2007년 정부(교육과학기술부)의 재원으로
한국연구재단의 지원을 받아 수행된 연구임(NRF-2007-361-AL0016).

## ❁ 머리말

이 책은 여성문학사 일반론을 살펴보고 그것을 조선여성문학사에 적용해 본 글이다. 주요 예상 독자는 한국고전여성문학 비전공자와 대학생 수준의 교양인이다. 한국고전문학 전공자도 여성문학은 잘 모르고, 여성문학사 서술은 전공을 넘어선 '경계 가로지르기'가 필요한데, 지금은 다들 자기 개별 전공에 빠진 경향이 있다. 그래서 잘 모르는 분야가 있어도 내가 먼저 용기를 내기로 했다. 여성문학사의 일반론을 다루니 책 제목을 '한국여성문학사'로 하자는 의견도 있었지만, 제4부 실제편에서 조선만 다루니 '조선여성문학사'로 한정했다. 그 이전과 이후는 나의 관심과 능력 밖이라고 생각했다.

제1부에서 제3부까지는 일반론, 즉 이론편에서는 외국 사례도 다루었는데, 제4부 실제편에서 조선만 다루는 이유는 이렇다. 첫째, 한글 창제 이후에야 여성문학이라 할 것들이 있고, 사실 그전 시기는 남아 있는 자료가 거의 없다. 고조선의 노래 「공후인」, 백제의 노래 「정읍사」 등 약간 있지만, 여기서 여성작가의 존재는 그다지 중요하지 않다. 그래서 한국여성문학사에서 좀 더 중요한 한글 창제 이후를 대상으로 삼았다. 이것은 여성문학사에서 시대구분의 중요한 기준이

우선 문자라는 뜻이기도 하다. 단지 문자의 변화가 아니라, 문자 수단의 위상이 달라졌음을 뜻한다. 둘째, 현실적으로 필자가 한국고전문학 전공자인 탓에 그 이후는 논의 대상에 포함하지 않았다. 근대라고 부르는 시기는 그 분야 전공자가 나서 줄 것이다.

'여성'을 이야기하면 흔히들 성 불평등을 말하고 과거에는 이랬는데 현재는 어떻다고 말한다. 대부분 문학보다는 역사에 관심이 많다. 현실에서나 책에서나 평등을 말하긴 쉽다. 나는 유교의 여성 존중을 말하는 사람들처럼, 조선이 적어도 상층에서는 평등했다고 생각하지도 않고, 현재의 성 불평등이 사라졌다고 생각하지도 않는다. 하지만 과거 여성의 힘을 가볍게 여기지도 않는다. 문학에서도 여성이 적지 않은 영향력을 행사했다고 생각한다. 그래서 이 책에서는 '문학사'를 소재로 '여성'을 이야기하려 한다. 여성문학사를 따로 쓰는 것이 오히려 여성을 주변화한다는 견해가 있지만, 여성문학사 서술의 '현실적' 필요성을 인정한다. 물론 현실에서는 분리가 답이 아니다. 오히려 통합이 절실하다. 하지만 온전한 통합을 위해 전략상 한때의 분리가 필요하다. 역사를 한 차례 정리할 필요가 있다.

여기서 '문학'은 현대인이 흔히 생각하는 시, 소설이 아니다. 특히 '고전/여성/문학'은 훨씬 범위를 넓게 생각해야 한다. 현대인의 기준으로 그 범위를 생각해서는 안 된다. 차이점을 간단히 얘기하면, 시대가 다르고, '여성'이 단일 계층이 아니며, '문학'은 문학 담당층을 포괄하고 텍스트 중심에서 벗어나 소비와 생산활동을 포함한 것이다. 이 책은 문학사이지만 역사에 다가가 있다. 현대인이 문학이 아니라 여긴 일상적인 편지나 『병자일기』 같은 일기, 『동국여지승람』 편찬, 왕후의 대행왕 유교와 행록 등이 이 책의 일부가 되는 것도 그 때문이다. 문화사라고 얘기할 수도 있지만, 그러면 범위가 너무 넓어진다. 제1~3부에서 여성어문생활을 이야기하는 것도 같은 맥락이다. 일반론에서 얘기한 고전 여성의 문학사가 현대인의 '문학' 개념을 벗어나 어문생활사여야 하는 이유가 여기에 있다. 말하자면 이 책은 조선여성어문생활사다.

이 책에서는 사(史), 즉 역사를 다루는 만큼, '문학사'에 대한 고심이 담겨 있다. 근대적 문학사 서술 방식에 대한 문제제기가 20세기 후반에 많았다. 특히 여성, 흑인, 중인, 소수민족 같은 비주류 집단들의 문학사 서술에서 그러했다. 나는 '일반' 문학사가 다 포괄하려 해서는 안 된다는 주장에 동의한다. 비주류 집단에 따라 문학사가 여러 개 있는 것이 바람직하다. 제1~3부에서는 여성문학사 서술의 가능성만 타진했다면, 제4부는 그 가능성을 조선여성문학사에 실제로 적용해 보았다.

이 책에서 제1~3부는 박사학위논문을 근간으로 한 것이다. 박사학위논문은 당시에도 출간 제의를 받긴 했지만 출간하지 않았다. 금방 실제를 보여줄 줄 알았는데 사정이 여의치 않았다. 박사학위논문은 내용을 약간 수정하는 것이 의미가 없고, 그것대로 쓸모가 있다고 믿는다. 제3부까지는 일반론의 성격이 짙어 시간이 흘러도 별반 달라진 것이 없기 때문이다. 일반론에서는 제2부가 핵심이다. 여기서 여성문학사 서술에서 무엇이 일반적으로 문제가 되었고, 또 될 수 있는지를 따졌다. 박사학위논문은 책의 체재에 맞추고, 어구를 조금 고쳤다. 제4부는 완전히 새로 썼다. 제4부도 내가 연구한 것을 활용했지만, 잘 모르는 부분은 다른 전문가의 논저를 참고해 썼다. 여기에서 참고한 논문들에 박사학위논문에는 없는 20년의 시간 차이가 들어 있다.

제4부에서 조선여성문학사의 시대구분 기준은 문자 수단의 위상과 여성담론의 변화로 잡았다. 즉 대상 시기는 한글 창제부터 『독립신문』 창간 이전까지로 했다. 이 책에서 제안하는 것은 연대기적 서술의 변용을 통한 조선여성문학사이다. 여성문학사를 연대기로 작성함으로써 '익명'과 '일상'을 특징으로 하는 고전 여성의 존재를 역사 안으로 복귀시키고자 했다. 작자·연대 미상이라는 한국고전여성문학의 특수성으로 한계가 있기는 하지만, 바로 그 이유 때문에 연대기적 서술을 시도할 필요가 있다고 보았다. 제3부 2장에서 이런 이야기를 상세히 했다. 제3부 2장에서 기술했듯이, 제4부에서 제시한 연도나 작품은 특별히 중요하지 않다. 화두일 뿐이다. 예를 들어, '1536년 사임당 신씨와 덕봉의 한문'에서 연도가 반드시 사임당 신씨가 율곡을 낳은 해, 즉 1536년이어야 할 필요는 없고, '1606년 수륙회와 서사무가'에서 서사무가를 다루는 데 꼭 1606년 수륙회를 다룰 필요도 없다. 연도는 여성의 존재를 역사화하는 하나의 도구일 뿐이다. 그러다 보니 중요한 작가나 작품이 소제목에서 빠졌다고 생각할 수도 있다. 제4부의 소제목은 얼마든지 바뀔 수 있고 첨가될 수 있다. 더 자세히 할 수도 있고, 더 범박하게 할 수도 있다.

한국여성문학통사는 아직 없는데, 문학사는 관점에 따라, 새로운 자료로 언제든 다시 쓰일 수 있다. 그래서 더욱 연대기적인 '열린 형식'이 필요하다고 생각했다. 그래야 나중에 새 자료가 나와도 끼워 넣을 수 있다. 이 책에서는 한글의 기능과 여성담론의 변화에 따라 시대를 대략 다섯으로 나누고 이를 각각 명명했다. 소혜왕후의 시대, 황진이와 허난설헌의 시대, 『병자일기』의 시대, 소설과 규방가사의 시대, 『규합총서』의 시대가 그것이다. 명명의 방식은 각 시대의 특징을 대표하는 작가나 작품, 장르이다. 명명에 일관성이 없다고 생각할 수 있는데, 일부러 유명한 것을 고르기도 했다. 자세한 내용은 각 시대의 첫머리에 따로 적었다.

이 책에서는 여성문학에서도 중요한 지역 차이, 학연 차이 등을 신경 쓰지 못했다. 여성의 계층 내 차이도 신경 쓴다고 했지만 확연히 드러나지 못했다. 쉽지 않겠지만, 앞으로 모두의 과제라 여긴다. 번역문학도 그 실체가 점점 드러나면 여성문학사에 기여하리라 기대한다.

나는 2014년 12월 말부터 심하게 아팠다. 나의 의도와 상관없이 힘이 들어가면 몸이 많이 떨린다. 타이핑도 한 손가락으로 아주 느리게 친다. 이른바 장애인이 되었다. 그래서 본격적으로 연구하기가 힘들다. 그래도 책을 대신 빌려다 주는 제도도 있고, 컴퓨터 앞에서 논문도 보고, 할 수 있는 일이 많다. 그런데 장애인이라 이런 책도 쓸 수 있었는지 모른다. 예전에 나도 논문으로, 이런저런 일로 너무 바빠 문학사처럼 호흡이 긴 책은 쓸 엄두를 내지 못했다. 이런 나를 배려해 준 서울대학교 인문학연구원 관계자들, 특히 물심양면으로 도와주신 이혜경 교수, 남편 심우장 교수, 귀찮은 교정 일을 맡아준 후배 이소윤 선생과 출판문화원에 감사한다.

2023년 이경하

## ❁ 차례

## 제3부 새로운 여성문학사의 형식



## 제4부 조선여성문학사의 실제

제1부

# 문학사의 범위와 시각

# 1장 국가 또는 민족 단위 문학사의 한계

문학사 서술은 문학의 '과거'를 '역사화'하는 글쓰기 방식이다. 20세기에 문학사는 근대 민족국가의 문학을 단위로 하는 자국문학사를 의미했다. 문학이 언어·문자로써 이루어지는 활동이란 점을 감안할 때, 모어(母語)로서든 공식어로서든 언어·문자공동체인 민족 또는 국가를 문학사 서술의 단위로 삼은 것은 언뜻 자연스러워 보인다. 그러나 문학사라는 학적 글쓰기가 시작된 근대 초부터 문학사 서술은 오로지 문학만의 소관이 아니었고, 실질적으로 민족국가의 주체성 형성이라는 다분히 정치적인 기능을 수행하고 있었다.

자국문학사 서술이 18세기 유럽에서 시작된 이래, 20세기 중반까지 전 세계적으로 근대 민족국가의 형성과 긴밀한 관계를 맺으며 지속되었음은 주지의 사실이다. 일본에서는 19세기 말에, 중국에서는 1910년대에, 한국과 월남에서는 1945년 이후 자국문학사 서술이 본격화된 사정이 이를 대변한다.[1] 19세기에 대단히 호황을 누렸던 유

1 조동일, 『동아시아문학사비교론』(서울대학교출판부, 1993), p. 167. 한국문학사 서술은 1922년 안확의 『조선문학사』에서 처음 이루어졌지만 한국문학사 서술이 본격화된

럽의 문학사 서술은 20세기 전반에 이르러 러시아 형식주의와 미국 신비평의 유행과 함께 점차 인기를 잃고 퇴조하기 시작했다.[2] 구체적인 시기는 다르지만, 문학사 서술이 흥기하고 유행하고 쇠퇴하는 표면적인 곡선은 20세기 중반 한국의 경우도 크게 다르지 않다.

광복 이후에 국문학사 서술은 민족문화의 계승이라는 시대적 요청에 부응하면서 더욱 중요한 사업으로 간주되었고 1970년대까지 그 열기가 지속되었다.[3] 근대 이전과 이후를 아우르는 국문학사 서술에 대한 관심이 줄어들기 시작한 것은 1980년대로 넘어오면서였는데,[4] 선행 문학사 서술의 성과를 토대로 그 결정판에 해당하는 『한국문학통사』 전5권이 수년에 걸쳐 출간된 것 또한 이 시기다.[5] 국문학 연구에서 문학사가 차지하는 비중이 점차 줄어들게 된 것은 민족국가 형성의 초기 단계를 넘어섰다는 외적 요인, 신비평·구조주의 등 문학의 예술성을 강조하는 문학연구의 내적 변화, 국문학사 서술의 과제가 일정 단계에 도달했다는 현실적인 판단 등이 맞물리면서였다.

---

것은 광복 이후의 일이다. 『동아시아문학사비교론』, pp. 113-114에 1980년대까지 역대의 한국문학사 목록이 제시되어 있다.

2 David Perkins, *Is Literary History Possible?* (Baltimore and London: The Johns Hopkins University Press, 1992), pp. 1-8.

3 조동일은 한국문학사 서술 경과를 20세기 전반, 20세기 후반 1970년대까지, 1980년대 이후의 세 시기로 나누어 검토한 바 있다. 조동일, 『동아시아문학사비교론』, pp. 111-148.

4 정하영, 「고전문학사 기술의 성과와 과제」, 토지문화재단 편, 『한국문학사 어떻게 쓸 것인가』(한길사, 2001), p. 76. 현대문학사 서술의 대체적인 경과에 대해서는 한계전, 「한국현대문학사의 문제」, 같은 책; 임헌영, 「한국현대문학사 서술방법론」, 같은 책, pp. 206-207 참조.

5 조동일, 『한국문학통사』 1~5, 제1판(1982·1983·1984·1986·1988), 제2판(1989), 제3판(1994), 제4판(2005), 지식산업사.

현대문학사 서술은 1990년대 이후 다시 활발해졌는데,[6] 세기의 전환기에 임해 근대문학 100년의 역사를 정리해야 할 현실적인 필요성, 다가올 통일시대의 문학사를 대비해야 한다는 문제의식이 문학사 서술로 구체화되었다고 이해할 수 있다. 현대문학사는 시간 경과에 따라 서술대상이 계속 증가하는 만큼, 일정한 궤도에 오른 후 소강상태에 이른 고전문학사 서술과는 그 존재 기반이 다르다.

한편 20세기 후반 국내외에서 탈구조주의와 포스트모더니즘의 유행은 이른바 거대담론의 종말을 이야기하고, 이는 곧 문학사의 종말을 예고하는 듯했다. 문학사가 진화론적 발전사관에 입각한 근대적 시간의식을 구현하는 '가공된 허구'였다는 비판은 문학사 서술의 위상에 적지 않은 타격을 입혔다.[7] 태생적으로 '근대적 산물'인 문학사는[8] 20세기 말 근대학문에 대한 근본적인 비판의 흐름 속에서 그 위상이 격하될 수밖에 없었던 것이다. '새로운' 한국문학사 서술을 기획하며 그 방향에 대해 논의하는 자리에서[9] 중요하게 지적된 과제

6 권영민, 『한국현대문학사 1945~1990』(민음사, 1993); 김재용·이상경·오성호·하정일, 『한국근대민족문학사』(한길사, 1993); 최동호 편, 『남북한현대문학사』(나남출판, 1995); 유종호 외, 『현대한국문학 100년: 20세기 한국문학 어떻게 볼 것인가』(민음사, 1999); 박철희, 『한국현대문학사』(시문학사, 2000); 김선학, 『한국현대문학사』(동국대학교출판부, 2001); 권영민, 『한국현대문학사』 1·2(민음사, 2002); 신동욱, 『한국현대문학사』(집문당, 2004).

7 Joyce W. Warren and Margaret Dickie eds., *Challenging Boundaries: Gender and Periodization* (Athens: University of Georigia Press, 2000), p. ix.

8 임형택, 「한국문학사의 서술방향과 체계」, 『한국문학사 어떻게 쓸 것인가』, p. 29.

9 1999년 토지문화재단은 10개년 계획으로 '한국문학사대계'(가칭)의 편찬사업에 착수해 12월 한국문학사편찬위원회를 구성했다. 이듬해 두 차례에 걸쳐 심포지엄을 개최해 한국문학사 서술의 기본방향을 논의했고 그 성과를 책으로 펴냈다. 임형택, 『한국문학사 어떻게 쓸 것인가』, '머리말' 참조.

도 결국 문학사가 "근대주의라는 기원의 탯줄을"[10] 어떻게 끊을 수 있을 것인가 하는 문제였다. 그만큼 종래 문학사 서술이 노정한 '근대적' 한계는 일면 본질적인 것으로 간주된다.

그런데 20세기 후반 다른 한편에서는 '문학사의 부흥'이 감지되었다. 소수민족, 흑인, 여성, 동성애자 등 주변부 집단에 의한 문학사 서술이 하나의 뚜렷한 현상으로 가시화된 것이다.[11] 전 세계적으로 볼 때 여성문학사 서술이 반드시 20세기 후반의 새로운 현상이라고 말할 수는 없겠으나, 1970년대 이후 페미니즘의 유행과 함께 여성문학사적 관심이 그 어느 때보다 확장된 것만은 틀림없어 보인다. 영미에서 그러한 경향이 가장 뚜렷하다.

서구유럽에서 여성문학사 서술은 과거의 여성작가문학에 관심을 갖기 시작한 '전통비평'[12]에서 비롯되었다고 말할 수 있다. 70년대 중·후반에 출간된 일련의 논저들은[13] 페미니즘 문학이론이 전 세계

10 고미숙, 「고전문학사 시대구분에 관한 몇 가지 제언」, 『한국문학사 어떻게 쓸 것인가』, p. 121.

11 Perkins, *Is Literary History Possible?*, p. 9.

12 20세기 영미의 페미니즘 문학비평사는 크게 보면 '이미지비평'에서 '전통비평·여성비평'으로 전개되었다. 남성작가의 작품에서 여성의 이미지가 왜곡되었음을 주로 분석했던 전대의 경향과 달리, 영문학사에서 여성작가문학을 특화하는 경향이 1970년대 중후반에 뚜렷하게 가시화되었다. 여성의 글쓰기를 비평의 대상으로 삼는 이러한 경향을 쇼월터는 '여성비평(gynocritics)'이라 하고, 로빈스는 '전통비평'이라 했다. 엘레인 쇼월터, 「황무지에 있는 페미니스트 비평」, 김열규 외 공역, 『페미니즘과 문학』(문예출판사, 1988), pp. 26-27; Ruth Robbins, *Literary Feminisms* (New York: St. Martin's Press, 2000), pp. 70-75.

13 Ellen Moers, *Literary Women: The Great Writers* (New York: Oxford University Press, 1985 reprint). 이 책이 처음 출판된 해는 1976년이다. Elaine Showalter, *A Literature of Their Own: British Women Novelists from Brontë to Lessing* (Princeton, NJ: Princeton University

로 파급되면서 전통비평의 '고전'이 되었다.[14] 페미니즘(Feminisms)은 이제 단수가 아닌 복수로 써야 할 만큼 그 경향이 다양한데,[15] 문학비평에서도 마찬가지다. 영미의 페미니즘 문학비평은 여성의 글쓰기에 주목하는 전통비평의 경향이 전반적으로 더 강하고, 그러한 만큼 여성문학에 대한 사적 연구가 다른 어느 곳보다 활발하다. 영미에서는 여성문학사로 볼 수 있는 논저들이 단권으로[16] 혹은 시리즈로[17] 꾸준히 간행되었다.

19~20세기에는 어느 나라에서나 자국문학사가 주류를 이루었으나, 새로운 세기의 문학사 서술은 국가나 민족의 단위를 벗어날 것을

---

Press, 1977); Nina Baym, *Woman's Fiction: A Guide to Novels by and about Women in America, 1820-70* (Urbana, Chicago: University of Illinois Press, 1993 2nd edition). 초판은 1978년에 나왔다. Sandra M. Gilbert and Susan Gubar, *The Madwoman in the Attic: The Woman Writer and the Nineteenth-Century Literary Imagination* (New Haven: Yale University Press, 1979).

14 영미의 여성문학사 서술에 대한 정보를 얻은 주요 논저는 다음과 같다. 토릴 모이, 임옥희·이명호·정경심 공역, 『성과 텍스트의 정치학』(한신문화사, 1994); Margaret J. M. Ezell, *Writing Women's Literary History* (Baltimore, MD: Johns Hopkins University Press, 1993); Robbins, *Literary Feminisms*.

15 Robbins, *Literary Feminisms*, p. 3.

16 Marion Shaw ed., *An Introduction to Women's Writing: from the Middle Ages to the Present Day* (London; New York: Prentice Hall, 1998); Shari Benstock, Suzanne Ferriss, and Susanne Woods eds., *A Handbook of Literary Feminisms* (New York: Oxford University Press, 2002).

17 케임브리지대학출판부에서 수년에 걸쳐 간행되고 있는 '영국의 여성과 문학' 시리즈가 있다. Carol M. Meale ed., *Women and Literature in Britain, 1150-1500* (Cambridge, UK; New York: Cambridge University Press, 1993); Helen Wilcox ed., *Women and Literature in Britain, 1500-1700* (New York: Cambridge University Press, 1996); Vivien Jones ed., *Women and Literature in Britain, 1700-1800* (Cambridge, UK; New York: Cambridge University Press, 2000); Joanne Shattock ed., *Women and Literature in Britain, 1800-1900* (Cambridge, UK; New York: Cambridge University Press, 2001).

요구한다.[18] 문학사 서술은 자국문학사뿐 아니라 문명권문학사나 세계문학사와 같은 '상위단위'에서, 혹은 특수집단의 문학사나 지방문학사와 같은 '하위단위'에서도 가능하다.[19] 중위문학인 자국문학사에 절대적인 의의를 부여하면서 상위문학과 하위문학을 도외시했던 것은 문학사 서술의 '근대적' 한계였는지 모른다. "다음 시대로 나아가기 위해서 문학사 서술을 달리 해야"[20] 할 때가 온 것이다.

서술 대상을 민족에서 여성으로 바꾼다 해도, 문학사 서술의 근간이 되는 '근대주의'에 대한 비판은 여전히 유효하다. 19세기 자국문학사 서술이 '가공된 허구'로서 민족 또는 국가라는 추상적 집단의 정체성 형성을 지원하고 강화하는 실질적인 기능을 수행했던 것처럼,[21] 여성문학사를 비롯한 주변부 집단의 문학사도 그러한 '위험'에서 자유롭지 못하기 때문이다. 문학사 서술을 새롭게 해야 한다는 명제는 비단 문학사의 대상을 민족국가 단위 너머로 확대하는 것만을 의미하지는 않을 것이다. 문제는 서술대상뿐 아니라 서술방법과 이를 관통하는 시각에 있다.

문학사를 비롯한 역사서술의 허구성을 당연시하는 현대의 지적

---

18 Linda Hutcheon, "Rethinking the National Model", Linda Hutcheon and Mario J. Valdes eds., *Rethinking Literary History: A Dialogue on Theory* (Oxford; New York: Oxford University Press, 2002), p. 6.

19 조동일은 민족국가의 문학을 중위문학, 문명권문학과 세계문학을 상위문학, 소수민족문학, 지방문학, 특수집단문학을 하위문학으로 구분한 바 있다. 그리고 중위문학을 중심으로 문학사를 써 왔던 관행에서 벗어나 상위문학과 하위문학의 문학사가 필요하다고 주장했다. 조동일, 『지방문학사: 연구의 방향과 과제』(서울대학교출판부, 2003), pp. 1-10.

20 조동일, 『지방문학사: 연구의 방향과 과제』, p. 3.

21 Perkins, *Is Literary History Possible?*, p. 180.

풍토 속에서 여성문학사를 서술하는 작업은 어떤 의미를 지닐 것인가? 여성문학사 서술은 과연 필요하고 의미 있는 일인가? 여성문학사는 기존의 자국문학사에서 여성작가의 문학만을 별도로 골라내어 시간적 순서에 따라 배열하는 것으로 족한가? 자국문학사로 대표되는 기존의 문학사 서술과 동일한 방식으로 여성문학사 서술이 가능한가? 자국문학사의 '근대적' 한계를 여성문학사 서술이 어떻게 극복할 수 있을 것인가? 이 책은 이러한 문제의식에서 출발한다.

이 책은 여성문학사 서술에 관한 이론적 고찰을 통해 장차 한국여성문학사 서술의 토대를 마련하는 데 목적이 있다. 이를 위해 국내외 여성문학사 서술의 성과와 문제점을 비판적으로 검토하고, 한국고전문학을 대상으로 여성문학사 서술의 새로운 방향을 모색한다. 이 연구가 내적으로는 한국여성문학사 연구를 활성화하는 단초가 되기를 기대하며, 나아가 문학사 연구의 새로운 전기를 마련하는 데 기여하고자 한다.

한국여성문학 연구가 지난 10여 년 동안 그 어느 때보다 활발하게 진행되었으나, 작가·작품·갈래별로 연구가 파편화되어 있는 것이 한국여성문학 연구의 현 단계이다.[22] 한국여성문학의 통시성에 대한 학문적 관심은 그리 뚜렷하지 않았고,[23] 개별 연구성과들을 총괄할

---

22 이혜순 외, 『한국고전여성작가연구』(태학사, 1999)는 이러한 문제의식에서 출발해 고전여성문학을 종합적으로 정리·검토한 성과로서, 향후 고전여성문학사 연구의 토대를 닦았다고 평가할 수 있다.

23 본격적인 한국여성문학사 서술은 아직 이루어지지 않았으나, 특정 갈래에 국한하지 않으면서 여성문학에 대한 사적 인식을 담고 있는 대표적인 사례들을 몇 가지 든다. 김용숙, 『이조여류문학 및 궁중풍속 연구』(숙명여자대학교출판부, 1970); 김용숙, 『이조의 여류문학』(한국일보사, 1975); 김해성 외 편저, 『여성과 문학』(대광문화사, 1985); 최

수 있는 이론적 접근 또한 매우 드물다. 최근 그러한 관심들이 학문적 언술로 조금씩 가시화되고 있으나,[24] 전체적으로 볼 때 아직은 미미한 수준이다.[25] 이 책은 여성문학사 서술에 관한 일반론에 해당한다. 이러한 논의가 산발적으로 진행되는 개별 연구성과들 사이에 가교 역할을 할 수 있기를 기대한다.

이 책은 여성문학사 서술에 관한 원론적인 사항들을 본격적으로 논의하는 최초의 연구서다. 영미와 프랑스를 중심으로 전개된 페미니즘문학론은 특히 지난 30여 년간 일일이 사례를 거론하기 어려울 만큼 다양한 지향을 갖고 활발히 이루어졌다. 국내에서도 서구의 페미니즘문학론을 적극적으로 수용하는 한편 한국여성문학에 생산적으로 적용하려는 시도를 다각도로 진행해 왔다.[26] 그러나 '여성문학

---

범훈, 『한국여류문학사』(한샘, 1987); 허미자, 『한국여류문학론: 고전편』(성신여자대학교출판부, 1991); 허미자, 『한국여성문학 연구』(태학사, 1996); 이혜순 외, 『한국고전여성작가연구』; 이상경, 『한국근대여성문학사론』(소명출판, 2002). 이 밖에 현대문학 분야에서는 시와 소설 갈래별로 여성작가의 계보를 추적하는 성격의 단행본이 많다.

24 정영자, 『한국페미니즘문학연구』(좋은날, 1999); 임금복, 『현대여성소설의 페미니즘 정신사』(새미, 2000); 이은정·김현자, 「한국현대여성문학사-시」, 『한국시학연구』 5(한국시학회, 2001); 이경하, 「'여성/문학/사'에 관한 이론적 고찰」, 『한국고전여성문학연구』 5(한국고전여성문학회, 2002); 각주 23에서 제시한 것들 외에 이 논저들에서 한국여성문학사 서술에 대한 관심을 읽을 수 있다.

25 한국여성문학학회(1998)와 한국고전여성문학회(2000)의 설립은 한국여성문학 연구가 새로운 시대에 들어섰음을 대변하는 일대의 사건이다.

26 1990년을 전후로 그러한 노력이 본격화되기 시작했다. 서구의 페미니즘 문학이론을 소개한 당시 대표적인 편역서로 김열규 외 공역, 『페미니즘과 문학』과 한국여성연구회문학분과 편역, 『여성해방문학의 논리』(창작과비평사, 1990)가 있다. 한국적 상황에 이론의 적용을 시도한 것 가운데 특정 갈래에 국한되지 않는 경우를 들면, 김경수 외, 『페미니즘과 문학비평』(고려원, 1994); 최동현·임명진 편, 『페미니즘문학론』(한국문화사, 1996); 강금숙 외, 『한국페미니즘의 시학』(동화서적, 1996) 등이 있다. 김미현, 『한국여성소설과 페미니즘』(신구문화사, 1996)의 제1장에 문학연구와 관련된 페

사 서술'에 관한 이론적 성찰은 국내외를 막론하고 거의 이루어진 바가 없다. 여성문학사와 관련해서 가장 활발한 연구성과를 도출하고 있는 영미의 경우에도 여성문학사 서술 자체를 문제 삼은 것은 이젤(Ezell)의 논문이 유일해 보인다.[27] 여성문학사 이론은 페미니즘문학론과 깊이 관련되지만 후자가 전자를 충족하는 것은 아니다. 여성문학사 서술을 이론적으로 성찰하기 위해서는 페미니즘문학론뿐만 아니라 문학사 일반론 및 여성사 이론, 필요하다면 역사학의 새로운 이론들과도 소통이 필요하다.

여성문학사 서술에서 일반적으로 무엇이 문제가 되었고 또 될 수 있는지를 논의하기 위해, 이 책의 이론편에서는 국내외 여성문학사 서술의 선례들을 1차적인 분석 대상으로 삼는다. 한국에는 '여성문학사'의 이름에 걸맞은 규모와 체계를 갖춘 사례가 아직 없어 문제가 된다. 이 때문에 광복 이전 신문·잡지 등에 실린 단편적인 글들을 비롯해, 한국여성문학에 관한 사적 인식을 드러내는 20세기의 다양한 자료들을 논의에 포함할 것이다. 외국의 사례를 검토하는 목적이 국가별 차이를 일반화하는 데 있는 것은 아니다. 국내외 여러 사례는 여성문학사 서술에 관련된 일반적인 문제점들을 분석하고 새로운 서술방향을 모색하는 다양한 출발점으로 기능한다.

분석 대상이 되는 외국의 여성문학사 서술 사례들이 각기 그 나라를 대표하는 것은 아니다. 중국,[28] 일본,[29] 영미,[30] 기타 유럽[31] 및

---

미니즘의 동향이 잘 정리되어 있다.

27 이젤은 미국여성문학사를 대상으로, 20세기 여성문학사 서술을 20세기 이전 여성문학선집 편찬 방식과 비교하는 연구를 했다. Ezell, *Writing Women's Literary History*.

28 이 책에서 주로 검토할 중국여성문학사는 세 권이다. 謝無量, 『中國婦女文學史』(中

아시아[32] 국가들의 여성문학사 서술 사례들을 가능한 다양하게 참고하려 했으나, 영어권에서 출간된 연구서에 집중되는 한계를 극복하기 어려웠다. 영어권에서 출간된 외국의 여성문학사는 각 나라에서 이룩한 여성문학 연구의 성과와 영미의 시각을 함께 반영하는 이른바 '다국적' 협력의 산물이라 볼 수 있다. 따라서 그 논의의 수준에 심각한 문제가 있어 보이지는 않는다.[33]

---

華書局, 1933), 民國叢書 第二編 60(上海: 上海書店, 1990); 梁乙眞, 『中國婦女文學史綱』(開明書店, 1932), 民國叢書 第二編 60(上海: 上海書店, 1990); 譚正璧, 『中國女性文學史話』(天津: 百花文藝出版社, 1984 제4판). 이 책의 초판은 『中國女性的文學生活』(1930)이고 제3판은 『中國女性文學史』(1934)이다. 曹正文의 『중국문학과 여성』(조성환 역, 시놀로지, 1991)은 譚正璧의 책을 상당 부분 그대로 옮긴 것이어서 논의에서 제외했다.

29 이 책에서 주로 검토할 일본여성문학사는 세 권이다. 久松潛一 編, 『日本女流文學史: 古代 · 中世篇』(東京: 同文書院, 1969); 吉田精一 編, 『日本女流文學史: 近世 · 近代篇』(東京: 同文書院, 1969); 後藤祥子 編, 『日本女性文學史: 古典編』(京都: ミネルヴァ書房, 2003). 이 세 편은 모두 공동집필로 이루어졌다.

30 이 책에서 주로 검토할 영미 여성문학사의 사례는 각주 13·16·17 참조.

31 영어권에서 출판된 프랑스, 이탈리아, 독일어권, 러시아, 세르비아·보스니아의 여성문학사를 구해 볼 수 있었다. 출판연대순으로 적는다. Toby W. Clyman and Diana Greene ed., *Women Writers in Russian Literature* (Westpart: Praeger Publishers, 1994); Celia Hawkesworth, *Voices in the Shadows: Women and Verbal Art in Serbia and Bosnia* (New York: Central European University Press, 2000); Sonya Stephens ed., *A History of Women's Writing in France* (Cambridge: Cambridge University Press, 2000); Jo Catling ed., *A History of Women's Writing in Germany Austria and Switzerland* (Cambridge: Cambridge University Press, 2000); Letizia Panizza and Sharon Wood eds., *A History of Women's Writing in Italy* (Cambridge: Cambridge University Press, 2000); Adele Marie Barker and Jehanne M. Gheith eds., *A History of Women's Writing in Russia* (Cambridge: Cambridge University Press, 2002).

32 Savitri Rout, *Women Pioneers in Oriya Literature* (Delhi: Motilal Banarsidas, 1972); Susie Tharu and K. Halita, *Women Writing in India: 600 B.C. to the Present* (New York: The Feminist Press, v.1 1991, v.2 1993).

33 예컨대 이탈리아 여성문학사(Panizza and Wood eds., *A History of Women's Writing in Italy*)는

여성문학사 서술의 문제점을 논의할 때 영미의 사례 분석이 다른 나라에 비해 상대적으로 높은 비중을 차지한다. 그것은 영미의 연구서를 구해 보기 쉽다는 현실적인 이유에서만은 아니다. 영미는 문학 연구의 풍토가 한국을 비롯한 동아시아와 상이하지만, 영미의 동향은 20세기 후반 페미니즘문학 연구를 선도한 서구의 시각을 대변한다. 특히 1970년대 영미의 전통비평은 여성문학의 역사와 전통에 관한 가장 치열한 문제의식을 보인다는 점에서 논의대상에 적극적으로 포함시켰다.

---

이탈리아, 미국, 영국 등 국내외 각 대학에서 활동하는 학자 18인의 공동저작이다. 이 책의 참고문헌에 따르면, 이탈리아 국내에서는 자국의 여성문학사 서술이 아직 이루어지지 않았다.

# 2장 여성문학사의 범주와 필요성

## 1. 여성문학사의 개념과 범주

### 1) 여성문학 개념의 사적 고찰

여성문학의 개념은 자명한 듯하면서도 연구자들 사이에 합의가 되지 않아 의미 전달에 혼선을 빚는 경우가 흔하다. 이는 '여성문학'류의 명칭이 각 역사적 시기와 논자들의 시각, 연구 분야에 따라 지칭하는 대상과 의미가 단일하지 않았던 사정을 대변한다. 이 장에서는 우선 '여성문학'을 비롯한 그와 유사한 용어들이 어떤 의미로 사용되어 왔는지 그 용례들을 살펴보기로 한다. 여성문학의 개념을 선험적으로 규정해 섣불리 또 하나의 이견을 보태기보다는 20세기 한국을 배경으로 용어 자체를 '역사화'하는 작업이 필요하다고 보기 때문이다.

'여성문학' 용어의 변천은 여성문학의 개념과 범주, 그 사회적 의미가 역사적으로 변화해 온 양상을 대변한다고 말할 수 있다. 이는 한 세기 동안 연구자들이 여성문학 및 여성문학사를 어떻게 인식해 왔는가 하는 문제와 직결되며, 여성문학사 서술의 출발점이기도 하다. 이 장에서는 여성문학에 관련된 용어와 그 함의가 변해 온 과정을 고찰함으로써 그 개념의 유동성을 살피도록 한다.

① 부녀문학, 여류문학, 부인문학: 문학창작의 주체

'여성문학'이란 용어가 상기시키는 일차적 의미는 '여성이 문학창작의 주체'라는 조건이다. 여기서 여성은 문학을 창작·전승·수용하는 담당층인 셈이다. 한마디로 문학을 창작하는 주체가 여성일 때는 '여성작가문학'이라고 하면 된다. 이런 의미로 사용된 유사한 명칭에 '부녀문학', '여류문학', '부인문학' 등이 있었다. 1930년대의 몇 가지 용례를 보자.

> ⓐ 종래로 조선부녀문학을 논하는 이들은 누구나 다 규수문학(閨秀文學)과 교방문학(敎坊文學)을 구별하여 말하거니와 그것이 시대적으로나 작품상으로 구별됨이 아니라 거기에 이유가 있다 하면 다만 한가지 인품(人品)상으로 다시 말하면 그가 속한 계급으로 말미암아 류별된 것이라 할 것이다.[34]

> ⓑ 그 나라 文化의 最後的 領域인 女流文壇이란 것이 朝鮮에도 있어서 이번의 나와 같은 一時의 文學的 蕩子로 하여곰 다시 내 집을 찾아와서 이렇게 펜을 쥐게 하는 刺戟을 주었다는 事實, 이 적은 事實 하나가 朝鮮文學의 發達의 象徵이 아니라고 뉘 말하랴. …… 只今으로부터 나는

34 이은상, 「黃眞의 一生과 그의 藝術」, 『新家庭』 1-7(1933. 7.), p. 53.

有名無名의 全朝鮮女流作家를 人間的으로 文學的으로 가진 方向에서 그들을 味賞하야 理想的인 一個의 永遠의 女性을 내 自身에게 그려 보일려고 한다.[35]

ⓒ 3~4년 전에 이미 부인문학과 여류작가를 엄격히 구별할 것을 주장했는데 오늘 다시 되풀이할 수밖에 없는 부인문학계의 정지와 빈곤 앞에 푸념만이 앞서려 한다. 최근 2~3년 간에(가정생활의 어떤 문제로) 강경애와 박화성이 침묵을 지키고 있는 것은 커다란 손실이다.[36]

여기서 논자들이 명명한 '부녀문학', '여류문단', '부인문학'은 부녀, 여류, 부인작가문학과 거의 동일한 의미로 사용되고 있다. '조선부녀문학'은 다시 '규수문학'과 '교방문학'으로 구분되었는데, 그 기준은 이은상의 표현을 빌리면 부녀작가의 '계급'이다. 역시 문학창작의 주체가 누구인가, 그 주체의 성별이나 신분을 명명의 기준으로 삼았다.

ⓐ에서 이은상이 말한 '부녀문학'은 20세기 이전의 조선, 즉 '과거'의 여성작가문학을 지칭하는 의미로 사용되었다. 김원근, 곽찬, 이능화 등의 글에서 보듯이,[37] 1910~20년대에는 여성작가를 지칭할 때

35 김문집, 「여류작가총평서설: 결혼의 진리를 비극하는 「반쪽」의 철학」, 『조선문학』 3권 3호(1937. 3.), pp. 152-153.

36 임순득, 「불효기에 처한 조선여류작가론」, 『여성』 9(경성: 조선일보사출판부, 1940. 9.).

37 김원근, 「朝鮮古代婦人詩(歌)文考」, 『公道』 제1권 2·3호(1914. 11. 1.~1915. 1. 1.) 제1권 1호에도 같은 내용의 글을 실었다고 하나 국립도서관에는 2·3호만 남아 있다. 곽찬 편, 『東洋歷代女史詩選』(경성: 보문관, 1920); 이능화, 「朝鮮婦女知識階級」, 『朝鮮女俗考』(경성: 동양서원, 1927).

'여성'보다 '여자', '부녀', '여인', '여사(女史, 女士)' 등의 명명이 더 일반적이었던 것 같다.[38] 그러다가 1930년을 전후로 '여류'란 명칭이 부각되면서 '과거', 즉 20세기 이전의 여성작가에게도 같은 명칭이 사용되기 시작한다.

이은상은 20세기 이전의 여성작가문학을 소개하는 글을 여러 잡지에 실었던 대표적인 인물로서, "조선의 여류시인 여류문학자를 한번 총괄적으로 소개하여 볼까" 하는 "외람한 숙원"을 가졌다고 밝힌 적도 있다.[39] 1933~34년 『신가정』에 '여류문학'에 관한 글을 여러 차례 실었고,[40] 1937년에는 조광사(朝光社)에서 주관한 '여류문학강연회'에서 "조선여류문학의 역사적 발달"을 강연하기도 했다.[41] 김태준 역시 한국여성작가문학의 '약사(略史)'에 해당하는 글을 14회에 걸쳐 신문에 연재한 적이 있는데,[42] 그 마지막회에서 "나는 우에서 朝鮮在

---

38 한편 '신여성'이란 용어가 유행하기 시작한 것은 잡지 『신여성』(1923. 9.)의 출간과 관련이 있다. 『신여성』의 발행 이전에는 '신여성' 대신 '신진 여자', '신여자', '신부인', '선진 여성' 등으로 용어가 통일되지 않았다고 한다. 박용옥, 「신여성에 대한 사회적 수용과 비판」, 문옥표 외, 『신여성: 한국과 일본의 근대 여성상』(청년사, 2003), pp. 53~59.

39 이은상, 「黃眞伊의 一生과 藝術」, 『新生』 14(2권 11호)(1929. 11); 이은상, 「黃眞의 一生과 그의 藝術」. 두 편의 글이 내용상 비슷하나 『신가정』에 실린 글이 좀 더 상세하다.

40 '여류문학'이란 제하(題下)의 글만을 예로 든다. 이은상, 「三國時代의 女流文學」, 『新家庭』1(1-1)(1933. 1. 1); 「高麗時代의 女流文學」, 『新家庭』 2(1-2)(1933. 2. 1.); 「李朝國初의 女流文學」, 『新家庭』 3(1-3)(1933. 3.); 「成明年間의 女流文學」, 『新家庭』 5(1-5)(1933. 5.). 최범훈, 『한국여류문학사』의 '부록 II: 여류문학 연구자료·논문', pp. 165-167 참조.

41 이은상, 「朝鮮女流詩選-『朝鮮女流文學』 講演例抄」, 『朝光』 21(3-7)(1937. 7.). 이 글의 첫머리에 그러한 사정이 서술되어 있다.

42 김태준의 여성문학 연구에 관해서는 박희병의 「천태산인의 국문학연구(하): 그 경

來의 女流文學을 整理淸算한 셈으로 밋는다. 다음에 올 文學은 그 役割을 맡은 賢明한 姉妹들의 두 주먹밋테에 잇다"고 했다.[43]

인용문 ⓑ, ⓒ에서 김문집과 임순득이 거론하는 '여류작가'는 20세기 이후의 조선, 당대의 여성작가를 가리킨다. 문단에서 당대 여성작가를 지칭하는 용어로 '여류문인' 또는 '여류작가'가 등장해 상용되는 시기는 1930년대로 알려져 있다.[44] 이 시기에 각종 '여류문학 선집'이 출간되고,[45] 잡지나 신문에는 당대의 '여류작가' 및 '여류문학'에 관한 비평이 넘쳐났다.[46] 강경애와 박화성을 비롯한 일군의 여성작가가 이 시기에 "소위 하나의 작가군으로서" 두드러진 것은 하나의 "史實"이었고, 이를 바탕으로 "여류문학을 특수한 문학으로서 취급"하는 것은 1930~40년대에 "문단상식"으로 통했다.[47]

문제는 '여류작가'란 명명이 단지 "남성작가와 비교하여 이 땅에 선 더 한층 봉건적인 가정조건과 환경 속에서 문학활동을 하는데 여러 가지 제한을 받고 있는 그 특수조건을 배경한 특수작가군"[48]을 지

---

로와 방법」, 『민족문학사연구』 4(민족문학사학회·민족문학사연구소, 1993) 참조.

43 김태준, 「朝鮮의 女流文學」 1-14회, 『朝鮮日報』(1932. 12. 12.~1933. 1. 8).

44 서정자, 『한국근대여성소설연구』(국학자료원, 1999), p. 23; 박정애, 「'여류'의 기원과 정체성: 50~60년대 여성문학을 중심으로」(인하대학교 박사학위논문, 2003), p. 41. 근대문학 분야에서 '여류문학' 명칭에 대한 고찰이 몇 차례 있었으나 대상 범위가 1930년대 또는 60년대의 근대문학에 한정되었다는 한계가 있다.

45 강경애, 김말봉, 모윤숙 등 여성작가들의 시, 소설, 수필이 편찬의 대상이었다. 『현대조선여류문학선집전경』(조선일보출판부, 1937. 4.); 『여류단편걸작집』(조광사, 1937) 등.

46 『新家庭』에 실린 글을 예로 든다. 양주동, 「여류문인 편감촌평」, 『신가정』(1935. 1.); 이무영, 「여류작가개평」(1935. 1.); 이청, 「여류작품총관」, 『신가정』(1935. 12.); 박화성, 「여류작가가 되기까지의 고심담」, 『신가정』(1935. 12.) 등.

47 백철, 「여류문학의 수준」, 『조선신문학사조사: 현대편』(백양당, 1949), p. 336.

48 백철, 『조선신문학사조사: 현대편』, p. 336.

칭한다는 사실 판단을 넘어, '여류문학'에 대한 부정적 가치판단을 내포한다는 데 있었다. 한국근대문학사에서 "최초의 여성 문학평론가"[49]이자 "'여성'이라는 자의식을 바탕으로 평론 활동을 한 최초의 인물"[50]로 재평가된 임순득이 "부인문학과 여류작가를 엄격히 구별"할 것을 요구하고 나선 것은 그 때문이었다.

ⓑ에서 보듯, 김문집은 "有名無名의 全朝鮮女流作家"를 대상으로 "理想的인" "永遠의 女性"을 그리겠노라 자청하고, 예컨대 박화성을 대상으로 "여류작가의 성적귀환론"[51]을 주장해 이른바 '여류문학논쟁'에 불을 붙였다.[52] 이 논쟁에서 임순득은 남성중심의 문단에 대해서는 "작가와 여류작가를 구별"하지 말고 "여류작가를 작가로서 정당히 평가"할 것을 요구하는 한편, 여성작가들에 대해서는 '여류작가'의 "생도작문적 재능"이나 "귀여운 재재거림"에서 벗어날 것을 요구했다.[53] 반면 '부인문학'이란 명칭은 여성작가문학이 나아가야 할 "이상"으로서,[54] 당대의 부정적 평가를 내포한 '여류문학'과 구

---

49 서정자, 「최초의 여성문학 평론가 임순득론: 특히 그의 페미니즘 문학비평을 중심으로」, 『청파문학』 16(숙명여자대학교 국문과, 1990), p. 57.

50 이상경, 「임순득, 혹은 여성문학사의 재구성」, 『한국근대여성문학사론』, p. 223.

51 김문집, 「여류작가의 성적귀환론-花城을 논평하면서」, 『四海公論』(1937. 3.). 이 글을 직접 확인하지는 못했으나, 『조선문학』 3권 3호(1937. 3.)에 실린 「여류작가 총평서설」 끝에서 김문집 자신이 이 글을 "금월호 사해공론"에 실었다고 밝히고 있다.

52 김문집과 임순득의 '여류문학논쟁'의 자세한 내용은 서정자, 「최초의 여성문학 평론가 임순득론: 특히 그의 페미니즘 문학비평을 중심으로」에 정리되어 있다.

53 임순득, 「여류작가의 지위-특히 작가 이전에 관하야」, 『조선일보』(1937. 6. 30.~7. 4.).

54 "곰곰이 생각해 보면 이 땅에 있어서의 '부인문학'이란 어디까지나 미래를 위한 전망 속에 모셔놓은 우리의 끊임없는 이상에 불과했고 그 명목에 상응할 부인문학의 근거는 최초부터 없었던 것이 아니었던가?" 임순득, 「불효기에 처한 조선여류작가론」.

분해서 사용되고 있다.

광복 이전에 '여류문학'이 부정적 평가나 어떤 문학적 특성을 암시하는 용어로 사용된 것은 특히 근대문학 영역에서 활동하는 '당대' 여성작가들에 대한 일군의 남성문인들의 비평에서 두드러졌던 현상이다. 남성문인들이 동시대 여성작가문학을 여학생 작문 수준으로 인식하고 이에 대해 '지도'하려는 어조가 강했던 것은 광복 이전 남성주도 문단의 전반적인 상황이었다.[55] 그 속에서 '여류문학'은 "생도작문적 재능"이란 부정적 가치평가나 "귀여운 재재거림"과 같은 일종의 문학적 특성을 암시하는 용어였다.

임순득처럼 이 용어의 부정적 함의를 뚜렷하게 인식한 경우도 있었지만, 광복 이전에 '여류문학'이니 '여류작가'니 하는 명칭은 대체로 큰 거부감이나 별다른 문제의식 없이 사용되었던 것으로 보인다. 또한 20세기 이전의 '여류문학'에 관한 글에서는 특별히 '여류'의 부정적 함의가 드러나지 않는다. '여류문학'은 단순히 전대의 '부녀문학'을 대체하는 용어로서 여성작가문학을 가리키는 일반적 의미로 받아들여졌던 것 같다. 그러나 서술자 개개인이 인식하지는 못했다 해도, 모종의 선입견과 편견이 '여류문학'이란 명명 속에 배어 있었음을 부정하기는 어려워 보인다.

광복 이후 1970년대까지 '여성문학'류의 용어들 가운데 고전문학에서나 근대문학에서나 가장 널리 사용된 것은 '여류문학'이다.

---

55 서정자, 「최초의 여성문학 평론가 임순득론: 특히 그의 페미니즘 문학비평을 중심으로」, p. 65.

'부녀' 대신 '여성'이란 용어가 보편적으로 쓰였지만,[56] '문학'과 결합할 때는 '여류'가 선호되었다. '여류'는 '여성'보다 소수의 전문가 집단, 혹은 명사(名士)를 암시하는 명칭이었다. 1950~60년대에 "여류시인이니 여류작가니 여류○○이니 하는 명칭은 …… 매우 특정한 신분집단(다분히 귀족적)을 지칭하는 프레미엄으로 통용되기도 하였으며 평범한 여성들에게는 여류명사 신화를 조장하기도 하였"[57]던 것이다.

> 女流文學의 개척기에서부터 오늘에 이르기까지 사십여 년이라는 오랜 세월에서 줄기차게 뻗어 내려온 남존여비의 완강한 관습과 지극히 인색한 사회의 모든 여건에도 꺾임이 없이 꾸준히 자기의 문학을 키우고 확대시켜 온 우리 여성문학인들의 창작 활동은 自己美化의 향기로운 開花라기보다는 차라리 自己燃燒로 이루어진 피와 땀의 결정인 바로 그것이었다. 이제야 우리는 그 최초의 결정체로서 〈韓國女流文學全集〉을 내게 되었다. 여성만의 작품으로 이렇게 알찬 전집 여섯 권이 간행된 것은 우리 문학사상 처음 일일 뿐만 아니라 현대 문학의 태동기에서부터 오늘까지에 여성작가들이 창작해 온 작품 수록의 집약이란 점에서도 가히 기념비적인 일이라고 자부하고 싶은 것이다.[58]

---

56 작가와 같은 소수의 특정 집단이 아니라 '일반인' 전체를 지칭하는 경우는 '여성'이 보편적으로 사용되었다. 예컨대, 박용구, 『치맛바람 半萬年: 韓國女性史』(정음사, 1969); 정요섭, 『韓國女性運動史』(일조각, 1971); 이화여자대학교 한국여성사편찬위원회 편, 『한국여성사』 I·II(이화여자대학교출판부, 1972) 등.

57 고정희, 「한국여성문학의 흐름」, 『또하나의 문화』 2(평민사, 1986), pp. 119-120.

58 박화성, 「서문」, 한국여류문학인회 편, 『한국여류문학전집』 1(삼성출판사, 1967).

1960년대 중반에 '여류문학'은 여성작가문학을 지칭하는 보통명사로 사용되었다는 점에서 광복 이전의 용법을 잇고 있다. 박화성은 일찍이 "제발 여류문인은 여자다운 작품을 쓰라. 여자로만 쓸 수 있는 작품을 쓰라. 이따위 소리를 말아주셨으면"[59] 한다고 항변했지만, 1965년에 창립된 한국여류문학인회[60] 초대회장직을 맡으면서 '여류'란 명칭 사용을 거부하지는 않았다. 박화성 자신은 '여류작가'와 '작가'의 구별이나 "여자다운 작품"에 대한 강한 거부감을 느끼고 있었으나, 임순득처럼 '여류문학'을 다른 이름으로 불러야 할 필요성을 인식하지는 못했던 것 같다. 혹은 당시 여성작가들을 위한 조직의 필요성이 절실한 가운데 그 조직을 가리키는 다른 적절한 명칭을 찾지 못했을 수도 있다.[61] 명칭 자체는 그다지 중요하지 않다고 여겼을 수도 있는데, 그만큼 문학창작의 실제와 근대문학의 학적 연구 양편에서 모두 '여류문학'과 '여류작가'란 용어가 확산되어 있었다.[62]

고전문학 분야에서도 광복 이후 오랫동안 '여류문학'이란 용어가

59 「여류작가좌담회」, 『삼천리』(1936. 2.), p. 611; 박정애, 「'여류'의 기원과 정체성: 50~60년대 여성문학을 중심으로」, p. 41 재인용.

60 한국여류문학인회와 기관지 『여류문학』에 관해서는 박정애, 「'여류'의 기원과 정체성: 50~60년대 여성문학을 중심으로」, pp. 21-39.

61 한국여류문학인회가 한국여성문학인회로 개명된 것은 1992년의 일이다. 박정애, 「'여류'의 기원과 정체성: 50~60년대 여성문학을 중심으로」, p. 32.

62 20세기 전반기의 여성작가문학을 전체적으로 다룬 이 시기의 연구 논저를 몇 가지 예로 든다. 김영덕, 「여류문단 40년사」, 기념논문편집위원회 편, 『한국여성문화논총』(이화여자대학교출판부, 1999 제2판); 김우정, 「한국여류시의 발생과 근저」, 『한국여류문학전집』 6; 김현, 「감상과 극기: 여류시의 문제점」, 『한국여류문학전집』 6; 김윤식, 「여성과 문학: 을유해방전까지의 한국신문학에 있어서의」, 『아세아여성연구』 7(숙명여자대학교 아세아여성문제연구소, 1968); 이재선, 「여류작가와 여성문학의 세계」, 『한국현대소설사』(홍성사, 1979).

여성작가문학의 개념으로 널리 쓰였다. 여성작가의 한문학 자료집과 번역서가 '여류'의 제목을 걸고 거듭 간행되었고,[63] 황진이와 허난설헌 등 소수의 '위대한' 여성작가와 궁중실기문학이 '이조여류문학'을 대표하는 주자로 자리를 굳혀 갔다. 거론하는 작가와 작품의 수에 가감이 있었지만 여성작가문학을 '여류'로 묶어 소개하는 관행이 학계 안팎에 광범위하게 퍼져 있었다.[64] 여류시, 여류시조, 여류가사 등의 용어가 널리 통용되었는데,[65] 여기서 '여류'란 별다른 설명 없이도 '여성작가' 또는 '여성소작(女性所作)'을 의미하는 것으로 이해되었다.

광복 이전과 마찬가지로 이 시기에 '여류문학'이란 명명이 반드시 부정적 함의로 사용된 것은 아니다. 오히려 한국고전 '여류문학사'가 양적으로는 빈약하지만 질적으로 우수하다는 것이 최범훈의 총평이었다.[66] 김해성은 고전문학에서 여성의 작품이 적어도 국문산문에서는 "남성들의 작품에서는 도저히 찾아볼 수 없는"[67] 수준에 이르렀다고 평가했다. '여류문학'에 대한 문제의식이 확산되면서 점차

---

63 김안서, 『옥잠화: 조선중국여류한시번역』(이우사, 1949); 민병도 편, 『조선역대여류문집』(을유문화사, 1950); 김지용 역, 『역대여류한시문선』(대양서적, 1972); 조두현, 『한국여류한시선』(한국자유교육협회, 1974).

64 학계 안팎의 예를 하나씩 든다. 장덕순, 『한국고전문학의 이해』(일지사, 1973)의 「女流遺香」이란 장에서 황진이, 신사임당, 허초희를 비롯한 여성작가 12인과 「계축일기」, 「조침문」, 「규중칠우쟁론기」를 소개했다. 박화성·최정희 공저, 『여류한국』(어문각, 1964)의 제3장 「女流文硯」에서는 여옥, 황진이, 신사임당, 허난설헌을 소개했다.

65 박요순, 「영남지방의 여류가사 연구」, 『국어국문학』 48(국어국문학회, 1970); 황재군, 『한국고전여류시연구』(집문당, 1985 초판, 1988 개정판); 박옥금 편저, 『한국여류시조문학전집』(미완, 1986).

66 최범훈, 『한국여류문학사』, pp. 4, 14.

67 김해성 외 편저, 『여성과 문학』, p. 11.

'여성문학'으로 그 명명이 바뀌게 되는 것은 1980년대 후반에서였다.

② 범주의 확대와 시각의 변화

1970~80년대 고전문학 연구사를 여성문학 연구와 관련해서 보면, '위대한 전통'에 속하는 여성작가와 작품에 대한 연구, '여성문화'에 친연성이 높다고 판단되는 가사와 민요 등 갈래별 연구가 일정한 성과를 쌓아가고 있었다. 예를 들어 '규방가사' 또는 '내방가사', '부요'에 대한 연구가 각각 가사연구와 민요연구의 일환으로 활발히 진행되었고, 그 결과 20세기 이전 여성과 문학의 관계에 대한 이해가 훨씬 넓어질 수 있었다.[68]

그러나 갈래별로 이루어진 연구성과들을 종합해 고전여성문학의 세계를 전체적으로 조망하려는 시도는 본격화되지 않고 있었다. 이는 '여성문학사' 서술로 구체화될 수 있었을 터인데 아직 그런 단계는 아니었다. 물론 그러한 시도가 전혀 없었던 것은 아니다. 한시나 가사와 같은 특정 갈래에 국한하지 않으면서 한국고전여성문학에 대한 총괄적인 인식을 보여 주는 저서들이 있다. 논의 수준을 막론하고, 고전여성문학에 대한 총체적인 접근이 시도된 것은 아마도 1970~80년대에 활발히 이루어진 한국문학사 서술의 연장선상에서 이해될 수 있을 것이다.[69]

68 권영철, 『규방가사연구』(이우출판사, 1980); 임동권, 『한국부요연구』(집문당, 1982); 김일근, 『언간의 연구: 한글서간의 연구와 자료집성』(건국대학교출판부, 1986).

69 최범훈은 "自山 안확이 『조선문학사』(1922)를 펴낸 이래 우리나라에는 지금까지 18종의 국문학사류가 출간되었으나, 어느 것에도 여류문학에 대하여는 이렇다 할 언급이 없었던 것이 사실"(최범훈, 『한국여류문학사』, p. 14)이라 하고, "이 땅의 여성들

김용숙이 파악한 '이조여류문학'에는 황진이, 허난설헌, 『한중록』, 『인현왕후전』, 「계축일기」가 포함되었다. 소수의 '위대한' 여성 작가와 작품에 국한해 여성문학사를 인식하는 관점은 이후 개정판에서도 수정되지 않았다.[70] 김해성이 편한 『여성과 문학』, 최범훈의 『한국여류문학사』는 본격적인 연구서나 문학사 서술이라기보다는 문학 선집에 가깝다. 자료의 범위를 대폭 확대했지만 자료열거에 그쳤다는 비판을 면하기는 어렵다.[71] 각 자료들에 대한 좀 더 친절한 설명을 보태고 여성의식이나 여성성을 해석의 기준으로 내세웠지만, 허미자의 『한국여류문학론』 역시 전체적으로 볼 때 같은 문제점을 안고 있었다.[72]

김용숙이 정전급에 해당되는 소수의 여성문학작품 및 작가를 선발했다면, 김해성과 최범훈, 허미자의 고전여성문학 인식은 여러 갈래의 다양한 자료를 총망라했다는 점에서 정반대되는 경향을 보였다. 후자에 속하는 저서들은 자료열거주의라는 한계를 공통적으로 안고 있지만, 여성과 문학의 관계를 '여류작가문학'에 국한했던 시야를 넓혔다는 점에서 주목할 필요가 있다. 다음은 20세기에 이루어진 한국여성문학에 관한 연구서 가운데 유일하게 '문학사'를 제목에 내

---

이 살아온 역사, 그 가운데서도 여성들이 표출해 쌓아온 문학의 역사를 돌이켜 반성하고 정리하고 체계화하여 정립시켜 보는 일이야말로 매우 뜻있는 일"(p. 3)이라고 했다.

70 김용숙, 『이조여류문학 및 궁중풍속 연구』; 김용숙, 『이조의 여류문학』; 김용숙, 『조선조여류문학의 연구』(숙명여자대학교출판부, 1978); 김용숙, 『조선조여류문학연구』(혜진서관, 1990 개정증보판).

71 김해성 외 편저, 『여성과 문학』; 최범훈, 『한국여류문학사』.

72 허미자, 『한국여류문학론: 고전편』; 허미자, 『한국여성문학 연구』.

건 최범훈의 『한국여류문학사』 서문 중 일부분이다.

> '女性文學'이란 개념도 아직 定立되어 있지 않은 단계이다. 그렇다고 文學史가 出刊된 지 65年을 맞는 올해까지도 누구 하나 女流文學史의 出刊을 서두르지 않기에 이를 시도해 본 것이다. 女性 자신이 生成한 作品은 물론이요, 그렇지는 못하더라도 그 내용이 女性生活의 것, 그리고 여성이 主人公이나 中心이 된 것을 모두 '女流文學의 範疇' 속에 넣기로 하였다.[73]

최범훈은 '여류문학의 범주'를 설정하면서 세 가지 조건을 세웠다. 첫째, 작품 생성의 주체가 여성일 때, 둘째, 작품 내용이 여성생활에 관한 것일 때, 셋째, 작품 속의 중심인물이 여성일 때가 그것이다. 이 세 조건을 모두 충족해야 하는 것은 아니다. 세 가지 중 하나에만 속해도 '여류문학'이라고 했다. 허미자는 여성과 문학의 관계를 첫째, 문학의 창작자로서의 여성, 둘째, 문학의 수용자로서의 여성, 셋째, 문학의 내용으로서의 여성이란 구도 속에서 파악했다.[74] 김해성은 애당초 '여성과 문학'을 표제로 삼아 개념규정이나 범주설정의 곤란함을 피했으나, 대상자료를 선택한 기준은 최범훈과 유사해 보인다. '여류작가'뿐만 아니라 '문학 속의 여성'까지를 포괄하는 시야는 이들보다 앞서 김함득에게서도 확인된다.[75]

---

73 최범훈, 『한국여류문학사』, p. 3.

74 허미자, 『한국여성문학 연구』, p. 14.

75 김함득은 "여류의 고전 작품"과 "고전 속의 문학적 여성"을 고찰함으로써 "한국여류고전문학의 전모"를 파악하고 이를 집성하면 "한국여류문학사"를 쓸 수 있으리

여성과 문학의 관계를 이러한 틀로써 이해하는 관점은 사실 새로운 것이 아닐 수 있다. 문제는 그러한 조건들을 '여류문학/사' 또는 '여성문학/사'란 명명 속에 얼마나 수용하는가에 달린 것이다. 김윤식도 여성과 문학의 관계를 같은 방식으로 이해했지만 결국 중심과제는 '여류작가'에 관한 것이라 하고 논의범위를 한정했다.[76] 대체로 근대문학 분야에서는 여성문학을 여성작가문학에 국한하는 반면, 고전문학 분야에서는 그 범위를 작품 속의 여성 또는 여성생활로까지 확대하는 경향이 강하다.

고전문학 분야에서 '여성문학'을 "작품의 소재, 주제, 독자, 전승자 등이 여성과 관련된 작품"[77]으로 확대 적용하는 관점이 마련된 것은 한국고전여성문학사가 처한 특수한 존재 기반에 일차적인 원인이 있을 것이다. 작품의 창작연대와 작가를 알 수 없는 경우가 허다한 것이 고전문학의 현실인 데다 여성문학을 이야기할 때는 사정이 더욱 심하다. 작가라고 일컬을 만한 여성의 수는 절대적으로 희소한 반면, 독자나 전승자로서 여성과 밀접한 관련이 있어 보이는 자료들은 결코 적지 않기 때문이다. '여성가사'를 작가(군)가 여성인 경우, 작품 내적 화자가 여성인 경우, 여성들에 의해 주로 향유되어 온 경우 모두를 포괄하는 광의로 규정하는 것이 그러한 예이다.[78]

1980년대 고전여성문학 연구가 범주를 확대하는 방향으로 나아

---

라 생각했다. 김함득, 「自序」, 『한국여류고전문학논고』(광림사, 1974).

76 김윤식, 「여성과 문학-을유해방전까지의 한국신문학에 있어서의」, p. 97.

77 정하영, 「한국고전여성문학 연구의 의의」, 이혜순 외, 『한국고전여성작가연구』, pp. 18-19.

78 서영숙, 『한국여성가사연구』(국학자료원, 1996), p. 11.

갔다면, 근대여성문학 분야에서 가장 큰 변화는 여성주의 시각의 대두에서 찾을 수 있다. 여성주의 시각이 근대여성문학 분야에만 영향을 미친 것은 물론 아니다. 그러나 연구대상의 특성상, 고전문학연구는 근대여성문학에 비하면 페미니즘과 같은 서양 이론의 영향력에서 상대적으로 멀리 떨어져 있다. 서양 이론의 적용과 시험에서, 지역적 차이에 더해 시대적 차이를 넘어야 하기에 더 조심스러울 수밖에 없기 때문이다. 1990년대가 되면 고전여성문학 분야에도 연구시각의 변화와 그로 인한 지각변동이 적지 않았으나,[79] 근대문학에 비하면 전반적으로 속도가 더디게 진행된 것이 사실이다.

여성문학 연구에 대변화가 일기 시작한 배경에는 1980년대 중반 이후 가시화된 서구 페미니즘 이론의 수입과 여성해방이라는 문제의식을 공유하는 각종 단체들의 결성이 자리하고 있었다. 1970년대에 학생운동을 경험한 여성 활동가들이 여성운동에 관심을 갖기 시작했고, 1980년대에는 진보적인 학술운동에 관심을 둔 여성 연구자들이 각종 학술단체를 형성한 것이다. 1970년대에도 여성문제를 연구하는 연구소들이 있었지만,[80] 1980년대에는 여성학과가 대학제도 내에 들

---

79 1990년을 전후로 고전문학 분야에서도 작품 분석에서 시각의 변화를 가시화하는 연구가 시도되기 시작했다. 갈래별로 몇 가지 예를 든다. 옥치곤, 「고전소설에 나타난 여권신장 연구」(건국대학교 석사학위논문, 1984); 차옥덕, 「허난설헌 작품에 나타난 페미니스트 의식 연구」(이화여자대학교 석사학위논문, 1986); 박명희, 「고소설의 여성중심적 시각 연구」(이화여자대학교 박사학위논문, 1989); 강은해, 「한국신화와 여성주의 문학론」, 『한국학논집』 17(계명대학교, 1990); 박혜숙, 「여성문학의 시각에서 본 '덴동어미화전가'」, 『인제논총』 8-2(인제대학교, 1992); 김연숙, 「고소설의 여성주의적 연구」(서강대학교 박사학위논문, 1995); 박혜숙, 「남성의 시각과 여성의 현실」, 『민족문학사연구』 9(민족문학사연구소, 1996).

80 1960년 숙명여자대학교에 아시아여성문제연구소(현재 아시아여성연구소)가 설립되었

어서고,[81] 한국여성학회가 창립되었으며,[82] 국가적 차원의 여성기관들이 설립되는[83] 등 가시적인 변화가 컸다.

여성해방의식을 공유하면서 결성된 단체들은 정기적으로 동인지를 출간했는데, 그 가운데 '여성문학'은 주요한 하나의 테마였다. 1980년대 중반 이후 『여성』, 『또하나의 문화』, 『여성운동과 문학』, 『여성과 문학』, 『여성과 사회』 등이 그것이다. 이들은 당대 유행하는 페미니즘 이론을 소개하고 한국적 상황에 적용하려는 다양한 시도를 했다. 『여성』 1호에 실린 「여성의 눈으로 본 한국문학의 현실」[84]은 여성문학 연구의 새로운 시대를 알리는 신호탄이었다.[85]

1990년대에는 전체적인 문학시장의 판도가 바뀌는 가운데, 여성주의 시각의 문학비평 경향이 제도권 문학연구로 진입하게 된다. 출판시장에서 페미니즘 관련 서적이 대단한 인기를 누렸는데, 서구의

---

고, 1977년 이화여자대학교에 한국여성연구소(현재 한국여성연구원)가 설립되었다.

81 1977년 9월 이화여자대학교에 여성학 학부강좌가 처음 개설되고, 1982년에 대학원 여성학과 석사과정이 개설되었다.

82 1984년 11월 한국여성학회가 창립되었다. 이듬해 『한국여성학』 창간호를 시작으로 2023년 10월 기준 39-3호까지 학회지가 발간되었다.

83 한국여성개발원(1983), 여성정책심의위원회(1983), 정무장관 제2실(1988) 등의 설립으로 공식적 차원에서 여성문제 논의가 가능해졌다.

84 정은희 외 3인, 「여성의 눈으로 본 한국문학의 현실」, 여성사연구회 편, 『여성』 1(창작과비평사, 1985).

85 1980년대 중후반에 여성해방의식을 표방한 각 동인지의 경향과 여성문학론의 흐름에 대해서는 다음 논문들을 참조할 수 있다. 김영혜·이명호·이혜경, 「여성문학론 정립을 위한 시론」, 민족문학작가회의 여성문학분과위원회 편, 『여성운동과 문학』 1(1988); 이순예, 「여성문학의 흐름과 쟁점」, 민족문학작가회의 여성문학인위원회 편, 『여성운동과 문학』 2(1990); 이상경, 「한국여성문학론의 역사와 이론」, 『한국근대여성문학사론』.

각종 페미니즘 이론서가 번역되는 한편,[86] 그 이론들을 한국문학에 적용하는 논문들이 단행본으로 출간되었고,[87] 문학 관련 잡지에 페미니즘문학이 특집으로 기획되는 일이 빈번했다.[88] 1980년대를 휩쓸었던 노동문학의 뒤를 이어 여성소설가들이 대중적 인기를 끌었던 것도 1990년대의 특징이다.[89] 한국여성문학학회(1998)와 한국고전여성문학회(2000)의 창립은[90] 여성주의 시각에 따른 여성문학 연구가 제도권 내에 들어섰음을 보여 주는 상징적 사건으로, 국문학 연구 내에서 여성문학의 위상 변화를 반영한다.

여성주의 시각의 대두는 '여류문학'의 명칭 수정과 '여성문학'의 새로운 개념규정으로 연결되었다. 한때는 명사(名士)의 상징이었던 '여류'가 이제 여성에 대한 왜곡된 시선을 암시하는 용어로 폐기되었

86 예를 들면, 크리스테바 외, 김열규 외 공역, 『페미니즘과 문학』; 한국여성연구회문학분과 편역, 『여성해방문학의 논리』; 로즈마리 통, 이소영 역, 『페미니즘 사상』(한신문화사, 1995).

87 예를 들면 정순진, 『한국문학과 여성주의 비평』(국학자료원, 1993); 김경수 외, 『페미니즘과 문학비평』; 송명희, 『문학과 성의 이데올로기』(새미, 1994); 송지현, 『다시 쓰는 여성과 문학』(평민사, 1995); 안숙원 외 14인, 『한국여성문학비평론』(개문사, 1995); 송지현, 『페미니즘비평과 한국소설』(국학자료원, 1996); 최동현·임명진 편, 『페미니즘 문학론』; 강금숙 외, 『한국페미니즘의 시학』.

88 예를 들면 『외국문학』, 1988년 겨울호; 『창작과 비평』, 1989년 여름호; 『문학사상』, 1990년 2월호, 1994년 4월호 등.

89 1990년대에 여성작가들의 활약은 소설 분야에서 더욱 두드러졌다. 전반적으로 1990년대에는 여성의 문단 진출이 남성을 앞지를 뿐 아니라, 주요 문학상을 여성들이 휩쓰는 현상이 뚜렷해졌다. 「(기획특집) 문단의 '여성시대' 오고 있다」, 『문학사상』, 2002년 4월호.

90 한국여성문학학회가 1998년 12월에, 한국고전여성문학회가 2000년 1월에 창립총회를 했다.

고,[91] 학계에서 관습적으로 통용되었던 '규방가사' 또는 '내방가사'란 명칭도 '여성가사'로 재명명되었다.[92] 또한 근대문학 분야에서 '여성문학'이란 명명은 여성작(女性作)이란 조건보다 여성주의 시각을 훨씬 강조하는 경향을 띠었다. 이 시기에 '여성'이란 단어는 단지 하나의 연구대상이 아니라 세계를 해석하는 시각으로 부상하기에 이른 것이다.

ⓐ 이 글에서 '여성문학'이란 넓게는 한국문학사에 등장하는 여성작가군을 지칭하는 말이며 좁게는 그 문학이 궁극적으로 도달해야 될 문화양식의 열개를 상징하는 말로 한정짓고자 한다.[93]

ⓑ 이제 '여성문학'은 '여성이 창작과 수용의 주체인 문학'이 아니며 남성과는 다른 여성의 고유한 특질을 문학적으로 형상화하는 것도 아니라는 주장이 구체적인 내용을 얻어 설득력을 가질 수 있게 되었다.[94]

ⓒ 여성문학이란 여성에 의해 쓰여지며, 현실비판적 성격을 띠면서 여성의 문제를 본질적 리얼리즘으로 다루고 있는 문학, 즉 권위적 전통의 잔재와 팽배한 가부장제 사회에서의 여성 실존의 문제들을 제시하고 그

---

91 예컨대 한국여류문학인회는 1992년 한국여성문학인회로 개명했고, 허미자는 저서의 제목을 『한국여류문학론』(1991)에서 『한국여성문학 연구』(1996)로 바꾸었다. 명칭에서 '여류'를 버리고 '여성'을 선택하는 것은 '여류'의 부정적 함의를 인식한 결과라고 할 수 있다.

92 서영숙, 『한국여성가사연구』(국학자료원, 1996).

93 고정희, 「한국여성문학의 흐름」, p. 96.

94 이순예, 「여성문학의 흐름과 쟁점」, p. 274.

해결책을 모색하는 문학이다.[95]

ⓐ의 '여성문학'에 대한 새로운 규정에서 강조되는 점은 문학창작 및 문학연구의 주제적 지향성으로 이해된다. 고정희가 '여성작가군'을 여성문학의 광의로, "그 문학이 궁극적으로 도달해야 될 문화양식의 열개"를 협의라고 말한 것은 여성해방적 지향성이 여성문학의 핵심이 되어야 한다는 뜻으로 보인다. ⓒ에서 정영자 역시 여성문학의 핵심이 여성 실존에 대한 비판적 문제의식과 해결책의 모색에 있다고 주장했다. 고정희와 정영자는 여성문학의 조건을 두 가지로 내세운 셈인데, 첫째는 여성작가문학이란 점, 둘째는 여성해방적 지향성을 띤다는 점이다.

이순예는 '여성문학'의 개념규정에서 중요한 것이 "여성의 창작과 수용"이나 "여성의 고유한 특질"이란 조건이 아니라고 했다. 별도로 개념규정을 명확하게 내린 것은 아니지만, 여성해방적 지향성을 중시한다는 것을 짐작할 수 있다. 단지 여성소작(女性所作)이란 조건만으로는 부족하고, 더구나 "여성의 고유한 특질"이 두드러지는 문학은 "진정한 여성문학에는 부정적일 수밖에 없는 전사(前史)"[96]로 부정되었다. 이순예가 '여성문학' 앞에 종종 붙이는 '진정한'이란 수식어는 여성문학이 추구해야 할 방향성, 주제적 지향성을 암시한다.

'여성문학' 개념에서 여성주의 시각 또는 여성의식이 강조됨에 따라 용어 사용의 혼선이 일층 가중된 면이 없지 않다. 페미니즘 문

95 정영자, 『한국페미니즘문학연구』, p. 19.

96 이순예, 「여성문학의 흐름과 쟁점」, pp. 271-272.

학계에서 이야기하는 여성문학이란 여성해방문학을 의미한다. 여성문학에는 '여성작가문학'과 '여성해방문학'의 함의가 혼재하는 만큼 각각의 용어를 구분해서 사용하면 혼선을 피할 수 있을 것이다. 그러나 용어 사용의 실례를 보면, 두 경우 모두 '여성문학'이라고 칭하면서 여성해방문학에는 '진정한'이란 수식어를 붙이는 경우가 흔하다.[97] 여성해방문학이나 페미니즘문학은 그 "용어가 나타내는 목적성 및 경향성 때문"[98]에 기피되는 측면이 없지 않은 듯하다.

고전문학 분야에서 비교적 신조어에 해당하는 '여성소설'은 대부분 작가불명인 고전문학의 특성, 여성성 자체에 대한 정의의 어려움, 고전소설에 나타나는 여성의식의 한계 등 20세기 이전의 여성문학 연구가 처한 난점을 고스란히 안고 있다. 한편에서는 여성소설을 "여성에 의해 창작된 소설 또는 여성성이 강한 작품에 국한"[99]하고 "고전문학에서 여성소설은 여성의식의 수준과 무관하게 정의될 필요가 있"다고 주장한다.[100] 그러나 다른 한편에서는 "'여성에 의해 창작되었으며, 여성의 삶에 대한 인식을 바탕으로 여성의 정체성을 찾아가고자 하는 소설'을 진정한 여성소설이라고 지칭할 수 있을" 것이

97 '또하나의 문화'가 주관한 좌담회에서 여성문학의 개념규정과 용어 사용에도 그러한 현상이 나타난다. 고정희 외 4인, 「(좌담) 페미니즘 문학과 여성운동」, 『또하나의 문화』 3(1987), p. 15.

98 김숙희, 「전후 동·서독의 여성해방과 여성문학운동」, 『또하나의 문화』 3(1987), p. 46.

99 정병설, 「한국고전여성소설: 연구사와 연구전망」, 『인문과학연구논총』 21(명지대학교 인문과학연구소, 2000), p. 23.

100 정병설, 「조선후기 여성소설과 남성소설의 비교 연구: 〈옥원재합기연〉과 〈옥린몽〉을 중심으로」, 『국어교육』 107(한국어교육학회, 2002), p. 403.

라 주장한다.[101] 전자의 경우 여성성의 개념이 또다시 문제가 될 수 있다. 후자의 경우 여성작(女性作)이라는 외적 조건과 여성의 삶이나 정체성과 같은 작품 내적 조건으로 그 범위가 지나치게 좁아서 역시 '진정한'이란 단서가 필요하다.

명칭으로서 '여류문학'은 한국에서 1930년 전후로 태어나 1990년 전후로 소멸되어 갔다. 그 함의도 역사적 시기와 논자에 따라 일정하지 않았다. '여류문학'을 '여성문학'이 대체했으나 그 개념과 범주가 단일하지 않다.

'여성문학'은 경우에 따라서 여성작가문학, 여성해방문학, 여성에 관련된 문학 전체를 가리킨다. 본래는 여성작가문학을 지칭하는 것이었으나 20세기 후반에 오면서 그 의미가 훨씬 복잡해졌다. 고전문학 분야에서는 그 특성상 작자·독자·작품 소재로서의 여성, 즉 여성에 관련된 문학 전체로 여성문학의 외연을 확대해 왔다. 1980년대 중반 이후에는 페미니즘의 영향 아래 '여성'이 단지 하나의 연구대상일 뿐 아니라 연구의 시각을 의미하게 되었다. 그 결과 현대문학에서나 고전문학에서나 '여성문학'은 여성주의적 지향을 강하게 암시하는 용어로 변모했다.

한국여성문학학회와 한국고전여성문학회는 본격적인 여성문학 연구를 목표로 삼는데, 여기서 여성문학을 연구한다는 것은 두 가지 의미를 내포한다. 첫째, '여성작가문학'을 주요 대상으로 하며, 둘째, '여성주의 시각'으로 문학을 연구한다는 뜻이다. 여성문학 연구에서

101 이지하, 「'고전소설과 여성'에 대한 문제제기와 전망」, 『국문학연구』 11(국문학회, 2004), p. 67.

여성주의 시각을 강조할 때, 그 대상은 여성작가문학 또는 여성의 문학활동에 국한되지 않는다. 대단히 반여성주의적인 주제를 담은 남성작가의 작품이라도 바로 그 이유로 여성문학 연구의 대상에 포함될 수 있다. 열녀전을 비롯해 여성에 관한 어떤 인식과 정보를 전달하는 남성문인의 한문학 자료도 여성문학 연구의 중요한 텍스트가 되는 것이다.[102] 사실상 두 학회에서 발행되는 학술지에 실린 논문들은 여성문학의 범주를 대단히 광의로 전제하고 있다.[103] 다소 과장해서 말하면, 국문학 전체가 여성문학 연구의 대상에 포괄된다. 그러나 '여성'을 중심으로 문학의 지도를 재구성한다는 점에서 여성문학 연구는 기존의 문학연구와 다른 지향을 갖는 것이다.

### 2) 여성문학사의 서술범위

20세기에 이루어진 각국의 여성문학사 서술을 살펴보면, 여성문학사는 곧 '여성작가문학의 역사'로 인식되어 왔음을 알 수 있다. 대상으로서나 시각으로서 여성문학 연구가 본격화되기 이전에 이루어진 여성문학사 서술은 물론이고, 여성문학사를 여성작가문학의 역사로 이해하는 관행이 상당히 강고하게 남아 있다. 1990년대 이후의 여성문

102 고전문학 분야에서 여성문학의 범주 재설정에 관한 논의는 홍인숙, 「봉건 가부장제의 여성 재현-조선후기 열녀전」, 『여성문학연구』 5(한국여성문학학회, 2001), pp. 298-301; 임유경, 「한문학의 여성문학적 접근」, 송무 외, 『젠더를 말한다』(박이정, 2003), pp. 207-209 참조.

103 2023년 10월 기준 『여성문학연구』(한국여성문학학회)는 제59호까지, 『한국고전여성문학연구』(한국고전여성문학회)는 제46집까지 발행되었다.

학사 서술에는 여성주의 시각에 입각한 그간의 여성문학 연구성과가 일정 정도 반영된 것이 사실이지만, 여성문학사를 여성작가 중심으로 구성하는 관점은 여전히 지배적이다. 일본, 중국, 한국의 사례를 하나씩 든다.

ⓐ 일본문학을 다루고 정리하는 데 있어 여러 취급방법이 있다. (중략) 작가가 남성인가 여성인가에 따라 나눌 때 여류작가의 흐름을 돌이켜 보면서 거슬러 여류문학사라는 조직이 생기지 않을까 한다. 본래부터 남성문학사라는 것을 생각할 수 없다는 점에서 여류작가가 수적인 면에서 적다고 할 수 있다.[104]

ⓑ 지금 우리는 여성과 문학에 대하여 논하고 있는데, 이를 세 항목으로 나누어 볼 수 있다. 1. 문학 속에 표현되는 여성. 2. 여성이 문학가에게 미치는 예술적 정서와 환경. 3. 여성작가.[105]

ⓒ '여성문학사'라는 말에는 여성의 눈으로 새로 보는 문학사라는 뜻과 여성의 문학적 활동에 관한 역사라는 양쪽의 뜻이 들어 있다. 여기에 실은 글은 대부분 후자에 해당하는바, 근대 한국여성의 문학적 활동을 복원하거나 재해석하는 의미를 가지는 것들이다.[106]

---

104 久松潛一, 「序」.

105 譚正璧, 「叙論」, p. 10.

106 이상경, 『한국근대여성문학사론』, p. 3.

ⓐ는 여성문학사를 여성작가문학의 역사로 이해하는 전형적인 관점을 보여 준다. ⓑ에서 탄정비(譚正璧)는 여성과 문학의 관계가 여성작가에 국한하지 않는다고 했지만, 이것은 다분히 원론적인 설명에 지나지 않는다. 실제 서술된 탄정비의 『중국여성문학사화(中國女性文學史話)』는 역시 여성작가문학의 역사였고, 그 밖에 확인되는 일본과 중국의 여성문학사 서술들도 마찬가지다.[107]

한국의 경우, 고전문학연구에서 여성문학의 범주를 여성작가문학에 국한하지 않는 것이 관례라는 점은 앞서 지적했다. 그러나 여성작(女性作)이 아니라도 여성이 주인공인 작품들까지 포괄해서 다룬 최범훈의 『한국여류문학사』(1987)는 사실상 여성문학자료선집에 머물렀고, 이혜순·정하영 등이 펴낸 『한국고전여성작가연구』(1999)는 여성문학사에 대한 인식이 작가중심에서 벗어나기 어려운 현실적인 한계를 대변한다. 여성문학사를 여성작가문학의 역사로 인식하는 경향은 현대문학 분야에서 더욱 농후하다.[108] ⓒ는 문학사를 서술하면서 시각의 중요성을 지적하지만, 여성작가의 문학활동에 초점을 맞추었다는 점에서 다르지 않다.

ⓒ에서는 여성문학사가 갖는 두 가지 차원, 즉 "여성의 눈으로 새로 보는 문학사"[109]와 "여성의 문학적 활동에 관한 역사"로 그 의

---

107 謝無量, 『中國婦女文學史』; 梁乙眞, 『中國婦女文學史綱』; 吉田精一 編, 『日本女流文學史: 近世·近代篇』; 後藤祥子 編, 『日本女性文學史: 古典編』.

108 예컨대 정영자, 『한국페미니즘문학연구』, 제3장 「한국여성문학의 현황」에서도 여성문학사란 곧 여성작가문학의 역사로 인식된다.

109 문학계간지 『파라21』은 창간호(2003년 봄)부터 '젠더의 시각으로 읽는 한국문학사'를 주제로 한 대담을 연재했다. 김혜순·고운기·조현설, 「우리나라 신화와 상고가요를 읽는 또 하나의 시각」(2003년 봄); 김경미·정출헌·조혜란, 「초기 한국소설사

미를 대별하고 있다. '여성의 문학적 활동'이라 한 것은 여성작가문학과 상통하지만 그보다 의미를 확장한 개념이라 할 수 있다. 논의 대상을 시·소설 중심의 전형적인 근대문학의 갈래에 국한하지 않음을 강조하기 위함으로 이해된다. '여성의 문학적 활동'이 여성문학사 서술의 대상이라면 '여성의 눈'은 분석 기준이다. 문학사 서술에서도 여성의 문학활동을 복원하는 것 이상으로 "'보는 자'의 관점"[110]이 더욱 강조되기에 이른 것이다.

여성문학사 인식이 여성작가의 탐색에서 출발한 것은 동서를 막론하고 공통적이다. 전체적으로 볼 때, 영미의 페미니즘 문학비평사는 '이미지비평'에서 '전통비평'으로[111] 이동해 왔다고 말할 수 있는데, 여성문학사 서술은 특히 전통비평과 관계가 깊다. 남성작가의 작품을 대상으로 여성의 왜곡된 이미지를 분석하는 데 주력했던 이미지비평은 연구대상의 선정에서부터 오히려 남성중심성을 재생산한다는 비판을 받았다. 1970년대에 본격화된 전통비평은 이미지비평이

---

에 나타난 가부장제 기획·여성·욕망」(2003년 여름); 김혜순·김성례·이경하, 「許與의 텍스트로서의 무조신화」(2003년 가을); 문혜원·황현산·고미숙, 「소월과 만해 시에 나타난 여성화자의 문제」(2003년 겨울); 심진경·신수정·이혜령, 「여성은 어떻게 태어났는가」(2004년 봄); 이동연·이형대·박애경, 「중세여성의 노래」(2004년 여름).

110 "이 책의 미덕은 근대 한국여성의 문학적 활동을 복원하고 분석한 데 있다기보다, 문학사 서술방식에서의 독자적인 시선이다. 요컨대 '보는 자'의 관점에서, 저자는 여성문학을 직시하는가 하면 근대 사회의 정치적 문제를 통찰하고 있다." 안미영, 「복원되는 문학사, 넓어지는 시야-이상경, 『한국근대여성문학사론』」, 『여성문학연구』 9(한국여성문학학회, 2003), p. 306.

111 쇼월터는 이 두 가지 경향을 '페미니스트비평(feminist critique)'과 '여성비평(gynocritics)'으로 구분했다. 페미니스트비평과 여성비평은 각각 여성이미지와 여성문학전통을 중심적인 분석 대상으로 삼는다는 점에서 이미지비평과 전통비평으로도 명명할 수 있다.

결과적으로 소외시켰던 여성작가문학에 초점을 맞추면서 여성문학 연구의 새로운 장을 열었고, 이로써 영문학사에서 여성작가의 계보 탐색이 시작되었다.

본격적인 여성문학 연구가 첫째, 여성의 문학활동에 대한 연구와, 둘째, 여성주의 시각에 의한 문학 전반에 대한 재해석으로 이루어진다고 할 때, 이를 영미의 페미니즘 문학비평사의 맥락에서 보면, 전자는 전통비평, 후자는 이미지비평과 관련된다. 거칠게 일반화하면, 한·중·일의 여성문학 연구가 여성작가를 비롯한 여성의 문학활동에 대한 연구에서 시작된 반면, 페미니즘 문학비평이 시작된 서구에서는 남성중심의 문학 전반을 대상으로 한 여성주의적 해석의 전통이 더 오래되었다고 말할 수 있다. 여성주의적 시각과는 일정한 거리가 있었지만, 여성문학사 서술은 서구에서보다 중국과[112] 일본에서 먼저 시작되었다. 서구에서 'women's literary history' 또는 'history of women's writing'에 대한 관심이 본격화된 것은 20세기 후반의 일이다. 페미니즘의 전 세계적인 확산과 함께, 전통비평에 주력했던 한·중·일의 학적 관행과 이미지비평을 중시했던 서구 유럽의 관점이 자연스럽게 조우하면서 여성문학 연구가 심화되고 있다.

문제는 두 가지 방향에서 진행된 여성문학 연구의 성과를 '여성

---

112 이 책에서 다루는 謝無量, 梁乙眞, 譚正璧 등의 중국여성문학사는 모두 1930년대에 간행된 것이다. 미국의 컬럼비아대학 동아시아비교문화학과 도서관에 소장된 謝無量의 『中國婦女文學史』는 1916년 간행으로 되어 있는데, 검토한 결과 中華書局 1933년판과 동일함을 확인할 수 있었다. 그러나 20세기 초 중국에 아직 근대출판제도가 확립되어 있지 않았던 까닭인지 초판·재판·개정판 등에 관한 정보가 확실하지 않아서 1916년판이 이 책의 초판인지는 확실하지 않다.

문학사' 서술에 어떻게 반영할 수 있는가 하는 점이다. 기존의 여성문학사 서술은 말하자면 전통비평의 성과를 문학사의 얼개로 체계화한 것이었다. 전통비평은 여성작가문학 또는 여성의 문학활동을 대상으로 한다. 여성문학사 서술의 범위를 여기에 한정할 경우, 문학 전반을 대상으로 인물형상 등에 반영된 남성중심성을 분석해내는 중요하고 광범위한 연구성과들은 여성문학사 서술에 거의 반영되지 못한다. 해당 분야의 연구성과물을 폭넓게 수용하는 것은 문학사 서술이 감당해야 할 중요한 역할 가운데 하나다. 그런 점에서 여성문학사는 전통비평과 이미지비평의 성과를 함께 반영할 수 있는 방향으로 서술범위를 확대할 필요가 있다.

요컨대, 여성문학사란 여성의 문학활동에 관한 역사이자 여성주의 시각으로 재편한 문학사이다. 즉 여성문학사 서술은 여성의 문학활동에 관한 역사를 포함해 문학 전체를 대상으로 한 여성주의적 해석을 역사화하는 작업이 될 것이다. 예를 들면, 조선시대의 대표적인 여성이미지 '열녀'에 관한 모든 언술이 광의의 여성문학사 내로 들어오게 된다.[113] 상층 남성의 여성인식이 역사적으로 지속 또는 변모되어 온 과정도 광의의 여성문학사에서 다루어야 할 중요한 테마이다.[114] 작자미상의 고전소설이나 구술자료들 가운데 여성인물의 형상과 여성의 삶에 대한 문제의식 또한 여성문학사의 서술범위에 포함된다.

여성의 문학활동에 관한 역사를 협의의 여성문학사라고 하면, 광

113 한국고전여성문학회 편, 『조선시대의 열녀담론』(월인, 2002) 참조.

114 이혜순·임유경 외, 『우리 한문학사의 여성인식』(집문당, 2003) 참조.

의의 여성문학사는 여성의 문학활동 및 여성담론의 역사라고 할 수 있다. 다루는 대상을 확대하는 것만이 능사는 아니다. 문제는 그런 다양한 측면들을 어떤 관점으로 해석하고 문학사란 틀로써 체계화할 것인가에 달렸다.

외국의 여성문학사 서술은 대개 협의의 여성문학사였다. 광의의 여성문학사 예를 찾는다면, 케임브리지대학출판부에서 몇 년에 걸쳐 계속 간행되고 있는 '영국의 여성과 문학' 시리즈를 들 수 있다.[115] 이 시리즈는 문학사란 제목을 내걸지는 않았으나 여성문학사로 읽히기에 부족함이 없는데, 각각 12~15세기, 16~17세기, 18세기, 19세기를 다루는 네 권이 간행된 상태다. 저자들은 여성의 글쓰기는 물론 그 사회적 맥락에 대한 해석을 목표로 하면서, 각 시대에 여성관이 구성되는 방식, 문학을 둘러싼 문화 전반에서의 여성 역할 등에 관한 해명을 시도하고 있다. 예컨대 『16~17세기 영국의 여성과 문학』, 『18세기 영국의 여성과 문학』은 전체를 크게 두 부분으로 나누어 1장에서는 여성 글쓰기의 사회적 맥락, 2장에서는 여성작가에 대해 논의한다. 1장의 내용은 그 시대의 여성담론이라 할 만한 것이다.

협의의 여성문학사는 그 범위가 비교적 분명해 보이지만, 사실 '문학'의 개념과 범주 설정에 따라 문학사 서술의 실제는 큰 편차를 보인다. 앞서 살폈듯이 여성문학사 서술의 범위는 우선 여성과 문학의 관계를 어떻게 설정하는가에 따라 다를 수 있지만, 문학사 서술의

115 Meale ed., *Women and Literature in Britain, 1150-1500*; Wilcox ed., *Women and Literature in Britain, 1500-1700*; Jones ed., *Women and Literature in Britain, 1700-1800*; Shattock ed., *Women and Literature in Britain, 1800-1900*.

핵심이라 할 수 있는 '문학'의 범주를 어떻게 잡는가에 따라서도 가변적이다. 20세기에 이루어진 각국의 여성문학사 서술을 보면, 문학의 범주 자체가 얼마나 유동적인지를 다시금 확인하게 된다. 20세기에 이루어진 여성문학사 서술에서 문학의 범주는 일반적으로 당대 자국문학사가 설정한 기준을 그대로 따른다.

20세기 초에 이루어진 중국여성문학사들은 서술자의 문학관에 따라 갈래의 선택과 배제에 있어 큰 차이를 보였다. 시에우리앙(謝無量)은 상고(上古)시대[주·춘추전국]부터 근세(近世)[원·명]까지 중국의 고문문학, 즉 한문학 갈래에 속하는 글쓰기를 대상으로 했다. 시·부(詩·賦) 외에도 뇌(誄), 전(牋), 서(書) 등을 여러 문헌에서 발췌해 시대마다 '잡문학(雜文學)'으로 묶어 소개한 것이 특징이다.[116] 리앙이전(梁乙眞) 역시 한문학을 중심으로 서술했는데, '평민문학'을 특별히 강조했다. 책 첫머리에서 밝히기를, 평민의 무명씨 작품에 치중해 서술하고 귀족문학 및 궁정문학에 대해서는 간략하게 기술하는 것이 서술방침이라고 했다.[117]

탄정비는 당시(唐詩), 송사(宋詞), 명곡(明曲), 청대(淸代) 탄사(彈詞) 등 각 시대의 두드러진 갈래를 선정해 기술했다. 시에우리앙과 리앙이전의 중국여성문학사 서술이 옛 울타리를 벗어나지 못했다 하

116 謝無量, 『中國婦女文學史』.

117 그래서 魏·晉·六朝의 子夜嗚聲을 비롯해 木蘭北歌에 대한 서술이 左九嬪의 賦와 蘇蕙의 詩 등에 한 서술보다 열 배가량 상세하다고 했다. 左九嬪으로 더 유명한 左芬은 3세기 晉나라 때 귀족 여성작가 가운데 '大手筆'로 꼽히는 인물이다. 梁乙眞, 『中國婦女文學史綱』, p. 103. 한편 謝無量과 譚正璧은 모두 左九嬪에 대해 대서특필했다.

고, 사부(辭賦)와 시사(詩詞)만을 중시하고 소설·희곡·탄사를 문학으로 간주하지 않아서 서술범위가 좁다고 비판했다. 송대 이후로는 소설과 희곡과 탄사가 '문단의 정종(正宗)'이니 당연히 이를 문학사에 포함해야 한다는 주장이다.[118] 실제로 리앙이전은 위안메이(袁枚)에 대해 상술하면서 천원수(陳文述)에 대해서는 말하지 않았고,[119] 청나라 때 여성작가 왕두안(汪端)의 문학에 대해서는 '자연호학재시(自然好學齋詩)'만 소개하고 그 소설창작에 대해서는 언급하지 않았다.[120] 시에우리앙·리앙이전과 탄정비의 차이는 문학사 서술에서 문학의 범주설정이 얼마나 자의적일 수 있는가를 보여 준다.

히사마쓰 센이치(久松潛一), 요시다 세이치(吉田精一), 고토 세이코(後藤祥子) 등이 주도해 편찬한 일본여성문학사 세 권에서는 여성문학의 범주 설정에서 상호 큰 차이를 보이지 않는다.[121] 헤이안(平安)시대의 닛키(日記), 에도(江戶)시대의 하이카이(俳諧), 메이지(明治)시대의 소설, 와카(和歌) 등 전 시대를 걸쳐 여성작(女性作)의 자국어

---

118 謝無量의 『中國婦女文學史』, 梁乙眞의 『淸代婦女文學史』·『中國婦女文學史綱』을 지목해 비판했다. 譚正璧, 「初稿自序」, 『中國女性文學史話』, p. 6.

119 梁乙眞, 『中國婦女文學史綱』, pp. 404-419. 袁枚와 陳文述은 청나라 때 여성들의 문학활동을 지원한 대표적인 남성문인들이다. 袁枚의 여제자들은 詩를, 陳文述의 여제자들은 詞·曲·小說을 배웠다고 한다. 譚正璧, 『中國女性文學史話』, pp. 373-374.

120 梁乙眞, 『中國婦女文學史綱』, pp. 420-424. 汪端(?~1838)은 통속소설 『元明佚史』를 지었고 『明三十家詩選』을 편찬했으며 『自然好學齋詩集』을 남긴 바 있는 청나라 때 대표적인 여성작가이다. 여성으로서 청대에 소설을 지은 작가는 汪端과 陳義臣밖에 없다. 『元明佚史』는 유실되어 현재 전하지 않는다. 陳文述이 그녀의 시아버지다. 譚正璧, 『中國女性文學史話』, pp. 373-378.

121 久松潛一 編, 『日本女流文學史: 古代·中世篇』; 吉田精一 編, 『日本女流文學史: 近世·近代篇』; 後藤祥子 編, 『日本女性文學史: 古典編』.

문학이 서술의 중심을 이루는 전체적인 서술방향은 크게 바뀌지 않았다. 요시다 세이치가 편찬한 일본여성문학사는 가부키(歌舞伎)의 시조로 알려진 '出雲의 お國'에 대해 한 장을 별도로 두어 서술했고, 17~19세기 한시 작가에 관한 기술을 빼놓지 않았다. 고토 세이코가 편찬한 2003년판 일본여성문학사는 약 30년 동안 새롭게 밝혀진 여성작가 및 작품에 관한 많은 정보로 내용을 대폭 보강했지만, 기본적으로 앞 시대 여성문학사 서술의 관점을 충실하게 잇고 있다.

자국문학사를 서술한 경험이 있는 사람이 비슷한 시기에 여성문학사를 서술한 경우, 문학관이나 문학사 서술체계 면에서 큰 차이를 기대하기는 어려워 보인다. 시에우리앙과 탄정비는 각기 중국문학사를 서술한 경험이 있었는데, 시에우리앙은 정통 고문문학에 서술을 국한했고 탄정비는 백화문학도 비중 있게 다루었다.[122] 이때 설정한 문학의 범주는 이들의 중국여성문학사 서술에도 적용되었다. 히사마쓰 센이치도 일본문학사 서술의 책임 편집을 맡은 바 있는데,[123] 일본여성문학사 서술을 주도하면서 문학사 이해의 기본관점에 별다른 변화가 있었다고는 생각되지 않는다.

영미의 경우, 1970년대 여성문학 전통비평의 창시자들은 19세기에 활동한 전문적인 여성작가의 시와 소설을 대상으로 삼았다는 공통점이 있다. 그 가운데 특히 소설 갈래가 주된 관심거리였다.[124] 모

122 謝無量의 『中國大文學史』(1918)와 譚正璧의 『中國文學進化史』(1929)에 관해서는 조동일, 『동아시아문학사비교론』, pp. 78-82 참조.

123 久松潛一이 책임 편집한 『日本文學史』 전6권(1955~1960)에 대해서는 조동일, 『동아시아문학사비교론』, pp. 58-59 참조.

124 Ezell, *Writing Women's Literary History*, pp. 20-21.

어즈는 18세기 후반에서 19세기 초 영국·미국·프랑스의 '주류' 여성작가들을 연구대상으로 삼았다.[125] 쇼월터(Showalter), 베임(Baym), 길버트와 구바(Gilbert and Gubar)에게도 문학의 핵심은 소설로 인식되었다.[126] 쇼월터와 베임은 '비주류' 여성소설가의 작품을 포괄했다는 점에서 모어즈(Moers)나 길버트 등과 차이가 있지만, '19세기/소설'이라는 시대와 갈래 중심에서 벗어나지는 않았다. 애초에 문학사란 표제를 내걸지 않았으므로 이들의 저술에서 문학의 범주를 문제 삼기는 곤란하다. 그러나 여성작가문학의 역사와 전통을 문제 삼기 시작한 첫 출발점이 한결같이 소설 갈래였다는 점은 기억해 둘 필요가 있다.

2000년 전후에 출간된 영미의 여성문학사 서술은 문학의 개념 및 범주설정에서 초기 여성문학전통론자들과 비교할 때 적지 않은 차이를 보였다. 여성문학사 서술에서 다루는 대상을 협의의 '문학(literature)'에서 광의의 '글쓰기(writing)'로 확대한 것이다. 협의의 '문학'이 시·소설·희곡 등 전문작가에 의한 문예적 창작물을 의미한다면,[127] '글쓰기'는 그 테두리를 넘어서는 기록물로서 사적인 일기나 편지 등을 포괄하는 개념이다.

벤스톡(Benstock)과 우즈(Woods) 등은 페미니즘문학에 대한 개설서 '역사' 파트에서 16세기에서 20세기 말까지 여성 글쓰기의 역사적 전개를 서술했다. 편지나 일기와 같은 일상적 글쓰기는 물론 외국서적의 번역 등을 적극적으로 평가했고, 18~19세기에 관한 서술에서

---

125 Moers, *Literary Women*.

126 Showalter, *A Literature of Their Own*; Baym, *Woman's Fiction*; Gilbert and Gubar, *The Madwoman in the Attic*.

127 Robbins, *Literary Feminisms*, pp. 8-9.

도 문예적 가치를 평가받는 작품에만 국한하지 않았다.[128] 쇼(Shaw)가 편집한 여성문학사는 서술범위를 '영국에서, 중산층 이상에 속하는, 백인여성에 의해 쓰인, 영어로 된 글쓰기'로 한정했다.[129] 영문학사에서 중세로 불리는 시기, 즉 15세기 이전을 비교적 상세하게 다룬 것이 특징이다.

21세기에 들면서 케임브리지대학출판부에서 출간된 프랑스, 독일, 이탈리아, 러시아의 여성문학사도 광의의 '글쓰기' 관점에 입각해 있다.[130] 제목에서부터 '여성 글쓰기의 역사'를 표방한다. 예컨대, 프랑스에서 중세 여성문학에 대한 서술은 편지, 종교적 에세이, 궁중실기 등 다양한 양식을 포괄하고 있다.[131] 여성문학의 범주를 협의의 문학에서 글쓰기로 확대하는 경향은 상대적으로 이른 시기에 대한 서술일수록 강하게 나타난다. 이러한 글쓰기 영역은 기존의 영문학사에서는 도외시되었던 것으로, 기존의 문학 관념에 비추어 볼 때 언급할 '가치'가 없는 것이었다.

여기서 언급한 서구의 여성문학사들이 민족어·기록문학 중심을 견지함은 자국문학사 서술의 관행을 그대로 따른 결과로 보인다. 유럽에서 자국문학사는 중세 공동문어문학에 해당하는 라틴어문학을

---

128 Benstock, Ferriss and Woods eds., *A Handbook of Literary Feminisms*, pp. 3-150.

129 Shaw ed., *An Introduction to Women's Writing*, p. 3.

130 Stephens ed., *A History of Women's Writing in France*; Catling ed., *A History of Women's Writing in Germany' Austria and Switzerland*; Panizza and Wood eds., *A History of Women's Writing in Italy*; Barker and Gheith eds., *A History of Women's Writing in Russia*.

131 Stephens ed., *A History of Women's Writing in France*, pp. 10-40.

배제하고 민족어문학 중심으로 서술하는 것이 하나의 관례였다.[132] 또한 구비문학이 독립된 연구 분야로 인정되긴 하지만, 자국문학사는 민족어문학 중에서도 철저하게 기록문학 중심으로 서술한다. 구비문학이 원시·고대문학으로 언급되기도 하나 대개 여성문학사 범주에 적극적으로 포함되어 있지는 않다. 한국의 경우, 적어도 고전문학에서는 광의의 문학관에 따라 공동문어문학과 민족어문학 및 기록문학과 구비문학을 대등하게 다루는 관점이 일찍이 마련되었지만, 여성문학에 대한 개별 연구를 넘어 여성문학사 서술에 그러한 관점이 얼마나 충실히 반영될 수 있을 것인가는 또 다른 문제다.

영미와 유럽 각국에서 여성문학사에 대한 인식이, 비록 민족어·기록문학에 국한된 것이기는 하지만 협의의 '문학' 개념에서 '글쓰기' 전반으로 확대된 것은 의미 있는 변화라고 할 수 있다. 여성문학은 오랜 시기 상층 남성에 의해 주도된 문학사에서 주변부에 속했던 만큼, 협의의 문학관에 입각한 여성문학사 재현은 초라한 것이 될 수밖에 없다. 『이탈리아 여성글쓰기사』의 책임 편집자는 여성문학사의 표제를 굳이 '글쓰기'의 역사로 명명한 이유를 서문에서 밝혔다. 여성의 글쓰기 사례들은 이른바 '문학'의 전통 속에 잘 들어맞지 않기 때문에, 여성문학을 이야기할 때는 문학의 관습적 갈래체계를 넘어서 사고할 필요가 있다는 것이다.[133] '문학'은 결코 몰가치적인 범주가 아니며, 미학의 가치평가에 깊숙이 관여하는 철저하게 '정치적'

132 조동일, 「한문학과 라틴어문학의 문학사서술 비교」, 『한국문학과 세계문학』(지식산업사, 1992 제2판), pp. 268-279.

133 Panizza and Wood eds., *A History of Women's Writing in Italy*, p. 1.

영역이다.[134] 여성문학사 서술이 문학의 개념과 범주를 수정해 갈 수밖에 없는 근본적인 이유는 그 때문이다.

## 2. 여성문학사의 필요성에 관한 논란

### 1) 성별 정체성의 인식

여성문학사 서술은 여성문학의 과거를 역사서술이라는 일정한 글쓰기 형태로 재현해내는 방식이다. 세계 각국에서 여성문학사 서술이 언제 어떻게 시작되었는지 그 기원을 탐색하기란 용이하지 않지만, 적어도 20세기에 이루어진 여성문학사 서술은 여성인식의 사회적 변화와 긴밀한 관계가 있다고 추정해 볼 수 있다. 여성에 대한 사회의 인식, 여성 자신의 스스로에 대한 인식에 크고 작은 변화가 일어나면서 그 변화가 여성해방운동이란 형태로 가시화되는 긴 여정 속에 여성문학사 서술이 자리하고 있다.

앞에서 언급했듯이, 영미에서 여성문학사 서술은 페미니즘문학연구가 이미지비평에서 전통비평으로 옮겨 가면서 시작되었다. 모어즈의 『여성문학인들』을 비롯해 1970년대에 이루어진 여성문학전통에 대한 일련의 탐색은 '19세기/소설' 갈래에 치중했다는 한계가 뚜렷하기는 했으나 동시에 여성영문학사 서술의 힘찬 출발점이었다.

134 Robbins, *Literary Feminisms*, p. 9.

그럴 수 있었던 배경에는 '제2의 물결'로 불리는 유럽의 여성해방운동과 그동안 쌓아온 페미니즘 문학비평의 성과가 놓여 있었다.

시에우리앙의 『중국부녀문학사(中國婦女文學史)』를 비롯해 20세기 초에 이루어진 중국여성문학사 서술의 서문에도 남녀의 불평등한 관계에 대한 인식이 드러나 있다. 시에우리앙에 따르면, 상세(上世)에는 남녀가 동등했고, 중세(中世)에는 남자를 귀하게 여기고 여자를 천하게 여기다가, 근세(近世)에 이르러 다시 남녀평등이 제창되는 것이 남녀지위의 역사적 변화과정이다. 시에우리앙은 이제 세월이 좀 더 흐르면 남녀가 모든 분야에서 동등해지는 때가 오리라는 낙관적인 전망을 제시했다.[135] 서론에서 피력한 남녀동등에 대한 인식은 다분히 선언적인 의미를 지닐 뿐이고, 본문의 구체적 서술에서 해석의 기준이나 방법으로 작용하지는 못한다. 그러나 이 시기에 여성문학사 서술이 시작되었음은 당시 중국에도 여성이라는 '집단'에 대한 관심이 증대하고 여성문제에 대한 사회 인식에 적지 않은 변동이 일기 시작했음을 시사한다.

여성문학사와 '여성' 및 '역사서술'이라는 두 키워드를 공유하는 여성사 서술도 같은 맥락에서 이해할 수 있다. 유럽 및 북부아메리카 여성사 연구의 현 단계를 점검하기 위해 모인 여성사 연구자들은 유럽 각국에서 여성사 연구의 첫 단계가 제도권 바깥에서 여성운동이라는 형태로 시작되었음을 증언하고 있다. 예컨대 프랑스에서 여성사 연구는 1960~70년대 여성해방운동이라는 사회적 배경, 여성학의

135 謝無量, 『中國婦女文學史』, pp. 1-2.

성립과 발전, 그에 대한 사회적·대중적 요구, 시대적 격변기 등의 영향 아래에서 진행되었다고 하는데,[136] 이러한 경향은 영미를 비롯한 서구유럽의 경우에도 대체로 동일하다.[137] 한국에서도 본격적인 여성사 연구의 개화는 1970~80년대에 유행하기 시작한 여성해방론과 밀접한 관계를 갖는다.[138]

여성문학사 또는 여성사 서술이 여성운동의 일환으로 기능하는 것은 역사서술과 집단 정체성의 일반적인 관계 속에서 이해할 필요가 있다. '정체성(identity)'이란 사회학적으로 정의하자면, "자기 자신이 무엇이며, 무엇을 해야 하고, 어떻게 해야 하는지에 대한 판단의 집합" 혹은 "사회적 주체가 자신을 하나의 동일한 주체로 인지하게 되는 일종의 '공통감각'"[139]이다. 개인 또는 집단의 정체성 형성은 주체 내적으로 과거와 현재 사이의 동일성, 주체 외적으로 타자와의 이질성을 인식하는 과정인 것이다.

개인 또는 집단의 정체성 형성에서 사회적 주체의 '과거'와 '현재' 사이의 동일성에 대한 인식은 필수적이라고 할 수 있다. '홍길동'이라 불리는 사람이 30년 전의 자신과 현재의 자신을 동일한 주체로

---

136 Arlette Farge, "Method and Effects of Women's History", Michelle Perrot and Alain Paire eds., *Writing Women's History* (Oxford, UK; Cambridge, Mass., USA: Blackwell, 1992), pp. 10-11.

137 Karen Offen, Ruth Roach Pierson, and Jane Rendall eds., *Writing Women's History: International Perspectives* (Houndmills, Basingstoke, Hampshire: Macmillan, 1991), p. xi.

138 최숙경, 「한국 여성사연구의 성립과 과제」, 『한국사시민강좌』 15(일조각, 1994); 한국여성연구소 여성사연구실, 「총론: 한국여성사의 이해」, 『우리 여성의 역사』(청년사, 1999).

139 이진경, 「근대적 주체와 정체성」, 『경제와 사회』, 1997년 가을호(통권 제35호), pp. 8-9.

인지할 수 있는 것은 "상이한 모습과 상이한 태도들 사이에 동일성의 등가선을 설치하고 고정"[140]하는 정체성에 말미암는다. 즉 개인 또는 집단의 '과거'와 '현재' 사이에 존재하는 변화와 차이의 지점은 억제되고 동일성과 연속성이 강조되는 것이 정체성의 본질이라고 할 수 있다.

한 개인이 자서전을 쓰는 행위는 곧 자신의 과거와 현재를 동일한 주체로 간주하는 정체성에 기반한다. 민족이나 국가, 인종, 젠더 등 각 집단의 역사서술도 마찬가지다. 사람들은 어떤 의미에서 현재 자신의 존재에 의미를 부여하고 자신의 현재와 미래를 정당화하기 위해 '조상'이 필요하다.[141] 모든 개인과 집단은 자신의 '뿌리'를 과거 속에서 찾으려 하고 그러한 경향이 구체적으로 표출되는 방식 중 하나가 개인 또는 집단의 역사서술이다. 요컨대 역사서술은 "과거에 대한 기억을 조직화하려는 진지한 시도"[142]로서 개인과 집단이 자신의 정체성을 창조해내는 중요한 하나의 방식이다.

여성운동 차원에서 비롯된 여성문학사 및 여성사 서술의 초기 단계에서는 '여성에 대한 기억 회복'이라는 목적이 특별히 가시화되는 것을 볼 수 있다. 여성사 담론에는 기억상실증, 망각, 침묵 등의 비유가 흔히 눈에 띄는데, 이는 종래 역사서술의 전반적 경향인 '여성의 부재'를 뜻한다. 파르주(Farge)의 회고에 따르면, 프랑스에서 여성사 연구의 첫 단계, 즉 1970년대 여성사 연구에서 무엇보다 중요했

140 이진경, 「근대적 주체와 정체성」, p. 15.
141 케이스 젠킨스, 최용찬 역, 『누구를 위한 역사인가』(혜안, 2002), p. 71.
142 박성수, 『역사학개론』(삼영사, 1977), p. 30.

던 것은 '망각된 역사', '잃어버린 기억'을 찾고자 하는 열망이었다고 한다.[143] 1970년대 여성해방운동의 열기 속에서, '여성에게도 역사가 있다'는 것을 주장하고 선대 여성의 존재를 희미한 과거의 편린 속에서 찾아내기 위해, 여성사 연구에 대한 요구가 증대했다는 것이다. 여기서 여성사 연구는 역사가 지워버린 어머니와 자매들에 대한 기억을 어떻게 복원할 것인가 하는 물음에 답하는 과정으로 이해되었다.

정체성은 이처럼 주체 내부의 동일성을 강조하는 한편, 타자와 '구별짓기'와 '차별화'로 형성된다. 집단 정체성은 한 집단이 다른 집단과 갈등·대립 관계에 있을 때 더 부각되고 강화되는 것이다.[144] 민족 정체성은 이민족들이 지배와 피지배 관계로 갈등하던 19세기에 두드러졌고, 제국주의 국가들이 자국의 문학사 서술에 가장 열을 올린 시기도 19세기였다. 20세기 중반 이후, 피식민 경험이 있는 국가들이 '국학'의 이름으로 역사서술에 골몰했던 것 역시 집단 정체성과 역사서술의 친연성을 대변한다.

20세기 중반 이후에 본격화된 여성운동은 대표적인 '정체성의 정치'다. '여성'이란 추상적 공동체가 성별 정체성에 기반해 '남성'이란 집단과의 차이에 주목하고 여기서 파생된 억압을 문제 삼는 사회운동이 그것인데,[145] 여기서 '여성' 집단 내부의 시간적·공간적 차이

---

143 Farge, "Method and Effects of Women's History", p. 12.

144 신광영, 「계급과 정체성의 정치」, 『경제와 사회』, 1997년 가을호(통권 제35호), pp. 36-38.

145 장미경은 '정체성의 정치'를 "특정 정체성을 가진 개인이나 집단이 다른 사람들과 구별되는 정체성을 중심으로 그것에서 파생되는 여러 가지 문제점과 사회구조의 모순을 드러내고 해결하려는 사회운동"이라고 정의했다. 장미경, 『페미니즘의 이론과 정치』(문화과학사, 1999), p. 85.

는 축소되고 동일성이 강조되기 마련이다. 그 시간적 동일성을 입증하는 대표적 방식이 곧 여성사·여성문학사 서술이다.

퍼킨스(Perkins)에 따르면, 일반적으로 문학사 서술이 담당하는 현실적 기능 가운데 하나는 집단공동체의 정체성 형성 및 강화를 지원하는 것이다. 역사서술에서 전통의 수립은 그 집단의 문화적 중요성을 부각하는 중요한 작업으로, 사회 내에서 그 집단의 정치적 힘을 고양하는 문제와도 긴밀하게 연결되어 있다.[146] 또한 문학사 서술은 대내외적으로 집단의 문화적 자주성과 가치를 고양하는 효과적인 수단일 수 있다. 스코틀랜드와 웨일스의 문학사 서술이 영국에 맞서 주체성을 고양하는 중요한 방편이 되었던 것이나,[147] 광복 직후 국문학사 서술에 대한 지대한 관심과 열의도 한민족의 문화적 자주성을 드높이는 작업의 일환이었음을 상기한다면, 문학사 서술의 순기능을 부정할 수 없다.

19세기 근대민족국가의 자국문학사 서술이 그러했듯이, 20세기 후반에 활기를 띠기 시작한 소수민족, 여성, 노동자 등의 문학사 서술도 동일한 기능을 수행하고 있음을 부인할 수 없는데, 여기서 문제가 되는 것은 문학사를 비롯한 역사서술이 담당하는 역기능이다. 문제는 문학사를 비롯한 역사서술에서 수립된 전통이 과거의 실제라기보다는 '창출된 전통'이라는 데 있다. 여기서 창출이란 '창조'와 '날조'의 의미를 포함한다. 전통에 관한 모든 담론은 그럴듯한 과거와 현재 사이의 연속성을 세우는 과정에서 전통을 창조할 뿐 아니라 날조한

146 Perkins, "The Functions of Literary History", *Is Literary History Possible?*, pp. 180-181.
147 조동일, 『지방문학사: 연구의 방향과 과제』, p. 203.

다는 것이다. 정체성 형성에서 과거와 현재의 동일성이 강조된다고 했는데, 전통의 수립 과정에서 형성되는 '역사적인 과거와의 연속성'이 인위적인 성격이 강하다는 데 문제가 있다.[148] 이런 맥락에서 보면, 문학사 역시 '과거에 대한 유용한 허구'일 뿐이다.[149] 역사가 "민족적 신화, 민족적 儀式, 민족 정치와 분리되어야"[150] 하는 시점에서, '여성'이란 추상적 집단에 입각한 문학사 서술은 또 하나의 '허구' 창출에 기여할 수 있다는 것이다.

영미의 초기 여성문학사 서술들에서 유독 '전통'의 문제가 자주 거론되었던 것은[151] 우연이 아닌 듯하다. '우리에게도 역사적 전통이 있다'는 주장에 이어 '그 전통은 유의미한 것이다'하는 논리는 집단 정체성에 기반한 역사서술의 보편적인 언술 방식으로 보인다.[152] 역사와 전통의 가치에 대한 과도한 의미 부여는 집단 정체성이 특별히 강조되고 그들의 일체감이 요구되는 시기에 더욱 강화되어 나타날 가능성이 높다. 근대민족국가 형성기나 정체성의 정치가 사회운동의 형태로 두드러지는 시기에는 그 집단 공동체의 현실적 요구와 목적의식이 뚜렷한 만큼, 역사 및 문학사 서술의 '허구적' 측면이 의식적으로 혹은 무의식적으로 강화될 수 있다.

특정 집단의 과거를 의미 있는 것으로 만들기 위해 문학사가 종종 그들 문학의 과거를 왜곡하고 전통을 날조한다는 혐의에서 여성

---

148 에릭 홉스봄, 최석영 역, 『전통의 날조와 창조』(서경문화사, 1995), pp. 37-38.

149 Perkins, *Is Literary History Possible?*, p. 182.

150 에릭 홉스봄, 강성호 역, 『역사론』(민음사, 2002), p. 28.

151 Ezell, *Writing Women's Literary History*, p. 19.

152 Perkins, *Is Literary History Possible?*, p. 181.

문학사 서술도 자유로울 수는 없다. 그러나 종속집단의 역사서술이 지배집단의 그것을 모방하는 측면이 없지 않지만, 그 두 과정이 완전히 동일한 성격이 아니라는 점을 기억할 필요가 있다. 여성과 같은 소수집단은 오랫동안 주변화한 속성으로 인해 스스로를 비판·수정하기에 더 용이한 위치에 있기 때문이다.[153] "다수자의 지배에서 벗어나 새로운 가치와 활동을 생성하는" "권력과 대결하는 변이의 힘"이야말로 소수성의 본질이다.[154] 여성문학전통론을 포함해 페미니즘이론이 자체 비판과 수정 과정을 거쳐 초기의 경직성에서 탈피하고 있음이 이를 입증한다.

여성문학사 서술은 여성을 독립된 주체로 상정하는데, '여성'이란 이름으로 묶일 수 있는 객관적 실체는 존재하지 않는다는 비판이 가능하다. 성별화된 하위주체(subaltern)[155]의 역사적 재현을 문제 삼았던 스피박(Spivak)은 본질론적 개념에 기초한 모든 형태의 정체성을 거부하면서 데리다(Derrida)의 '탈중심화된 주체' 개념을 강조했다.[156] 그러나 인종, 지역, 계층, 성별에 관한 스피박의 해체론적 비판이 '여성'을 하나의 주체로 상정하는 모든 역사서술이 불필요하고 무의미함을 말하려 한 것은 아니라고 생각된다. 오히려 스피박에게 해체론은 "주변화된 사회 구성원들에 대한 인식을 확대할 수 있으며, 이를

153 Linda Hutcheon, "Rethinking the National Model", *Rethinking Literary History: A Dialogue on Theory*, p. 13.

154 이진경, 「근대적 주체와 정체성」, p. 17.

155 '하위주체'의 개념과 성별화된 하위주체에 대해서는 태혜숙, 『탈식민주의 페미니즘』(여이연, 2001), pp. 111-135 참조.

156 바트 무어-길버트, 이경원 역, 『탈식민주의! 저항에서 유희로』(한길사, 2001), p. 211.

통해 그들의 해방(혹은 '목소리 내기')을 도울 수 있"[157]는 하나의 정치적 방법으로 기능한다.

역사서술의 준거틀이 되는 모든 집단적 역사주체의 개념을 부정하는 이론적 경향은 '이론에 집착하다 현실을 도외시하는' 결과를 낳을 수 있다.[158] 스피박의 '전략적 본질론'은 그런 의미에서 유용한 출발점이 된다. 여성주체 혹은 여성의식 등의 개념은 일종의 이론적 허구이지만, 동시에 "정치적 이해관계가 얽힌 상황하에서 취할 수 있는 실증주의적 본질론의 전략적 용도"[159]로 파악하는 것이다. 『젠더문제』에서 '우리 여성'이라는 집단의 설정 자체를 강하게 비판함으로써 페미니즘 진영에 물의를 일으켰던 버틀러(Butler) 역시 성별 정체성의 '전략적' 의의를 인정하고 있다.[160] 여성 간의 동질성에 기반해 여성주체를 상정하는 것이 여성문학사 서술의 출발점이라면, 계층과 지역, 시대 등에 따른 여성 간의 차이는 여성문학사의 구체적인 장면들 속에서 해명되어야 할 핵심 과제이다.

여성문학사를 자국문학사에서 독립된 하나의 영역으로 다루는 것이 여성을 다시 주변화하지 않는다는 보장은 없다. 그러나 역사서술이 "권리를 박탈당한 사람들에게 의미 있는" 범주로서 "미래에 대한 열정적인 희망의 표현"[161]이란 점을 수긍한다면, 또한 여성이 아

157 바트 무어-길버트, 『탈식민주의! 저항에서 유희로』, p. 209.

158 바트 무어-길버트, 『탈식민주의! 저항에서 유희로』, p. 83.

159 바트 무어-길버트, 『탈식민주의! 저항에서 유희로』, p. 217.

160 잉에 슈테판, 「젠더, 성, 이론」, 크리스티나 폰 브라운·잉에 슈테판 편, 탁선미 외 3인 역, 『젠더연구: 성평등을 위한 비판적 학문』(나남출판, 2002), pp. 100, 142.

161 리타 펠스키, 김영찬·심진경 역, 『근대성과 페미니즘』(거름, 1998), pp. 266-267.

주 오랜 역사적 시기 동안 소수집단에 속해 왔으며 현재에도 여전히 그러하다는 상황판단에 동의한다면, 성별 정체성에 기반한 여성문학사 서술의 현실적 필요성을 인정할 수 있다. 지역 간, 인종 간, 성별 간에 식민화·피지배의 경험이 있는 집단에게 과거는 과거에 그치지 않는다. 과거는 기억을 통해 끊임없이 현재의 정체성 형성에 개입한다. 문학은 집단에 관한 오래된 기억을 전달하는 주요한 매개체이다.[162] 여성문학사 서술은 문학활동 주체로서의 여성에 대한 기억과 문학을 통해 구성되고 전달되는 여성담론을 재구성하는 작업이며 과거에서 현재로 이어지는 성별화된 주체의 문화적 정체성을 적극적으로 재해석하는 작업이 될 것이다.

### 2) 기존 문학사와 관계

여성문학사 서술이 단지 여성운동이라는 현실적 차원에서만이 아니라 '순수하게' 학문적 차원에서도 적지 않은 의의를 지닌다는 것은 그동안 여성문학사 연구가 이룩한 성과를 통해서도 입증된다. 여성문학사 서술이 본격화됨으로써 기존의 문학사에서 '부재하던' 여성작가와 작품이 발굴되어 역사 속에 자리매김했으며, 다양한 여성문학전통에 대한 '기억'을 복원함으로써 종래 자국문학사 서술의 오류를 수정하고 자국문학사에 대한 새로운 인식의 가능성을 고민하는

162 1960년대 흑인운동이 흑인문화민족주의를 기치로 내걸었던 것은 그만큼 문학적 전통이 흑인의 정체성 형성에 중요한 역할을 담당했음을 대변한다. 태혜숙, 『탈식민주의 페미니즘』, p. 50.

계기가 마련된 것이다. 이 장에서는 20세기 자국문학사 서술이 이룩해 놓은 문학사 이해가 본격적인 여성문학사 연구를 바탕으로 어떻게 수정되어 왔는가를 이 두 가지 측면에서 개략적으로 살핀다.

### ① 자료의 발굴·재평가의 성과

여성작가문학에 대한 학문적 관심이 높아짐에 따라 기존의 자국문학사 서술이 얼마나 상층/남성 중심의 가치에 기반했는지 드러나기 시작했다. 19세기 이래 20세기 중반까지 유럽의 자국문학사 서술에서 여성작가문학이 종종 누락되었던 것은 '남성중심적인' 근대 문학사가들이 의도한 것이라기보다 근대 유럽 문학사 서술의 '내러티브적' 속성에 기인한 현상이 아닌가 생각해 볼 수 있다. '내러티브' 문학사에서는, 예를 들어 장르의 탄생과 소멸, 시대정신의 규명 등을 위해 처음과 끝이 있는 플롯에 따라 문학의 다양한 '과거' 가운데 특정 국면만을 부각한다.[163] 자국문학사 서술이 각 시대의 '주류'와 그 '변화'를 규명하는 데 목표를 둔다면 자연히 '내러티브적' 속성이 강해진다. 결과적으로 과거 오랫동안 문학의 권력을 장악했던 상층/남성 문학을 중심으로 자국문학사가 구성되는 것은 언뜻 당연해 보인다.

오늘날 아무도 그들의 문학사적 위상을 의심하지 않는 '대가'로 불리는 여성작가들조차 그 존재가 과거의 자국문학사 서술에서 제외되고 평가절하된 사례는 매우 흔하다. 예컨대 오스틴(Austen)의 『제인 에어』나 스토(Stowe)의 『톰 아저씨의 오두막』 같은 작품도 1970년대

163 Perkins, "Narrative Literary History", *Is Literary History Possible?*, pp. 39-45.

중엽까지는 일반적인 영문학선집에 포함되지 못했다고 한다. 모어즈는 문학작품에 대한 평가에서 작가의 성별에 따른 성차별이 무의식적으로 이루어지는 혐의가 짙다고 하면서, 오스틴조차 누락된 문학선집을 통해서 영문학에 접근하는 학생들은 영문학사에 대한 심각한 오해와 편견을 갖게 될 수 있다고 경고했다.[164] 문학선집이 문학의 '과거'에 관한 표준적인 입문서 구실을 넘어서 일반인들에게 '상식'과 '교양'의 형성에 얼마나 막강한 힘을 행사하는지는 두말할 필요가 없다. 불과 30여 년 전 영미에서도 잘 알려지지 않았던 오스틴은 이제 비영어권 국가에서도 대표적인 여성소설가로 기억되고 있다.

활동 당시에는 대단한 인기를 누렸어도 후대 자국문학사 서술에서는 누락되었다가 20세기 중반 이후 여성문학사 서술을 통해 새롭게 되살아나는 사례도 적지 않다. 영국에서 그 예를 찾는다면, 애프라 벤(Aphra Behn), 엘리자 헤이우드(Eliza Haywood) 등 17세기 후반에서 18세기 초에 활동했던 일군의 여성작가들을 꼽을 수 있다. 이들의 소설은 당시에 대단한 인기를 끌었음에도 18세기 후반에 광범위하게 진행된 소설의 정전 형성 과정에서 철저하게 배제된 대표적인 예이다. 당시 소설 선집을 펴내고 영향력이 컸던 대표적인 비평가들은 벤 등의 작품을 선집에 포함하지 않았다고 한다.[165] 이들 여성작가의 초기 연애소설은 영국 소설사의 계보에서 전반적으로 배제되었고, 남성중심 문단에서 벤의 이름은 외설과 동의어로 간주되었다.[166] 그러

164 Moers, *Literary Women*, p. xii.

165 Ros Ballaster, *Seductive Forms: Women's Amatory Fiction from 1684 to 1740* (New York: Oxford University Press, 1992), pp. 198-199.

166 Ballaster, *Seductive Forms: Women's Amatory Fiction from 1684 to 1740*, pp. 204-205.

나 20세기 후반 서술된 여성문학사는 벤을 최초의 직업적 여성작가로서, 18세기 서간체 소설을 비롯한 영국소설의 창시에 기여한 작가로서 그 문학사적 위상을 평가하는 데 주저하지 않는다.[167]

19세기 미국의 '여성픽션(Woman's Fiction)'도 남성중심의 자국문학사에서 누락되었다가 여성문학사 서술로 발굴된 대표적인 예라고 할 수 있다. '여성픽션'은 일정한 패턴을 가지고 1820년에서 1870년 사이에 출판된 여성작가소설을 일컫는데, 모든 역경을 딛고 안정된 가정을 얻는 자립적인 여주인공의 성공담이 핵심 테마이다.[168] '여성픽션'은 특히 1850~60년대에 대단한 성공을 거두었고, 미 당대 최고 흥행물이었던 수잔 워너(Susan Warner)의 소설 『넓고 넓은 세상』은 '베스트셀러'라는 개념을 만들어 낸 작품이다.[169] 이처럼 '여성픽션'은 당대에 엄청난 인기를 누렸지만 20세기 비평가에게 비문학으로 간주되어 오랫동안 영문학사에서 배제되었다.[170] 그렇게 역사에서 지워졌던 여성문학전통이 여성문학사 서술을 통해 복원되었다.

한국의 경우, 여성문학의 '과거'가 아직 충분히 밝혀지지 않았다는 현 상황에 대한 진단은 고전문학과 현대문학 연구자들의 공통된 견해이다. 여성작가 및 작품에 대한 기초적인 사실조차 아직 충분히 밝혀지지 않았으며, 그나마 부분적으로 소개된 사실도 남성중심적

167 Benstock, Ferriss, and Woods eds., *A Handbook of Literary Feminisms*, p. 29.

168 Baym, *Woman's Fiction*, p. ix. '여성픽션'의 개념은 Baym이 당시 여성작가 48명의 작품 130권을 대상으로 도출해 낸 것이다.

169 Baym, *Woman's Fiction*, pp. ix-xi.

170 Baym, *Woman's Fiction*, p. xiii.

시각으로 왜곡되어 제대로 평가받지 못한 경우가 많다는 것이다.[171] 한국에서는 아직 본격적인 여성문학사 서술이 이루어지지 못한 상태이지만, 최근 10여 년간 고전과 현대 양편 모두에서 여성문학 연구가 활발해짐에 따라, 종래 자국문학사에서 지워졌던 여성문학의 과거가 서서히 되살아나고 있다.

예컨대 나혜석에 대한 문학사적 평가의 시대적 변화는 한국근대여성문학사 연구가 그간 이룩한 성과의 일면을 보여 준다. 이른바 '여류문학 제1세대'에 관한 1970년대의 평가와 대표적 인물인 나혜석에 대한 약 30년 후의 재평가 사이에 존재하는 간극은 결코 작지 않다.

> 두 번째로, 우리가 비판해 볼 수 있는 것은 이들이 많은 풍문을 남기고 있다는 것이다. 이것은 남성작가 혹은 기자들의 호기심의 작용이라 할 수 있을지 모른다. 그러나, 이들에겐 별로 논의될 작품이 없는 것이다. 그들은 작품보다 활자화되는 이름이 문제였고, 여류라는 희소가치였다. 어떤 가치 있는 작품을 썼느냐가 문제되는 것이 아니라, 무엇이거나, 작품으로 썼다는 사실이 문제였던 것이다. 이름을 내고 이름을 내어 준다는 것이 문제였던 것이다. 여기에서 문학의 가치를 운운하기까지는 불가능한 까닭이 잠겨 있는 것이다.[172]

171 이러한 경향은 근대문학사 서술에서 더욱 뚜렷하게 보인다. 이에 대한 비판은 정영자, 『한국페미니즘문학연구』, pp. 222-224; 임금복, 『현대여성소설의 페미니즘 정신사』, pp. 36-37 참조.

172 김윤식, 『한국문학사논고』(법문사, 1973), p. 239.

> 자전적 소설 「경희」(1918)가 발굴되어 한국 근대문학사에서 자기 위치를 정립하기 이전까지 문인으로서 나혜석은 「이혼고백장」으로 대표되었다. (중략) 그렇지만 「이혼고백장」 이전에도 나혜석은 이미 「모(母) 된 감상기(感想記)」·「부처간(夫妻間)의 문답」같이 결혼한 여성으로서 자기 경험을 솔직하게 드러내는 글들을 발표했으며, 사회적 비난을 받은 「이혼고백장」 이후에도 계속 의연하게 「신생활에 들면서」·「이성간의 우정」처럼 이혼한 여성의 입장을 드러내는 글들을 발표했다. (중략) 나혜석이 지속적으로 자기를 드러내는 글쓰기를 하게 된 추동력은 그러한 현실적인 필요 이상의 것이었다. 그것은 여성의 고유한 체험을 공적인 논의의 장으로 끌어내야 한다는 책무감이었다.[173]

이른바 '여류문학 제1세대'의 문학사적 위상이 '여류라는 희소가치' 정도로 평가될 수밖에 없었던 것은 1970년대까지 한국문학사 연구의 한계였다고 할 것이다. '작품 없는 작가'로 알려졌던 나혜석 등을 말 그대로 '작가'로서 대접하고 문학사적 위상을 새롭게 평가할 수 있게 된 것은 새로운 자료의 발굴뿐만 아니라 기존 자료에 대한 재해석·재평가에 기인한다. 예전에는 나혜석의 특이한 삶의 여정과 그녀에 대한 풍문을 강화하는 근거에 불과했던 「이혼고백장」이나 「모(母) 된 감상기」와 같은 글이 이제 "여성의 글쓰기는 여성의 체험을 공유하고 공론화하는 것"이라는 나혜석 여성문학론[174]의 실천 사례로 평가되고 있다. 종래 남성중심의 한국근대문학사에서 언급할

---

173 이상경, 『한국근대여성문학사론』, pp. 14-15.

174 이상경, 『한국근대여성문학사론』, p. 14.

가치를 인정받지 못하던 '잡다한 글'이 20세기 초 여성문학이 이룩한 한 정점으로 역사 속에 복원되기에 이른 것이다.

기존 자료에 대한 해석의 새로움은 말할 것도 없지만, 새로운 자료의 발굴도 어떤 의미에서는 연구 관점의 문제라고 할 수 있다. 근대문학사에서 최초의 여성작가소설이라 할 수 있는 나혜석의 처녀작 「부부」,[175] 최초의 근대 여성비평가 임순득[176]과 같은 새로운 작품과 작가의 발굴은 여성문학사를 양적으로 풍요하게 할 뿐 아니라, 여성작가들을 문학사 내에 확실히 자리매김하게 하는 데 주요한 기반이 된다.[177] 또한 최근에 15세기에 소혜왕후가 '언서(諺書)'로써 불교옹호의 뜻을 펴고 16세기 중반에 인성왕후가 인종의 행장수찬(行狀修撰)을 위해 언문행록(諺文行錄)을 지었던 사실들은 조선전기 여성의 국문 글쓰기 역사를 풍부하게 하는 전거이다.[178] 자료의 발굴이나 재평가는 문학사를 다시 쓰게 하는 가장 기본적인 이유이다. 여성문학에 대한 연구자들의 관심이 망각된 여성문학사의 면면을 새롭게 발굴하고 결국 문학사를 다시 쓰게 하는 추동력이 된다.

---

175 서정자, 「나혜석의 처녀작 「夫婦」에 대하여」, 『여성문학연구』 1(한국여성문학학회, 1999).

176 서정자, 「최초의 여성문학 평론가 임순득론: 특히 그의 페미니즘 문학비평을 중심으로」; 이상경, 「임순득, 혹은 여성문학사의 재구성」.

177 『여성문학연구』(한국여성문학학회 간행)는 창간호에서부터 '자료'편을 별도로 마련해, 새로 발굴했거나 학계에 널리 알려지지 않았던 여성문학작품들을 소개하고 있다.

178 이경하, 「15~16세기 왕후의 국문 글쓰기에 관한 문헌적 고찰」, 『한국고전여성문학연구』 7(한국고전여성문학회, 2003); 이경하, 「소혜왕후의 불교옹호발언과 젠더권력관계」, 『한국여성학』 20-1(한국여성학회, 2004).

### ② 자국문학사를 재인식하기 위한 문제제기

여성문학사에 대한 학문적 관심은 많은 여성작가의 존재를 새롭게 발굴하고 재평가하는 성과를 거두었을 뿐만 아니라, 기존 문학사 인식의 정당성에 의문을 제기하는 데까지 나아가게 된다. 그것은 기존에 문학작품의 가치를 평가하는 기준이 온당했는가 하는 좀 더 근본적인 문제제기라는 점에서, 이른바 '여성문제'에는 관심이 없는 연구자들도 더 이상 내 관심사가 아니라는 말로 이를 완전히 외면할 수 없는 단계에 들어섰음을 의미한다. 여성문학사 서술의 의의는 단지 여성해방운동에 힘을 실어주기 위한 전통의 '창출'에 그치지 않는 것이다.

19세기 미국에서 크게 유행했던 '여성픽션'을 본격적으로 연구해 이를 영문학사에 자리매김하도록 공헌한 바 있는 베임이 이 연구에서 제기한 문제는 바로 '위대한 고전'의 근거였다.

> 솔직히 고백하자면, 이들 책에서 흥미로운 점을 발견하긴 했지만 제인 오스틴이나 조지 엘리엇 같은 숨은 작가를 발견하거나 『주홍글자』와 나란히 놓을 만한 책은 단 하나도 발견하지 못했다. 그러나 나는 훌륭한 미국 문학 작품을 선정하는 데 적용되는 "순수한" 문학적 기준이 필연적으로 남성적인 것을 좋아하는 (중략) 편향을 가지고 있었다는 믿음을 버릴 수 없다. (중략) 이 소설들 가운데 어떤 것도 위대한 것이라고 주장하지 않지만, 나는 적어도 그것들의 내용을 심각하게 다룸으로써 그러한 편향을 수정하는 일을 하고 싶다. 그리고 지금은 바로 (중략) 영예를 얻고 있는 특정한 미국의 고전들이 위대하다고 불려 온 근거를 재검토해야 할 시기이다.[179]

베임은 이 연구에서 '여성픽션'의 문학적 우수성을 강변하는 것이 아니라, 오히려 일반적으로 위대하다고 간주되는 문학 고전의 선정 기준에 의문을 제기한다. 이 문제는 최근 몇 년간 활발하게 진행되어 온 정전비판의 핵심이다. '여성픽션'과 같은 여성영문학전통에 대한 탐색은 단지 여성문학의 역사를 복원하는 데 그치지 않고 영문학사 전체에 대한 인식을 새롭게 하는 단초가 된 셈이다.

문학적 가치 또는 문학성이란 개념은 명확하게 규명되지 않았음에도, 문학사에서 정전 또는 고전을 선정하는 확실한 기준처럼 오랫동안 행세해 왔다. 그러나 최근 일련의 정전비판에 따르면, 어떤 작품이 문학사에서 고전의 반열에 오르는 것은 그 작품 자체의 내적 가치에 의해서라기보다 특정한 환경에 의해 '구성된' 것이다. 문학작품의 가치를 평가하는 기준이 작품의 내적인 자질에만 의거하지 않고 지배층의 이념과 긴밀하게 연결되어 있다는 것이다. 영문학사에서 정전으로 간주되었던 작품들이 백인우월주의, 엘리트중심주의, 남성중심주의의 가치를 대변하는 경향이 크다는 비판에 대체로 동의할 수 있다.[180] 여기서 여성문학의 전통을 탐색하는 일은 어떤 의미에서 '대항정전'의 수립을 모색하는 과정이다.[181] 앞에서 언급했듯이, 영미에서 여성문학사에 대한 관심이 증대되면서 '문학'의 개념이 '글쓰기'

---

179 Baym, *Woman's Fiction*, pp. 14-15.

180 『여성문학 연구』 6호(2001)에서는 "여성의 눈으로 正典 읽기"를 특집으로 다루었다. 문학사의 정전비판 논의에 관해서는 이 논저들을 참조할 수 있다. 송무, 『영문학에 대한 반성: 영문학의 정당성과 정전문제에 대하여』(민음사, 1997); E. Dean Kolbas, *Critical Theory and the Literary Canon* (Boulder, Colorado: Westview Press, 2001); 하루오 시라네·스즈키 토미 편, 왕숙영 역, 『창조된 고전』(소명출판, 2002).

181 송무, 『영문학에 대한 반성: 영문학의 정당성과 정전문제에 대하여』, pp. 179-188.

로 확대되는 현상은 문학적 가치를 평가하는 기준이 변화하고 있음을 의미한다. 이처럼 근대 유럽에서 오랫동안 통용되었던 협의의 문학 개념과 그 가치에 의문을 제기하고 새로운 방향을 모색하는 변화의 한가운데에 여성문학사 서술이 놓여 있다.

여성문학사 연구가 집적되면서 종래 자국문학사 서술의 오류로 지적된 중요한 문제 가운데 하나는 문학사 시대구분에 관한 것이다. 워런(Warren) 등은 여성문학사적 관점에서 미국문학사 시대구분에 대한 비판을 단행본으로 엮었다. 종전의 미국문학사 서술에서 오랫동안 관습적으로 통용되었던 시대구분법은 근본적으로 백인남성문학의 전통이 지배해 온 문학비평의 성립에서 창조된 허구에 불과하다는 것이 이들의 비판 요지다.[182] 역사의 시대구분이란 것이 하나의 '날조된 픽션'이란 인식이 탈구조주의와 포스트모더니즘, 신사학 등의 유행 속에서 막강한 힘을 행사하는 만큼 문학사 시대구분의 허구성 문제는 문학연구 내부에 국한되지 않는데, 여성문학사 연구자들이 자국문학사 시대구분의 오류를 비판하는 실질적인 역할을 담당하고 있는 것이다.[183]

초기의 여성문학사 서술이 종래 자국문학사가 누락시킨 여성작가와 작품의 존재를 복원하는 데 치중했던 것은 사실이다. 여성문학의 과거를 복원하는 작업은 일차적으로 자국문학사 서술을 보완하는 역할을 한다. 그러나 여성문학의 역사와 전통을 복원하는 과정에서

182 Warren and Dickie eds., *Challenging Boundaries: Gender and Periodization*, pp. ix-xxiv.

183 문학사 시대구분의 문제에 관해서는 뒤에서 다시 자세히 논의한다.

자국문학사 전체에 대한 종전의 이해가 더 근본적인 면에서 오류가 있었음을 발견하게 되었다. '근대적' 자국문학사 서술에 대한 비판은 페미니즘뿐만 아니라 20세기 후반 여러 방향에서 전개된 다기한 지적 운동 과정에서 이루어졌는데, 여기서 여성문학 연구가 담당한 역할을 과소평가할 수 없다.

요컨대 여성문학사 서술의 의의는 여성해방운동이라는 정체성 정치의 실천적 힘을 제공하는 것뿐만 아니라, 기존의 자국문학사 서술을 보완하고 나아가 이를 극복하는 데 있다고 말할 수 있겠다. 여성문학전통을 탐색하고 여성문학의 역사를 서술하는 문제는 문학사를 인식하는 새로운 시각을 마련하는 문제이며, 궁극적으로 문학사를 다시 쓰는 일이다. 단지 알려지지 않았던 여성작가와 작품의 존재를 자국문학사의 빈 틈새에 끼워 넣는 데 그치는 것이 아니라, 문학사를 이해하는 기본적인 틀을 새롭게 짜는 것이 여성문학사 서술의 궁극적인 목적이 되어야 한다.

기존의 문학사 서술은 계속해서 극복해 가야 할 대상이다. 근대의 문학사 서술은 민족이나 국가를 단위로 한 자국문학사가 주류였다. 문학사에서 먼저 가시화된 것은 문학을 비롯한 모든 문화권력의 중심에 있었던 상층/남성의 문학이었고, 자국문학사가 상층/남성 중심으로 구성되는 과정에서 젠더, 계급, 지역 혹은 인종의 권력관계상 소수집단의 문학은 오랫동안 관심 밖에 밀려나 있었다. 그러다가 20세기 후반에 이르러 여성문학사, 민중문학사, 지방문학사 또는 탈식민문학사, 흑인문학사 등 '새로운' 영역이 기존의 자국문학사 서술에 반기를 들고 전 세계적으로 부상한다. 젠더, 계급, 지역 등이 문학사 서술의 새로운 단위로 설정되기에 이른 것이다.

문학사 서술의 방향이 민족·국가 단위에서 젠더를 비롯한 다른 단위로 이동하는 현상을 두고, 단지 문학사 서술이 다루는 대상이나 영역의 '확대'로만 이해하는 것은 온당하지 않다. 서술대상의 변화는 근본적으로 서술시각의 변화, 초점의 이동을 의미한다. '문학사는 계속해서 다시 쓰인다'고 하는데, 그 이유는 일차적으로 새로운 자료나 사실이 밝혀지기 때문이지만, 문학사를 해석하는 관점에 따라 서술대상의 선택 단계부터 엄청난 차이가 나타난다는 데 더 중요한 이유가 있다.

기존의 자국문학사 서술에서 누락된 내용을 보충해 넣는 것, 혹은 자국문학사에서 소략하게 다루어진 여성작가에 대해 좀 더 자세히 말하기 위해 별도 공간을 마련하는 것이 여성문학사 서술의 전부일 수 없다. 문학사 서술이 백과사전을 목표로 삼지 않는 한, 문학사가 작품과 작가를 비롯한 다기한 문학현상들 전체를 비중 있게 다루는 것은 현실적으로 불가능하다. 기존에 밝혀진 모든 작품과 작가를 일일이 언급하는 것만으로 문학사가의 임무를 다하는 것도 아니다. 여성문학사를 비롯한 소수집단의 문학사 서술에서 정작 중요한 것은 문학사를 재구성하는 다른 기준을 마련하는 작업이다.

상층/남성 중심의 자국문학사에서는 여성이 주변에 있었지만, 여성문학사는 여성을 중심으로 문학사를 재구성한다. 중심과 주변은 객관적으로 존재하는 실체가 아니라 기준을 어디에 세우는가에 따라 가변적이다. 젠더, 계층, 지역 등 '다중의 중심'을 세움으로써 문학사가 새롭게 재구성되고 문학의 '과거'에 대한 이해가 깊어질 수 있다. 기준을 달리 세우면 중요한 것과 중요하지 않은 것의 서열이 바뀐다. 그럼으로써 기존의 가치질서를 단순히 뒤집자는 것이 아니라, 다변화된 가치로 세계를 읽는 눈을 키우는 것이 목적이다. 문학사를 계속 해서 다시 써야 하는 이유가 여기에 있다.

제2부

# 여성문학사 서술의 문제점

제2부에서는 국내외 여성문학사에 관한 기존의 논의들 속에서 문학사 서술의 일반적 문제가 어떻게 처리되고 있는지를 비판적으로 검토한다. 여성문학사에서 전통인식과 가치평가의 문제, 문학사를 해석하는 여성주의 시각의 문제, 여성문학사의 독자적인 시대구분 문제가 그것이다. 이는 곧 여성문학사 서술의 방향성을 점검하는 문제로 귀결된다. 제3부의 과제는 이 세 가지 항목을 기준으로 외국의 여성문학사 서술 사례와 한국의 여성문학 관련 연구 논저들을 비판적으로 검토하는 것이다. 이로써 기존의 여성문학사 서술에서 특별히 문제가 되었거나 앞으로 여성문학사 서술이 본격화되었을 때 문제가 될 수 있는 지점들을 쟁점화하는 것이 제2부의 중요한 목적이다.

# 1장 전통인식의 문제

전통이란 넓은 의미에서 '과거에 대한 인식'[1]이다. 그런데 "과거성을 지니면서도 미래를 수용하고 미래를 건설하는 힘"으로서, 전통은 "과거지향과 미래지향이라는 모순의 변증법적 질서"로 이해된다.[2] 엘리엇(Eliot)은 이를 '역사적 감각'이라고 표현했고, 바이만(Weimann)은 전통이 "과거의 의미와 현재의 의미의 관계"라고 했다.[3] 결국 전통에 대한 인식은 그것이 부정적이든 긍정적이든, 그 자체로 과거와 현재의 관계를 문제 삼는 태도이다. 전통에 관한 논의에서 '과거의 과거성'뿐만 아니라 '과거의 현재성'이 문제되는 것은 이 때문이다. 따라서 전통에 대한 인식태도는 문학창작에 임하는 작가만이 아니라 문학의 '과거'를 서술대상으로 삼는 문학사가에게도 중요한 과제이

---

1 오세영, 「전통이란 무엇인가」, 박노준·이창민 외, 『현대시의 전통과 창조』(열화당, 1998), p. 10. 여기서 'consciousness of the past'는 과거에 대한 '의식'보다 '인식'이라고 번역하는 편이 나을 듯하다.

2 오세영, 「전통이란 무엇인가」, p. 16.

3 정종진, 『문학사방법론』(청주대학교출판부, 1988), pp. 18-20. 여기서 'historical sense'는 '역사의식'보다 '역사적 감각'이라 하는 편이 나을 것 같다.

다. 문학창작에서 전통인식은 무의식적일 수 있지만, 문학사가의 전통인식은 문학사 서술의 방향을 규정하는 의식적이며 자각적인 행위라고 할 수 있다.

문학사 서술은 문학의 무수한 '과거' 가운데 선택과 배제가 불가피한 작업이고, 이는 곧 가치평가의 문제와 직결된다. 앞선 시대 문학의 어느 측면을 긍정적으로 혹은 부정적으로 평가하는가에 따라서 문학전통의 계승방향은 전혀 달라지는데,[4] 문학전통의 긍정적·부정적 계승은 문학창작에서뿐 아니라 문학사 서술의 현장에서도 이루어진다. 전통이 적극적으로 계승될 때, 그것은 전통의 '창조'에 그치지 않고 전통을 '날조'한다는 혐의를 받기도 한다.[5]

"전통이란 문학사에 있어 한 민족의 문학유산을 꿰뚫어 체계화시키는 일관된 시각"[6]이란 말처럼, 20세기 문학사 서술에서 문학전통이란 곧 '민족문학'의 전통을 의미했다. 그러나 여성문학과 여성문학사를 별개의 항목으로 독립시켰을 때, 마찬가지로 '여성문학의 전통'이 문제될 수 있었다. 1970년대에 영미에서 여성문학사 서술이 시작되었을 때 관련 저술들에서 빈번하게 등장하는 단어 가운데 하나가 '전통'이다. 1985년 『노튼여성영문학선집』의 간행은 영문학사에서 "하나의 문학적 사건"으로 평가되는데,[7] 편자들이 독자들에게 궁극

---

4 조동일, 『문학연구방법』(지식산업사, 1980), p. 231.

5 에릭 홉스봄, 최석영 역, 『전통의 날조와 창조』.

6 정종진, 『문학사방법론』, p. 17.

7 Sandra A. Zagarell, "Conceptualizing Women's Literary History: Reflections on The Norton Anthology of Literature By Women", *Tulsa Studies in Women's Literature,* 5, no. 2 (1986 Fall), p. 273.

적으로 전달하고자 했던 것도 바로 여성문학의 '전통'이라고 했다.[8] 영미에서 초기의 여성문학사 서술에서는 실제로 '역사(history)'보다 '전통(tradition)'이란 단어가 선호되었다.

여성문학전통에 대한 인식태도는 과거의 여성문학을 현재 여성문학과의 관계 속에서 어떻게 자리매김하는가 하는 문제인 동시에 여성문학의 미래를 제시하는 방향성을 내포한다. 여기에서는 20세기 국내외 여성문학사 서술에 나타나는 전통에 대한 인식태도와 문제점을 고찰한다. 여성문학전통론은 크게 두 가지 방향으로 진행되었는데, 과거 여성문학의 일부를 '위대한 전통'으로 자리매김하는 것이 하나이고, 여성문학의 '특질'을 문제 삼는 것이 다른 하나이다.

## 1. 정전화 작업

### 1) 한국: 국문문학의 '위대한 전통'과 여성

광복 이후 한동안은 학계 안팎에서 한국의 문화적 전통이 갖는 독자성과 가치를 선양하는 일대 국가적 기획이 광범위하게 수행되었다. 20세기 전반에 신문과 잡지를 통해 산발적으로 형성된 여성문학전통에 대한 인식이 교과서 편찬과 문화유산 정리사업의 차원에서 강화된 것도 이즈음이라고 생각된다. 여성사와 여성문학사 연구가 아직

8 Sandra M. Gilbert and Susan Gubar eds., "Preface", *The Norton Anthology of Literature By Women: The Tradition in English* (New York: Norton, 1996 2nd edition), p. xxix.

분화되지 않은 상황에서 20세기 이전의 여성문학에 대한 전체적인 상, 이른바 '전통상'이 마련되는 시기였다. 여성문학사에 대한 평가는 첫째, 소수의 여성문학인을 신비화하고, 둘째, 궁중실기를 고전의 반열에 올리는 방향으로 '위대한 전통'을 수립해간 것이 그 대체적인 흐름이었다. 이때 마련된 한국여성문학사의 '고전'과 '전통'에 대한 관념은 국정 교과서에 반영되었고, 제도교육을 바탕으로 20세기 말까지 막강한 힘을 행사하며 지속되었다.

20세기 전반에 나타난 여성문학사 인식의 뚜렷한 경향 가운데 하나는 전통사회 여성의 '대표'를 선발하는 작업이었다. 황진이와 허난설헌이 바로 그들이다. 광복 이전의 신문과 잡지에서 거론된 전통사회 여성 가운데 이들의 위치는 독보적이다. 신사임당을 포함한 이 세 여성은 한국여성문학사 및 여성사의 총론적 성격의 글과 단편적 각론에서 가장 자주 거론되었고 대표적인 여성 위인으로 인식되었다.[9]

황진이, 허난설헌, 신사임당이 과거 한국을 대표하는 여성 위인이란 인식은 광복 이후 1950~60년대에 광범위하게 진행된 국가적

---

9 광복 이전 잡지에 실린 허난설헌 관련 글들을 예로 든다. 장도빈, 「朝鮮名婦傳: 許蘭雪軒.申師任堂」, 『高麗館』(1925. 2.); 김원근, 「許蘭雪軒의 文章과 仙道」, 『青春』(1927); 김원근, 「許蘭雪軒의 一斷面」, 『新生』 14(2-11)(1929. 11.); 이숭녕, 「許夫人 蘭雪軒」, 『淸凉』 8(1930. 3.); 차상찬, 「許政丞의 누님과 李栗谷의 어머니」, 『新女性』 5-3(1931. 3.); 이은상, 「京城이 낳은 옛 女性: 許蘭雪軒·仁穆王后·柳氏·賣紛嫗·金氏·靜一堂」, 『新家庭』 2(1-2)(1933. 2. 1.); 이은상, 「朝鮮史上 十大女性 紹介(其2): 申師任堂·黃眞伊·許蘭雪軒」, 『新家庭』 14(2-2)(1934. 2.); 이은상, 「女詩人 許蘭雪軒」, 『新家庭』 14(2-2)(1934. 2.); 신귀현, 「詩人 蘭雪軒 許氏」, 『女性』 4-12(1939. 12.); 차상찬, 「許蘭雪軒」, 『半島史話와 樂土滿洲』 1(1943. 1.).

'기획' 속에서 이루어졌다고 말할 수 있다. 대중을 독자로 겨냥한 『조선명인전』(1947)과 『여류한국』(1964) 등은 이들을 내세워 한국여성문학의 '자랑스러운' 역사를 구성했다.[10] 여성사와 여성문학사 모두를 대표하는 인물로 자리매김되는 소수의 여성인물은 이후 오랫동안 한국의 여성과 여성문학의 '전통'을 상징하게 된다.

특히 신사임당은 예술인으로서뿐만 아니라 부덕(婦德)을 갖춘 '전통적' 여성상의 대표적인 모델로서 신비화된다.[11] "栗谷 때문에 申여사가 浮彫된 것이 아니라, 申여사가 있었기에 栗谷 같은 아들이 태어났다"고 할 만큼, 신사임당은 "烈, 孝, 藝術을 겸전한 인격자로서의 女人"으로 칭송되었다.[12] 이는 근대국민국가 형성기에 '현모양처' 이데올로기가 현실 속에서 작동하는 한 양태로 이해된다.[13] 한편 김명순을 비롯한 1920년대 '여류문학 제1기생'들은 광복 이후 근대문학사 서술에서 '작품 없는 작가' 또는 '여류라는 희소가치' 이상의 대접을 받지 못하고 박화성·최정희 등 후배 여성작가에게도 외면당했다.[14] '풍문과 스캔들로 가득한' 이들의 삶은 현모양처 이념에 크게

10 김태준의 『朝鮮名人傳』 中(朝光社 편, 발행자 불명, 1948)에서 황진이와 부용을, 이병기의 『朝鮮名人傳』 下에서 신사임당, 허난설헌, 혜경궁 홍씨를 대표적인 조선여성으로 꼽았다. 박화성·최정희 공저 『여류한국』의 제3장 「女流文硯」에서는 여옥, 황진이, 신사임당, 허난설헌을 꼽았다.

11 이은상, 『師任堂의 生涯와 藝術』(성문각, 1962).

12 장덕순, 「女流遺香」, 『한국고전문학의 이해』, p. 265.

13 홍양희, 「한국: 현모양처론과 식민지 '국민' 만들기」, 『역사비평』 52(역사비평사, 2000년 가을).

14 한국여류문학인회에서 편찬한 『한국여류문학전집』(1967) 전 6권은 당시 여성작가들의 20세기 전반 여성문학사에 대한 인식을 담고 있다. 시, 소설, 수필을 모은 이 선집은 여성문학가들이 스스로 근대여성작가의 '계보'를 수립한 것으로 해석할 수

반하는 것이었기 때문이다.[15]

여성작가 가운데 문학사적으로 최대의 찬사를 받은 인물은 단연 황진이였다. "冬至ㅅ달 기나긴 밤을"으로 시작하는 시조에 대한 평을 들어보자.

> '동짓달'의 긴 밤을 '한 허리를 둘에 낸다'는 詩想은 시간을 제 마음대로 가늠한다는 말이다. 眞伊의 詩想은 이렇게 차원이 높다. 그의 主觀의 세계에서는 時間과 空間을 자유 자재로 조정할 수 있다는 것이다. 흐르는 벽계수도 막을 수 있을 뿐 아니라 '春風의 이불'과 秋夜長 긴긴 밤도 제 멋대로 '서리서리' 넣었다가 또 '굽이굽이' 펴는 이른바 無所不能의 詩人이었던 것이다. 詩에 있어서 이런 想과 作은 천재적 詩人이 아니면 불가능한 것이다.[16]

"冬至ㅅ달 기나긴 밤을"은 그 시상이 기발하고 차원이 높아서 황진이와 같은 천재적 시인이 아니고는 지을 수 없다고 평가했다. 황진이는 시어(詩語)의 구사와 시의 내용은 물론 인간적인 면에서도 정철,

---

있는데, 중·단편소설을 묶은 제1권은 초대 회장이었던 박화성의 소설로 시작된다. 1920년대 여성작가들의 작품은 여기서 철저히 배제되어 있다.

15 박화성을 비롯한 2세대 여성작가들은 남성중심의 문단에서 살아남기 위해 1세대 작가들과 스스로를 부단히 차별화하는 전략을 택한 것으로 해석된다. 이들에게 선배 작가들을 "선배로도 문인으로도 인정해 주고 싶지 않은 단호한 배제 심리가" 존재한다고 보았다.(박정애, 「'여류'의 기원과 정체성: 50~60년대 여성문학을 중심으로」, pp. 30-31.)

16 장덕순, 『한국고전문학의 이해』, pp. 262-263.

윤선도, 송순보다 훌륭하다고 했다.[17] 황진이의 시조에 대해 김용숙은 "궁중문학의 일품들"과 함께 "여류(女流), 남류(男流)를 가를 것이 아니라, 우리 한국문학사상에 불멸의 성좌(星座)"[18]라고 평했고, 박옥금은 "영원토록 찬연히 빛나는 금강석"이라고 칭송했다.[19]

김용숙의 '이조여류문학' 연구는 광복 이후 형성·강화된 고전여성문학사 인식을 보여 주는 대표적인 사례이다. 문학사 서술에서 작품과 작가의 선택은 피할 수 없는데, 김용숙은 소수의 '위대한' 작가와 작품으로써 한국여성문학의 전통을 세우고자 했다. 이것은 광복 직후에 형성·강화된 한국여성문학전통에 대한 기존의 관점을 가장 충실하게 반영한 것이다. 『이조여류문학 및 궁중풍속 연구』(1970)에서는 조선시대 여성문학의 대표주자로서 허난설헌과 황진이, 대표작품으로 『한중록』, 『인현왕후전』, 「계축일기」를 꼽았다.[20] 『이조의 여류문학』(1975)에서는 그 가운데 다시 선발해 황진이, 「계축일기」, 『한중록』을 여성문학사의 '위대한' 전통으로 세웠다. 이로써 국문문학이 여성문학전통의 핵심이라는 것, 나아가 여성의 국문문학이 "한국문학의 원류"라는 관점을 뚜렷하게 세운 것이다.[21]

---

17 장덕순, 『한국고전문학의 이해』, p. 263.

18 김용숙, 『이조의 여류문학』, p. 2

19 박옥금 편저, 『한국여류시조문학전집』, p. 14.

20 김용숙의 『조선조여류문학의 연구』(1978)는 『이조여류문학 및 궁중풍속 연구』(1970)에서 문학에 관한 부분만을 독립시켜 내용을 보완한 것인데, 여성문학전통에 대한 인식은 기본적으로 동일하다.

21 김용숙은 20세기 이전에 문학의 본령이었던 한문학 유산이 먼지만 쌓인 채 서가에 묻혀 있는 반면에, "천민이라 하여 인간적 대우조차도 제대로 받지 못했던 무녀(巫女), 기생 등에 의하여 전승된 고유의 우리 시가문학과, 여류의 손에 의한 우리말 표기의 산문문학은 오히려 오늘날 한국문학의 원류가 된다는 사실은 「아이러니칼」하

한국여성문학사를 규방문학과 기방문학으로 대별해 인식하는 관점도 20세기 전반에 형성되어 오늘날까지 이어지고 있다. 그러한 관점을 가장 뚜렷하게 명시한 사람은 이은상이었다. 규방문학은 한시, 기방문학은 시조로 대표되었고, 시조는 '조선말'로 된 국문시가라는 점에서 더욱 가치 있는 문학전통으로 인식되었다. 국문시가 가운데 시조가 으뜸이고, 그중 황진이가 최고라는 도식이 이때 마련되었다.[22] 황진이로 대표되는 기류문학과 신사임당과 허난설헌으로 대표되는 규방문학의 도식으로 조선시대 여성문학을 이해하는 방식은[23] 고전문학 전공자가 아닌 경우 매우 보편적인 듯하다. 학교 교육이 문학사를 접하는 거의 유일한 통로인 것이 현실인 만큼 그러한 통념은 지배적일 수밖에 없다.

여성이 지었다고 간주되는 국문산문이 한국문학의 '고전'으로 자리 잡는 배경에는 광복 직후에 국문학사에서 국문문학의 가치를 특별히 강조했던 연구사적 흐름이 자리하고 있다. 광복 직후에 이루어진 국문학 자료정리사업에서 국문실기 역주는 그 대표적인 과제였는데 이병기가 그 작업에 앞장섰다.[24] 이 과정에서 『한중록』과 「계축일기」는 "우리 산문문학의 최고봉"으로, 「동명일기」는 "천하의 名文"으로 자리매김되었다.[25] 일찍이 "황진이의 시조를 유일한 스승으로

---

다"고 했다. 김용숙, 『이조의 여류문학』, pp. 13-14.

22 이은상, 「黃眞伊의 一生과 藝術」; 이은상, 「黃眞의 一生과 그의 藝術」.

23 정영자, 「한국고대여성문학의 두 방향」, 『한국페미니즘문학연구』, pp. 143-151.

24 이병기 주, 『恨中錄』(백양당, 1947); 이병기 주, 『意幽堂日記』(백양당, 1948 초판/1949 재판); 이병기 편주, 『近朝內簡選』(국제문화관, 1948); 이병기 주해, 『仁顯王后傳』(박문출판사, 발행년 불명); 이병기·김동욱 주, 『閑中錄』(민중서관, 1961).

25 이병기, 「朝鮮女流文學序論」, 민병도 편, 『朝鮮歷代女流文集』.

삼고 연구"[26]했다는 이병기는 시조와 내간체 문장을 높이 평가한 만큼 여성문학에 관심을 보였던 인물이다.[27] 1946년 중등부 국어 교과서 편수관이기도 했던 이병기의 문학관이 광복 직후 국문학 전통 수립과 정전 형성에 적지 않은 영향을 미쳤음은 물론이다.[28]

여성작가의 국문실기가 우리말의 묘미를 살린 '위대한 고전'으로 평가받는 한편에서, 조선시대 여성은 '한글문화수호자'[29]라는 명예를 얻게 된다. 사대사상에 심취한 "內因으로 말미암은 탄압 및 천시의 역사"와 일제의 한국어 말살정책이라는 "外因으로 말미암은 피압의 역사" 속에서 한글의 생명을 지켜낸 공이 여성들에게 있다는 것이다.[30] 내간, 궁중실기, 규방가사 등 여성문학의 전통은 곧 국문문학의 가치와 직결되는 것이었다.

이처럼 고전여성문학이 초창기 한국문학사 서술에서 완전히 소외되지 않고 그 일부가 오히려 '위대한 전통'으로 대접받을 수 있었던 배경에는 근대민족국가 형성기라는 역사적 요인이 작용한 것으로 보인다. '언어'가 곧 '민족'이라는 등식이 성립되면서 국문문학의 가치가 절대시되던 시기였던 것이다. 광복 직후에 이루어진 국어 교과서 편찬은 좌우익의 이념적 대립을 '민족'이나 '전통'의 구호 아래 무

---

26 이병기, 「황진이의 시조 1수가 지침」, 『동아일보』, 1938. 1. 29.

27 류준필, 「형성기 국문학연구의 전개양상과 특성」(서울대학교 박사학위논문, 1998), p. 196.

28 정재찬, 『문학교육의 사회학을 위하여』(역락, 2003), pp. 26-60.

29 장덕순, 「한글문화 수호자로서의 여인상」, 김열규 외 5인, 『한국여성의 전통상』(민음사, 1985), pp. 29-48.

30 강윤호, 「이조여성과 한글보존」, 한국여성문화논총 기념논문편집위원회 편, 『한국여성문화논총』(이화여자대학교, 1958); 『한국여성문화논총』, p. 291.

화하는 방향으로 이루어졌다. '좌익 작가의 작품은 실어도 좌익적인 작품은 싣지 않는' 뚜렷한 방향성 아래 민족이란 이름으로 계급적 갈등이 은폐된 셈이다.[31] 광복 직후 고전여성문학 연구는 국문학 연구이자 궁극적으로 국학 연구의 일환이었다. 이 시기에 고전여성문학에 표해진 관심은 '여성'에 대한 것이라기보다 '조선' 또는 '한민족'의 문화적 전통과 더 깊은 관련이 있다고 보아야 할 것이다.

1960년대를 지나면서 대학제도를 중심으로 재편된 국문학이 국사학과 분리되는 동시에 고전문학과 현대문학으로 이분화되는 등 제도학문의 분업화가 확산되었다. 이에 따라 국문학의 위상도 '국학'에서 '문학'으로 차츰 이동하고 있었다.[32] 고전여성문학은 국문학 개별 연구 주제로 꾸준히 다루어졌으나 아직 독립된 학문영역으로 분화되지는 않은 상태였다. 전체적으로 볼 때, 고전여성문학의 위상은 한국 또는 한민족의 문화적 전통 속에 놓여 있었고 '여성'에는 초점이 맞추어지지 않은 단계였다고 할 것이다. 고전여성문학의 일부가 국문학 전통이란 울타리 안에서 비중 있는 자리를 차지할 수 있었던 것은 사실이다. 그러나 광복 전후에 마련된 여성문학사 인식이 초·중등 교육과정을 통해 장기간 지속·재생산되면서, 소수의 '위대한' 작가와 작품이 한국여성문학사를 간단히 대변해 버리는 부작용이 없지 않았다.

---

31 정재찬, 『문학교육의 사회학을 위하여』, pp. 31-44.

32 류준필, 「형성기 국문학연구의 전개양상과 특성」, p. 5.

## 2) 외국: 자국문학사의 정전과 여성문학

'위대한' 작가와 작품의 선정은 문학사에서 '고전' 또는 '정전'의 형성과 직결된다. 정전의 어원인 고대 그리스어 'kanon'은 측정 도구로 사용된 '갈대'를 가리켰는데 후에 '규칙' 또는 '법'이라는 의미로 사용되었다고 한다. 구체적인 내용과 방식에는 차이가 있겠으나, 정전이 교육제도를 매개로 사회질서 재생산에 기여해 왔다는 점은 유럽과 동아시아에서 본질적으로 동일하다. 문학사에서 정전은 반드시 읽어야 할 일종의 작품목록과 같다.[33]

유럽에서 문학정전은 "메타텍스트로서 모든 텍스트 평가의 준거점을 제공"[34]하는 '문학적 가치'의 기준으로 간주된다. '문학적 가치' 또는 '문학성'이란 개념은 명확하게 정의되지 않으면서도 문학사에서 정전과 비정전을 구분하는 확실한 기준처럼 인식되었다. 러시아 형식주의가 중시하는 문학의 형식적 자질이나 작품의 통일성이 그 기준으로 제시되곤 했는데, 이는 문학적 가치를 본질적인 문제로 호도하는 경향이 없지 않았다.[35] 그러나 지난 10여 년 동안 활발하게 이루어진 정전비판에 따라 정전이나 고전의 형성이 작품의 내적인 자질에 따르기보다는 '제도화된 문학적 가치'를 결정하는 지배층의 이념과 더 깊은 관련이 있다는 데 의견의 일치를 보고 있다.

여성작가문학을 재평가함으로써 '또 하나의 위대한 전통'을 세우

---

33 문영진, 「정전 논의에 관련된 몇 가지 문제에 대하여」, 『민족문학사연구』 18(민족문학사연구소, 2001), pp. 60-61.

34 송무, 『영문학에 대한 반성: 영문학의 정당성과 정전문제에 대하여』, p. 166.

35 안토니 이스트호프, 임상훈 역, 『문학에서 문화연구로』(현대미학사, 1994), p. 83.

려 했던 초기의 영미 여성문학사 서술은 바로 '위대한' 고전의 이데올로기적 함의를 미처 포착하지 못했다는 점에서 비판된다. 모어즈의 관점에 대한 모이(Moi)의 비판이 그것이다.

> 전통적 미적 범주와 문학범주들에 대한 모아스의 신념, 그중에서도 특히 누가 '위대한' 작가인지 그냥 안다는 신념은 '위대성'의 범주야말로 페미니스트 비평가들에겐 언제나 지극히 곤혹스러운 문제였다는 점을 회피하고 있다.(『여성 문학인들』의 부제가 '위대한 작가들'이다.) '위대성'을 평가하는 바로 그 기준이 늘 여성작가를 정전에 포함시키지 못하도록 불리하게 작용해왔기 때문이다.[36]

모어즈뿐만 아니라 길버트·구바도 여성문학의 이상적 모델을 '통일성'과 '총체성' 등에서 찾음으로써 근본적으로 남성중심의 미적 기준을 무비판적으로 받아들였다는 한계가 있다. 영미 페미니즘이 정치적 읽기를 주장하면서도 은연중에 남성적 사유체계에 의존하는 경향이 있다는 것이 모이의 주장이다.[37]

여성영문학의 전통 탐색에 앞장섰던 모어즈는 『여성문학인들』에서 '주류'의 여성작가들을 다룬다고 했고,[38] 이 책에서 집중적으로 다룬 작가들은 오스틴, 셸리(Shelley), 브론테(Brontë) 자매, 엘리엇(Eliot), 울프(Woolf) 등 오늘날 전 세계적으로 널리 알려진 '대가'들이었다.

---

36 토릴 모이, 『성과 텍스트의 정치학』, p. 64.

37 토릴 모이, 『성과 텍스트의 정치학』, p. 206.

38 Moers, *Literary Women*.

길버트·구바 역시 여성영문학사에서 '핵심'이 된다고 생각하는 19세기 텍스트에 초점을 맞추어 여성문학의 역동성을 이해하는 '시금석'이 될 만한 작품을 분석 대상으로 삼는다고 서문에서 밝히고 있다.[39] 물론 이 작가들이 1970년대 중반까지는 일반적인 영문학사선집에 포함되지 않았다는 사실을 상기한다면, 모어즈 등 초기 여성문학사가들이 영문학사에서 '위대한' 여성작가들의 존재를 부각하려 했던 것은 어떤 측면에서 자연스러운 수순이었다.

같은 시기에 역시 19세기 여성소설작가에게 관심을 가졌던 쇼월터와 베임은 모어즈와 약간 다른 생각을 하고 있었다. 여성문학사의 전통 탐색에서 '주류'로서의 문학이나 작품의 '위대성'에 초점을 맞추는 위험성에 대한 자각이 어느 정도 있었다. 쇼월터는 '위대한' 작가에게 여성문학 연구가 집중됨으로써 결국 여성문학전통이 소수 유명한 작가의 계보에 한정되고 '위대하지' 않은 절대 다수의 여성작가는 문학선집을 비롯한 문학사 서술에서 여전히 배제되어 있다고 비판했다. 여성문학사에서는 '위대한 작가'라는 개념 자체가 문제라고 하면서 이른바 비주류 작가들의 존재가 여성문학의 역사와 전통을 이어지게 하는 중요한 고리라고 강조했다.[40]

앞에서 잠깐 언급했듯이, 베임은 "영예를 얻고 있는 특정한 미국의 고전들이 위대하다고 불려 온 근거를 재검토해야 할"[41] 필요성을 시사한 바 있다. 베임이 연구한 '여성픽션'은 19세기 중반 미국에서

---

39 Gilbert and Gubar, *The Madwoman in the Attic*, p. xii.

40 Showalter, *A Literature of Their Own: British Women Novelists from Brontë to Lessing*, pp. 6-7.

41 Baym, *Woman's Fiction*, p. 15.

크게 유행했던 일군의 여성작가소설을 가리킨다. 베임은 '여성픽션'처럼 당대에는 대단한 인기를 끌었던 여성작가의 작품들이 미국문학사의 정전구성 과정에서 누락된 이유는 여러 측면에서 설명될 수 있겠지만, 문학연구자들이 근본적으로 작품의 독법을 통제하고 가치를 평가하는 기존 방식에 지나치게 길들어져 있는지도 모른다고 의문을 제기했다.[42]

그러나 쇼월터와 베임도 '19세기'라는 시대와 '소설'이란 갈래를 중심에 놓고 여성영문학사의 전통을 수립하려 했다는 점에서는 모어즈, 길버트·구바와 동일하다. 쇼월터가 이야기했던 여성문학전통의 다양성은 어디까지나 여성작가소설사 내에서의 다양성이었다. 모어즈의 말처럼, 19세기라는 '시기' 선택도 무작위적인 것이 아니라,[43] 그 자체가 여성문학사의 전통인식 방향과 연구자들의 인식태도를 반영하는 것이다. 1970년대 영미의 여성문학전통론에서 나타나는 19세기 중심의 전통인식은 비교적 오래 지속되었다.[44]

영미의 초기 여성문학사 서술이 '소설' 갈래를 중심으로 이루어졌다는 것은 정전문제와 관련해서 시사하는 바가 적지 않다. 정전 형성 과정에서 드러나는 중요한 문제 가운데 하나가 바로 "장르의 배열"이다.[45] 시에우리앙과 리앙이전의 중국여성문학사에서는 전혀 주

42 니나 베임, 「곤경에 처한 남성이 펼치는 멜로드라마」, 한국여성연구회 문학분과 편역, 『여성해방문학의 논리』, p. 105.

43 Moers, *Literary Women*, p. ix.

44 Ezell, *Writing Women's Literary History*, pp. 20-21.

45 하루오 시라네, 「총론-창조된 고전: 정전 형성의 패러다임과 비평적 전망」, 하루오 시라네·스즈키 토미 편, 왕숙영 역, 『창조된 고전』, p. 23.

목받지 못했던 탄사가 탄정비의 문학사에서 여성문학전통으로 재발견된 것은[46] 20세기 초 중국에서 소설을 중심에 두는 근대문학관의 형성과 무관하지 않다.[47] 20세기에 이루어진 문학사 서술에서 소설 갈래가 특별한 대접을 받은 것은 유럽에서나 동아시아에서나 보편적인 현상이었던 것으로 보인다.[48] 영미에서 초기의 여성문학사 서술 사례로 거론되는 저작들이 모두 소설 갈래를 중심으로 여성문학전통을 논의한다는 것은 우연이 아니다.

일본인으로서는 최초로 1965년 유네스코에서 세계의 위인으로 선정된 무라사키 시키부(紫式部)는[49] 일본여성문학사뿐만 아니라 일본문학사 전체를 대표하는 인물로 꼽힌다. 무라사키 시키부가 『겐지 이야기』를 창작한 것은 "전세에 약속된 일"이며 "인력으로 되는 일이 아니라"는 평가를 받을 만큼,[50] 위대한 고전으로 간주되는 이 작

46 탄사(彈詞)는 청대에 가장 유행했던 운문으로 된 통속문학이다. 통속문학 가운데 소설을 지은 여성작가는 왕단(汪端)과 진의신(陳義臣) 두 사람에 불과하지만, 탄사는 여성작가들이 유독 선호했던 갈래다. 탄정비(譚正璧)는 시에우리앙(謝無量)이나 리앙이전(梁乙眞)과 달리 왕단, 도정회(陶貞懷), 진단생(陳端生), 후지(侯芝) 등 여성탄사작가와 작품에 대해 상세히 다루었다. 譚正璧, 『中國女性文學史話』, pp. 368-468. 탄사와 관련된 국내논문으로는 정병설, 「낙선재본 재생연전 연구」, 『관악어문연구』 16(서울대학교 국문과, 1991); 이춘희, 「청대문화와 여성탄사소설작가」, 『한국고전여성문학 연구』 3(한국고전여성문학회, 2001) 참조.

47 탄사는 남녀이합의 주제를 다루는 장편의 서사문학이면서 특별히 여성향유문화라는 점에서 한국의 고전국문소설 및 여성가사와 비교할 만한 영역이다.

48 정출헌, 「한국문학사 편찬을 위한 갈래체계 정립의 모색」, 토지문화재단 편, 『한국문학사 어떻게 쓸 것인가』, pp. 167-169에서 기존의 국문학사가 소설 갈래에 과도한 비중을 두었음을 비판했다.

49 久松潛一 編, 『日本女流文學史: 古代·中世篇』, p. 213.

50 久松潛一 編, 『日本女流文學史: 古代·中世篇』, p. 231.

품이 "세계 최초의 사실소설"로서 정전화된 것은 근대에 이르러서의 일이다. 『겐지 이야기』는 일찍이 12세기부터 메이지시대까지 와카(和歌) 창작의 참고서로서 오랫동안 고전의 지위를 누렸는데, 근대에 이르러서는 '사실소설' 또는 '심리소설'로 재해석되면서 일본문학사적 위상이 더욱 높아졌다.[51]

10세기 말에 가나문으로 쓰인 최초의 픽션 『다케토리 이야기』가 근대 이전에는 그다지 평가받지 못하다가 근대에 와서 유명한 '고전'의 지위를 얻게 된 것도 소설 갈래가 근대의 문학사 인식에서 차지하는 위상 때문이었다.[52] 19세기 유럽문학의 갈래 개념이 일본에 도입되면서 소설의 문학사적 지위가 상향조정되었고, 그 과정 속에서 '모노가타리(物語)'라는 고전 갈래가 소설로서 재해석·재평가되었던 것이다. 결국 일본여성문학사에서 중요하게 평가되는 '모노가타리' 전통의 위상은[53] 일본문학사의 근대적 정전화 작업의 진행과 함께 고양되었다고 볼 수 있다.

헤이안시대의 '여류일기문학'이 20세기 일본문학사 서술에서 중요한 위치를 점하게 되는 과정은 한국에서 황진이의 시조나 『한중록』과 같은 국문산문이 한국문학사의 '위대한 전통'으로 자리매김되

51 하루오 시라네, 「총론-창조된 고전: 정전 형성의 패러다임과 비평적 전망」, p. 29.

52 하루오 시라네, 「총론-창조된 고전」, p. 27.

53 헤이안시대에 발생한 모노가타리(物語)는 초기에는 작자가 대부분 남성이었고 독자는 내친왕(內親王-공주)을 비롯한 귀족 여성이었다고 한다. 그러다 점차 모노가타리 창작이 남성에서 여성으로 옮겨갔는데, 이와 함께 일부다처 등 여성과 밀접한 관련이 있는 문제를 다루는 시각에 변화가 일었다고 한다. 무라사키 시키부의 『겐지 이야기』 이전에 여성작으로는 『야마토 이야기』가 있다. 後藤祥子 編, 『日本女性文學史: 古典編』, pp. 54-55.

는 맥락과 유사해 보인다. 이른바 근대가 시작되면서, 한국에서는 중세의 공동문어를 '한문(漢文)'으로 타자화하고 각기 '언문(諺文)'과 '가명(假名)'을 '국문(國文)'으로 삼는 언어문자체계의 위계질서에 획기적인 변화를 경험했다. 일본에서도 '한학(漢學)'이 아닌 '화학(和學)'을 중심으로, 즉 가나문학을 중심으로 일본문학사가 재편된 것은 메이지시대 중기에 '국문학'이 확립된 이후라고 한다.[54] 『무라사키 시키부 일기』와 『이즈미 시키부 일기』를 비롯해 미치쓰나 어머니(道綱母)의 『하루살이 일기』, 다카쓰에 딸(孝標女)의 『사라시나 일기』 등 헤이안시대 귀족 여성들이 가나문자로 쓴 일기류가 일본문학사에서 정전화되는 과정은 20세기 초 "근대국민국가 형성에 필수 불가결한 제도로서 창출된 '국어'와 '국문학'의 위치"에 기인하는 것이다.[55] 일본 여성문학의 '위대한 전통'을 헤이안시대 여성의 모노가타리와 일기에서 찾는 관점은 히사마쓰 센이치의 문학사에 그대로 반영되어 있다.

『노튼여성영문학선집』이 처음 간행되었을 때, 그것이 여성영문학전통의 정전을 구축하는 작업이라면 좀 더 신중해야 한다는 지적이 있었다. 여성문학의 정전을 수립하기 위해 애쓰기보다는 정전의 명시적·암묵적 기준들을 해체하는 데 힘쓰는 것이 더 바람직하다는 것이다.[56] 한 작품과 작가가 문학사에서 고전 또는 정전의 위치에 오

---

54 1900년 전후한 시기 일본에서 공동문어와 민족어의 관계에 대해서는 다음의 논문을 참조할 수 있다. 구로즈미 마코토, 「한학: 글쓰기·생성·권위」, 『창조된 고전』; 코모리 요이치, 정선태 역, 『일본어의 근대: 근대국민국가와 '국어'의 발견』(소명출판, 2003).

55 스즈키 토미, 「장르·젠더·문학사 서술: '여류일기문학'의 구축을 중심으로」, 『창조된 고전』, p. 94.

56 Zagarell, "Conceptualizing Women's Literary History: Reflections on The Norton

르는 과정이 문학내적 요인에 의해서뿐만 아니라, 오히려 역사적·사회적 단계에 따라 변동 가능한 이념적 가치에 의해 구성되는 측면이 강하다는 점은 정전비판에서 여러 차례 지적된 사실이다. 이를 수긍한다면, 단지 자국문학사의 '위대한 전통' 속에 여성작가들의 작품을 끼워 넣으려 애쓰는 작업은 문제가 없지 않다. 길버트·구바가 19세기 여성작가소설의 위대함을 입증하기 위해 기존의 문학비평에서 중시했던 통일성이나 총체성과 같은 동일한 기준을 분석기준으로 삼았다고 비판받는 이유도 그 때문이다.

그러나 문학정전의 지위가 특정 집단의 가치기준에 따라 '구성된' 일종의 허구적인 것이라 해도, 정전 또는 고전이라 불리는 작품들의 목록은 문학선집의 형태로 혹은 문학사 수업을 통해 끊임없이 재생산되는 것이 엄연한 현실이다. 오랜 세월을 거쳐 형성된 정전의 권력은 그에 대한 비판에도 여전히 유지되고 있다. 어떤 측면에서는 정전비판을 통해 오히려 정전의 지위가 강화될 수 있다.[57]

이 때문에 기존 정전에 대한 비판을 수행하는 것에서 그치지 않고 이전과는 다른 가치를 구현하는 '대항정전'을 구성하는 것이 중요

---

Anthology of Literature By Women", p. 274.

57 예를 들어, 염상섭의 「만세전」은 식민지 지식인 청년의 '발견여행'을 테마로 한 걸작으로 평가되는, 한국근대문학사에서 리얼리즘 소설의 정전에 속하는 작품이다. 이에 대해 박정애는 주인공 이인화의 시선이 기존의 평가와 같이 결코 '가치중립적'이지 않은 '근대 개인주의적 남성'의 시선임을 논증했다. 박정애, 「근대적 주체의 시선에 포착된 타자들: 염상섭, 「만세전」의 경우」, 『여성문학 연구』 6(한국여성문학학회, 2001). 그런데 새로운 사실이 밝혀졌다고 해서 「만세전」이 근대문학사에서 차지하는 정전으로서의 지위가 흔들리는 것은 아니다. 오히려 반드시 탐독해야 할 작품목록에서 그 지위가 더욱 공고해진 측면이 있다.

한 의의를 갖는다. 『노튼여성영문학선집』을 비롯한 여성문학선집의 편찬과 여성문학사 서술이 의도하는 것 중 하나는 남성중심적 가치를 구현하는 기존 정전에 대한 '대항정전'의 구성이다. "페미니즘 문학은 해체할 정전마저 부재하는 것이 우리의 현실"[58]인 상황에서 정전이란 개념의 위험성만을 강조하는 것은 기존의 정전체계를 묵인하는 결과를 낳을 수 있다.

정전이 "페미니즘 이론가가 대단히 조심해서 사용해야 할 개념"[59]임에는 틀림없다. 무엇보다 정전 또는 고전이란 이름이 내포하는 '위대함'이나 '문학성'에 관한 논의들이 결과적으로 여성문학의 무수한 과거 속에서 극히 소수의 여성문학만을 부각하고 절대 다수를 주변화할 수 있다는 점에서 더욱 그렇다. 문학사가의 의도와 상관없이, 특정 시기나 갈래에 대한 관심집중이 여타의 다양한 여성문학 전통의 소외를 불러올 수 있기 때문이다. 황진이, 허난설헌 등 몇몇 여성작가들의 위대함과 희소가치에 대한 일반의 통념은 여타의 수많은 여성작가와 작품, 여성의 문학활동에 대한 희미해진 기억을 배경으로 가능했음을 간과해서는 안 된다.

---

58 "그동안 여성 학자들이 수많은 논문을 통하여 여성작가들을 연구하고 이들의 문학적 가치를 밝혀왔지만 남성 학자들이 써온 문학사 목록에선 언제나 여성작가들이 제대로 평가받지 못해 왔다. 또한 교과서에서도 여성작가들은 배제되어 왔다는 것이 이번 작품집을 엮어내게 만든 주요한 동기로 작용했다. 포스트모더니즘은 정전의 해체를 부르짖지만 페미니즘 문학은 해체할 정전마저 부재하는 것이 우리의 현실인 것을 어쩌랴." 송명희·안숙원·이태숙 편저, 「서문: 정전해체의 시대, 정전확정의 의미」, 『페미니즘 정전 읽기: 근대소설편』 1·2(푸른사상, 2002).

59 Zagarell, "Conceptualizing Women's Literary History: Reflections on The Norton Anthology of Literature By Women", p. 273.

최근 새로 쓰이는 여성문학사들은 대상의 선택과 서술의 분량을 조절하면서 여성문학전통의 다양성에 의식적인 관심을 기울인다. 『프랑스 여성글쓰기사』는 프랑스에서 여성이 생산한 문예물이 얼마나 풍부하고 다양한지를 보이고 이로써 정전 너머를 여행하는 데 그 목적이 있다고 했다.[60] 여성문학사에서 '또 하나의 위대한 전통'의 탐색은 문학사적 평가의 기준이 되는 '가치'에 대한 재고로 나아가야 한다. 이로써 전통의 다양성에 대한 고려가 문학의 권력을 다변화하는 데 기여할 수 있어야 할 것이다.

## 2. 여성문학특질론

기존의 문학사가들이 여성문학의 역사와 전통을 인식하는 방식으로 두드러진 현상은 여성문학의 '특질'을 문제 삼는 태도이다. 문학사가들은 과거의 많은 여성작가 작품에서 어떤 '공통된 성향'을 발견하고 싶어 했는데, 여기서 추출된 여성작가문학의 특질이 곧 여성문학의 '본질'로 연결되는 경향이 있다는 데 문제가 있었다. 이들이 규명한 여성문학의 특질은 흔히 '여성성(femininity)'이란 동어반복으로 정의되면서 한동안 여성문학을 평가하는 중요한 기준으로 기능했다.

'여류문학'이란 명명 속에 내포된 '여성성'이 부정적 함의를 지닌 것이었다면, 페미니즘과 결합한 여성문학전통론에서는 긍정적 의

60 Stephens ed., *A History of Women's Writing in France*, p. 2.

미의 '여성성'이 여성문학의 특질로 재해석되는 변화를 겪었다. 여성문학과 관련해 문학사의 어느 시기에 '여성성'이 갖는 다양한 의미에 대한 해석은 여성문학사 서술이 중요하게 다루어야 할 과제 중 하나이다. 이 장에서는 20세기에 이루어진 자국문학사 및 여성문학사 서술에서 여성문학의 특질이 '여성성'을 중심으로 이해되는 양상을 고찰한다.

### 1) 부정적 함의의 '여성성'

'여류문인'의 작품이 "남성의 작품세계에서 보는 바와 같은 역사적 의식과 시대적 감각"을 제대로 반영하지 못하고 대체로 "사상성이 빈곤"했다는 김영덕의 평은 20세기 전반기에 소설과 시 분야에서 활동했던 몇몇 여성작가를 대상으로 한 것이었다. 당시 여성작가의 작품이 특정한 "경향이 없고 각인각색의 작품세계에서 주류를 찾기 곤란"[61]했음에도 그들은 '여류문학'이란 단일한 범주로 묶여 그 몇몇 여성작가가 보여 준 경향성이 곧 '여류문학' 전체의 '특질'로 인식되었다는 것이다.

사상성의 빈곤과 짝을 이루어 여성문학의 특질로 흔히 거론되는 것은 여성문학이 남녀 간의 사랑과 이별을 주로 다루고 감상성이 짙다는 점이다. 김현은 광복을 전후한 시기의 여류시가 흔히 "한, 고독, 기다림, 사랑 등등의 지극히 원초적인 감정의 깃발을 들고" 있다

61 김영덕, 「여류문단 40년사」, 『한국여성문화논총』, p. 114.

고 평한 바 있다. 모윤숙, 김남조, 김혜숙, 허영자 등의 우수한 시편들조차 고독, 기다림, 사랑 등의 감상적인 어휘들을 빈번하게 동원해 대체로 "수동적이며 체념적인 뉘앙스를" 풍긴다는 것이다. 그러면서 모윤숙의 시 「이 생명을」에 등장하는 "지극히 왜소하고 선병질적"인 화자가 "傳來의 女人"을 연상시킨다고 했다.[62]

김용숙이 "우리 여류문학 속의 특질"로 내세운 '한(恨)'이라는 개념에는 여성문학의 이른바 '감상성'이 농축된 듯하다. 김용숙에 따르면, 그 한의 정조는 "희로애락과 격동을 다 漂白해 버리고 난 뒤의 素素한 빛"이며, "모든 것을 運命論에 부쳐 落照와 같은 고요한 觀照 아래 悲哀, 怨望, 後悔, 아쉬움, 憎惡 등의 감정이 한데 어울려 美的으로 昇華된 경지"이다.[63] 허난설헌이나 신사임당 등의 한시는 물론 규방가사와 민요, 고전소설에서도 일관되게 포착되는 여성문학의 기조(基調)가 바로 "여자로 태어난 恨"이라고 했다.[64]

'한'으로 대변되는 슬픔의 정서가 여성작가문학뿐 아니라 한국시 또는 한국인 민족정서의 일부로서 운위되었던 점을 상기할 때,[65] 여성문학의 특질을 한의 정서에서 찾는 방식이 얼마나 유의미한지 의문을 품지 않을 수 없다. 그럼에도 한의 논리는 여성문학의 감상적 특질을 개념화하는 데 종종 동원된다.[66] 이 밖에도 "近代 女流詩人들

62 김현, 「감상과 극기-여류시의 문제점」, pp. 323-326.

63 김용숙, 『조선조여류문학의 연구』, pp. 19-20.

64 김용숙, 『조선조여류문학연구』, p. 25.

65 김재홍, 「한국시의 한과 극복양상」, 『현대시와 역사의식』(인하대학교출판부, 1988); 천이두, 『한의 구조 연구』(문학과지성사, 1993); 심재휘, 「소월 시를 통해 본 전통서정의 의미」, 박노준·이창민 외, 『현대시의 전통과 창조』(열화당, 1998).

66 예컨대, 허미자는 매창의 문학을 통해 한국여류문학에서 또 하나의 한맥(恨脈)을 확

의 고독", "이조의 여인들이 닦아 놓은 靑孀의 美學", "고려의 애수와 체념, 이조의 고독과 풍류의 정감"[67] 등 여성문학의 특질이 모종의 감상성에 있다는 평가는 비교적 널리 유포된 듯하다.

과거 여성작가문학에 대한 그러저러한 총평은 표면적으로 드러나는 '현상'만을 놓고 본다면 완전히 틀린 말은 아니다. 여성문학의 '특질'을 파악하려 할 때, 이는 일종의 경향성을 문제 삼는 것이다. 특질론은 어떤 면에서 수적으로 우세를 보이는 가시적인 경향을 논의하는 것이다. 이 때문에 과거의 여성작가문학 가운데 감상적이거나 사적 연애감정이 아닌 사상적·역사적 인식을 담고 있는 몇몇 '예외'를 들이대는 것은 논점이 다른 문제이다.

일군의 경향성이나 이를 바탕으로 한 특질론이 문제가 되는 것은 특정한 시대와 사회를 배경으로 한 경향성이 여성문학 일반의 특질, 즉 '본질'로 일반화되어 버린다는 것이다. 전근대사회와 근대문학사 초기에 여성작가문학은 일단 자료의 범위에서 남성작가문학에 비해 매우 적다. 그중에서도 가시적인 몇몇 개별 사례를 근거로 공통점을 추출해 여성문학의 보편적 현상으로 일반화하는 논리가 문학사 서술에 만연되어 있다.

여성문학특질에 대한 이러한 일반화 경향은 1970년대 한국근대문학사 서술에서도 확인된다. 여성작가문학의 특질을 '여성적' 혹은 '비여성적'이란 동어반복으로 규정하는 방식은 이재선의 『한국현대소설사』에서 가장 두드러진다. 이재선은 "여류작가와 여성문학

---

인한다고 했다. 허미자, 『한국여성문학 연구』, p. 161.

67 김우정, 「한국여류시의 발생과 근저」, pp. 315, 322.

의 세계"를 논하는 장을 마련하고 "여류문학의 특수성"을 별도로 논한다.[68] '여성적'이란 개념이 의미하는 바가 무엇인지는 논의하지 않았는데, 그 의미는 이미 '선험적으로' 주어져 있다. 그 의미는 대체로 '남성적/여성적' 특성에 관한 통념에 기대고 있음을 짐작할 수 있다. 그 몇 가지 예를 보자.

- 박화성은 특별히 여성적인 양식에 구애받고 있지 않은 것이 특징이다.
- 강경애는 정감성이나 여성원리에 근거하는 작가이기보다는 외향적이고 비판적인 이념을 중시하는 리얼리스트다.
- 백신애의 문학은 앞서의 두 작가와는 달리 보다 여성적인 감성이나 사고의 영역에 근거했던 것이다.
- 최정희의 문학세계는 어느 작품이든 문학적 성공 여부와 관계 없이 그 성격이 여성의식의 순수결정체라는 점에 있다. 그 문체의 정감성이나 여성적 목소리의 일인칭 서술, 구성의 논리는 물론 생리나 윤리적인 면에 있어서도 여성적인 세계의 본질영역과 깊이 밀착되어 있는 것이다.

이재선에 따르면, 남녀 사이에 존재하는 기질적 차이는 그들의 성격에서만 드러나는 것이 아니고 글쓰기에도 반영되는 '본질'이다. 남녀의 생물학적 차이가 남성작가문학과 여성작가문학에도 근본적 차이를 유발한다고 간주하는 것이다. 이재선은 여성문학에 대한 별

68 이재선, 『한국현대소설사』, pp. 428-444.

도 고찰이 필요한 이유가 여기에 있다고 했다.

> 남녀의 성의 차이란 작품의 내용이나 양식에 있어서 철저하게 드러나는 것은 아니다. (중략) 그런 가운데서도 ①음양의 원리에 입각한 성의 차이는 작품에 영향을 미치는 것이 또한 사실이다. ⓐ프로이트는 진작 여성의 특징을 수동성·연약한 자아와 초자아, 행동적 목표의 자제·추상적 사고에의 무력·내면과 환상으로의 은신 등으로 요약한 바가 있다. ②남자와 여자는 서로가 성적으로 相違한 그 만큼, 문학적 발상이나 사고 또는 감수성과 문제 의식에 있어서 차이를 가지고 있는 것이다. ⓑ남성 작가들이 주로 外發的인 主題로서의 사상성 및 사회성을 중시하는 데 비해서 여성 작가들은 內的 主題라고 할 수 있는 여성리얼리즘female realism이나 개인생활성을 강조한다든가 남성원리를 비판하는 경우가 많은 것이다.[69]

①·②는 남녀의 생물학적 차이와 그들의 글쓰기 상호 간에 필연적인 관계가 있다는 원론적인 주장이다. ⓐ는 남녀 차이를 생물학적 본질로 환원하는 경향이 강한 정신분석학의 고전적인 주장이며, ⓑ는 작가의 성별에 따라 문학의 특성이 크게 다르다는 일반론이다. ①·②가 원리라면, ⓐ·ⓑ는 현상을 지적한 것이다. 그런데 '성의 차이'와 '문학'의 관계에 대한 원론에 해당하는 ①·②는 과학적으로 증명된 원리라기보다 오히려 ⓐ·ⓑ와 같은 현상에서 귀납적으로 도출

69 이재선, 『한국현대소설사』, p. 430.

된 일반론이다.

이재선의 경우처럼, 통념으로서의 '여성성'을 여성문학의 특질이나 본질로 파악하는 것은 문학사 서술에서 널리 퍼진 관념이었다. 김윤식은 한국근대문학사에서 '여류문학'이란 작가의 성별에 따른 구분일 뿐 남성문학과 어떤 차이가 있는 것이 아니라고 했지만, 개별 작가들에 대해 기술할 때는 '여류'에 대한 일정한 상투적 표현을 불식하지 못했다. 최정희를 "여류다운 체취를 지닌 작가"로 명명한다든가, 「흉가」와 「인맥」을 "여성 특유의 섬세한 감정과 심리를" 표현한 작품으로 평하는 것 등이 그것이다.[70] 김영덕 역시 박화성에 대해 "이 작가의 결점이란 남성의 작품세계도 아니었고, 완전히 감상적인 여성적인 작품도 아니었다는 점"이라 했고, 최정희를 "가장 여성다운 여류작가"라고 평하는 등 동일한 기준을 적용했다.[71]

이처럼 여성문학의 특질을 '여성성'이란 기준으로 이해하는 방식은 근대문학사에만 한정해서 생각해 볼 때 한국과 일본, 영미를 비롯한 유럽에서 공통으로 확인되는 현상이다. 근대문학사 서술에서 여성문학의 역사와 전통을 '여성성'이란 특질로 해명하려는 태도는 근대문학기에 널리 퍼진 여성성 담론을 반영한 것으로 보인다. 광복 이후 한국근대문학사 서술에서 보편화된 여성문학특질론은 30년대 김문집과 임순득의 '여류문학논쟁'에서 김문집의 관점을 대변한 것이었다.

김문집이 박화성에 대해 썼던 "성적 귀환론"은 '여류문학'에 대

70 김윤식, 「인형의식의 파멸」, 『한국문학사논고』, p. 246

71 김영덕, 「여류문단 40년사」, pp. 116, 123.

한 30년대 남성 지식인의 전형적인 관점을 대변한다.[72] 임순득은 김문집의 주장을 이렇게 요약했다.

> 女流作家의 意義는 女子만이 擔當할 수 있는 藝術 分野에 屬한 一切의 女子만이 갖는 感情으로 女子만이 할 수 있는 形象化를 할 수 있다는 데에서 찾는 것이다. 女流作家는 그러한 名稱일 따름이다.[73]

김문집의 '여류문학론' 요지는 "문학은 리비도의 발현이므로 여성은 여성성을 표현하는 예술을 낳아야 한다는 것"이다.[74] 여기서 여성성의 개념은 남녀의 생물학적 차이에 대한 통념에서 조금도 벗어나지 않는다. 여성문학의 '여성적' 특질에 대한 그러한 관념은 비단 '남성'문인들만의 생각은 아니었다. 이선희는 자기 소설에서 가장 중요한 요소를 '낭만성'으로 꼽고, "女性作家인 나로서는 線이 부드럽고, 읽어서 매끈매끈하고 浪漫的이어야 사람의 힘을 끄는 魅力이 큰 줄"[75] 안다고 했다.

일본에서도 19세기 말부터 20세기 초에 여성작가의 출판활동이 활발해지면서 일군의 문학서클에서는 여성문학이 대단히 열광적인 대접을 받았다고 한다. 문학잡지들은 여성작가의 작품을 특집호

---

72 김문집, 「여류작가의 성적귀환론-花城을 논평하면서」, 『四海公論』(1937. 3.).
73 임순득, 「여류작가의 지위-특히 작가 이전에 관하야(一)」, 『조선일보』, 1937. 6. 30.
74 서정자, 「최초의 여성문학 평론가 임순득론」, p. 67.
75 「여류작가방문기, 정열과 낭만 속에 잠긴 이선희녀사」, 『삼천리』 8권 11호, pp. 169-170.

로 다루기도 했는데,[76] 당대 남성문인이 여성작가를 평가하는 논조는 한국의 경우와 크게 다르지 않아 보인다. 뛰어난 작품에 대해서는 '여성이 지었다는 점을 감안하면 놀라울 만큼 날카롭고 복잡하다'라든가 '도저히 여성이 지었다고 믿기지 않게 날카롭고 특이하다'는 식으로 평가하고, 여성작가의 존재를 '예외'로 다루면서 여성의 능력에 대한 은근한 경멸감을 표하는 경향이 있었다는 것이다.[77]

에릭슨(Ericson)에 따르면, 당시 일본문단에서 '여류문학(女流文學)'의 개념은 하나의 독특한 글쓰기 스타일을 의미하는 것이었다. 한국과 마찬가지로, 일본의 근대 문학비평가들 사이에서 흔히 사용되었던 '여류문학'이나 '여류작가'라는 범주는 그 기준이 명확하고 가치중립적인 것처럼 보였으나 실상은 어떤 특정한 글쓰기 스타일을 의미하는 경우가 많았다고 한다. '여류문학'은 센티멘털한 서정성, 인상비평적이고 비지적(非知的)인 성격, 일상생활에 대한 섬세한 묘사 등을 특징으로 하는 하나의 글쓰기 스타일로 간주되었으며,[78] 그것은 곧 여성작가문학의 특질이자 본질로 환원되는 경향이 농후했다. 헤이안시대 '여류일기문학'을 근대문학형성기에 '일본적'인 문학으로 정전화하면서도 동시에 그 '여성성'에 대해 문학사가들이 양면적 태

76 예컨대, 1895년에 한 문학잡지는 당대 여성작가들을 다룬 특집호를 냈는데 대단한 인기를 끌어 2년 후에 다시 제2호를 출간했다고 한다. Joan E. Ericson, "The Origins of the Concept of "Women's Literature"", ed., Paul Gordon Schalow and Janet A. Walker, *The Woman's Hand: Gender and Theory in Japanese Women's Writing* (Standford: Standford University Press, 1996), p. 80.

77 Ericson, "The Origins of the Concept of "Women's Literature"", pp. 80-81.

78 Ericson, "The Origins of the Concept of "Women's Literature"", pp. 74-75.

도를 취했던 것은[79] 당대 '여류문학'의 '여성성'에 대한 부정적 인식과 상통하는 데가 있다.

여성작가문학을 이른바 '여성적 스타일'로서 단일화하는 경향은 영문학사에서도 발견되는 동일한 현상이다. 20세기 전반기에 미국의 문단에서도 '단 하나의 여성적 스타일'이 존재한다고 생각하고 그러한 경우에 어울리지 않는 여성작가들을 기이한 예외로 간주하는 경향이 있었다.[80] 예컨대 20세기 전반에 활동한 소설가 아나이스 닌(Anaïs Nin)은 '여성적' 스타일로 소설을 썼다는 점에서 한국의 최정희에 비견할 수 있는데, 닌에 대한 당대의 비평가 무어(Moore) 교수의 '찬사'는 곧 닌의 작품과 작가 자신이 '남자처럼 글을 쓰는' 여성작가들과 달리 매우 '여성적'이라는 데 있었다.[81]

'여성성'을 여성작가문학의 평가 기준으로 삼는 태도가 근대의 문학사 서술에 와서 처음 나타난 것은 물론 아니다. 20세기 이전에 남성문인들이 여성의 한시를 평가하면서 종종 거론했던 '지분기(脂粉氣)'는 '여성적 어조' 또는 '여성적 문체'를 가리키는 말로서, 앞서 살폈던 '여성성'의 부정적 용법을 응축하고 있다. '지분기'란 '예쁘고 화사하고 순함'을 의미할 때도 있지만 기본적으로 '경박하고 기운이

---

79 하루오 시라네·스즈키 토미, 『창조된 고전』, p. 95.

80 Moers, *Literary Women*, pp. 63-65.

81 "Miss Nin, delicately petite and delicately beautiful, is a pronouncedly feminine type of woman. To characterize her work we might best use the elemental word female, for Anaïs Nin is not one of those women authors who write like men. Her work is subtle and complex, sensuous, and with soundless depths. It takes the reader in and out of dreams."(Moers, *Literary Women*, p. 64에서 재인용)

모자람', 즉 여성작 한시의 '여성적 한계'를 의미하는 것이었다.[82] 이처럼 여성작가문학을 평가할 때 '여성성'을 기준으로 삼는 태도는 여성문학사 인식에서 시공간을 초월해 널리 확인되는 현상으로, 그 함의가 대체로 부정적이었다는 점 또한 공통적이다.

### 2) 긍정적 함의의 '여성성'

여성문학의 특질을 '여성성'이란 동어반복적 논리로 해명하려는 경향이 페미니즘 문학이론의 중요한 한 축을 이룬다는 것은 아이러니한 일이다. 근대문학형성기의 시각과 차이가 있다면 여성성의 함의를 부정적으로 보는가 긍정적으로 보는가에 있다. 여성성의 긍정적 가치를 주장하는 페미니즘 문학이론가들은 이를 통해 여성문학의 미래를 제시하는 하나의 지향점으로 삼기도 한다. 그러나 '여성성'을 부정적으로 보든 긍정적으로 보든, 이를 중심으로 여성문학의 과거와 현재와 미래를 이야기하는 방식은 무엇보다 여성문학을 비역사화할 위험이 크다는 점에서 적지 않은 문제점을 안고 있다.

여성문학의 이른바 '여성성'에 관한 논의는 여성문학의 특질을 넘어 종종 문학의 본질과 연결되는 경향이 있다. 탄정비는 중국여성문학의 가치를 논의하면서, "완약·온유의 문학은 여성이 지어야만 더 생동하"며 그런 맥락에서 여성문학이야말로 "문학 宗祖의 宗祖"

82 박무영, 「'여성적 말하기'와 여성한시의 전략」, 『여성문학연구』 2(한국여성문학학회, 1999), pp. 20-25.

라는 견해가 문학비평의 일반론이니 재론할 여지가 없다고 했다.[83] 요시다 세이치도 여성에게는 시대와 신분의 차이를 넘어서 "여성만의 陰微한 감정, 심리의 세계"가 있고 "남성들이 가지지 못한 柔媚한 매력"이 있다면서, 여성문학사를 별도로 고찰하는 의의가 여기에 있다고 했다.[84]

이처럼 문학의 본질적 요소 가운데 정서와 상상력 등을 여성성과 연결하는 논리는 문학의 위대성이 곧 "모성적 회귀"에 있다는 주장으로 확대되기도 한다.[85] 모성적 원리는 쟁취나 도전보다 통합과 조합의 원리라 하고, 심지어 "한국의 전통적 여성문학의 특성인 정한(情恨)·사랑·이별·기다림·기원 등의 모성적 원리의 수용"을 주장한다. "세계인식에 대한 투명성, 수렴성, 다원성을 핵심으로 하는 시정신"을 '여성적 감수성'과 연결하는 논리도[86] '여성성'을 문학의 본질과 동궤에 놓음으로써 그 가치를 고양하는 동일한 맥락에 놓여 있다. 허영자는 그러한 시적 본질로서 '여성성'을 다른 아무런 매개 없이 여성작의 시편들에 적용하고, 이로써 「공무도하가」부터 1970년대 현대시까지 '한국여성시'의 흐름을 개관한다. 이처럼 '문학'의 본질을 '여성성'에 대응시키면서 여성문학의 특질로 규정하는 방식은 그 의미가 상당히 모호하면서도 널리 통용되고 있다.

프랑스의 '여성적 글쓰기(écriture feminine)' 이론은 여성문학의 본

83 譚正璧, 『中國女性文學史話』, pp. 16-17.

84 吉田精一, 「序」, 『日本女流文學史: 近世·近代篇』.

85 정영자, 『한국페미니즘문학연구』, pp. 21-26.

86 허영자·한영옥, 「한국여성시의 흐름과 전망」, 『한국여성시의 이해와 감상』(문학아카데미, 1997), p. 9.

질이 따로 있다고 보고 그 특질을 살리는 데서 미래 여성문학의 전망을 찾는 페미니즘 문학이론의 대표적 사례이다. 이들은 남성과 여성의 본질적 '차이'의 문제에 관심을 두고, 여성문학의 본질을 여성 신체적 특성에서 찾으려고 노력한다. 남성중심적인 개념으로 구조화된 세계에서 여성은 스스로를 인식하고 표현할 언어를 갖지 못했다고 보고, 남성지배담론과는 다른 여성 본연의 말하기와 글쓰기의 원천을 바로 여성의 신체에서 찾는 것이다.

이리가레(Irigaray)와 식수(Cixous)가 주장하는 '여성적 글쓰기'는 흔히 '몸으로 글쓰기'로 이해된다. "여성은 여성 자신을 글로 써야 한다"[87]는 명제는 '여성적 글쓰기'가 여성의 육체를 글쓰기의 원천으로 삼아야 한다는 점을 강조한다. 성기(性器)의 두 음순(陰脣)에서 나오는 성욕의 확산성 등 성적 쾌감을 느끼는 방식이 남녀가 다르다는 점을 여성과 남성의 글쓰기 또는 말하기의 차이로 환유하는 것이다.[88] 여성 글쓰기의 원천으로 성적 리비도를 강조하는 이들은 여성과 남성의 '본질적으로 다른' 신체, 즉 생물학적 기반을 중시한다. 그리고 구강 충동, 항문 충동, 음성 충동 등을 글쓰기의 충동에 비유하면서 심지어 임신 충동을 이야기한다.[89] '부푼 배를 갖고 싶은 욕망'을 '언어에 대한 욕망'으로 환치하는 비유는 여성 글쓰기 담론에서 쉽게 접할 수 있다. 김성례의 표현을 빌리면, '몸으로 글쓰기'는 "독즙이 나오기를 기다리는 주술적 방법"을 이용한 "잠재된 언어의 욕망을 입

---

87 엘렌 식수, 박혜영 역, 『메두사의 웃음/출구』(동문선, 2004), p. 9.

88 앤 로잘린드 존즈, 「몸으로 글쓰기-여성적 글쓰기의 이해를 위하여」, 한국여성연구회 문학분과 편역, 『여성해방문학의 논리』, p. 176.

89 엘렌 식수, 『메두사의 웃음/출구』, p. 41.

술과 자궁, 신열에 들뜬" 상태의 글쓰기다.[90]

'여성적 글쓰기' 이론은 한국 근대문학 분야에서도 그 적용 가능성이 활발히 논의되었고, 특히 1990년대 페미니즘 문학비평의 핵심 테마 가운데 하나였다.[91] 이리가레와 식수의 '여성적 글쓰기' 이론에 대한 비판은 영미에서도 이미 여러 차례 있었는데,[92] 그 비판의 논점은 대체로 유사하다. 한마디로, 프랑스의 여성 글쓰기 이론이 여러 가지 이점에도 생물학적 본질주의로 빠질 위험이 크다는 것이다. "여성이라면 공통적으로 누구나 갖고 있는 점 (중략) 선천적인 특성이 보여 주는 무한한 풍부함"[93] 등 여성적 글쓰기 이론에서 논의되는 '여성적' 속성은 시대와 지역과 계층 모두를 초월하기 때문이다.

이러한 '여성적 글쓰기' 담론이 19세기의 생물학적 본질론과 차이가 있다면,[94] '여성성'으로 규정되는 생물학적 근원에 대한 가치개념을 뒤집었다는 점이다. 여성성을 남성성에 비해 열등한 것으로 간주하여 부정적으로 보던 시각에서 거꾸로 '과도할 만큼' 긍정적으로 해석하려는 경향이 그것이다. "여성의 身體性을 운명보다는 오히려

90 김성례, 「여성의 자기진술의 양식과 문체의 발견을 위하여」, 『또하나의 문화: 여자로 말하기, 몸으로 글쓰기』 9(또하나의 문화, 1992), p. 129.

91 김은하·박숙자·심진경·이정희, 「90년대 여성문학 논의에 대한 비판적 고찰」, 『여성과 사회』 10(한국여성연구소, 1999). 이 논문에서 그 성과와 문제점을 전반적으로 검토했다.

92 엘레인 쇼월터, 「황무지에 있는 페미니스트 비평」, 『페미니즘과 문학』; 앤 로잘린드 존즈, 「몸으로 글쓰기-여성적 글쓰기의 이해를 위하여」; 토릴 모이, 임옥희·이명호·정경심 역, 『성과 텍스트의 정치학』, pp. 119-176.

93 엘렌 식수, 『메두사의 웃음/출구』, p. 10.

94 19세기 유럽에서는 두뇌 또는 성기의 구조에 존재하는 남녀의 차이가 여성을 지적으로 열등한 존재로 만든다는 주장이 보편적으로 인정되고 있었다고 한다.

자원으로" 보아야 한다는 주장은 충분히 긍정할 수 있지만,[95] 그것이 곧 남성성·여성성의 이분법적 항목들 사이에 놓인 위계적 가치를 단순히 거꾸로 뒤집는 데 그친다면 그러한 시각의 의의는 협소할 수밖에 없다. 여성성, 모성성, 여성적 글쓰기와 관련해 1990년대 한국에서 진행된 페미니즘 비평이 공통으로 빠져 있는 함정도 바로 그 지점이다. 이는 1990년대에 유행한 탈중심적 이론을 여성성 이론과 무차별적으로 결합한 결과였는데,[96] 여성적 글쓰기를 기존의 남성적·이성적 글쓰기와 대립하는 개념으로 설정했던[97] 프랑스 이론가들의 논리 속에 이미 그러한 위험요소가 들어 있었다.

'여성적 글쓰기' 이론에서 그 개념과 구체적 형태를 명확히 규정하지는 않았다. 식수에 따르면, 오히려 '여성적 글쓰기'의 개념을 이론화하고 코드화하는 것은 앞으로도 불가능한 일이다.[98] 어쩌면 개념을 정의하고 이론화하는 방식 자체가 '여성적 글쓰기'의 속성과는 거리가 먼 것일 수 있다. 식수에 따르면, 과거의 글쓰기 역사는 이성적·문화적·남성중심적 전통과 동질로 파악되고, 그들이 추구하는 '진정한' 여성적 글쓰기는 이제까지 거의 존재하지 않았다. '여성성'을 은

---

95 엘레인 쇼월터, 「황무지에 있는 페미니스트 비평」, p. 31.

96 김은하 외 3인, 「90년대 여성문학 논의에 대한 비판적 고찰」, p. 144.

97 "지금까지의 글쓰기는 리비도적이며 문화적인—고로 정치적인, 전형적으로 남성적인—경제에 의해 경영되어 왔다. 글쓰기란 여성의 억압이 재생산되는 장소이다. (중략) 글쓰기의 거의 모든 역사는 이성의 역사와 혼동된다. 글쓰기는 이성의 결과이며 동시에 그 버팀대이자 그 특혜받은 알리바이 중 하나이다. 글쓰기는 남성 중심적인 전통과 동질의 것이었다. 글쓰기는 자신을 바라보는, 그리고 자신을 향유하고, 자신에 만족해 하는 남성 중심주의 그 자체이다." 엘렌 식수, 『메두사의 웃음/출구』, pp. 16-17.

98 엘렌 식수, 『메두사의 웃음/출구』, p. 112.

폐하고 표현양식상 '남성적' 글쓰기와 구분되지 않는 여성작가들의 글쓰기는 진정한 '여성적 글쓰기'가 아니라는 것이다.[99]

이러한 논리를 따른다면, '여성적 글쓰기' 이론은 여성해방문학의 전망을 제시하는 '미래서사'가 될 수는 있겠지만 여성문학의 '과거'를 해명하는 데는 취약해 보인다. 애당초 프랑스의 페미니즘 문학비평은 여성문학의 전통과 역사를 개별적인 작품이나 작가들의 사례로 구체화하는 것보다 문학/비문학 등의 배타적 구분을 해체하는 이론화 경향을 더 강하게 띤다.[100] 이 때문에 과거 여성문학전통의 재현에 일차적 관심을 기울이는 여성문학사 서술에 이 관점을 적용하기는 쉽지 않다. 예컨대 『이탈리아 여성글쓰기사』는 서문에서 페미니즘의 '여성적 글쓰기' 이론에 동의하지 않는다고 분명히 밝혔다. '여성적 글쓰기' 개념 자체가 본질론적 가정에 입각해 있기 때문이라고 했는데,[101] 그런 이유 외에도 '여성적 글쓰기'란 틀이 과거에 존재했던 여성 글쓰기의 다양한 국면을 모두 포괄하기에는 매우 제한적인 것이 사실이다.

그러나 여성문학특질로서 '여성성'을 긍정적으로 해석하면서 오히려 남성중심적 가치의 대안으로 재평가하려는 시도는 기존의 문학사 서술에서 그다지 주목받지 못했던 문학현상을 새롭게 볼 가능성을 열어 준다. 구술문화 속에서 여성의 말하기는 '몸으로 글쓰기'의 '오래된 미래'로서 주목할 필요가 있다. 여성의 구술 생애담은 '몸으

99 엘렌 식수, 『메두사의 웃음/출구』, pp. 15-16.
100 태혜숙, 『탈식민주의 페미니즘』, p. 25.
101 Panizza and Wood ed., *A History of Women's Writing in Italy*, p. 1.

로 글쓰기'의 전형으로 이해되는데,[102] 생애담뿐만 아니라 구술적 전통 일반에 그러한 해석의 여지가 풍부하다. 신화적 전승이 특히 그러한데,[103] 예컨대 서사무가 「바리데기」는 전근대사회 여성들의 문학활동 가운데 상대적으로 덜 억압된 '여성성'을 발견할 수 있는 여성중심의 구술적 전통을 대변한다.[104] 「바리데기」를 통해 발현되는 긍정적 가치로서 '여성성'을 여성시인의 화신으로 의미화할 때,[105] 그것은 '여성적 글쓰기'의 과거이자 미래로 평가될 수 있을 것이다. 식수 등이 진정한 '여성적 글쓰기'가 존재한 적이 없었다고 파악한 것은 여성이 향유했던 풍부한 구술적 전통을 고려하지 않은 데 근본적인 이유가 있을 것이다.

'여성적 글쓰기' 이론은 기존의 남근중심적 언어체계 내에서 억압되었던 '여성성'을 새로운 글쓰기로 구현하려는 시도로 이해된다. 그러한 글쓰기가 가능하다면, 그들이 추구하는 '여성성'이란 요컨대

---

102 김성례, 「여성의 자기진술의 양식과 문체의 발견을 위하여」, p. 133. 구체적인 사례분석으로 다음의 논문 참조. 김성례, 「한국무속에 나타난 여성체험: 구술생애사의 서사분석」, 『한국여성학』 7(한국여성학회, 1991); 천혜숙, 「여성생애담의 구술사례와 그 의미 분석」, 『구비문학연구』 4(한국구비문학회, 1997).

103 신화적 전승은 '여성적 글쓰기' 이론이 추구하는 긍정적 '여성성'의 가치를 상대적으로 잘 보존하고 있는 텍스트라고 할 수 있다. 예를 들어, 아프리카 도공(Dogon) 부족의 창조 신화는 이야기 주체를 여신의 '자궁'으로 설정해 여성이 언어의 창조자와 계승자로 그려진다. 이 신화는 여성의 언어가 남성지배질서에 억압되고 통제되기 이전 단계를 상징하는 것이다. 김성례, 「여성의 자기진술의 양식과 문체의 발견을 위하여」, pp. 130-131.

104 이경하, 「〈바리공주〉에 나타난 여성의식의 특징에 관한 비교고찰」(서울대학교 석사학위논문, 1997)은 여성 중심의 무가 전통을 전근대사회 여성문학사의 중심에 자리매김하고자 했던 작업이다.

105 김혜순, 『여성이 글을 쓴다는 것은: 연인, 환자, 시인, 그리고 너』(문학동네, 2002), p. 6.

기존의 남성중심적 문학정전이 구현했던 가치와는 다른 새로운 가치를 상징하게 될 것이다. 식수 등의 '여성적 글쓰기' 이론에 대해 본질론적이라고 비판하면서도 다른 한편으로 여기서 "잠재된 혁명적인 정치적 가능성"[106]을 찾는 것은 이 때문이다.

여성작가문학의 특징을 '여성성'과 관련해 논의할 경우, 그 의미가 긍정적이든 부정적이든, 가능한 한 제한된 시공간을 배경으로 '여성성'이 구체화될 수 있도록 특별히 유념할 필요가 있다. 다시 말하면, 여성문학특질에 관한 논의에서 '여성성'의 의미가 비역사화되지 않도록 하는 것이 무엇보다 중요하다. 섬세함이나 감상성 같은, 여성작가문학에서 흔히 지적되는 속성들은 어디까지나 특정한 사회적·문화적 맥락 속에서 형성되고 유지되는 것이다. 그러한 구성주의 관점에서, 현상적으로 두드러지는 여성 글쓰기의 특성이 어떠한 조건에서 어떠한 과정을 거쳐 형성·강화·지속되어 왔는지를 밝히는 것이 긴요한 과제이다. 글쓰기를 비롯한 여성의 모든 문학활동에서 이른바 '여성성'이 사회적으로 구성되고 역사적으로 변화·지속되는 과정을 해명하는 것이야말로 여성문학사 서술이 감당해야 할 중요한 과제이다.

여성문학사 서술이 단지 이러저러한 특질을 지적하는 데 그친다면, '여성성'에 관한 기존의 관념을 재생산하는 역효과를 낳을 수도 있다. 여성작가의 한시에서 '지분기(脂粉氣)'가 있다, 없다를 기준 삼아 부정적 혹은 긍정적으로 작품을 평가하는 방식은 표면적으로 드

106 태혜숙, 『탈식민주의 페미니즘』, p. 109.

러나는 현상의 기술에 그친 것이기에 문제가 된다. 앞서 언급했듯이, 조선시대 남성문인들이 여성의 한시를 평가할 때 흔히 그런 방식을 취했고, 근대문학사 서술에서 여성작가문학에 대한 평가 역시 '여성적' 특성의 현상을 지적하는 데 그치는 경우가 많았다.

그다음 단계는 '왜', '어떻게' 그렇게 되었는지를 묻는 것, 더 나아가 그 현상을 재해석하고 재평가하는 작업이다. 여성 한시의 말하기 방식을 '약자의 전략'이란 차원에서 해석하거나,[107] 1950~60년대 여성작가들의 문학적 특성을 '여류의 2원적 착란'으로 해석한[108] 연구는 그 좋은 예이다. 두 연구에서 '여성성'이란, 신체에 기반한 본질적 특성으로서가 아니라 가부장적 질서하에 여성작가에게 강요되었던 주변성과 열등성의 의미로 파악된다. 여기서 '여성성'이 상징하는 주변성과 열등성은 사회적으로 구성된 여성문학특질인 것이다.

최근 여성의 '자전적 글쓰기'에 관한 연구가 활발해지고 있는데, 이 분야는 사회적으로 구성된 '여성성' 및 여성문학특질에 대한 역사적 접근이 더 용이하다는 점에서 주목된다. 1990년대 여성작가들의 자전소설 연구,[109] 전통사회부터 현대까지 이어지는 여성의 '자기

---

107 박무영은 여성한시의 전략을 남장하기, 규범으로 분식하기, 행간으로 말하기, 침묵하기, 이용하기 등으로 구분하고, 궁극적으로 여성한시의 말하기 전략이 '약자의 말하기 방식'이라고 해석했다. 박무영, 「'여성적 말하기'와 여성한시의 전략」, pp. 30-41.

108 박화성과 최정희의 예에서 보듯, '남성적인 여류'와 '여성다운 여류'의 두 유형으로 대별하는 것이 근대여성작가들에 대한 기존의 문학사적 평가였다. 박정애는 1950~60년대 여성작가들의 작가적 정체성을 '여류'의 주변성에 기인한 '이원적 착란'으로 해석하고, 이를 토대로 그들의 소설과 수필의 서사적 전략을 분석했다. 박정애, 「'여류'의 기원과 정체성: 50~60년대 여성문학을 중심으로」.

109 김연숙·이정희, 「여성의 자기 발견의 서사, '자전적 글쓰기'」, 『여성과 사회』 8(한국

서사' 전통에 관한 연구는[110] 구체적인 시간과 공간을 배경으로 '여성적 글쓰기' 논의가 추상적·본질적 차원에 빠지지 않을 가능성을 시사한다. 또한 자전적 글쓰기는 "자기 내면에 대한 성찰과정이자 자아의 사회화 과정"이며 "그 자체로서 성적 정체성의 탐색과 여성적 자아의 재발견을 추동하는 조건이 된다"[111]는 점에서, 여성의 자전적 글쓰기 전통에 대한 역사적 연구는 여성 정체성의 지속·변화 과정에 대한 이해를 도울 것이다.

유독 여성작가들이 자기 체험의 진술 양식에 관심을 보여 왔다면, 즉 여성문학사에서 자전적 글쓰기가 과거의 특정 시기에 혹은 지속해서 드러나는 하나의 특징적 문학현상이라면, 이를 토대로 여성문학특질의 '여성성'에 대한 탐색을 새롭게 진행할 수 있을 것이다. 여성의 자전적 글쓰기 전통은 한국에서뿐만 아니라 유럽에서도 두드러진 현상으로 지적된다. 『프랑스 여성글쓰기사』는 과거 여성들의 풍부한 자서전 쓰기 전통이 20세기 후반의 여성 글쓰기에 어떻게 이어지는지 서술하고 있다. 프랑스에서는 1975년 이후 여성들에 의해 자전적 글쓰기가 다시 활발해졌는데, 이로써 여성들이 주류문화 속

---

여성연구소, 1997).

110 '자기서사'란 "화자가 자기자신에 관한 이야기를 그것이 사실이라는 전제에 입각하여 진술하며, 자신의 삶을 전체로서 회고하고 성찰하며 그 의미를 추구하는 특징을 갖는 글쓰기 양식"을 가리키는 개념이다. 박혜숙, 「여성 자기서사체의 인식」, 『여성문학 연구』 8(한국여성문학학회, 2002), p. 10; 「여성적 정체성과 자기서사: 〈즈기록〉과 〈규한록〉의 경우」, 『고전문학연구』 20(한국고전문학회, 2000); 박혜숙·최경희·박희병, 「한국여성의 자기서사」(1)~(3), 『여성문학 연구』 7~9(한국여성문학학회, 2002~2003) 참조.

111 김연숙·이정희, 「여성의 자기 발견의 서사, '자전적 글쓰기'」, p. 209.

에 어떻게 섞이면서 어떤 역할들을 수행하는지 보여 준다고 했다.[112] 『독일어권 여성글쓰기사』에서도 자서전을 포함한 여성의 자전적 텍스트를 전 시대에 걸쳐 비중 있게 다룬다.[113] 여기서 공통항으로 지적되는 '여성성'의 정체는 작가의 생물학적 본질이 아닌, 남성중심 사회에서 여성작가가 처한 존재론적 기반의 유사성에서 찾아야 할 것이다.

여성문학의 역사를 복원하고 전통을 탐색하는 작업은 어떤 의미에서 "당연시되어온 기존의 장르서열을 허무는 데서부터 출발해야"[114] 하는지 모른다. 기존의 자국문학사가 '위대한 전통'을 중심으로 마련해 놓은 가치체계 내에서 그 기준에 부합하는 여성작가문학을 발굴해 부각하는 작업은 그것대로 의미가 있으나, 그런 방향에서 탐색된 여성문학의 역사와 전통이란 극히 부분적일 수밖에 없다. 주변적 존재로서 여성이 좀 더 자유롭게 향유했던 문학의 공간은 오히려 자국문학사에서 상층/남성이 주도한 '주류'에서 벗어나 있을 가능성이 높기 때문이다.

---

112 Stephens ed., *A History of Women's Writing in France*, pp. 185-203.

113 Catling ed., *A History of Women's Writing in Germany, Austria and Switzerland*.

114 박혜숙, 「여성 자기서사체의 인식」, p. 8.

# 2장 여성주의 시각의 문제

학문의 영역에서 여성주의 시각이 성립할 수 있는 것은 학문이 지식의 생산에 관여하는 정치적 행위임을 전제했을 때이다. 학문에 대한 전통적인 생각은 학문적 탐구가 가치중립적이며 객관적이라는 것인데, 근대학문에 대한 비판은 오히려 학문이 일종의 '자기옹호적 체계'임을 폭로했다. 학문과 젠더의 관계를 보면, "여성이 배제된 제도권이 생산한 학문적 지식은 여성의 배제를 계속 정당화하는 데 이용된다"[115]는 것이다. '여성주의적 학문'이 필요한 것은 이 때문이다. 여성주의적 학문은 물론 여성만을 위한 것이 아니라 궁극적으로 성평등 지식 생산을 목적으로 한다.

그러나 문학 연구를 비롯해 학문 영역에서 여성주의적 접근에 대한 시선이 긍정적인 것만은 아니다. 이상적으로 그 필요성에는 동의한다 해도 여성주의적 해석이 편파적이고 일면적이라는 우려가 여전

115 잉에 슈테판, 「젠더, 성, 이론」, p. 123.

히 높다. 부분적으로는 여성주의적 접근의 미숙함 때문이고, 부분적으로는 여성주의 시각에 대한 몰이해 때문일 것이다. 이러한 현실을 염두에 두면서, 이 장에서는 기존의 여성문학사 서술에서 여성주의 시각이 어떻게 반영되어 있는가를 고찰하고, 역사서술의 객관성 문제와 관련해 그 부정적·긍정적 측면을 논의한다.

## 1. 감상주의와 목적의식

### 1) 서술자의 감정이입과 학문적 객관성

초기 여성문학사 서술에서 발견되는 공통점 가운데 하나로 여성문학의 과거 유산에 대한 서술자의 감상적 태도를 지적할 수 있다. 구체적인 서술에서 드러나는 감정의 과잉이나 서술대상에 대한 감상적인 찬미는 각국의 초기 여성문학사 서술에서 종종 발견되는 현상이다. 중국과 영국의 사례를 하나씩 든다.

> 유사 이래 가장 위대한 여성문학가 李淸照(1082~1141)에 대해 써내려 가다 보면, 그리고 그녀의 생애와 작품의 배경을 읽다 보면, 나는 저며 오는 가슴을 차마 주체하지 못하여 종종 붓을 던지고 길게 탄식하게 된다. 이렇게 졸렬하고 서투른 나의 필력으로 어떻게 써야 할지, 우리의 이 위대한 여성문학가의 풍부한 생명력과 초월적인 천부적 재능을 생동하게 그리고 핍진하게 표현할 수 있을는지! 내가 어떻게 그런 대담한 시도를 할 수 있을까![116]

이것은 탄정비가 송대의 사(詞) 문학작가 리칭자오(李淸照)에 대해 기술하는 첫대목을 인용한 것이다. 서술자는 이 여성시인에 대해 '유사 이래 가장 위대한 여성문학가'라고 칭송하면서, 그녀의 생애와 작품을 읽다 보면 가슴이 저며와 붓을 던지고 탄식하게 된다고 했다. 그러고는 리칭자오의 천재적인 문학적 재능과 작품에 나타나는 풍부한 생명력, 생생한 표현에 대해 서술하기에 자신의 글쓰기는 너무나 서투르고 졸렬하다고 한탄한다. 여기서 리칭자오 시인의 천재적 재능은 기정사실로 전제되어 있다. 만일 그 위대함이 잘 드러나지 않는다면, 이는 리칭자오의 시적 재능이 모자란 것이 아니라 그것을 온전히 드러내지 못한 서술자 자신의 능력부족에 기인한다는 것이다.

> 이러한 점에서 19세기 두 여성, 조르주 상드와 엘리자베스 배럿 브라우닝이 부각된다. 그들은 얼마나 경이로운 존재인가. 그들의 삶에서는 세계를 그들에게 끌어당기는 어떤 저항하기 어려운 힘, 자력이 뿜어져 나온다. — 그리고 그들의 문학에서, 여자의 인생을 장식하고 채우는 모든 종류의 선행과 자비가 흘러넘친다. 이는 그들의 삶에 다른 여성들을 괴롭혔던 것과 같은 시련이 없어서 그랬던 것은 아니다. — 거의 그럴 리는 없다. 그들은 마법 지팡이를 흔들어 그 고난들을 자원으로 만들었던 것이다. — 이것을 뭐라고 불러야 할까. 매력? 힘? 자기중심성? 에너지?

116 "當我涉筆要寫我們有史以來最偉大的女文學家李清照(公元一○八二~一一四一年以後)而紬讀她的身世和作品的時候, 使我忍不住感情的進裂, 屢屢爲之擲筆長嘆. 這樣拙劣又是這樣枯索的我的筆鋒, 不知怎樣地去寫, 才能將我們這位出落得異樣偉大的女文學家的豐腴的生命和她的超越的天才, 整个地活躍而逼眞地表現出來! 我幾不信我自己有去嘗試的大膽!" 譚正璧, 『中國女性文學史話』, p. 232.

자신감? 자존심? 천재성? 아니면 단순히 운이라고 해야 할까?[117]

모어즈가 19세기 여성문학인의 전형적 사례로서 프랑스 소설가 상드(George Sand)와 영국 시인 브라우닝(Elizabeth Barrett Browning)을 거론한 대목인데, 이 또한 그들에 대한 묘사가 찬사와 격정으로 가득하다. 탄정비가 그랬던 것처럼, 모어즈 역시 과거 여성문학인들의 '경이로움'을 설명할 적당한 표현을 찾지 못해 망설이고 있다. "그들은 얼마나 경이로운 존재인가!" 하는 식의 감탄문 사용은 서술대상을 신비화하고 우상화하는 역할을 한다. 이때 여성시인의 '경이로움'은 모어즈나 탄정비에게 지적 판단이나 해석의 차원을 넘어선 듯 보인다. 이처럼 여성문학사 서술의 초기 단계에서는 서술자가 서술대상에 대해 찬양조의 감상적 평가를 숨김없이 드러내는 경우가 흔하다.

여성문학인의 위대함에 대한 찬양이 두드러지는 것과 비례해서, 서술자는 과거의 여성들이 처했던 문학환경의 열악함을 피상적으로 과장하고 악조건 속에서 문학활동을 했던 여성작가들의 처지를 탄식조로 동정한다. 초기의 여성문학사 서술에서는 그처럼 '가련한' 과거

---

117 "Two nineteenth-century women stand out in this respect, George Sand and Elizabeth Barrett Browning; what positively miraculous beings they were. A magnetism emanates from their life stories, some compelling power which drew the world to them - and all the goods and blessings of the kind that facilitate and ornament the woman's life in letters. It was not that their lives were without the difficulties that plague other women - hardly; but they made those difficulties into resources with a wave of the magic wand of their - what shall we call it: charm? power? egotism? energy? confidence? pride? genius? or just plain luck?" Moers, *Literary Women*, p. 5.

여성문학인들에 대한 연민을 숨기지 않는 경우가 종종 있다. 김용숙이 허난설헌에 대해 서술하는 한 대목을 보자.

> 다섯 살 때부터 作詩했던 文才에 탁월한 그는 안온히 고등식모의 신분에 만족해 있을 수가 없었다. 분류와 같이 넘쳐흐르는 창작에의 의욕은 그를 용납해 주지 않는 현실을 부정하고 원망했다. (중략) 그는 확실히 약한 여성이었다. (중략) 그는 조물주부터 원망했다. 인생으로 태어나서 사회적인 제약 때문에 하고 싶은 일을 못 해보는 원한 - 이것만은 끝끝내 아무래도 단념이 안 되었다. 그에게 만일 종교가 있었던들 그는 무난히 구원받았을지 모른다.[118]

이처럼 초기 여성문학사 서술에서 찬양이든 탄식이든 감상적인 표현이 곳곳에서 자주 등장하는 이유는 무엇일까? 반드시 그렇지는 않겠지만, 이는 서술자의 성별과도 무관하지 않아 보인다. 과거 여성들이 문학활동을 비롯한 삶의 제 영역에서 적어도 동시대 남성들보다 더 큰 제약 속에 놓였었다는 인식이 '여성' 문학사가들의 감성을 자극하는 측면이 없지 않았을 것 같다. 문학사 서술은 지적 작업으로 수행되지만, 과거 여성문학인들의 삶과 문학이 '여성' 문학사가들에게는 단지 지적 탐구의 대상에 그치지 않을 수 있다.

'여성' 문학사가가 과거 여성문학인들에 대해 시대를 초월한 동질감을 느끼는 듯 보이는 것도 그런 이유 때문이다. 김용숙은 조선시

118 김용숙, 『조선조여류문학연구』, p. 405.

대 여성문학인들에게 "300년 이상 時空을 넘어 뛴 인간적 공감을 직감"하며 "그들의 기쁨을, 눈물을, 한숨을, 또 체온을 피부로써" 느낀다고 했다. 조선시대 여성문학인과 작품을 통해 구현되는 "근면과 인종, 겸양과 희생으로 일관한 이조여인들"의 삶이 자신의 할머니와 어머니에게 이어져 왔고 "그 희생 위에" 자기가 있다고 했다. 심지어 "나는 그들을 사랑한다"고 토로한다.[119]

여성의 '동질성'에서 출발하는 시각이 여성문학사 인식에서 특히 문제가 된 것은 '시대적 차이'가 쉽게 간과되었다는 점일 것이다. 동시대 여성들 사이의 계층이나 지역에 따른 차이가 간과된다는 것도 문제였지만, 시대 간 차이가 무시되었다는 것은 문학사 서술에서는 좀 더 근본적인 문제였다. 가부장제의 부정적 측면은 의심할 여지 없이 명백한 것으로, 시대와 지역과 계층에 상관없이 모든 여성의 삶이 피억압자의 삶으로 동일하게 인식되었다. 영국의 경우, 이른바 '빅토리아 모델'은 가부장제의 힘 없는 희생자로서 여성 이미지를 강조하는데,[120] 이를 훨씬 이른 시기의 여성들에게도 무차별적으로 대입함으로써 여성의 과거가 왜곡되는 경향이 적지 않았다고 비판된다.

길버트·구바에 의해 유명해진 '다락방의 미친 여자' 상징은 여성작가에 대한 빅토리아 모델이라고 할 수 있겠다. 길버트·구바는 여성작가들이 일상의 삶에서나 예술의 세계에서나 "가부장적 詩"의 문학적 구조물 속에 감금되어 있다고 전제하고,[121] 『제인 에어』에서 '다락

---

119 김용숙, 『이조의 여류문학』, pp. 2-3.

120 Danielle Clarke, *The Politics of Early Modern Women's Writing* (Edinburgh: Pearson Education Limited, 2001), p. 2.

121 Gilbert and Gubar, *The Madwoman in the Attic*, p. xi.

방의 미친 여자'로 상징되는 여성작가의 욕망과 분노를 추출했다. 미친 여자 혹은 마녀, 괴물의 형상은 여성작가의 분신으로서, 작가 자신의 불안과 분노의 이미지다.[122] 여성작가의 불안은 글쓰기가 남성적인 행위로 정의된 문화 속에서 여성이 '금지된 펜'을 잡는 데에서 기인한 것으로, 곧 여성 자신의 창조력에 대한 불신과 열등감을 가리킨다.[123]

한편 『자기만의 방』에서 울프가 창조한 '주디스 셰익스피어(Judith Shakespeare)', 즉 가상의 '셰익스피어의 누이'는 18세기 이전 불행한 운명의 여성문학인을 상징한다.[124] 셰익스피어만큼 문학적 재능이 뛰어났지만 그에 합당한 교육을 받지 못했고, 결혼을 강요하는 아버지에게서 달아나 런던의 연극계에 발을 들여놓지만 원하지 않은 임신을 하게 되고 결국 자살로 생을 마감하는 것이 '셰익스피어의 누이'의 일생이다. 19세기 '다락방의 미친 여자'가 불안과 분노 속에서 글을 썼다면, 16세기 '셰익스피어의 누이'는 문학에 대한 열정과 타고난 재능을 발휘할 기회조차 얻지 못하고 비참하게 죽어 갔다.

'다락방의 미친 여자'나 '셰익스피어의 누이'와 같은 여성작가의 이미지들은 가부장제 사회에서 문학활동에 임하는 여성들이 경험했을 법한 억압적 측면을 상징적으로 보여 주는 데 효과적이다. 이는 문학사 서술이 '여성'이라는 집단 정체성의 형성·강화에 기여하는 방향으로 그러한 '상징'을 만들어 간 과정으로 해석할 수 있다. 1970년

122 Gilbert and Gubar, *The Madwoman in the Attic*, pp. 78-79.

123 Gilbert and Gubar, *The Madwoman in the Attic*, pp. 48-49, 66.

124 Ezell, *Writing Women's Literary History*, p. 44.

대의 영미 여성문학사 서술이 여성운동을 배경으로 한 뚜렷한 목적의식에서 출발했던 만큼, 문학사 서술의 현실적 기능이 그런 식으로 발현될 가능성은 더 높았다. "여성작가의 텍스트는 언제나 예외 없이 가부장적 억압에 저항하는 작가의 '여성의 분노'를 어느 구석엔가 다소간 갖고" 있다는 전제는 이른바 "영원불멸한 페미니즘적 분노"만을 여성 텍스트를 해석하는 유일한 지표로 삼는 문제점을 안고 있는 것이 사실이지만,[125] '불운한 여성작가의 상징들'이 내포하는 해석적 가능성은 여전히 유효한 측면이 적지 않다.

여성작가 및 작품에 대한 구체적인 서술 장면에서 여성문학사가들이 종종 억제하지 못했던 감상주의는 '골동품 애호가'가 과거유산을 대하는 태도에 비견할 수 있다. 니체의 표현을 빌리면, 어떤 역사가는 골동품 애호가처럼 "그 시야가 대단히 제한되어 있다. 대다수는 너무 멀리 있어 거의 보이지 않고, 보이는 극히 적은 것은 너무나 가까이 보인다."[126] 민족, 계층, 젠더 등에 관한 역사서술자의 정체성이 역사서술의 대상과 밀착되어 있을수록, 역사가는 골동품 애호가가 과거를 바라보는 태도에 빠지기 쉽다는 것이다. 여성문학사 서술이 성별 정체성 인식에서 출발한 경우 그럴 위험은 더 높다.

---

125 토릴 모이, 『성과 텍스트의 정치학』, p. 72.

126 Perkins, *Is Literary History Possible?*, pp. 181-182.

### 2) 여성문학전통의 독자성과 연속성

여성으로서의 동질감에 기반해 여성문학의 과거를 바라보는 시각이 문제적인 것은 단지 표현이나 문체상에 드러나는 감상성 때문은 물론 아니다. 여성으로서의 동질감에서 출발하는 여성문학사 서술이 서술시각의 '객관성'을 훼손하고 결과적으로 여성문학의 과거를 왜곡할 가능성이 높다는 혐의가 문제였다. 실제로 여성문학사 서술이 페미니즘의 정치적 실천과 긴밀하게 연결되어 있었던 1970년대 유럽의 경우, 그러한 오류가 적지 않았다.

예컨대 19세기 영국 여성작가들 사이의 문학적 친연성에 대한 모어즈의 주장은 여성문학전통의 독자성을 강조하려는 서술자의 의도가 과도한 해석을 낳은 예라고 할 수 있다. 모어즈는 여성작가들 사이에 일종의 동질감과 상호교감이 존재했으리라고 가정했는데, 그 근거는 그들이 '여성'이라는 공통점이다. 모어즈에 따르면, 여성작가들은 남성작가들보다 서로 간에 직접적인 교류의 기회는 적었지만, 여성이 쓴 작품에 대해서 '특별한' 친숙함을 갖고 대했으며, 그 책을 쓴 여성들에 대해 '편안한' 친밀감을 키워나갔다고 했다. 여성작가들 사이에는 그들이 여성이라는 이유만으로 '여성작가 가족의 멤버십'이 형성되어 있었다는 것이다.[127]

이러한 견해는 쇼월터에 의해 곧 수정되었다. 쇼월터에 따르면, 1840년 이전 영국에서 여성작가들 사이에 공유되는 어떤 공동체 의

---

127 Moers, *Literary Women*, pp. 43-45.

식과 같은 자의식은 존재하지 않았다. 예를 들어 빅토리아시대 중엽에 제인 오스틴에 대한 평단의 관심이 지대하긴 했지만, 오스틴이 개스켈(Gaskell) 부인이나 브론테 자매들에게 직접 영향을 주었다는 증거는 없다고 했다. 즉 여성작가의 소설작품 사이에 직접적인 영향관계를 설정할 수 없다는 것이다. 쇼월터는 18세기와 19세기 전반에 여성작가 상호 간의 영향력을 과대평가하는 것을 경계하면서, 오히려 여성작가 개개인이 처한 사회적 환경의 차이에 주목해야 한다고 했다.[128]

영문학사에서 여성문학전통의 독자성에 대한 강조 역시 특정 이념의 목적의식으로 과도한 해석이 이루어진 사례로 볼 수 있다. 자국문학전통과 구분되는 별도의 독자적인 여성문학전통 같은 것은 존재하지 않을 뿐 아니라, 여성작가들은 남성작가를 모방하는 아류에 지나지 않는다는 인식이 1970년대까지 지속되고 있었다. 이에 대한 반론을 제기하고 나선 여성문학사가들은 여성문학전통이 남성이 주도해 온 주류문학에 종속되지 않고 "빠르고 강한 저류"[129]로 면면히 이어져 왔음을 입증하려 했다. 쇼월터는 여성문학이 단지 남성문학의 모방에 불과하다는 밀(John Stuart Mill)의 견해에 정면으로 반박하는 의미에서 그의 저서 『여성의 예속』에 나오는 구절 'A Literature of Their Own'을 자신의 책 제목으로 삼았다.[130]

---

128 Showalter, *A Literature of Their Own: British Women Novelists from Brontë to Lessing*, pp. 18-19.

129 Moers, *Literary Women: The Great Writers*, p. 42.

130 Showalter, *A Literature of Their Own: British Women Novelists from Brontë to Lessing*, p. 10.

여성문학전통의 독자성에 대한 주장과 함께 그 연속성을 강조하는 경향도 같은 맥락에 놓인다. 예컨대 『노튼여성영문학선집』 초판의 서문을 보면, 여성문학의 풍부한 전통과 함께 전통의 '연속성'에 대한 강한 신념을 읽을 수 있다. 편자들은 "Books continue each other" 라는 울프(Virginia Woolf)의 말을 첫머리에 인용하면서 여성작가의 작품들을 마치 하나의 '시리즈물'을 읽듯이, 하나의 연속성 위에서 파악할 것을 제안한다. 예컨대 17세기 성상파괴주의자 벤(Aphra Behn), 18세기의 서정시인 핀치(Anne Finch), 19세기의 위대한 소설가들이 매우 다르게 보이지만 그들 사이에 모종의 연결지점이 존재한다는 것이다.[131] 여성문학전통의 연속성에 대한 강조는 개정판에서도 확인된다. 개정판 서문은 미국인 디킨슨(Emily Dickinson)이 영국인 브라우닝의 문학적 성취에 대해 찬사를 바쳤던 시 한 편으로 시작한다. 이를 통해 편자들이 독자들에게 강조하고 싶었던 것은 역시 "시간과 공간을 가로질러 작가와 독자를 연결하는 국제적인 지적 연대,"[132] 바로 여성문학전통의 독자성과 연속성이었다.

여성문학전통의 독자성이나 연속성에 대한 주장은 여성문학의 가치를 선양하려는 목적의식에서 비롯한 이념적 '선언'의 성격이 강했다고 볼 수 있다. 여성문학사가 자국문학사와 확연히 구분되는 별개의 것일 수는 없다. 자국문학으로서 보편성을 공유하지만, 동시에 각 시대와 사회의 상이한 여건 속에서 구성된 여성문학의 특수한 측

131 Gilbert and Gubar eds., *The Norton Anthology of Literature By Women*, p. xxvii.

132 Gilbert and Gubar eds., *The Norton Anthology of Literature By Women*, p. xxix.

면이 존재한다고 보는 것이 온당할 것이다.[133] 최근에 간행된 여성문학사들은 여성문학전통의 독자성에 대한 초기의 '선언'에 완전히 동의하지는 않지만, 여성문학전통이 남성중심의 주류문학전통과 구별되는 지점이 있다는 데 유의하고 있다.[134]

문학사에서 여성작가들만의 배타적인 연속성 강조나 여성문학의 단계적 발전과정을 상정하는 관점에 대해서, 자국문학사 서술의 근대적 오류를 소수집단의 문학사 서술이 반복한다는 비판이 가능할 것이다. 하위문화의 3단계 발전 모델에 근거해 영국 여성작가의 소설사를 'feminine→feminist→female' 단계로 파악한 쇼월터의 이론은 그런 면에서 볼 때 문제가 없지 않다.[135] 여성문학이 당대 문학사에서 차지하는 위상을 하위문화적 속성으로 파악한 것은 타당하며, 3단계 모델이 상정하는 서로 다른 국면들이 존재한다는 점에 대해서도 대체로 동의할 수 있다. 그러나 이 3단계 모델은 여성작가의식이 단계적으로 발전해 간다는 측면을 강하게 암시해서 문학사의 전개가 단선적이기보다는 대립적으로, 전진과 후퇴, 후퇴와 전진이 교차하면서 진행되는[136] 측면을 간과하고 단순화할 우려가 있다. 한국에서는 여

133 정하영, 「한국고전여성문학 연구의 의의」, pp. 15-16.

134 예를 들면, 다음에서 그런 의식이 드러난다. Clyman and Greene eds., *Women Writers in Russian Literature*, p. xii; Catling ed., *A History of Women's Writing in Germany, Austria and Switzerland*, pp. 257-258.

135 이 3단계 모델은 하위문화의 일반적인 발전단계를 모델로 한다. 지배문화에 대한 모방과 내면화의 단계, 저항과 자기주장의 단계, 자기발견의 단계가 그것이다. Showalter, *A Literature of Their Own: British Women Novelists from Brontë to Lessing*, p. 13. 쇼월터의 이 저서는 1840년대에서 1960년대까지 영국의 여성작가소설의 역사적 전개를 3단계 모델에 따라 해명한 것이다.

136 조동일, 『문학연구방법』, p. 250.

성영웅소설에 나타나는 여성의식의 수준을 두고 논란이 적지 않았는데, 개별 작품에 나타나는 여성의식의 수준을 평가하는 관점이 상이할 뿐 아니라, 여성의식을 기준으로 소설사의 선후관계를 해명하려 한 데서 문제가 더 컸다.[137]

최근 간행되는 여성문학사 서술에서는 여성문학의 연속성과 그 진보적 속성을 바라보는 관점이 훨씬 유연해진 것을 확인할 수 있다. 시각의 변화를 문학사 서술에 반영하려는 의식적인 언급들이 눈에 띈다. 예컨대, 벤스톡·우즈 등이 편찬한 문학사에서는 영국의 페미니즘 문학사가 지속적이고 단선적인 진보 과정만은 아니었으며, '성공이 있듯이 후퇴도 있음'을 인정한다. 페미니즘 문학사가 결코 끊임없는 진보의 서사가 아니었음을 거듭 밝히는 대목에서는 서술자의 의식적인 입장 표명이 두드러진다. 종교개혁 초기에 여성들이 모여서 허물없이 이야기하던 공동체부터 무수한 스캔들 속에서 대중적인 인기를 누렸던 아프라 벤에 이르기까지, 페미니즘 문학사는 단일한 선이 아니었다고 평가한다.[138] 독일의 여성글쓰기 역사에서도 과거 여성들의 잊힌 문학적 성취를 발굴하는 데 목표를 두지만 문학 또는 여성의식의 역사적 진보나 연속성 등에 대한 경직된 시각에서 벗어나도록 노력했다고 밝히고 있다.[139]

---

137 여성의식의 수준에 따라 여성영웅소설의 편년을 재구하려는 경향에 대한 비판과 이에 관한 전반적인 논란에 대해서는 다음의 논문을 참조. 이인경, 「여성영웅소설의 유형성에 관한 반성적 고찰」, 사재동 편, 『한국서사문학사의 연구』 IV(중앙문화사, 1995); 정병설, 「여성영웅소설의 전개와 <부장양문록>」, 『고전문학연구』 19(한국고전문학회, 2001).

138 Benstock, Ferriss, and Woods eds., *A Handbook of Literary Feminisms*, pp. 30, 34.

139 Catling ed., *A History of Women's Writing in Germany, Austria and Switzerland*, p. 256.

언제부터인가 여성문학을 서술하는 연구자들은 표현상에서 서술자의 감정을 일절 드러내지 않으려고 노력하면서 의식적으로 '건조한' 문체를 선호하고 '중립적인' 태도를 강조하는 경향을 보인다. 여성주의 담론에 내포된 부정적 측면을 의식한 듯, 여성문학에 대한 특별한 관심이 "남성문학의 영역을 잠식하는 것도 아니고, 남성문학과 대결하기 위한 것도 아니"[140]라는 식의 단서를 달기도 한다. 제도로서 학문이 자리를 잡아 갈수록, 일단 문체상의 객관성은 일체의 감정적 색채를 배제한 논문이라는 글쓰기의 필수 요건으로서 어느 정도 확보되어 갔다. 그러나 문체나 표현상의 과격함이 문제의 본질은 아니다. 더구나 시각의 차이를 은폐하거나 무화하는 것이 바람직한 태도일 수는 없다.

## 2. 객관적 서술의 딜레마

### 1) 역사서술의 객관과 주관

초기의 영미 여성문학사 서술에서 보이는 과거 여성문학인에 대한 현대 연구자들의 감정적 반응이나 해석상의 과도함은 20세기 중반에 활동한 여성학자들 자신이 경험하는 지식인 여성의 현실에 기인한 측면이 없지 않았다고 생각된다. 특히 연구자의 성별이 여성인 경

140 정하영, 「한국고전여성문학 연구의 의의」, p. 20.

우, 여성을 억압하는 현실에 대한 현재와 과거의 거리감이 쉽게 소거되고 연구대상에 대한 연구자의 감정이입이 더 용이하다.

그런데 현대를 사는 문학인 혹은 지식인 여성의 고뇌를 20세기 이전의 여성문학인에게 투영하는 태도는 여성문학사 서술뿐만 아니라 역사 일반에서 늘 문제가 되는 객관과 주관의 관계 속에서 이해할 필요가 있다. 이것은 '역사를 객관적으로 서술하는 것이 가능한가' 하는 근본적 물음과 관련이 있다. 한편에서는 여성문학에 대한 편견을 불식하기 위해 '객관적' 시각이 필요하다고 주장하는데,[141] 다른 한편에서는 여성주의의 '편협한' 시각을 비판한다. 역사서술에서 객관성 문제는 단순히 역사가 개개인의 학문적 '자질' 문제만은 아닌 것이다.

역사는 '그것이 본래 어떻게 있었는가'에 답하는 것이라는 주장과 '모든 역사는 현대사'라는 주장이 역사를 이해하는 상반된 견해를 대변한다. 역사가가 '있는 그대로'를 말할 수 있고 또 말해야 한다는 것은 19세기 역사가들에게는 당연시되는 명제였다. "역사연구는 수학처럼 순결한 정신으로 추구"되어야 하고, 역사학에 대해 "과거를 재판하고 장래에 유익하도록 인류를 선도한다는 따위의 기능을 기대"해서는 안 된다고 했다. "시인은 항상 과장"하지만 역사가에게 과장은 금물이니, 역사가는 항시 정확성과 초연성을 지켜야 한다고 했

141 "여성문학에 대한 새로운 이해를 위해서는 먼저 기존 연구에서 비롯된 오해와 편견으로부터 벗어나 사실을 사실대로 보는 객관적 시각을 가져야 한다. 여성문학이 양적으로 적다거나 문학성이 떨어진다거나 하는 단정은 여성문학 자체의 문제라기보다는 문학연구자들의 편향된 시각과 연구의 미진함에서 기인한다." 정하영, 「한국고전여성문학 연구의 의의」, pp. 17-18.

다.[142]

역사의 객관성에 대한 19세기적 믿음은 오늘날 대체로 무너졌지만, 그럼에도 특정 이데올로기에 입각한 역사서술은 '편협한 시각'이라는 인식이 20세기 후반까지도 널리 퍼져 있었다. 케이트 밀럿(Kate Millett)이 미국에서 '최초의 주요 여성주의 비평서'로 꼽히는 『성의 정치학』을 출간하고 학문적 태도가 '중립적'이지 못하다는 이유로 대학에서 쫓겨난 것이 1970년대 미국의 상황이었다.[143] 오늘날에는 상황이 많이 바뀌었다고 하지만 마르크스주의, 페미니스트, 흑인 등 특정 집단의 시각을 내세울 경우 '이데올로기적'이라는 이유로 교과목 개설을 거부당하는 일이 미국 내에서도 그리 오래전 이야기가 아니다. '이데올로기적' 역사서술과 이데올로기와는 상관없는 '순수한' 역사서술이 따로 존재한다는 무언의 믿음이[144] 형태는 바뀌었으나 현실 속에서 여전히 힘을 행사하고 있다.

젠킨스의 표현을 빌리면, 역사는 '스스로' 존재하는 것이 아니라 항상 '누군가를 위해' 존재한다. 역사에 부여된 의미는 원래부터 과

142 박성수, 『역사학개론』, pp. 128-132.

143 캐서린 R. 스팀슨, 「여성주의비평」, 스티븐 그린블래트·자일즈 건 편저, 김용권 외 4인 역, 『경계선 다시 긋기: 영미문학연구의 새로운 지평』(한신문화사, 1998), pp. 363, 370. 1980년대 미국의 역사학계를 떠들썩하게 만들었던 에이브러햄(David Abraham) 사건은 역사연구에서 이데올로기와 역사관, 사실과 해석의 관계에 대해 생각하게 하는 또 다른 예이다. 에이브러햄의 『바이마르 공화국의 붕괴』(1981)에 대해 일각에서는 자료의 오독과 왜곡, 사료의 날조가 심하다고 비난하고 결국 그를 교수직에서 쫓아냈는데, 다른 일각에서는 이 사건을 마르크스주의적 역사해석에 대한 반마르크스주의의 정치적 공세로 보았다. 리처드 에번스, 이영석 역, 『역사학을 위한 변론』(소나무, 1999), pp. 161-170.

144 케이스 젠킨스, 『누구를 위한 역사인가』, pp. 68-69.

거에 내재된 것이 아니라 외부에 의해 과거에 부여된 것이다.[145] 역사는 이야기 주체인 역사가의 관점에 의한 '개인적 구성물'이며, 역사가는 스스로 의도하지 않았다 해도 역사서술 과정에서 과거의 한 측면을 부풀리고 축소하며 변형하기도 한다. 역사가가 아무리 '객관적인' 태도를 견지하려 해도 실제로 역사서술에 개입하는 주관성은 극복하기 어렵고, 심하게 말하면 그것은 원천적으로 불가능하다. 그 이유는 첫째, 사료 자체에 이미 편견이 숨어 있으며, 둘째, 사료의 선택 단계에서부터 역사가의 주관이 깊숙이 개입할 수밖에 없기 때문이다.[146]

역사서술의 실질적 기능이 민족이나 국가, 계층, 젠더 등 특정 집단의 정체성 형성과 밀접하게 관련되는 초기 단계에는 특히 역사서술의 객관성이 의식적으로 혹은 무의식적으로 잊히기 쉽다. 집단의 역사서술을 통해 자신들의 과거와 전통을 구성하고 여기에 의미를 부여하기 때문에 역사는 과거의 실제보다 종종 과장되고 왜곡될 수 있다.[147] 그것은 어떤 면에서 역사서술이 안고 있는 본질적 한계이기도 하다. 초기 여성문학사 서술에서 확인되는 감정의 과잉과 해석의 과도함은 이러한 맥락에서 이해할 필요가 있다.

역사서술의 과제는 과거에 '무엇이 일어났는가'뿐만 아니라 '왜', '어떻게' 그런 일이 일어났으며 그것의 당대적 의미와 현재적 의미는 무엇인가를 '해석'하는 데 있다. 여성문학사 서술도 과거 어느 시점

---

145 케이스 젠킨스, 『누구를 위한 역사인가』, p. 69.
146 박성수, 『역사학개론』, pp. 132-139.
147 에릭 홉스봄, 『역사론』, p. 27.

에 어느 여성이 어떤 작품을 썼고 그 내용은 무엇인가 하는 사실 확인에 그치지 않고 그 의미가 무엇인가를 적극적으로 해석하는 데 목적이 있다. 문학사 서술이 사실 확인에서 나아가 의미 해석을 목적으로 할 때, 그 해석에 관여하는 것이 바로 대상을 바라보는 시각이다.

이른바 역사적 객관성을 강조하는 입장에서는 역사서술이 과거에 대한 '해석'이 아니라 '이해'를 목표로 삼아야 한다고 말한다. 그리고 과거를 '이해'하기 위해서는 현재적 관점을 함부로 과거에 투영해서는 안 되고 철저히 '과거의 관점'에 서야 한다고 당부한다.[148] 여성주의적 관점으로 한국고전문학을 다루는 최근 동향에 대한 이지양의 비판도 이와 같은 견해이다. 이지양은 고전문학에 대한 여성주의적 접근들이 흔히 과거에 대한 '이해' 부족과 '현재적인 관점'에 근거해 작가의 창작의도를 왜곡한다면서, "과거를 비판하기는 쉽고, 제대로 이해하기는 어려우"니 "그 시대의 역사 속으로 들어가려는 노력"이 필요하다고 했다.[149] 그렇지만, 예를 들어 가부장적 가족제도 비판을 테마로 한 정출헌의 논의가[150] 김만중의 창작의도를 "매우 이기적이고 사악한 듯이"[151] 왜곡했다고 보이지는 않는다. 오히려 그러한

148 리처드 에번스, 『역사학을 위한 변론』, pp. 299-300.

149 이지양, 「고전문학연구에서 여성주의적 관점이 낳은 쟁점들: 가부장제·『주역』의 음양론·열녀·양반사대부」, 『민족문학사연구』 22(민족문학사연구소, 2003), pp. 430-437.

150 정출헌, 「가부장적 가족제도의 질곡과 〈사씨남정기〉」, 정출헌·조현설·이형대·박영민, 『고전문학과 여성주의적 시각』(소명출판, 2003); 정출헌, 「〈구운몽〉의 작품 세계와 그 이념적 기반」, 『고전소설사의 구도와 시각』(소명출판, 1999).

151 이지양, 「고전문학연구에서 여성주의적 관점이 낳은 쟁점들: 가부장제·『주역』의 음양론·열녀·양반사대부」, p. 432.

재해석을 통해 「사씨남정기」와 「구운몽」에 대한 '이해'가 더 깊어질 수 있다.

문학사에 대한 여성주의적 접근은 과거 여성을 둘러싼 문학현상과 담론을 새롭게 해석하려고 시도하는 것이다. 시각의 변화는 문제의 지점을 새롭게 구성하고, 이로써 대상에 대한 이해를 심화한다. 예컨대 「덴동어미화전가」에서 조선후기 하층여성의 전형을 읽어낼 수 있었던 것은 작품에서 문제 되는 지점을 여성주의 시각으로 새롭게 설정하고 그 의미를 재해석한 결과였다. 덴동어미가 "하층민이기만 한 것이 아니고, '여성이면서 하층민'이라는 점"[152]에 유의할 때, 그 고단한 삶의 의미가 새롭게 읽힐 수 있는 것이다.

연구시각의 변화는 작품에 대한 재해석뿐만 아니라, 연구영역의 확대와 새로운 범주설정으로 구체화되기도 한다. 한국고전소설사에서 여성독자의 존재는 진작부터 주목받았지만 구체적인 여성작가의 존재가 드러나기 시작한 것은 오래지 않다. 예컨대 「완월회맹연」은 문헌에 작가추정의 단서가 남아 있음에도 그와 같이 방대한 소설은 "그 작품의 규모로 보나 그 언어구사의 수준으로 보아 여성들이 창작하였으리라고 생각하기에"[153] 어렵다는 이유로 오랫동안 여성작(女性作)의 가능성에 신빙성이 적다고 간주되었다.[154] "만일 이 자료가 '翫

152 박혜숙, 「여성문학의 시각에서 본 '덴동어미화전가'」, p. 385.

153 김진세, 「낙선재본 소설의 특성」, 『정신문화연구』 44(한국학중앙연구원, 1991), pp. 5-6.

154 임형택, 「17세기 규방소설의 성립과 〈창선감의록〉」, 『동방학지』 57(연세대학교 동방학연구소, 1988)에서 그 가능성을 피력했으나 학계에 이 견해가 받아들여지기까지는 시간이 더 필요했다.

月安兼濟母所著'가 아니라 '翫月安兼濟所著'였다면 작가를 확정하기에 손색없는 정보가 되었을 것"[155]이라는 말은 전근대사회의 여성문학활동에 대해 학계에 만연했던 선입견의 일면을 단적으로 지적한다. 그러한 부정적 선입견이 '여성작(女性作)일 수도 있겠다'는 가능성으로 바뀔 때, 이에 관한 본격적인 탐색이 시작될 수 있었다.[156] 나아가 고전문학사에서 '여성소설'이란 새로운 범주를 설정하고 고전소설과 여성의 관계를 새롭게 모색하게 되는 변화는 바로 연구에 방향성을 제시하는 '시각'의 문제인 것이다.

작품 해석에서 특정 관점을 지나치게 앞세울 때 작품의 실상과 다르게 오독할 여지가 있다거나,[157] "충격 요법으로 제한된 자료를 대상으로 여성적 시각만을 드러내어도 무방하다고 하는 인식"[158]이 균형감각을 상실할 수 있다는 데 이견이 있을 수 없다. 그러나 해석의 타당성을 입증하기 위해 충분한 논거를 가져올 수 있어야 한다는 명제는 여성주의적 접근뿐만 아니라 모든 연구에 해당하는 필요조건이다. 문제는 새로운 해석이 '객관적' 논증 이전에 역사를 바라보는 시각의 차이에서 기인하는 경우도 적지 않다는 데 있다. 주변부 집단의 역사에 대한 해석에서는 특히 그렇다.

『마르탱 게르의 귀향』[159]의 역사서술방법을 두고 데이비스(Davis)

---

155 정병설, 「한국고전여성소설: 연구사와 연구전망」, p. 24.

156 정병설, 「완월회맹연 연구」(서울대학교 박사학위논문, 1997); 정창권, 「조선후기 장편여성소설 연구: 완월회맹연을 중심으로」(고려대학교 박사학위논문, 1999).

157 강혜선, 「2002년도 한문학분야 연구동향」, 『국문학연구』 10(국문학회, 2003), p. 292.

158 박종성, 「구비문학 연구의 몇 가지 양상에 대한 검토와 전망」, 『국문학연구』 10(국문학회, 2003), pp. 207-208.

159 나탈리 지먼 데이비스, 양희영 역, 『마르탱 게르의 귀향』(지식의풍경, 2000).

와 핀레이(Finlay)가 벌인 논쟁에서[160] 두 역사학자의 커다란 견해차는 결국 프랑스 16세기 농민, 특히 하층여성에 대한 시각차에서 비롯되었다고 볼 수 있다. '마르탱 게르의 이야기'는 16세기 당시 그 사건의 재판을 맡았던 판사 장 드 코라스의 저서 『잊을 수 없는 판결』을 비롯해 이후 20세기까지 문헌과 구술을 통해 전승된 흥미진진한 실화였다. 프랑스와 미국에서 영화로 제작되면서 전 세계적으로 유명해졌는데, 데이비스의 해석은 그 사건의 '여주인공'에 해당하는 베르트랑드에게 주목함으로써 "그 이야기에 대한 여성의 견해"[161]를 제기한 역사서술이란 점에서 특이하다.

핀레이는 역사서술의 재구성이 철저하게 문서기록에 근거해야 한다면서 데이비스의 역사서술은 차라리 역사소설에 가까우며 베르트랑드에 대한 데이비스의 재해석이 전혀 근거가 없다고 비판했다.[162] 그러나 이 책을 접해본 독자라면 알겠지만, 데이비스의 재해석이 얼마나 폭넓은 '사료'들에 근거했는지 짐작할 수 있다.[163] 예컨대, 핀레이는 "마르땡 게르의 이야기를 종교적 차원에서 볼 수 있게 할 만한 사료는 전혀 없는 형편"[164]이라고 비판했으나, 데이비스는 "관

---

160 곽차섭 외 편역, 『미시사란 무엇인가: 역사학의 새로운 가능성-미시사의 이론·방법·논쟁』(푸른역사, 2000), pp. 311-407.

161 로버트 핀레이, 「마르땡 게르 다시 만들기」, 곽차섭 외 편역, 『미시사란 무엇인가』, p. 318.

162 로버트 핀레이, 「마르땡 게르 다시 만들기」, pp. 341-344.

163 핀레이의 비판에 대응해, 데이비스는 자신의 연구방법을 설명하면서 『마르탱 게르의 귀향』을 위해 사용한 핵심적인 다양한 자료들을 제시했다. 나탈리 지먼 데이비스, 「'절름발이에 대하여'」, 곽차섭 외 편역, 『미시사란 무엇인가』, p. 359.

164 로버트 핀레이, 「마르땡 게르 다시 만들기」, p. 331.

련자 모두의 삶을 뒤흔들어 놓았던 지역 종교운동에 대한 사실들도 하나의 '사료'가 됨"[165]을 주장하고, 가짜 마르탱 게르와 베르트랑드의 '창안된 결혼'을 16세기 프랑스 농촌지역의 프로테스탄티즘과의 관련 속에서 해석해 낸다.

데이비스의 지적대로, 핀레이가 저지른 가장 큰 오류는 "농민들이 내심 무슨 생각을 하고 있었는지 묻는 것에 전혀 흥미를 보이지 않고 있다는 점"[166]이다. 핀레이가 주장하는 '사료적 명증성'은 원론적 차원에서 지당하지만, 핀레이의 기준에 부합하는 한정된 사료만을 바탕으로 16세기 농촌 여성을 역사화하기란 거의 불가능하다. 데이비스를 비롯한 미시사가들이 주장하는 '가능성의 역사'가 여성과 같은 주변부 집단의 역사서술에 유용한 관점이 될 수 있는 것은 그 때문이다. 『프랑스 여성글쓰기사』의 편집자는 그 서문에서 여성주의 시각에 대한 견해를 이렇게 밝혔다.

> 여성글쓰기의 역사가 반드시 페미니스트적 접근을 요구하는 것은 아니다. 그러나 (중략) 어느 시대에나 여성의 문학적 생산을 설명하려고 한다면, 널리 퍼져 있는 성별 이데올로기, 여성의 활동, 사회적·정치적·경제적·문화적 영역들과의 관계를 설명하지 않으면 안 된다.[167]

여성주의 시각은 "피억압자로서의 '정치적' 위치 및 의식"[168]에서

---

165 나탈리 지먼 데이비스, 「'절름발이에 대하여'」, p. 376.

166 나탈리 지먼 데이비스, 「'절름발이에 대하여'」, pp. 376-377.

167 Stephens ed., *A History of Women's Writing in France*, p. 2.

168 김영희, 「페미니즘과 학문의 객관성」, 『여성과 사회』 10(한국여성연구소, 1999), p.

출발한다. 문학사를 비롯한 역사서술이 갖추어야 할 학문적 객관성이 비당파적 시각을 의미하는 것은 아니다. 여성문학을 다루면서 여성주의 자체에 무관심한 태도는 분명 재고할 여지가 있다.[169] 그러나 '여성주의'가 페미니즘의 어떤 특정 이론을 표방하거나 실천적 운동에 동참하는 경우만을 한정해서 가리키는 말은 아니라고 생각한다.

학문의 탐구가 가치중립적이고 객관적이어야 한다고 할 때, 여성주의적 학문 역시 "한 젠더에 충성하려는 것이 아니라 학문의 객관성을 증진시켜 인간에 봉사하는 데 목적이 있다."[170] 젠더나 계급을 기준으로 한 '정치적' 탐구가 오히려 객관성을 증진할 수 있다는 것이다. 문학에서 여성주의적 접근이란, 문학 연구가 '여성'을 단지 소재적 차원에서 다루는 데 그치지 않고 작품을 비롯한 문학의 제 현상을 해석하는 기준으로 삼는다는 견해 표명이다. '여성'이라는 기준에 의한 재해석을 통해 기존의 남성중심적 편향을 시정할 수 있다면, 여성의 처지에 서는 '주관적' 해석이 문학사에 대한 좀 더 '객관적' 인식에 다가가게 하는 하나의 방편이 되는 것이다.

---

188.

169 조현설은 구비문학에서 '여성'에 관련된 연구들이 정작 여성주의 자체에는 무관심한 까닭에 "'여성은 이랬다', 혹은 '여성의 이런 점은 훌륭하다' 식의 소박한 결론"에 이르는 경우가 많다고 했다. 조현설, 「설화연구의 새로운 흐름과 전망」, 『동악어문논집』 37(동악어문학회, 2001), p. 260.

170 송무, 「페미니스트 인문학」, 송무 외, 『젠더를 말한다』, pp. 31-32.

### 2) 실증주의적 여성문학사 서술의 한계

랑케사관에 기반한 19세기 유럽 실증주의 역사학의 주된 과제는 방대한 사료를 수집·비판·정리하는 작업이었다. 그 결과 "역사지식은 미증유의 확대와 증가를 보여 역사학은 전례 없이 풍요한 사료를 얻기에 이르렀고, 또 대부분의 역사가는 새로운 사실을 확인하는 데 만족했다."[171] 랑케 자신은 사실 확인을 역사가의 본질적 임무로 생각하는 모든 종류의 '실증주의'를 거부했다고 하지만,[172] 본인의 의도와 달리 랑케는 흔히 실증주의자로 인식되고 있다.

사회과학에서 이야기하는 콩트의 실증주의는 의미가 좀 다르지만, 한국에서 흔히 실증주의라고 하면 대체로 랑케를 비롯한 사료중심의 역사 연구방법을 의미한다. 한국의 근대 역사학은 크게 민족주의사학, 사회경제사학, 실증사학으로 나뉘어 상호 중첩되면서 전개되어 왔는데,[173] 실증주의적 역사연구는 자료의 서지와 해제, 본문의 교감, 자구(字句)의 대조와 해석 등을 중요한 과제로 삼는다는 점에서 문헌학 또는 고증학과 상통한다.

이능화의 『조선여속고』와 『조선해어화사』는 수많은 문헌을 대상으로 한국의 여성 관련 자료들을 폭넓게 수집하고 정리한 최초의 저

171 박성수, 『역사학개론』, p. 123.

172 조지 이거스, 임상우·김기봉 역, 『20세기 사학사: 포스트모더니즘의 도전, 역사학은 끝났는가?』(푸른역사, 1999), pp. 47, 54.

173 이기백, 「신민족주의사관론」, 이우성·강만길 편, 『한국의 역사인식』 下(창작과비평사, 1976), p. 523.

술로서[174] 실증주의적 혹은 문헌학적 지향을 보인다고 평가할 수 있다. 이능화의 역사서술에 대한 대체적 평가는 고증학적 방법과 백과전서적 지식의 나열에 그치고[175] 철저한 실증적 연구에도 이르지 못했다는 것인데,[176] 이 두 권의 저술도 같은 경향을 보인다. 그러나 엄격한 의미의 실증주의는 아니라 해도, 일단 관련 자료를 폭넓게 수합하고 그 사료들의 시대적 열거를 통해 '사료로서 말하게 하는' 방식은 역사서술의 '객관성'을 어느 정도 확보하게 해준다.[177]

앞서 언급했듯이, 시에우리앙과 리앙이전의 중국여성문학사, 최범훈의 한국여성문학사는 자료 열거를 문학사 서술의 소임으로 삼았던 예들이다. 여기에는 주관이 개입할 여지가 없을 만큼, 여성문학사에 대한 서술자의 해석은 거의 이루어지지 않았다. 한두 문장으로 된 짧은 총평이 간혹 있지만, 일반적으로 서술자는 객관적 사실의 충실한 전달자 역할만을 수행한다. 문학선집에 가까운 서술형식과도 관련이 있을 것이다.

고증학과 문헌학이 발달한 일본의 경우, 그러한 학문풍토는 여성문학사 서술에서도 확인된다. 예를 들어, 『일본여류문학사: 고전편』

174 이능화, 김상억 역, 『조선여속고』(동문선, 1990); 이능화, 이재곤 역, 『조선해어화사』(동문선, 1992).

175 김헌선, 「이능화 학문의 방법론적 의의와 한계: 〈조선무속고〉를 예증삼아」, 『한국민속인물사』(한국민속학회, 1995), p. 8.

176 김용섭, 「우리나라 근대 역사학의 성립」, 『한국의 역사인식』 下, p. 447.

177 이능화의 『조선기독교급외교사』(1928)는 샤를 달레의 『한국천주교회사』(1874)와 같은 프랑스어권 천주교 자료들 외에도 조선 측의 자료를 폭넓게 수용함으로써 종전의 호교론적 관점을 극복하고 비교적 '객관적인' 시각을 견지한 최초의 조선기독교사 서술이라는 평가를 받는다. 이찬수, 「한국 그리스도교 연구 100년」, 김성례 외, 『한국종교문화연구100년』(청년사, 1999), pp. 270-273.

에서 무라사키 시키부에 대해 서술한 장을 보면, 무라사키 시키부의 일생을 따라 기술하면서 『무라사키시키부 일기』와 『겐지 이야기』에 대한 서술을 중간중간 교차하는 방식을 취하고 있다. 무라사키 시키부의 생년(生年)에 관한 이설(異說)들을 정리하는 대목에[178] 문학사가의 '주관적' 해석의 여지는 별반 없어 보인다. 무라사키 시키부의 일생, 작품의 내용, 문학적 평가 등에 관한 기존의 연구성과들을 잘 정리해서 전달하는 것을 임무로 삼았다.

여성작가 및 작품을 비롯한 개별 사실에 대해 정확한 정보를 얻기 위한 기초작업으로서 실증주의적 태도를 견지해야 할 필요성은 아무리 강조해도 지나치지 않다. 한국은 본격적인 여성문학 연구의 역사가 짧은 탓이겠으나, 실명(實名) 작가의 경우에도 인적사항을 비롯한 기초적 정보가 확실하지 않은 경우가 많다. 여성에 관한 문헌기록이 절대적으로 부족한 것이 현실이지만, 그럴수록 광범위한 자료조사로 객관적인 정보들을 캐는 실증적 연구가 절실하다. 기초적 연구가 충분히 수행되지 않은 상태에서 이루어지는 문학사 서술은 그 한계가 분명하기 때문이다. 그러한 측면에서 볼 때, 객관적 정보를 전달하는 데 지루할 만큼 많은 분량을 할애하는 일본의 사례들은 주목할 만하다.

목록이나 사전을 만들어 여성작가 및 작품에 관한 객관적 정보를 체계적으로 정리하는 작업은 영미에서 일찍부터 시도되었다. 모어즈는 여성작가들을 알파벳 순서에 따라 배열하고 그들의 작품목록

178 久松潛一 編, 『日本女流文學史: 古代·中世篇』, pp. 213-214.

과 출판연대, 그에 대한 주요한 참고문헌 등을 제시하는 부록을 실었다.[179] 쇼월터 역시, 1800년 이후 영국에서 태어나 문학사적으로 두드러진 성취를 이룬 여성작가 213명에 대한 기초 정보를 제공하는 목록을 첨부했다.[180] 이 목록은 작가들의 생몰연대는 물론이고, 필명이나 가명, 직업, 태어난 곳, 부친의 직업, 형제자매, 종교, 교육수준, 건강, 결혼 여부, 자녀의 수, 처음 출판된 책의 제목과 날짜, 잘 알려진 작품 등 개별 작가들에 관해 얻을 수 있는 모든 기초적 정보를 담고 있다.

토드(Todd)의 영국여성작가사전,[181] 윌슨(Wilson)의 유럽여성작가백과사전[182] 등 영미에서는 여성작가에 관한 정보들을 사전 형태로 관리하는 방식이 정착된 것으로 보인다.[183] 여성문학사 서술의 초기

179 Moers, *Literary Women*, pp. 268-321. 본문에서 누락되었거나 간략하게 언급만 하고 지나갔던 작가들까지 포함해 여성작가와 그들 작품에 대한 정보를 빠짐없이 제공하려는 의도에서 목록을 만들었다고 했다. 목록에 포함된 작가의 수는 250여 명이고, 생몰연대가 미상인 경우나 작가의 이름만 있고 작품은 없는 경우도 포함되어 있다.

180 Showalter, *A Literature of Their Own: British Women Novelists from Brontë to Lessing*, pp. 320-350.

181 Janet M. Todd ed., *Dictionary of British Women Writers*(London: Routledge, 1989).

182 Katharina M. Wilson, Paul Schlueter, and June Schlueter eds., *Women Writers of Great Britain and Europe: An Encyclopedia* (New York: Garland Pub., 1997).

183 그 밖에 서울대 중앙도서관 참고자료실에 비치된 영미 여성작가사전 5종을 출판된 순서에 따라 적는다. 사전편찬이 국가별, 시대별, 갈래별로 세분되어 있음을 확인할 수 있다. Maureen Bell, George Parfitt, and Simon Shepherd, *A Biographical Dictionary of English Women Writers 1580-1720* (Boston, Mass.: G.K. Hall&Co., 1990); David D. Mann & Susan Garland Mann, with Camille Garnier, *Women Playwrights in England, Ireland and Scotland, 1660-1823* (Bloomington: Indiana University Press, 1996); Sharon M. Harris ed., *American Women Prose Writers, 1870-1920* (Detroit: Gale Group, 2000); Amy E. Hudock and Katharine Rodier eds., *American Women Prose Writers:*

단계에서부터 작가와 작품에 관한 목록을 만들어 기본적인 정보들을 체계적으로 정리해 왔던 성과가 누적되어 그런 작가사전의 편찬이 가능해졌을 것이다. 작가사전이 여성문학에 관한 1차 정보들을 관리하는 기능을 충실히 수행한다면, 여성문학사 서술이 기초적인 정보 전달에 매달리지 않아도 좋을 것이다.

여성문학전통의 연속성과 독자성을 특별히 강조했던 것을 비롯해, 1970년대 영미의 여성문학사 서술이 보여 준 시행착오는 초기 페미니즘 이론 전반의 경직성과 한계의 연장선상에 놓인다. 초기 페미니즘이 백인/중산층/이성애 중심이었다는 비판은 이미 여러 차례 지적된 사항이다. 이후 페미니즘 이론은 자체 비판을 거쳐 초기의 '편협한' 시각을 계속해서 수정해 왔으며, 그 결과 오늘날의 페미니즘(feminisms)은 더 이상 단수가 아닌 복수로 이해된다. 마찬가지로 여성문학사 서술에서도 여성문학전통의 '복수성'에 대한 인식이 강조되고 있다.

다분히 '목적의식'이 앞섰던 초기의 영미 여성문학사 서술의 오류들이 20세기 한·중·일 여성문학사 인식에서는 상대적으로 크게 드러나지 않았다. 그러나 '중도'를 잘 지킨 만큼 문제의식은 치열하지 않아 보인다. 여성문학은 자국문학사의 일부분일 뿐, 여성문학사 서술이 어떤 의의를 갖는지조차 뚜렷한 자각이 거의 없었다.[184] '여성'

---

*1820-1870* (Detroit: Gale Group, 2001); William B. Thesing ed., *Late nineteenth- and early twentieth-century British women poets* (Detroit: Gale Group, 2001).

184 久松潛一 編, 『日本女流文學史: 古代·中世篇』, 서문(序文)에서 "일본여류문학사는 일본문학사의 한 분야"라 하고, 작가가 남성인가 여성인가에 따라 나누어서 "일본 여류문학사를 정리해 보는 것은 문학사를 연구하는 데 의의가 있다"고만 했다.

이 소재적 차원에 머물고, 세계를 해석하는 기준으로서 충분히 인식되지 못한 상태였다. 중국과 일본에서는 여성문학사 서술이 자국문학사 서술의 일환으로 출발했기 때문에, 자국문학사와 여성문학사가 서술시각의 측면에서 별다른 차이를 보이지 않았다고 볼 수 있다.

일본의 여성문학사 서술 사례들은 정보 전달에 충실하고 사실 검증이 치밀해 객관적 태도를 상대적으로 잘 유지해 왔다고 평가할 수 있다. 여성문학사의 전개를 특정한 관점에 따라 '해석'하려고 하지 않았으므로 '과도한' 해석의 위험은 애초에 없었다. 2000년 이후 마련된 유럽의 '여성글쓰기사'에서도 문학사적 전개를 '개관'하는 데 목적을 두면서 적극적인 해석을 기피하는 경향이 감지된다. 그런 조심스러운 태도는 초기의 시행착오를 거쳐 얻은 교훈일 수 있다.

그런데 오히려 이러한 서술태도가 문학사 서술에서 이른바 '객관적' 태도란 것이 왜 문제적일 수 있는지를 거꾸로 돌아보게 한다. '실증이 주의로 떨어지지 않고 객관의 미덕이 중성적 객관주의로 떨어지지 않도록'[185] 하는 것은 모든 역사서술이 갖추어야 할 기본적인 덕목이며 여성문학사도 예외가 아니다. 객관적 서술의 자세를 극단으로 밀고 갔을 때, 역사서술은 사실의 충실한 고증과 열거에 그칠 수 있다. 여성문학사 서술이 추구해야 할 방향이 그 지점에 있다고는 생각되지 않는다. 문학사 서술이 그 지점에서 그치고, 확실한 것 이상

---

자국문학사에서 여성문학사를 독립시켜 서술해야 할 필요성이나 의의를 찾기 어렵다.

185 이를 위해 임형택은 '실사구시(實事求是)'와 '공청병관(公聽幷觀)'의 자세가 필요하다고 했다. 임형택, 「한국문학사의 서술방향과 체계」, 『한국문학사 어떻게 쓸 것인가』, p. 33.

에 대해서는 말하려 하지 않는다면, 여성문학사 서술이 도달할 수 있는 지점은 자명하다. 더구나 철저한 실증에 이르지도 못하고 객관적 태도만을 방패 삼아 자료와 정보의 나열이나 표면적 해석에 그치는 문학사 서술은 이른바 '편협한' 여성주의 시각에 따른 과도한 해석의 오류를 피하는 대안일 수 없다.

# 3장 시대구분의 문제

이 장의 목적은 여성문학사가 자국문학사의 시대구분 결과를 그대로 수용해도 좋은가 하는 문제를 제기하는 데 있다. 이를 위해 먼저 국내외 자국문학사 서술에서 시대구분론의 쟁점을 정리하고 문학사 시대구분의 위상을 점검한다. 그리고 기존의 여성문학사 서술이 시대구분을 어떤 방식으로 해 왔는지를 검토할 것이다.

20세기에 이루어진 여성문학사 서술에서 이에 대한 특별한 문제의식과 뚜렷한 대안을 기대하기는 어려운 것이 사실이다. 한국에서 시대구분논쟁이 치열했던 것은 다소 특수한 경우이고, 서구에서 문학사 시대구분법에 대한 근본적인 문제제기가 이루어진 것은 비교적 최근의 일이기 때문이다. 여성문학사 서술이 자국문학사에서 여성작가문학만을 골라내어 시대순으로 배열하는 것에 만족하다면, 자국문학사가 이룩해 놓은 시대구분의 틀을 그대로 가져와도 좋을 것이다. 혹은 시대구분이란 단지 서술상의 편의를 위한 것이니 이미 우리에게 익숙한 틀을 가져오면 된다고 생각할 수도 있다. 이러한 견해들을 염두에 두고, 여성문학사 서술에서 시대구분의 의의가 무엇인지를 재고하는 데 이 장의 목적이 있다.

# 1. 시대구분론의 쟁점

## 1) 문학사 시대구분의 위상

문학사 서술이 공통으로 직면하는 과제 가운데 하나는 문학사의 시대구분을 어떻게 할 것인가 하는 문제다. 시대구분론이 20세기 중후반에 한국문학사와 관련해 열띤 논쟁거리 가운데 하나였음은 주지의 사실이다. 시대단위가 "일정한 내용, 일정한 사건, 동일한 質의 그것이 계속되는 시간"[186]이라면, 시대구분은 "문학사가의 사관 등이 총체적으로 작용"[187]한 결과로, 단지 문학사 서술을 위한 편의적인 틀 이상이다. 특히 한국문학사 서술에서는 시대구분이 근대문학의 형성, 즉 근대의 기점을 정하는 문제와 직결되어서 이에 관한 논란이 오랫동안 지속되었다.[188]

1970년대까지 이루어진 한국문학사 서술들이 왕조 중심의 시대구분 방식을 채택했음을 비판하고 문학현상을 중심으로 하는 새로운 시대구분을 주장한 이는 조동일이었다. 조동일은 『문학연구방법』에서 문학사 시대구분에 관한 원론을 제시하고, 『한국문학통사』 서술에서 그 이론을 구체화했다.[189] 문학사의 시대구분을 위해서는 갈래체

---

186 김주연, 『문학비평론』(열화당, 1978), p. 212.

187 정종진, 「문학사와 시대구분」, p. 21.

188 이에 관한 논란은 최원식, 「민족문학의 근대적 전환-근대문학 기점론을 중심으로」, 『민족문학사강좌』 下(창작과비평사, 1995) 참조.

189 조동일, 「한국문학사의 시대구분」, 황패강 외, 『한국문학연구입문』(지식산업사, 1982); 조동일, 「문학사는 어떻게 이해할 것인가」, 『문학연구방법』(1980); 조동일, 『한국문학통사』 1~5권.

계의 변동과 문학담당층의 교체, 즉 문학현상을 입체적으로 살펴야 한다는 기본관점이 이때 마련되었다.[190] 조동일의 문학사 서술에서 시대구분의 위상은 다음과 같다.

> 문학사를 이해하기 위해서는 문학사의 시대구분이 필요하다. 시대구분은 서술의 편의를 위해서 필요한 것만이 아니고, 문학사의 실상을 가장 분명하게 요약해서 나타내는 것이다. 문학사는 언제나 같은 모습으로 계속되지 않았다. 몇 번이나 새로운 문학이 시작되었으며, 새로운 문학의 성립을 찾아서 시대를 나누는 것은 문학사의 전개를 정리하는 데 있어서 없어서는 안 될 긴요한 작업이다. 시대구분은 모든 역사 서술의 출발이자 결론이라고 할 수 있다.[191]

문학사 서술에서 시대구분이 차지하는 절대적 위치는 시대구분이 "모든 역사서술의 출발이자 결론"이란 한마디가 대변한다. 한국문학사에서 동아시아문학사를 거쳐 세계문학사에 이르기까지, 조동일의 문학사 연구는 사실상 시대구분에 그 성과가 총집약되어 있다고 해도 지나친 말이 아닐 것이다.

한편 영미를 비롯한 유럽에서는 문학사 시대구분법이 그다지 중요하게 여겨지지 않았다고 알려져 있다.[192] 흔히 왕조별, 세기별, 또는 그 두 가지 기준을 함께 적용해 문학사의 시대를 구분해 왔는데,

---

190 조동일, 『문학연구방법』, p. 244; 조동일, 「문학사 이해의 새로운 관점」, 『한국문학통사』 1, pp. 37-58에 한국문학사 시대구분의 방법과 실제가 요약되어 있다.

191 조동일, 『문학연구방법』, p. 239.

192 조동일, 『동아시아문학사비교론』, p. 283.

이러한 방식이 문학사의 역동성을 손상시킨다는 식의 문제제기는 거의 이루어지지 않았다.[193] 이러한 사정 때문에 한국문학연구자들이 그동안 시대구분에 쏟았던 관심은 상대적으로 과도한 '집착'으로 비치기도 했다.[194]

그런데 1990년대에 오면 유럽 쪽의 사정도 바뀌어 영문학사 시대구분의 관습에 대한 본격적인 비판이 시작된다. 레더(Rehder)는 『노튼영문학선집』을 대상으로, 영문학사에서 오랫동안 통용되었던 시대구분의 기준과 명명법이 얼마나 비체계적이고 비논리적이며 사실에도 부합하지 않는지를 지적했다. 영문학사의 관습적인 시대구분에는 세기와 왕조와 문예사조와 특정 연도가 마구 혼합되어 있으며,[195] 그동안 전개된 다양한 문학비평의 성과에도 불구하고 시대구분을 사고하는 방식은 여전히 '편의상' 답습되고 있다고 비판했다.[196] 레더는 영문학사의 시대구분 방식이 단 한 번도 진지하게 문제된 적이 없는 것은 이상한 일이라 했고, 길버트·구바는 『노튼영문학선집』이 제시한 시대구분표의 명명과 연대 지정 방식이 너무나 '제멋대로'여서 한

---

193 정종진, 『문학사방법론』, p. 22.

194 고미숙, 「고전문학사 시대구분에 관한 몇 가지 제언」, 『한국문학사 어떻게 쓸 것인가』, pp. 126-127.

195 시대구분법의 관습성은 매우 견고하다. 2000년에 간행된 『노튼영문학선집』(제7판)의 시대구분을 예로 든다. "중세(약 1485년까지) / 16세기(1485~1603) / 17세기 초(1603~1660) / 왕정복고와 18세기(1660~1785) / 낭만주의시대(1785~1830) / 빅토리아시대(1830~1901) / 20세기"가 그것이다.

196 Robert Rehder, "Periodization and the Theory of Literary History", *Colloquium Helveticum: Cahiers Suisses de Litterature Comparee / Schweizer Hefte fur Allgemeine und Vergleichende Liter* 22 (1995), pp. 117-120.

마디로 대단히 충격적이라고 했다.[197] 한편, 시대구분 문제는 문학사에 국한되지 않고 역사 일반에 관계되는 쟁점으로 여러 학회지에서 기획주제로 다루어지기도 했다.[198]

물론 유럽에서 문학사의 시대구분이 문제시된 배경과 그에 대한 견해차는 한국과 많이 다르다. 한국문학사에서 시대구분의 쟁점이 '근대의 기점'과 긴밀하게 연결되어 있었다면, 최근 영미의 시대구분 논쟁은 20세기 후반 포스트모더니즘과 해체주의의 담론 속에서 이루어졌다. 문학사 시대구분에 관한 상이한 관점은 다음 세 가지로 요약해 볼 수 있겠다.

① 문학사에서 시대구분은 서술을 위한 편의상의 문제일 뿐 중요하지 않다.
② 시대구분은 문학사 서술의 출발이자 결론이다.
③ 문학사의 시대구분은 가능하지 않다.

관점 ①에서 취하는 대표적인 방식은 왕조나 세기를 기준으로 한 것이다. 이것은 역사서술이 시작된 이래 가장 오래된 시대구분법이라고 할 수 있고, 실제로 문학사 서술의 현장에서 현재도 가장 보편

---

197 Robert Rehder, "Periodization and the Theory of Literary History", p. 120; Sandra M. Gilbert and Susan Gubar, "'But Oh! That Deep Romantic Chasm': The Engendering of Periodization", *The Kenyon Review* 13, no. 3 (1991 Summer), p. 75.

198 Robert S. Baker, "History and Periodization", *CLIO: A Journal of Literature, History, and the Philosophy of History* 26, no. 2 (1997 Winter); *Modern Language Quarterly: A Journal of Literary History* 62, no. 4 (2001 December) 등에서 시대구분 문제를 특집으로 다루었다.

적으로 쓰이는 방법이다. 그러나 세기에 따른 구분은 문학사 전개의 실상을 이해하는 데 도움을 주지는 못한다. 왕조 중심의 시대구분도 "문학사를 선으로 생각하면서, 선을 문학에서 긋지 않고 정치사에서 그었으므로, 이중의 과오를 저지른"[199] 것으로 비판된다. 고려후기 문학이 고려전기 문학보다 조선전기 문학과 친연성이 높다는 사실은 왕조의 교체가 문학사의 변화와 일치하지 않음을 입증하는 대표적인 사례다. 관점 ①에서 시대구분은 말 그대로 서술의 '편의'를 위한 것일 뿐, 그 이상의 의미는 없다고 말할 수 있다.

관점 ③은 역사서술에서 시대구분의 가능성 자체에 강한 의문을 제기한다. 이것은 시대구분이 별반 중요하지 않다는 관점 ①과도 적지 않은 차이가 있다. 관점 ③은 기존의 문학사 서술이 창안해낸 낭만주의니 고전주의니 하는 '시대'의 개념과 틀을 거부하지만, 그렇다고 해서 왕조사나 세기별 구분이면 족하다는 태도도 아니다. 역사의 발전과 연속성에 대한 근본적인 회의를 전제로 하면서, 문학사를 기술할 때 피해 갈 수 없는 시대구분의 문제를 어떻게 해결할 것인지를 두고 좀 더 진지하게 고민한다. 이 관점은 근대의 비판과 극복을 둘러싼 포스트모더니즘 담론 속에서 구체화된 것으로 보인다.

역사적 실제란 서로 이질적이며 특수한 개별 사실들의 집합체이므로 일정한 틀로 구조화될 수 없다는 점을 강조하는 경향은 포스트모더니즘 문화비평의 전형적인 특징이다. 포스트모더니즘의 패러다임 내에서, 시간이란 하나의 닫힌 원형으로, 어디로도 흘러가지 않고

199 조동일, 『문학연구방법』, pp. 240-241.

또 끊어질 수도 없다. 시간의 흐름을 끊고 이른바 새로운 시작을 알리는 듯 보이는 현상도 실은 전혀 새롭지 않고, 영원한 현재일 뿐이다. 진보를 향한 일련의 과정에 해당하는 시간이란 없다.[200] 이처럼 모더니즘과는 근본적으로 다른 시간관에 입각한 포스트모더니즘의 관점에서는 문학사 역시 완전히 다른 형태이기를 요구한다. 포스트모더니즘의 관념이 이제까지의 문학사 서술이 기반하던 모더니즘의 패러다임을 근본부터 뒤흔들고 있는 것이다.

오늘날 현대 서구문화에는 합의된 서사의 부재와 권위 있는 거대서사에 대한 믿음의 결여, 그리고 비서사적 미래에 대한 회의적 전망 등이 널리 퍼져 있다고 한다. 중세, 르네상스, 근대 등 20세기에 관습적으로 통용되었던 '메타시대'의 개념이 오늘날 새로운 성찰의 대상으로 떠오른 것은 서구문화에 대한 진단과 전망이 낙관과 비관으로 양분화된 현상을 반영한다고 볼 수 있다.[201] 20세기 문학사 서술에서 자연스럽게 받아들여졌던 시대구분이란 전제가 오늘날 특별히 문제시되는 것은 결국 20세기 말에 활발히 진행된 근대학문과 문화 전반에 대한 비판을 상징적으로 보여 주는 것이다.

조동일의 『한국문학통사』가 기반하는 관점 ②에 대한 고미숙의 비판 역시 20세기 문학사의 근대성 비판이란 맥락에 놓여 있다. 고미숙은 『한국문학통사』가 "기존 문학사의 성과를 흡수하는 한편 70년대 이후 한국학을 주도한 내재적 발전론의 성과를 총집약하고" 있는

---

200 John Frow, "Postmodernism and Literary History", David Perkins ed., *Theoretical Issues in Literary History* (Cambridge, Mass: Harvard University Press, 1991), p. 137.

201 Lawrence L. Besserman ed., *The Challenge of Periodization: Old Paradigms and New Perspectives* (New York: Garland Pub., 1996), p. xxiii.

동시에, "문학사가 태생적으로 안고 있는 근대주의적 틀"을 가장 극단으로 보여 주는 예라고 평한다. 또한 "근대주의를 가장 극한적 강도로 표상하고" 있는 것이 바로 그 시대구분이며, 특히 '중세에서 근대로의 이행기' 설정이 그렇다고 했다. 300년에 걸친 별도의 이행기 설정은 "근대문학의 자생적 발전이라는 관념의 강박증일 따름"이란 것이다.[202] "문학사가 내적 연속성에 의해 발전한다는 관념은 내재적 발전론에 의해 가공된 표상체계"이며 "내적 연속과 발전이란 하나의 환상일 뿐"이라는 고미숙의 비판은 영미에서 포스트모더니즘의 논지와 동일선상에 있다. 그러나 비판의 논점이 관점 ③에 근거하면서도 대안으로 제시한 시대구분법은 관점 ①로 귀착되는 경향을 보인다.[203]

## 2) 자국문학사의 시대구분과 여성문학

20세기 후반 영미 학계에서 벌어지는 문학사 서술에 관한 논의들은 포스트모더니즘의 유행뿐만 아니라 탈식민주의와 페미니즘의 활발한 문제제기와 연구성과를 배경으로 한다.[204] 영미 페미니즘문학이론의 '고전'에 해당하는 논저들이 쏟아져 나온 것이 1970년대이고, 켈

202 고미숙, 「고전문학사 시대구분에 관한 몇 가지 제언」, pp. 120-124.

203 고미숙, 「고전문학사 시대구분에 관한 몇 가지 제언」, pp. 126-138; 강명관, 「(토론문) 일관된 잣대보다 다양한 준거를」, 토지문화재단 편, 『한국문학사 어떻게 쓸 것인가』, pp. 139-146; 이형대, 「(토론문) 한국문학사 서술의 탈근대적 전망」, 같은 책, pp. 147-152 참조.

204 Hutcheon and Valdes eds., *Rethinking Literary History: A Dialogue on Theory*, pp. ix-x.

리(Kelly)가 "여성에게도 르네상스가 있었는가?"[205]라는 의문을 제기하면서 역사의 시대구분 문제를 본격적으로 들고나온 것도 바로 이 시기다. 켈리에 따르면, 르네상스는 '남성'을 사회적·이념적 속박에서 자유롭게 했지만 여성들에게는 오히려 정반대의 영향을 미쳤고 결과적으로 여성에게 '르네상스'는 없었다. 이로부터 시대구분의 관습적 틀에 의문을 제기하는 것이 여성사 연구의 중요한 과제로 인식되기 시작했다.

영문학계에서 시대구분에 관한 최근의 논의들은 문화사에서 흔히 사용되는 '학파(school)', '운동(movement)', '시대(age)' 등에 관한 명명을 가능하게 했던 본질이 무엇인가, 더 정확하게 말하면 그러한 '본질'이란 것이 존재하는가를 재검토하고 있다.[206] 예컨대, 낭만주의 시대를 비롯해, 영문학사에서 하나의 '시대'를 정의하고 다른 시대와 구분한다는 것이 실질적으로는 작가와 작품의 선택, 이에 대한 가치 평가, 그 과정에서 형성된 정전에 의해서 이루어진 것일 뿐 어떤 '본질'에 근거한 것은 아니라고 비판된다.[207]

영문학사의 시대구분에서 낭만주의 시대는 특히 논란거리였다.

---

205 Joan Kelly, "Did Women Have a Renaissance?", *Women, History and Theory: the Essays of Joan Kelly* (Chicago: University of Chicago Press, 1984), pp. 19-50. 이 책은 1982년 켈리 사망 뒤에 나온 유고집으로, 투병 중에 쓴 켈리의 서문이 함께 실려 있다. 「여성에게 르네상스가 있었는가?」는 1977년에 발표된 논문이다.

206 Besserman ed., *The Challenge of Periodization: Old Paradigms and New Perspectives*, p. xi.

207 Robert J. Griffin, "A Critique of Romantic Periodization", *The Challenge of Periodization: Old Paradigms and New Perspectives*. 낭만주의 개념에 대한 또 다른 문제제기는 같은 책에 수록된 Jerome J. McGann, "Rethinking Romanticism"을 참조할 수 있다.

길버트·구바도 낭만주의 시대에 관한 담론의 허구성을 비판한 적이 있는데, 그들의 주장에 따르면 '여성'은 이른바 낭만주의 시대에 관한 현대의 담론 속에서 시대구분이라는 이데올로기에 의해 '억압된 용어'였다.[208] 1833년에 시인 워즈워스(Wordsworth)는 그가 알고 지냈던 샬럿 스미스(Charlotte Smith)에 대해, "英詩가 이 여성에게서 받은 은혜는 앞으로 인정받고 기억될 것보다 훨씬 더 클 것"[209]이라 예언했다고 한다. 그처럼 당대에는 높이 평가되었던 18세기 후반~19세기 전반의 여성작가들이 20세기의 문학사 서술에서는 정당하게 평가받지 못했으며, 그들을 배제하고 진행된 그 시대에 관한 논의도 문학사의 실상에서 크게 벗어날 수밖에 없었다는 것이다.

여성문학 연구에서 기존의 자국문학사 서술이 기반하는 시대구분의 오류를 구체적으로 비판하는 이러한 작업이 영문학계에서는 비교적 활발히 진행되어 온 듯하다. 여성문학사의 관점에서 볼 때 미국문학사 시대구분에 어떠한 허점이 있는지를 비판한 일련의 논문을 묶어 출간한 단행본이 있어 그러한 사정을 대변한다.[210] 논의의 궁극적인 목표는 여성작가 개인 혹은 집단이, 오랫동안 '자연스러운' 것으로 받아들여졌던 문학사 시대구분의 틀에 도전해서 이를 흔들어 놓고 나아가 다른 것으로 대체할 가능성을 시사하는 데 있다고 했다. 문학사의 시대란 것이 근본적으로 백인남성문학의 전통이 지배해 온

208 Gilbert and Gubar, "'But Oh! That Deep Romantic Chasm': The Engendering of Periodization", p. 78.

209 Gilbert and Gubar, "'But Oh! That Deep Romantic Chasm': The Engendering of Periodization", p. 77.

210 Warren and Dickie eds., *Challenging Boundaries: Gender and Periodization*.

문학비평에서 창조된 허구에 불과한데, 오래된 시대구분법이 여전히 굳건하게 행세하고 있어 상당한 논쟁이 요구된다는 것이다.[211]

이 책에서 여성작가가 기존의 시대구분 속에 억지로 꿰맞추어진 대표적 사례로 든 것은 에밀리 디킨슨이다. 디킨슨 문학에 대한 선행 연구들은 그녀가 가장 왕성하게 창작활동을 했던 남북전쟁을 전후한 10년, 즉 1860년대의 작품들을 간과한 채 이루어졌다는 점에서 우선 문제가 있었다. 남북전쟁 시기를 다루는 문학사에서 디킨슨은 늘 제외되었는데, 실상 그녀만큼 남북전쟁과 연결해서 논하기 적합한 시인은 없다고 했다.[212] 남성작가들이 흔히 묘사하는 전쟁터에서 군인으로서의 경험만이 '리얼한' 것이 아니고, 디킨슨이 시에서 표현했던 정신적 혼란과 공황 상태 역시 엄연한 전쟁경험이라면서, 미국문학사에서 남북전쟁 시기와 디킨슨을 복원해야 한다고 했다.[213]

최근 영미의 여성문학사 서술은 이러한 시대구분에 대한 문제제기들을 일정 부분 수용하고 있다. 예컨대, 벤스톡·우즈 등은 낭만주의 시대 여성의 글쓰기에 대해 기술하면서, 낭만주의 시대로 불리는 18세기 후반에서 19세기 전반이 흔히 자아의 개념, 초월성, 숭고와 영감을 주는 힘으로서의 자연 등을 강조하는 남성시인들의 독점구역으로 간주되어 왔는데, 이와는 전혀 다른 경향을 보였던 동시대 여성작가들의 텍스트를 고려한다면 이 시대에 대한 전통적인 개념규정

211 Warren and Dickie eds., *Challenging Boundaries*, pp. ix-x.

212 Margaret Dickie, "Emily Dickinson in History and Literary History", *Challenging Boundaries: Gender and Periodization*, pp. 185-187.

213 Dickie, "Emily Dickinson in History and Literary History", pp. 187-190.

자체를 재고해야 한다고 적었다.[214]

지난 10여 년간 서구 유럽에서 자국문학사 시대구분법에 대한 비판은 크게 두 가지 방향에서 이루어졌다고 말할 수 있겠다. 한편에서는 기존의 자국문학사가 기반하는 '근대적' 시간의식에 대한 철학적·인식론적 비판이 포스트모더니즘과 해체주의에 근거해 진행되었다. 다른 한편에서는 기존의 자국문학사 서술이 배제했던 여성문학을 비롯한 주변부 집단의 문학적 성과를 반론의 근거로 삼아 기존의 문학사 시대구분이 구체적으로 어떤 맹점을 갖고 있는지를 비판했다. 두 방향에서 진행된 비판이 시대구분을 비롯한 근대의 자국문학사 서술 전반에 대한 근본적인 재검토를 촉구하는 것이다.

문학사 시대구분의 문제는 근대학문에 대한 비판이라는 측면에서 진지한 성찰의 과제임이 틀림없다. 그러나 이에 대한 철학적·문학사적 비판이 궁극적으로 시대구분의 의의 자체를 간단히 부정하는 데 귀결되는 것이라면, 이에 대해 쉽게 동의하기는 어려울 듯하다. 앞서 제시했던 관점 ①·②·③ 가운데, 관점 ③에 대한 충분한 자각 없이 관점 ②를 간단히 부정하고 결국 관점 ①에 귀착되는 것은 바람직하지 않아 보인다. 여기서 애당초 역사서술에서 시대구분을 해 온 목적이 무엇이었는가를 다시 상기해 볼 필요가 있을 것 같다.

> 역사가에게 시대구분만큼 중요한 것은 없다. 만일 일련의 사건들이 주제의 선택을 표현한다면, 시대구분은 역사의 의미를 드러낸다. 그것은

214 Benstock, Ferriss, and Woods eds., *A Handbook of Literary Feminisms*, pp. 46-47.

우리로 하여금 사건들을 설명하고 해설하도록 허용하는 길잡이가 된다. 시대를 정의하려는 노력은 변화의 지점을 정하는 것이다. 상이한 단계를 짚어내고, 발전 과정을 밝히고 건설하려는 작업인 것이다.[215]

문학사의 운동은 계승이라는 개념을 통해서 파악할 수 있다. 앞시대의 문학은 뒷시대의 문학으로 지속되고, 지속과 함께 변화가 일어나는데, 지속과 변화를 함께 포괄하는 것이 계승이다. 계승은 지속이 있기 때문에 가능하고, 변화를 초래하는 데 귀착한다. 어느 시기의 문학, 문학의 어느 갈래, 어느 작품은 모두 지속과 변화를 아울러 내포한 계승으로서 존재하고, 계승되면서 존재한다.[216]

문학사의 전개를 문학의 변화와 지속으로 이해할 때 변화의 지점을 명확하게 드러내는 것이 바로 시대구분이라고 할 수 있다. 근대의 자국문학사 서술 대부분이 문학의 지속성 또는 일상성을 간과하고 지나치게 변화의 측면만을 강조해 문학의 과거를 왜곡했다는 혐의에서 완전히 자유롭지는 못한 것이 사실이다. 문학사 서술의 '내러티브적' 속성이 문학사를 일종의 '가공된 허구'로 구성하는 측면이 있음을 완전히 부정할 수는 없지만,[217] 그렇다고 해서 문학사 서술이 변화의 지점을 짚어내려는 시도 자체를 포기하는 것은 온당치 않아 보인다.

---

215 Yronne Knibiehler, "Chronology and Women's History", *Writing Women's History*, p. 37.

216 조동일, 『문학연구방법』, p. 231.

217 '내러티브' 문학사의 일반적 특성에 관해서는 Perkins, "Narrative Literary History", *Is Literary History Possible?* 참조.

## 2. 여성문학사 시대구분의 독자성

### 1) 외국 여성문학사의 시대구분 및 서술체제

중국과 일본에서 이루어진 여성문학사 서술을 보면, 시대구분 방법이 그리 문제되지 않았던 것으로 보인다. 중국과 일본에서는 자국문학사의 시대구분을 주로 왕조 및 정권 교체에 의거해 온 경향이 강하다고 하는데,[218] 여성문학사를 서술할 때 역시 그 관례를 그대로 따랐다고 할 수 있다. 중국에서는 정치사에 근거한 시대구분 방식이 문학사 서술에 적합하지 않다는 문제제기가 여러 차례 있었으나 결론적으로 왕조 변천에 따른 시대구분을 벗어나지 못했고,[219] 일본에서는 정권 중심의 시대구분 관례가 오래전에 형성되어 현재까지 이어지고 있다. 여성문학사 서술에서도 시대구분이란 대체로 서술의 편의를 위한 장 구분 이상의 의미는 없어 보인다.

시에우리앙, 리앙이전, 탄정비 등이 저술한 중국여성문학사는 왕조 변천을 시대구분의 기준으로 삼았다는 점에서 공통적이다. 시에우리앙은 여성문학사의 시대를 상고(上古), 중고(中古), 근세(近世)로 크게 나누고 각 시대를 다시 왕조에 따라 세분했다. 상고(上古)는 주(周)와 춘추전국(春秋戰國) 시기를 가리키고, 중고(中古)는 양한(兩漢), 위진남북조(魏晉南北朝), 당오대(唐五代) 세 시기로, 근세(近世)는 송요(宋遼), 원명(元明) 두 시기로 구분했다. 전체적으로 볼 때, 중국여성

218 조동일, 『동아시아문학사비교론』, pp. 287-290.

219 조동일, 『동아시아문학사비교론』, pp. 287-288.

문학은 주대(周代)에 가장 성했고 그 이후로 쇠퇴했다가 금세(今世)에 와서 다시 일어나기 시작했다는 것이 시에우리앙의 견해다.[220] 리앙이전은 한대(漢代), 위진육조(魏晉六朝), 당대(唐代), 오대송요(五代宋遼), 원명(元明), 청대(淸代) 등 왕조를 기준으로 크게 나누고, 한대(漢代)의 앞 시대를 고대(古代)라고 했다.[221] 탄정비는 한진(漢晋), 육조(六朝), 수당오대(隋唐五代), 양송(兩宋), 명청(明淸)시대로 나누어 서술했다. 당시(唐詩), 송사(宋詞) 등 시대마다 대표적인 갈래 중심의 체제를 취한 것이 특징적이다.

히사마쓰 센이치와 요시다 세이치가 주도한 일본여성문학사는 문학사 서술에 여러 필자가 참여해 공동집필하는 일본의 관행을 따랐고, 최근에 고토 세이코 등이 편찬한 것도 마찬가지다. 1969년에 간행된 문학사는 여성문학사의 시대를 고대전기(古代前期), 고대후기(古代後期), 중세(中世), 근세(近世), 근대(近代)로 크게 나누었고, 그 하위단위로 헤이안(平安), 무로마치(室町) 등 특정 정권이나 미치쓰나 어머니, 세이 쇼나곤(淸少納言), 무라사키 시키부 등 작가 개인을 설정해 장(章)을 세분하는 체제를 취했다.[222] 2003년에 간행된 문학사는 헤이안시대를 특별히 내세워서 고대·헤이안·중세·근세로 큰 틀을 삼았나.[223] 1969년의 문학사가 하위항목에서 개별 작가를 주로 내세웠다면, 2003년의 문학사는 닛키(日記), 와카(和歌) 등 갈래 중심으로

---

220 謝無量, 『中國婦女文學史』.

221 梁乙眞, 『中國婦女文學史綱』.

222 久松潛一 編, 『日本女流文學史: 古代·中世篇』; 吉田精一 編, 『日本女流文學史: 近世·近代篇』.

223 後藤祥子 編, 『日本女性文學史: 古典編』.

하위항목을 편성한 경우가 많다는 것이 다른 점이다. 각 시대에 대한 총론에 해당하는 장을 각 첫머리에 두는 체제는 세 여성문학사가 동일하다. 또한 헤이안시대를 일본여성문학사에서 최고 전성기로, 중세로 불리는 시기를[224] 여성사적으로나 여성문학사적으로 가장 침체된 시기로 인식한다는 점에서 공통적이다.

앞에서 언급했듯이, 히사마쓰 센이치는 중국의 시에우리앙, 탄정비와 마찬가지로, 여성문학사 서술에 앞서 자국문학사를 서술한 경험이 있다. 히사마쓰 센이치가 전체 편집을 맡고 총설을 서술했던 일본문학사는 상대(上代), 중고(中古), 중세(中世), 근세(近世), 근대(近代)로 시대가 구분되어 있는데, 정권교체에 따라 구분된 시대의 상위단위를 그렇게 명명하는 것은 현재까지 일본문학사 서술의 일반적인 관례다.[225] 일본여성문학사 세 편 모두 그러한 관습에서 크게 벗어나지 않았다.

영미의 경우, 『노튼여성영문학선집』[226]의 편자들이 했던 고민이 최근에 간행된 여성문학사 서술에서도 지속되고 있다. 문학사 시대구분에 대한 문제의식은 영미의 여성문학사뿐만 아니라 미국에서 출간된 유럽 각국의 여성문학사 서술에도 일정 정도 반영되어 있다. 이는 자국문학사 시대구분을 둘러싼 논란이 진행되었던 1990년대 서구

---

224 일본문학사에서 '중세'는 헤이케(平家)가 멸망한 분지(文治) 원년(1185)부터 도쿠가와 이에야스(德川家康)의 에도막부(江戶幕府)시대가 시작되기 이전 케이쵸(慶長) 7년(1602)까지 4백여 년의 기간을 가리킨다. 이 시대의 여성문학은 가마쿠라(鎌倉)부터 남북조(南北朝) 초기에 이르는 170년 기간에 몰려 있다. 後藤祥子 編, 『日本女性文學史: 古典編』, pp. 141-142.

225 조동일, 『동아시아문학사비교론』, p. 63.

226 Gilbert and Gubar eds., *The Norton Anthology of Literature By Women*.

학계의 전반적인 동향을 반영하는 것으로 보인다.

『노튼여성영문학선집』을 편찬할 때, 길버트·구바는 기존의 영문학사 시대구분이 여성문학사의 전개를 설명하는 데 적합하지 않다면서, 낭만주의니 고전주의니 하는 관습적인 '시대'를 기준으로 삼지 않겠다고 했다. 그 대신에 세기별로 여섯 시기를 크게 나누고[227] 작가들을 생몰연대에 따라 각 시기에 분류해 넣는 방식을 취하고, 시기마다 첫머리에 서문을 두어서 작품 간에 어떤 역사적·주제적 연관이 있는지를 드러내도록 배려하고자 했다. 문학사에서 시대구분이란 것이 과거 여성들의 문학을 묘사하는 데 적합하지 않다고 생각하지만, 여성문학전통이 그 자체의 각기 뚜렷한 국면들을 갖고 있다고 믿기 때문에, 과거 여성들의 다양한 글을 우선 연대기적으로 구성하게 되었다고 서문에서 밝혔다.[228]

쇼와 벤스톡이 편찬한 저서들은 여성영문학사 서술이 선택한 두 가지 다른 노선을 보여 준다고 할 수 있다. 벤스톡이 주관한 여성문학사 서술은 전통적인 영문학사 시대구분법을 일단 수용했다.[229] 문학사에서 시대에 대한 규정이 자의적이고 모순된 측면이 많다는 점을 인정하지만, '편의상' 기존의 시대구분을 받아들인다고 했다. 이로써 한편으로는 여성문학이 각 시대에 기여한 바를 밝히고, 다른 한편

227 Gilbert and Gubar eds., *The Norton Anthology of Literature By Women*, "중세·르네상스, 17·18세기, 19세기, 세기의 전환, 20세기 전기, 20세기 후기"로 구분했다.

228 Gilbert and Gubar eds., *The Norton Anthology of Literature By Women*, 초판 서문, p. xxvii; 개정판 서문, p. xxxi.

229 근대초기(1500~1700), 18세기(1700~1780), 낭만주의(1780~1832), 빅토리아 시대(1832~1895), 근대(1895~1945), 20세기 후반(1945~2000)으로 시대를 구분했다. Benstock, Ferriss, and Woods eds., *A Handbook of Literary Feminisms.*

으로는 영문학사의 전개를 설명하는 기존의 틀에 도전할 수 있다고 했다.[230] 독자들에게 친숙한 기존의 시대구분법을 일단 수용해 전체 서술의 순서를 세우되, 앞서 언급했듯이 낭만주의처럼 문제가 제기된 시대를 서술할 때는 기존의 논란을 함께 서술하는 방식을 취하는 것이다.[231]

쇼가 주관한 여성문학사는 세기나 왕조, 문예사조 등 시대구분의 상위 단위를 설정하지 않고, 연대기적으로 구성된 일련의 논문을 묶어서 일종의 '문학사 지도'를 그리고 있다. 필자들은 각 시대에 여성들이 어떤 글쓰기를 했고 그들이 처한 물질적·이념적 배경은 무엇이었는지를 분석하는 데 목적을 두었다고 한다. 시대라고 하는 개념이 대단히 문제적일 수 있음에 동의하고 별도의 시대구분 방법을 내세우지 않았다.[232] 그러나 전체 9장으로 이루어진 본문의 구성을 보면, 그 기획 단계에서 필자들이 여성글쓰기의 '시대적 변화'에 유의했음을 짐작할 수 있다. 목차 일부를 인용하면 다음과 같다.

1. 버려진 여성들: 중세 여성의 저작권
2. 경계를 위반하기: 르네상스와 종교개혁기, 여성의 글쓰기
3. 남성의 권위 도용하기: 1630~1689년, 여성의 글쓰기
4. '공적인 시각': 1689~1789년, 여성의 글쓰기
5. 여성규범의 혁명: 1789~1832년, 낭만주의 시대의 여성작가들

230 Benstock, Ferriss, and Woods eds., *A Handbook of Literary Feminisms*, p.xi.

231 Benstock, Ferriss, and Woods eds., *A Handbook of Literary Feminisms*, pp. 46-47.

232 Shaw ed., *An Introduction to Women's Writing*, pp. 2-3.

이러한 틀은 기존의 영문학사 시대구분 방식과 다를 뿐 아니라, 단지 세기별로 작가들을 배열하는 서술상의 편의를 위한 시대구분 방식에서도 크게 진전된 것으로 보인다. 각 장의 제목이 암시하듯이, 이 여성문학사 서술에서 시대구분을 위해 주목한 것은 여성 및 여성의 글쓰기에 대한 사회 인식과 여성의 대응방식이 어떻게 변화해 왔는가 하는 점에 있다고 이해된다. 시대구분의 본래 목적이 바로 문학사의 역사적 변화를 짚어내는 데 있다는 점을 상기할 때, 여성문학에 대한 사회 인식의 변화는 자국문학사 시대구분의 틀에서 벗어나 여성문학사의 전개를 독자적으로 해명할 수 있는 유의미한 기준이라고 볼 수 있다.

최근 영미에서 출간된 유럽의 여성문학사 서술을 보면, 대체로 시대구분에 관한 서구학계의 문제제기를 어느 정도 인식하고 있는 것으로 파악된다. 새로운 방안을 적극적으로 개척한 것은 아니지만, 문학사의 서술체제를 새롭게 함으로써 시대구분의 난점을 극복해 보려는 시도가 엿보인다. 몇 가지 사례를 보자.

『독일어권 여성글쓰기사』는 상위단위에서 '초기부터 1700년까지', '18세기와 19세기', '1890~1945년', '전후(戰後)의 동과 서' 네 시기로 나누고, 계몽주의와 같은 문예사조와 왕정복고 등의 정치적 사안을 하위단위로 세분했다.[233] 독일어권의 여성문학사에 대한 연대기

233 한국의 독문학 전공자들이 펴낸 독일여성문학사도 이와 유사한 방식을 택했다. 상위단위에서는 18세기부터 20세기까지 세기별로 구분하고, 하위단위에서는 각각 문예사조의 변화(18·19세기), 정치적 사건(20세기 전반), 페미니즘 운동(20세기 후반) 등을 기준으로 구분했다. 김미란·박광자·최석희·홍명순, 『독일어권의 여성작가』(충남대학교출판부, 2000).

적 개관이 목적이라 하고, 여기서 제시한 시대구분의 표지들은 어떤 이념을 대변한다기보다는 편의적인 이유에서 선택된 것이라고 했다. 독일문학사에서 관습적으로 통용되는 시대를 기준으로 삼는 것은 앞으로의 연구를 위해서 유용하다고 했다.[234] 앞서 언급한 벤스톡의 여성영문학사 서술과 같은 관점을 취했다.

『이탈리아 여성글쓰기사』는 역사서술에서 통용되는 관습적인 '시대'의 개념으로써 여성문학사 시대구분의 틀을 세웠다. '르네상스·반종교개혁·17세기', '계몽주의와 왕정복고', '근대(1850년 이후)' 세 시기로 크게 나누고, 그 하위항목에서는 주로 갈래를 단위로 삼은 것이 특징이다. 예컨대, 첫째 시대인 '르네상스·반종교개혁·17세기'는 '편지 글쓰기(1350~1650)', '15세기', '서정시(1500~1650)', '픽션(1560~1650)', '논쟁적 산문 글쓰기(1500~1650)', '종교적 글쓰기(1400~1600)'의 여섯 항목으로 구성되어 있다.[235]

『프랑스 여성글쓰기사』는 중세를 독립시키고 16세기부터 세기별로 고찰하는 방식을 취했다. '모든 역사는 연대기'라는 명제를 받아들여 중세부터 현대까지 연대기적 개관을 목표로 한다고 했다. 페미니스트 역사서술에서 시대구분의 개념을 문제 삼고 있음을 알지만, 연대기적 개관을 통해 각 시대에 여성이 기여한 사실을 복원하는 것이 이 여성문학사 서술의 목표라고 했다.[236]

『러시아 여성글쓰기사』는 '열린 문학사'를 지향한다고 했다.[237]

---

234 Catling ed., *A History of Women's Writing in Germany, Austria and Switzerland*, p. 2.

235 Panizza and Wood eds., *A History of Women's Writing in Italy*.

236 Stephens ed., *A History of Women's Writing in France*, p. 1.

237 "... preferring instead to assemble a history that is open ended, allowing the

편집자 서문에서 여성 글쓰기의 역사를 통해 표준적인 시대구분이나 글쓰기의 분류 방식에 의문을 제기하기 위해 노력했다고 적고 있다. 나아가 텍스트 해석에서도 필자들 사이의 의견을 애써 일치시키려는 노력을 의도적으로 피한다고 했다. 이 문학사는 전체가 15장으로 구성되었는데, 모든 장의 병렬식 배치는[238] 명시적인 시대구분을 피하고 여성문학의 과거를 새롭게 보기 위해 의도적으로 선택한 방법일 수 있다. 그런 점에서 러시아, 프랑스, 쇼가 편찬한 영국의 사례는 시대구분의 관습성을 탈피하는 방안으로서 문학사의 서술체제를 새롭게 한 시도로 평가할 수 있겠다.

세르비아·보스니아의 사례는 구비문학을 문학사의 시대 속에 배치하려 할 때 부딪치는 곤혹스러움을 상기시킨다. '중세', '19세기', '세기의 전환(1900~1914)', '제1차 세계대전에서 제2차 세계대전까지' 등 역사적 시대가 일반적인 기준인데, '구술전통에 대한 여성의 기여'라는 제목의 장이 '중세' 앞에 설정되어 있다. 이 장에서 다룬 내용은 북부 세르비아에 생존하는 여성민요창자들과 그들이 부르는 민요다.[239] 구비문학은 으레 '고대적'이라는 인식 탓에 20세기의 민요창자를 중세보다 앞 시기에 배치한 것으로 보인다.

---

contributors to engage in dialogue with each other." Barker and Gheith eds., *A History of Women's Writing in Russia*, p. 3.

238 "Juxtaposing the essays with one another in order to create new ways of seeing is an important part of the process of recontextualization." Barker and Gheith eds., *A History of Women's Writing in Russia*, p. 5.

239 Hawkesworth, *Voices in the Shadows: Women and Verbal Art in Serbia and Bosnia*, pp. 33-62.

### 2) 한국문학사와 한국여성문학사

한국에서는 아직 본격적인 여성문학사 서술이 이루어지지 않았으니 여성문학사 시대구분의 독자적 기준이나 방식에 대한 고민은 더욱 기대하기 어렵다. 일찍이 조선일보에 '조선여류문학'의 약사(略史)를 연재했던 김태준이나,[240] 조광사(朝光社)에서 주최한 강연회에서 "조선여류문학의 역사적 발달"에 대해 강연했던 이은상이나[241] 모두 여성문학사를 개관하기 위해 왕조 변천을 기준으로 삼았다. 김용숙이 한국여성문학의 과거를 엄선된 소수의 작가와 작품만을 중심으로 인식할 때,[242] 그러한 문학사 인식에서는 시대구분이라는 개념 자체가 없거나 중요하지 않다고 할 수 있다.

여성작가문학에 국한하지 않고 여성이 소재적·주제적 차원에서 중요한 비중을 차지하는 작품들을 포괄한 『여성과 문학』[243] 및 『한국여류문학사』에서도[244] 시대구분은 별다른 의미가 없다. 전자의 경우, '고대'와 '현대'라는 큰 시대만 설정하고 하위단위에서는 갈래별로 서술하는 방식을 취했다. 후자는 '고대-고려시대-조선시대-개화기-현대'로 시대를 구분하고 하위항목으로는 갈래를 취했다. 갈래별 체제를 취했다고는 하나 사실상 개별 작품에 대한 해설이어서 갈래체계로 여성문학사의 전개를 해명하려 했던 것도 아니다.

---

240 김태준, 「朝鮮의 女流文學」(全14회).

241 이은상, 「朝鮮女流詩選-『朝鮮女流文學』 講演例抄」.

242 김용숙, 『이조의 여류문학』; 『조선조여류문학의 연구』.

243 김해성 외 편저, 『여성과 문학』.

244 최범훈, 『한국여류문학사』.

여기서 시대나 갈래는 여성문학사를 해명하는 실질적 기준이 되지 못하고, 단지 개별 자료를 배열하기 위한 큰 단위로만 기능한다. 시대구분은 그야말로 서술의 '편의'를 위한 장치일 뿐이다. 허미자의 경우에도 '고대-조선시대-근대화과정-현대'라는 시대구분은 존재하지만 그 기준이 무엇인지, 한 시대가 다른 시대와 어떻게 변별되는지에 관한 해명은 찾아보기 어렵다.[245] 처음부터 문학사 서술을 위해 기획된 저서가 아니므로 시대구분에 관한 명확한 관점을 기대하는 것이 무리일 수 있다.

한국근대문학사 서술에서는 종종 10년 단위의 연대별 분절법을 사용하는데, 여성문학사에 대해서도 같은 시도가 있었다. 1920년대부터 1980년대까지 10년 단위로 구분하고 등단시기를 기준으로 여성작가들을 각 시대에 배치한 것인데,[246] 어느 시기에 어떤 작가가 활동했는가 하는 최소한의 정보를 개관할 수 있는 목록인 셈이다. 10년 단위로 새로운 문학이 창출될 리 만무하니[247] 연대별 분절법은 그야말로 서술의 편의를 위한 것일 뿐 시대구분이라고 하기 어렵다. 근대여성문학사의 전개에 대해서는 그 변화과정을 거시적으로 잘 보여주는 고정희의 개관이 참고가 된다.[248]

『한국고전여성작가연구』는 그 서술체제가 한국여성문학사 서술이 처한 어려움을 상기시킨다. 제목에서 '여성작가연구'를 표방한 이

245 허미자, 『한국여성문학 연구』.

246 정영자, 『한국페미니즘문학연구』, pp. 165-174.

247 임헌영, 「한국현대문학사 서술방법론」, 『한국문학사 어떻게 쓸 것인가』, p. 218.

248 고정희, 「한국여성문학의 흐름」.

책은 크게 세 부분으로 나뉘어 있다.[249] ① 고전여성작가의 전기적 고찰, ② 한시·고전시가·고전산문·민요의 문학세계에 대한 고찰, ③ 고전여성작가문학의 사적 연구가 그것이다. 왜 이런 체제를 취하게 되었는지 추측해 보면, 첫째, 한국고전여성문학사에는 이름과 생몰연대를 비롯한 전기적 사실을 알 수 있는 작가가 많지 않으니 ①에 근거해서만 문학사를 쓸 수는 없다. 둘째, 작자미상뿐 아니라 연대미상인 작품이 훨씬 많으니 ②와 같이 갈래 중심의 서술이 더 용이하다. 셋째, ①·②의 불리한 여건으로 문학사 서술이 쉽지 않으나 모든 갈래를 망라한 총체적 접근을 아쉬운 대로 약사(略史)로 대신했다고 이해할 수 있다.

여기서 고전여성작가문학의 약사(略史)에 해당하는 장을 살펴보자. 역시 왕조변천을 기준으로 '삼국·통일신라기, 고려시대, 조선전기(14~16세기), 조선후기(17~19세기)'로 크게 나누었다. 그러나 앞선 사례들과 달리, 각 시대에 따라 여성문학사에서 일어난 큰 변화들에 주목해 시대구분이 단지 서술상 편의에 그치지 않도록 했다. 예컨대 삼국·통일신라기에서 특히 6·7세기는 여성의 개인 창작시가 출현한 시기로 주목되었고,[250] 고려시대에는 여성작가의 계층 확대뿐만 아니라, 한시의 공적 기능 탈피나 고시가의 풍교적 함의 가미 등 작품 내적인 변화 또한 특징으로 지적되었다.[251] 이러한 문학사적 평가들 속에는 적어도 하나의 '시대'로 묶인 문학사의 특정 단위가 앞 시대나

249 이혜순 외, 『한국고전여성작가연구』.

250 성기옥, 「삼국·통일신라기의 문학」, 『한국고전여성작가연구』, pp. 531-532.

251 이혜순, 「고려시대의 문학」, 『한국고전여성작가연구』, pp. 535-553.

뒷 시대와 왜 구별되는가에 대한 서술자의 관점과 해석이 드러나 있음을 알 수 있다.

본격적인 여성문학 연구의 역사가 짧은 만큼, 한국여성문학에 대한 문학사적인 해석과 평가는 이제 겨우 출발 단계에 있다. 개별 작가 및 작품, 갈래별 연구가 주류를 이루었고 그나마 한국문학사 연구의 일환으로 진행된 것이어서 한국여성문학사의 전개를 특별히 문제 삼았던 것은 매우 드물다. 이 때문에 한 시대에 대한 평가가 전혀 상반된 경우도 없지 않았다. 예를 들어 고려 여성시가에서 "병적인 에로티시즘과 한과 체념"을 읽고 신라의 "맑고 명상적인 서정"과 대비시키는가 하면,[252] 신라 향가에서 보이는 "종교적 도그마"가 고려의 여성시가에 와서 사라지고 "문학을 통해 인간을 발견한 한국적 르네상스, 혹은 낭만주의 문학"이 형성되었다고 평가하기도 한다.[253] 이는 한국문학사의 전개에서 신라와 고려시대의 문학을 평가하는 시각 차이에 따른 것으로, 특별히 여성문학사의 전개에서 각 시대의 특징을 문제 삼은 것은 아니었다.

한편, 특정 갈래 내에서의 시대적 변화를 조망하려는 시도들이 있었다.[254] 이숙희는 조선시대 여성한문학사를 '잠동시대-발흥기-난숙기-이전기'로 역사적 단계를 구분한 바 있다. 여성한문학에서 손꼽는 대가들이 배출된 중종 연간에서 선조 때까지를 발흥기로 보

---

252 김우정, 「한국여류시의 발생과 근저」, pp. 302-303.

253 고정희, 「고전문학사 시대구분에 관한 몇 가지 제언」, pp. 99-102.

254 이 밖에 성기옥, 「기녀시조의 감성특성과 시조사」, 『한국고전여성문학연구』 1(한국고전여성문학회, 2000); 이은정·김현자, 「한국현대여성문학사-시」 등에서도 그런 시도를 했다.

고, 선조조 이후 갑신정변 이전까지를 난숙기로 보았다.[255] 잠동, 발흥, 난숙 등 각 시기의 명명에서 짐작하듯, 이 시대구분의 틀은 여성작가에 의한 한문학갈래의 생성과 소멸을 가리킨다. 여기서 발전단계를 해석하는 근거는 현전하는 자료의 양적인 면에 치중한 감이 없지 않다.

그런데 현전 자료가 17세기 이후 대폭 증가하는 사정은 한문학 분야에만 해당하는 것은 아니며, 또한 여성문학사만의 특수한 현상도 아니다. 고전여성문학 자료 대부분이 조선후기에 집중되어 있는 만큼, 한국여성문학사 시대구분의 문제는 전 시대를 통괄한 시대구분법 이상으로 조선시대 혹은 조선후기의 여성문학을 얼마나 효과적으로 세분할 수 있는가 하는 또 다른 과제를 안고 있는 것이다.[256]

한국문학사의 시대를 구분하기 위해 문자수단·갈래체계·문학담당층의 변화를 기준으로 삼는 방법은 일찍이 조동일의 『문학연구방법』에서 이론이 마련되고 『한국문학통사』로 구체화되었다. 여기서 마련된 시대구분법은 한국문학사를 넘어 동아시아문학사, 세계문학사의 전개를 해명하는 기본적인 틀이 되었다.[257] 고미숙의 비판처럼, 이 시대구분법이 '중세에서 근대로의 이행기'에 과중한 의미를 부여

255 이숙희, 「조선조여성한문학사」, 『한국문학사상사: 일정송민호박사고희기념논총』(계명문화사, 1991), pp. 763, 770.

256 이동연, 「조선후기의 문학(17~19세기)」, 『한국고전여성작가연구』, p. 564.

257 『한국문학통사』에서 제시한 시대구분의 원리를 세계문학사에 적용할 수 있는 가능성을 탐색한 논문이 조동일, 「한국문학사의 시대구분과 세계문학사」, 『한국문학과 세계문학』이다. 이후 『동아시아문학사비교론』에서 한문문명권 내에서 공통된 시대구분을 모색하고, 『공동문어문학과 민족어문학』(지식산업사, 1999, p. 65)에서 세계문학사의 전개를 이해하는 시대구분의 기본 틀을 제시했다.

함으로써 문학사의 전개를 '근대를 향한' 연속적 발전과정으로 파악하는 근대주의를 강하게 암시한 것은 사실이다.[258] '중세에서 근대로의 이행기' 설정은 그 명명에서부터 '근대'에 대한 특별대우였다.[259] 그러나 근대주의의 한계를 감안하더라도, 공동문어문학과 민족어문학의 관계에 기반한 이 시대구분법으로 세계문학사의 전개를 거시적으로 조망하는 안목이 생긴 것은 분명한 성과이다.

'중세에서 근대로의 이행기'는 한국뿐만 아니라 유럽에서도 여성의 문학활동이 눈에 띄게 활발해지는 시대로 파악된다. 조동일은 이 시기를 대표하는 소설갈래가 귀족과 시민의 합작품이자 남성과 여성의 합작품이라 하고, 여성이 이 시기 문학사에서 차지하는 역할에 특별히 주목한 바 있다.[260] '민족어문학이 우세한 단계'인 이 시기에 여성의 문학활동이 민족어문학의 영역에서 훨씬 자유로웠던 것은 어느 나라에서나 공통된 현상임이 틀림없어 보인다. 따라서 '중세에서 근대로의 이행기'에 여성이 시민이나 판소리 광대처럼 새롭게 급부상한 하나의 '문학담당층'으로 기능한 측면이 존재하는 것이다. 그러나

---

258 고미숙, 「고전문학사 시대구분에 관한 몇 가지 제언」, pp. 124-125.

259 조동일에 따르면, 문학사에서 중세란 '공동문어문학과 민족어문학이 공존하는 시기'이며, 공동문어문학과 민족어문학의 관계에 따라 다시 세 시기로 구분된다. 첫째, 공동문어문학이 민족어문학보다 우세한 단계(중세 전기), 둘째, 공동문어문학과 민족어문학의 경쟁 단계(중세 후기), 셋째, 민족어문학이 우세한 단계(중세에서 근대로의 이행기). 큰 틀에서 보면 '중세에서 근대로의 이행기'도 엄연히 '중세'인 것이다. 그런데 중세의 세 시기를 '전기/중기/후기'로 명명하지 않고 마지막에 '중세에서 근대로의 이행기'로 명명함으로써 '근대'로의 지향이란 비판을 면하기 어렵게 했다.

260 소설사에서 여성이 독자와 작자로서 활동한 양상에 관해서는 조동일, 『소설의 사회사 비교론』 2(지식산업사, 2001)의 제6장 "소설의 생산·유통·소비" 참조.

자국문학사에서 여성의 역할이 아니라 여성문학사 자체의 역사적 전개에 관심을 가질 때, 그와 같은 거시적인 틀만으로는 여성문학사의 통시적 변화와 공시적 다양성을 충분히 드러낼 수 없다.

어떤 특정한 시점을 기준으로 시대를 나눈다는 것은 그 이전과 이후가 문학사적으로 의미 있는, 어떤 특징적인 다른 지점이 존재한다는 것을 뜻한다. 예컨대, 한국문학사에서 중세후기가 시작되는 13세기는 문학담당층이 문벌귀족에서 신흥사대부로 교체되는 시기이며, 갈래체계로 말하자면 서정의 시대에서 서정과 교술이 공존하는 시대로 커다란 변화를 보이기 시작한 중요한 시점이다.[261] 한자문명권에서 생각해 보면, 중세후기는 주자학의 성립 및 전파와 긴밀하게 연결된 시대이니, 이러한 사상적 변화가 여성의 사회적 지위와 문학활동에 직간접적인 영향을 미쳤으리란 점은 어느 정도 짐작할 수 있다.

이때 한국문학사에서 중세후기가 한국여성문학사에서도 하나의 독립된 시대로서 유의미한지 의문을 가져볼 필요가 있다. 한국문학사에서 중세후기는 왕조로 볼 때 무신란 이후인 고려후기와 조선전기를 가리킨다.[262] 고려후기 문학이 고려전기보다 조선전기와 친연성이 높기 때문에 시대구분에서도 이 두 시기가 한 시대로 묶였다. 여성문학사에서 볼 때도 예컨대 13세기 기녀 동인홍의 시편들에서 보이는 비판 정신이 16세기 초 기녀 조운의 시로 이어진다는 점에서,[263]

261 조동일, 『문학연구방법』, pp. 242-243.

262 한국문학사 시대구분의 실제는 조동일, 『한국문학통사』 1, pp. 45-58 참조.

263 이혜순, 「고려시대의 문학」, pp. 544-545.

고려후기와 조선전기의 친연성을 이야기할 수 있을 것이다.

그러나 적어도 한국여성문학사의 경우, 그리 많지 않은 사례를 근거로 한 고려후기와 조선전기의 친연성이 한글 창제로 인한 문자체계의 변화보다 근본적인가 의문이다. 중세에서 공동문어문자와 민족어문자 사이에, 또한 계층 및 젠더관계에 존재하는 권력관계를 고려할 때, 한글 창제의 의미는 한국문학사 전체에서보다 여성문학사에서 훨씬 크다고 생각되기 때문이다. 정말 그러한지에 대해서는 앞으로 많은 논의가 필요할 터인데, 여기서 강조하고자 하는 것은 시대구분을 비롯해 자국문학사 서술이 기존에 마련해 놓은 문학사 인식의 틀을 여성문학사 서술이 무비판적으로 수용해서는 곤란하다는 점이다.

요컨대 어느 한 시대가 기존의 한국문학사 서술에서 차지하는 위상이 여성문학사에서는 전혀 다를 수 있다. 한국문학사에서는 시대를 가를 만큼 중요했던 사건이 여성문학사에서는 주변적인 것일 수 있고, 반대로 한국문학사에서는 덜 중요했던 문학적 사건이 여성문학사에서는 좀 더 근본적인 기준이 될 수 있다. 여성문학사의 시대적 변화를 해명하기 위해, 문학담당층의 교체나 갈래체계의 변동 등 자국문학사의 시대구분과 같은 기준을 적용하기는 어려워 보인다. 무엇보다 문학사 서술을 통해 해명하려는 대상이 다르기 때문이다. 기존의 한국문학사 서술이 '문학'의 역사적 변화를 해명하는 데 목표를 두었다면, 여성문학사 서술은 '여성'의 문학활동과 그에 대한 사회 인식이 역사적으로 변화하고 지속되어 온 과정을 해명하는 데 목적이 있다. 여성문학사의 시대구분은 여성문학활동의 양상과 의미가 변화하는 과정을 효과적으로 보여 줄 수 있는 방향으로 이루어져야 할 것이다.

한국여성문학사 연구가 변화의 지점에 주목하는 문학사 서술의 장점을 더욱 살려야 하는 시점이다. 한국여성문학사의 '시대'에 대해서는 중세에서 근대로의 이행기에 여성이 주요한 문학담당층으로서 활동했다는 거시적 평가나 전근대와 근대의 막연한 구분만 있다. 전근대와 근대의 차이도 여성문학사 내적인 변화를 기준으로 인식되는 것이 아니라, 자국문학사의 시대구분에 전적으로 기대어 있다. 전근대와 근대, 또는 중세에서 근대로의 이행기라는 시기 구분만으로는 여성문학사에서 의미 있는 변화의 지점들이 충분히 포착되지 않는다. 변화 지점에 주목해 문학사의 전개를 거시적으로 해명하려는 문학사 시대구분의 근본 목적을 다시 환기해야 할 이유가 여기에 있다.

제3부

# 새로운 여성문학사의 형식

# 1장 여성어문생활의 젠더권력관계 해명

## 1. 어문생활사의 개념과 구조

이 장에서는 여성문학사 서술의 기본 방향을 어문생활사에서 찾고, 어문생활사를 권력관계로 파악하는 기본관점을 제시할 것이다. 이를 위해 우선 '문학'을 '어문생활'의 개념으로 재규정한다.[1] 필자는 여성문학사 연구에서 '문학생활'의 관점을 제안한 바 있는데,[2] 그 취지를 살리면서 용어와 개념을 새롭게 다듬기로 한다. 그리고 어문생활사를 구조적으로 이해하는 방편으로 계층 및 젠더의 권력관계에 주목해야 할 필요성을 제기하고, 조선시대에 한문과 국문의 권력관계를

1 조동일은 어문생활사가 "국어사와 국문학사를 포함한 더 넓은 영역"이라 하여 국문학과 국어학 연구의 새로운 방향으로서 어문생활사 연구의 가능성을 시사한 바 있다. 그러나 어문생활사에 대한 개념규정이 명확하게 이루어진 것은 아니었다. 조동일, 「어문생활사로 나아가는 열린 시야」(국립국어연구원 학술회의발표문, 2003. 11. 4.) 참조.

2 이경하, 「조선조 여성의 문학생활 연구시론: 〈반조화전가〉의 안동권씨녀를 중심으로」, 『한국학보』 100(일지사, 2000년 가을).

예로 들어 여성어문생활사 서술이 주목해야 할 지점을 생각해 본다.

### 1) 어문생활사의 개념과 범주

#### ① '문학'과 '어문생활'의 개념적 차이

'어문생활'이란 어문활동의 주체가 기존의 텍스트를 소비하고 새로운 텍스트를 생산하는 과정 전체이며 동시에 그 텍스트들이다. '어문활동' 또는 '언어문자활동'은 말과 글로 이루어지는 소비활동 및 생산활동으로서 듣기·말하기·글읽기·글쓰기 전체를 포괄하며, 여기서 '텍스트'는 소비활동의 대상물이자 생산활동의 결과물을 가리킨다.

문학의 외연을 확장해서 개념을 정의해도 충분할 것 같은데 굳이 어문생활이라는 별도 명칭을 마련하는 이유는 이렇다. 우선 용어란 것은 "종종 강력하고 결코 지워지지 않는 모습으로" "개념상 줄곧 그 어원을 간직하고 있는 경향이"[3] 강하다. 크리스테바(Kristeva)가 '문학'을 '시적 언어'로 재명명했던 이유는 기존의 문학 개념이 글쓰기의 영역에서 어떤 특정 유형만을 포괄하고 다른 유형들을 배제하는 효과를 지니기 때문이었다.[4] 이것은 용어 문제가 연구대상의 본질과 밀착되어 있음을 시사한다.[5] 용어의 대체가 모든 문제를 해결해 주는

3 월터 J. 옹, 이기우·임명진 역, 『구술문화와 문자문화』(문예출판사, 1995), p. 23.

4 Robbins, *Literary Feminisms*, p. 9

5 구비문학을 구비전승 또는 구술예술 등으로 달리 명명하고자 하는 시도 역시 문학이란 용어가 내포한 '쓰여진 텍스트/작품 중심'이라는 인상에서 벗어나기 어렵다는 데 기인한다. 심우장, 「구비설화 연구방법론에 나타난 쟁점 및 전망」, 『국문학연구』 11(국문학회, 2004), pp. 97-98.

것은 아니지만 "대상에 대한 혁신적 사고의 전환"[6]을 위해 용어 교체가 필요하다는 데 수긍하게 되는 것은 그 때문이다.

일반적으로 '문학'이라고 하면, 개인 '작가'에 의해 '창작'된 '작품'을 떠올리게 된다. 그런데 여기서 언급된 작가, 창작, 작품이란 단어들은 이미 '근대적' 문학시장을 중심으로 한 문학의 생산·유통·소비구조와 너무나 긴밀하게 연결되어 있어서, 전통사회와 근대를 아우르는 문학사 인식에는 적지 않은 장애가 된다. 협의를 광의로 확대해서 쓴다고 전제해도, 각 단어의 '근대적' 용법이 워낙 강력해서 오해 여지를 불식하기 어렵다. 이 때문에 문학, 창작, 작가 등은 각각 어문생활, 생산, 어문활동의 주체로 바꾸어 부르는 것이 좋다.

같은 맥락에서, 문학작품은 어문활동의 '생산물'로, 문학작품의 창작행위는 언어와 문자로 이루어지는 '생산활동'으로 재명명할 필요가 있다. '생산'이란 용어가 '창조' 또는 '창작'이라는 용어보다 예술성 혹은 문학성에 관한 한 중립적인 성격을 띤다고 보는 까닭이다. 흔히 문학작가를 비롯한 예술가의 작품활동을 가리켜 '창조'라고 말하는데, 이 용어는 "예술의 종교" 안에서 신에 비견되는 예술가의 지위를 대변한다.[7] 이러한 "인문주의 이데올로기"는 작가 개인의 재능을 과장하고 작품의 창작을 그 과정이 삭제된 "갑작스럽게 나타나는" "불가사의한" 특별한 행위로 신비화하는 경향이 있다.[8] 그러나

6 윤교임, 「미국의 구술예술 연구-연행중심적 접근과 구술시학의 민족지」, 한국구비문학회 편, 『구비문학 연구의 길 찾기』(박이정, 2003), p. 243.

7 피에르 마슈레, 배영달 역, 『문학생산이론을 위하여』(백의, 1994), pp. 81-82; 피에르 부르디외, 문경자 역, 『혼돈을 일으키는 과학』(솔, 1994), p. 232.

8 피에르 마슈레, 『문학생산이론을 위하여』, p. 83.

예술의 생산과 그 생산물의 주체는 예술가 개인일 수 없고 "총체적으로 본 예술 생산의 場"[9]이다. 그러한 생산의 장에서 사회적 조건을 대상으로 삼는 예술사회학의 관점을 어문생활사 서술에 적극적으로 받아들일 필요가 있다.

어문생활에서 '어문'이란 명명은 언어와 문자를 통칭하며, 문학 개념에서 '예술성'의 무게를 의도적으로 탈각시킨 것이라고 할 수 있다. 국문학계에서는 특히 고전문학에 관한 한, 문학의 개념을 광의로 확대해 사용하는 것이 이미 관례가 된 지 오래다. 협의의 문학이 기록문학에 한정된다면, 광의의 문학은 각종 기록물과 구비문학을 포괄한다. 이로써 국문학사의 외연이 크게 확대될 수 있었다. 그러나 광의의 문학도 본질적으로 예술로서 문학 개념을 벗어나지는 않는다. 구비문학과 기록문학을 함께 다루는 관점도 "문학은 언어로 이루어진 예술이며, 예술은 형상과 인식의 복합체"[10]라는 전제 위에 서 있다.

> 문학은 시간성, 대상성, 고정성을 특징으로 삼는 언어로써 이루어진, 인식이며 형상인 표현으로 존재하는 예술이다. 인식이며 형상인 표현이라는 점에서 언어로 이루어진 다른 무엇과 구별되며 시간성, 대상성, 고정성을 특징으로 삼는다는 점에서 다른 예술과 구별된다.[11]

예술성을 어떻게 규정하든, 그것은 문학과 비문학을 구별하는 기

9 피에르 부르디외, 『혼돈을 일으키는 과학』, pp. 232-247.

10 조동일, 「문학사 이해의 새로운 관점」, 『한국문학통사』 1, p. 17.

11 조동일, 『문학연구방법』, p. 146.

준으로 인식된다. 문학작품은 "허구적이고 상징적"[12]이라거나 "작품적 질서를 지니고 있다"[13]는 점에서, 문학이 아닌 말·글과 구분되는 그 무엇으로 특화된다. "예술의 근원이자, 목적이자, 시금석"으로 간주되는 작가의 상상력과 "정전 텍스트는 통일되어 있다는 가정"에 입각한 작품의 통일성에 대한 강조는 문학과 비문학을 가르고 문학 내에서도 정전과 '저급한' 대중문학을 가르는 암묵적인 기준이었다.[14]

문학의 예술성은 개별 작품에 대한 가치평가를 통해 문학의 개념 안에서도 다시 천차만별의 층위를 갖기 마련이지만, 일단 예술성이란 관념이 문학과 비문학의 경계를 가르는 기준으로 인식되고 있음을 부정할 수 없다. 어문생활 개념은 예술성을 기준으로 말하면 '문학'과 '비문학'을 포괄하며, 김수업의 표현을 빌리면 '일상의 국어'와 '예술의 국어'를 포괄한다.[15] 필자가 제안했던 '문학생활'[16] 개념은 여전히 문학 개념에 내포된 '예술성'의 전제를 벗어나지 못하는 경향이 있었다. '어문생활'이 '문학생활'보다 그 의도를 좀 더 명확히 전달할 수 있다고 판단된다.

어문생활에서 '생활'이란 명명에는 어문활동 자체를 강조하려는 의도가 반영되어 있다. 문학 개념이 텍스트 중심이라면 어문생활 개

---

12 우한용, 『문학교육과 문화론』(서울대학교출판부, 1997), p. 9.

13 조동일, 『문학연구방법』, p. 154.

14 안토니 이스트호프, 임상훈 역, 『문학에서 문화연구로』, pp. 22-24.

15 김수업, 『국어교육의 원리』(청하, 1994), p. 123.

16 이경하, 「조선조 여성의 문학생활 연구시론: 〈반조화전가〉의 안동권씨녀를 중심으로」, pp. 110-113.

념은 어문활동을 강조한다. 어문생활 개념은 언어와 문자로 이루어진 텍스트뿐만 아니라, 주체의 어문활동 자체를 중요하게 다룬다는 의도를 적극적으로 표명한 것이다. '생활'이란 어문활동의 주체가 텍스트를 소비하고 생산하는 경험과 그 과정 전체를 의미한다.

어문활동에 주목하는 어문생활 개념은 여성문학사 서술이 텍스트중심주의에서 벗어날 것을 제안한다. 문학작품이 문학사의 중심에 놓이는 것은 일견 당연하지만, 그것이 전부일 수는 없다. 어문생활사는 글쓰기의 결과물로서 작품뿐만 아니라, 글쓰기의 선행 단계인 글읽기를 포함해서 문자행위로서 글쓰기 전 과정을 서술대상에 포함한다. 구비문학도 말하기의 결과물만이 아니라 듣기를 포함한 말하기 전 과정을 포괄할 수 있어야 할 것이다. 여성민요에 관해 기술한다면 그 자료를 충실히 분석하는 데서 끝나지 않고, 과거 여성들이 어떻게 자신들만의 노래를 생산하고 소비해 왔는지 어문활동의 측면에 더욱 관심을 기울여야 한다.[17]

듣기·말하기·글읽기·글쓰기 등 구술·문자행위의 네 국면을 모두 포괄하는 여성어문생활사는 여성의 어문활동에서 '생산' 측면뿐만 아니라 '소비' 측면에도 특별히 주목한다. 여성문학사에서 생산물로서의 문학작품만이 아니라 문학의 소비행위에 더 세심한 관심을 기울여야 하는 이유는 여성이 처한 어문활동의 제약 때문이다. 여성에 대한 어문활동의 공적 금지는 과거 여성의 문학생산력이 남성에 비

17 예를 들어, 강진옥의 「여성민요창자의 존재양상」, 이혜순 외, 『한국고전여성작가연구』, pp. 163-197은 탁숙녀 등 6인의 여성창자들의 삶과 노래학습과정 등에 초점을 맞춘 연구로 주목된다.

해 상대적으로 약할 수밖에 없었던 가장 근본적인 이유이다. 따라서 문학의 생산활동뿐만 아니라 소비의 전 과정을 생산의 잠재태로 간주해 적극적으로 다룰 필요가 있다.

권섭의 어머니 용인 이씨가 딸, 며느리들과 함께 「소현성록」을 비롯한 국문소설을 즐겨 읽으며 장편소설의 빠진 권질을 채우지 못해 안타까워했던 구체적인 정황들은[18] 조선후기 여성들이 문학을 소비했던 한 국면을 자세히 보여 준다는 점에서 한국여성어문생활사가 특기해야 할 중요한 한 장면이다. 문학작품의 생산이 일정한 소비단계 없이 가능할 수 없다는 점을 고려하건대, 문학 소비의 다양한 사례에 대한 연구가 더욱 중요한 의미를 갖는다.

어문생활 개념은 언어문자로 이루어지는 주체의 소비·생산활동과 그 대상 및 결과물을 '문화현상'으로 간주하는 관점을 반영한다. 종래의 문학사가 문학 텍스트의 역사였다면, 어문생활사는 텍스트는 물론 텍스트를 생산하고 소비하는 과정 전체, 언어문자활동의 역사에 주목하며, 언어문자로 이루어지는 어문활동 주체의 실천과 경험을 중요하게 다룬다.

> 문학을 문화현상의 하나로 보는 관점에서는 문학을 역동적 실천태로 상정한다. 문학현상을 이루는 작가, 작품, 독자 등의 요소로 이루어지는 문학을 정태적으로 파악하는 것이 아니라, 이러한 요소들이 역동적인 구도를 형성하면서 상호주체적인 실천을 하는 양상으로 파악한다. (중략)

18 박영희, 「장편가문소설의 향유집단 연구」, 한국고전문학회 편, 『문학과 사회집단』(집문당, 1995), pp. 319-361.

> 문학을 역동적 관점에서 바라볼 때라야 문학의 구체상이 문제로 떠오름은 물론, 문학에 관여하는 주체들의 정당한 자리가 확보된다.[19]

'역동적 실천태'로서 문학은 작품으로서의 텍스트에 한정될 수 없고, 텍스트를 둘러싼 생산활동과 소비활동을 아우른다. 그러나 문학교육에 대한 문화론적 접근을 주장했던 우한용은 여전히 허구성과 상징성으로 대변되는[20] 예술로서 문학에 그 범위를 한정하고 있다. 어문생활은 문학과 비문학을 포괄하고 주체의 실천과 경험을 강조하는 문화 개념을 적극적으로 표현하기 위한, 문학과 구분되는 새로운 명명이다.

요컨대 어문생활의 관점은 '문학이 본령'이라는 문학연구의 대전제에서 과감히 벗어날 것을 제안하며, 어문활동의 주체인 여성의 입장을 더 강조한다. 예술적 텍스트 중심의 문학연구 관점을 견지할 때 여성문학 연구의 폭은 대단히 제한적일 수밖에 없다. 자국문학사의 전개에서 여성의 생산활동에 제약이 많았던 전통사회의 여성문학을 이야기할 때 특히 그렇다. 앞서 논의했듯이, 서구의 여성문학사 서술이 '문학'에서 '글쓰기'로 그 범위를 확대해 온 것은 기존의 문학 범주가 여성문학의 과거를 재현하기에 적합하지 않다는 판단에서였다. 범주의 확대가 단지 연구영역을 확장하기 위한 전제만은 아니다. 개념과 범주의 재설정은 문학사적 가치평가의 기준을 재고하는 작업이다.

---

19 우한용, 『문학교육과 문화론』, p. 5.

20 우한용, 『문학교육과 문화론』, p. 9.

앞에서 여성문학사란 여성의 문학활동에 관한 역사이자 여성주의 시각으로 재편한 문학사라고 규정했다. 여성작가문학 또는 여성문학활동의 역사가 협의의 여성문학사라면, 광의의 여성문학사는 여성 문학활동뿐만 아니라 여성담론의 역사를 포괄한다고 했다. 이것을 어문생활의 관점으로 다시 정의하면, 여성어문생활사는 여성의 어문활동 및 여성담론의 변화와 지속에 대한 역사적 재현이다. 남녀의 생물학적 차이를 사회적·문화적 차이로 위계화하는 것이 담론의 힘이라 할 때,[21] 이에 대한 분석은 여성어문생활사에서 핵심 과제가 된다. 어문생활 관점은 여성의 어문활동과 여성담론을 문학사 서술에서 효과적으로 통합할 수 있다. 담론의 힘이 실현되는 공간이 바로 어문생활이기 때문이다.

② 문화사적 관점의 필요성

어문생활사가 예술로서의 문학은 물론 그 범위에 들지 않는 말과 글을 모두 포괄한다고 했을 때, 이러한 설정이 문학의 독자성을 훼손하는 것은 아닌가 하는 반론을 제기할 수 있을 것이다. 문학은 언어현상 일반과 엄연히 다른 범주이고 동일시될 수 없는데, 문학사에서 어문생활사로의 전환을 주장하는 것은 문학사 서술의 독자성을 부정하는 태도로 간주될 수 있기 때문이다. 또한 여성문학사가 여성어문생활사를 지향한다면 여성사와는 어떤 관계에 있는지 의문을 가질 수 있다.

21 이상호, 「아비튀스와 상징질서의 새로운 사회이론」, 현택수·정선기·이상호·홍성민, 『문화와 권력』(나남출판, 1998), p. 124.

문학사에서 어문생활사로의 전환은 어떤 의미에서 문학과 역사에 대한 연구가 '문화'에 대한 연구로 전환되는 20세기 후반 지적 풍토를 반영하는 것이기도 하다. 그러한 변화는 파장이 결코 작지 않아서 종종 패러다임의 변화로 이야기된다. 문학연구 패러다임이 붕괴하고 문화연구라는 새로운 패러다임으로 바뀌었다고 진단하는가 하면,[22] 역사학은 정치사적 패러다임에서 사회경제사적 패러다임으로, 다시 문화사적 패러다임으로 전환하고 있다고도 말한다.[23] 그러나 여성문학사 서술의 새로운 방향으로 어문생활사를 이야기하는 것이 단지 학계의 '유행'을 따르기 위함은 아니다.

여성문학사 서술이 여성어문생활사 서술로 나아가야 한다는 주장은 여성문학 연구의 현 단계에 대한 진단에서 비롯한다. 한국에서 근대학문이 시작된 이래 '여성'에 대한 학문적 관심은 역사와 문학을 비롯한 각 학문영역 내에서 오랫동안 하나의 '주제' 연구로 파편화된 상태로 이루어져 왔다. 그러던 것이 1980년대 중반 이후 여성주의 시각이 대두하고 여성에 관한 전반적인 관심이 증폭되면서 분과학문별로 진행되어 온 여성 연구가 '여성'이란 테마를 기준으로 '헤쳐 모여'를 시도하는 것이 21세기 초 현재 상황이다. 앞에서 살폈듯이, 여성

22 안토니 이스트호프, 『문학에서 문화연구로』, pp. 15-16.

23 조한욱에 따르면, 자연과학이 아닌 인문학에서 연구경향의 변화를 패러다임으로 설명하는 것은 오해할 소지가 있다. 한 시대의 지배적 사고방식으로서 패러다임은 옛것과 새것이 공존할 수 없다. 신문화사는 사회경제사에서 출발하는 '아래로부터의 역사'를 계승해 발전시킨 학문이니, 자연과학에서 말하는 혁명과 같은 패러다임의 변화는 없다는 것이다. 흔히 하는 말처럼 신문화사가 정치사나 사회경제사를 '대체하기' 때문에 새롭다고 평가하는 것은 아니라고 했다. 조한욱, 『문화로 보면 역사가 달라진다』(책세상, 2000), pp. 122-123.

문학사 연구는 더 이상 '문학'이란 협의의 범주로 감당할 수 없을 만큼 대단히 확장되었다. 문학이든 역사든 '여성'에 대한 연구를 효과적으로 수행하기 위해서는 근대학문체계가 마련해 놓은 분과영역의 틀을 과감하게 넘어설 필요가 있다.

여성어문생활사는 "다양한 학문적 관심과 연구 방법이 수렴된 학제간 연구"[24]를 토대로 하는 문화사적 관점을 지향한다. 어문생활사가 "국어사와 국문학사를 포함한 더 넓은 영역"으로서 "언어·문학·역사를 함께 다룬다"[25]고 한 것은 어문생활사가 문화사를 지향한다는 의미로 해석된다. 여성에 관해 각 분과학문 내에서 개별적으로 이룩한 연구성과들을 여성어문생활사가 통합할 수 있어야 한다. 여성문학사 서술은 문학의 독자성 안에 머무를 수 없고, 여성사의 개별 연구성과 및 여성학의 제반 이론들과 적극적으로 만나야 할 때다.

일찍이 탄정비는 1930년에 쓴 『중국여성적문학생활(中國女性的文學生活)』 서문에서 "여성문학사란 여성생활사의 일부분"[26]이라고 했고, 쇼월터는 여성문학전통에 대한 연구가 여성경험의 보편성을 밝히는 여성사 연구와 병행할 때 가능하다고 했다.[27] 여성의 문학활동을 가능하게 하는 배경이 여성의 사회적 지위나 성역할 규범 등과 밀접하게 관련되는 만큼, 여성의 삶과 그 역사에 대한 이해는 여성문학

---

24 그래엄 터너, 김연종 역, 『문화연구입문』(한나래, 1995), p. 23.

25 조동일, 「어문생활사로 나아가는 열린 시야」, p. 1.

26 譚正璧, 「初稿自序」, 『中國女性文學史話』, p. 7. 이 책의 제목은 세 차례 바뀌었다. 1930년 초판은 '中國女性的文學生活', 1934년 제3판은 '中國女性文學史', 1984년 신판은 '中國女性文學史話'이다.

27 Showalter, *A Literature of Their Own: British Women Novelists from Brontë to Lessing*, p. 9.

사 서술을 위한 선결조건이다. 그러나 탄정비와 쇼월터에게 여성사와 여성문학사는 별개 영역으로 구분되어 있다. 다만 여성문학사를 해명하기 위해서는 여성사에 대한 연구가 필요하다는 정도의 의미였다.

여성어문생활사는 여성문학사인 동시에 여성사인 것이 바람직하다. "문학사는 아주 포괄적인 의미에서의 역사학의 한 분야"[28]라고 했듯이, 여성어문생활사는 여성문학사를 포함해 '포괄적인 의미에서의 여성사'를 지향한다. 문화로서 여성어문활동을 서술대상으로 삼는 여성어문생활사에서 문학과 역사는 엄격히 구분되지 않는다. 문학과 역사는 문화 내에서 통합된다고 볼 수 있다. 역사와 문학의 경계가 점차 모호해지는 경향은 최근 역사학계의 중요한 변화 가운데 하나이며,[29] 젠더화된 하위주체(subaltern)의 재현에 관심을 갖는 스피박 역시 "담론구성체로서 역사적 재현과 문학적 재현 사이에 적극적인 관계를"[30] 모색하고 있다.

그러나 여성어문생활사가 언어와 문자의 문제를 다루는 방식은 기존의 여성사 서술에서 여성의 어문활동을 처리했던 방식과는 다르

28 "「아주 포괄적인 의미」라는 단서를 붙인 이유는 현재 유행하는 역사학은 대부분 문학사를 포괄하기에는 너무 협소하기 때문"이라고 했다. 조동일, 『문학연구방법』, p. 237.

29 화이트와 라카프라는 역사서술의 문학적 구조를 강조함으로써 전통적인 역사의 범주를 확장하고 역사와 문학의 경계를 허무는 데 앞장서는 대표적인 역사학자들이다. 린 헌트 편, 조한욱 역, 『문화로 본 새로운 역사: 그 이론과 실제』(소나무, 1996), p. 149.

30 가야트리 스피박, 「하위주체의 문학적 재현: 제3세계 여성텍스트」, 태혜숙 역, 『다른 세상에서』(여이연, 2003), p. 480.

다. 일반적으로 여성사에서는 여성의 어문활동이 대표적인 여성저술에 대한 소개에 그치거나 교육 문제로서 여성사라는 전체 속에 일부분으로만 처리되었을 뿐이다. 어문생활사에서 언어문자의 위상은 독서나 저술을 위한 '수단' 정도에 그치지 않는다.

여성어문생활사에 대한 이해는 여성의 삶 자체에 대한 풍부한 논의성과를 기반으로 가능할 것이다. 신경숙은 기녀시조의 문학적 해석/평가와 기녀 자체에 대한 연구가 분리될 수 없다면서, 기녀의 경제력, 주거공간, 실질적인 가족 구성, 삶의 주기, 성과 사랑 등 가능한 한 기녀 일상의 모든 경험을 복원하는 일이 기녀시조를 제대로 이해하는 선결과제라 했다. "시가사의 회복은 고전여성 삶의 회복이어야 한다"[31]는 명제는 여성문학사와 여성사의 적극적인 만남을 요구한다.[32] 여성어문생활사 서술은 여성문학사뿐만 아니라 여성사를 새롭게 쓴다는 의의가 있다.

여성어문생활사 서술은 신문화사[33]로 통칭되는 일단의 연구가

---

31 신경숙, 「고전시가와 여성」, 『한국고전여성문학 연구』 1(한국고전여성문학회, 2000), p. 321.

32 예를 들어, 17세기 상층 여성의 삶에 대한 이해를 돕는 다음 논문들은 여성문학사 연구가 여성사 연구와 분리될 수 없음을 보여 준다. 황수연, 「17세기 '제망실문'과 '제망녀문' 연구」, 『한국한문학연구』 30(한국한문학회, 2002); 「17세기 사족 여성의 생활과 문화」, 『한국고전여성문학연구』 6(한국고전여성문학회, 2003); 조혜란, 「17세기 규방과 치산의 문제」, 『17세기 여성생활사 자료 분석』(제3회 한국문화연구원 콜로키움 연구발표문, 2003. 6. 12.); 김경미, 「17세기 가부장제의 기획-'류씨부인' 프로젝트」, 『한국고전여성문학연구』 8(한국고전여성문학회, 2004).

33 신문화사는 톰슨에서 결정적인 계기가 마련되었고, 크게 세 유형으로 나누어 볼 수 있다. 기어츠와 샬린스의 인류학적 문화연구, 단턴과 데이비스의 역사인류학, 진즈부르그의 미시사가 그것이다. 김기봉, 「역사서술의 문화사적 전환과 신문화사」, 안병직 외, 『오늘의 역사학』(한겨레신문사, 1998), p. 137.

지향하는 '아래로부터의 역사'라는 동일한 목표를 갖는다. '아래로부터의 역사' 서술의 중요한 한 가지 목표는 "지배층에 의해 착취와 억압의 대상이 되었던 하층민의 소멸된 역사를 발굴"[34]하는 데 있다. 여기서 '아래'나 '하층민'이 반드시 계급적 지위를 가리키는 것은 아니다. 계급, 젠더, 민족, 혹은 지역에서 주변부와 소수를 의미한다고 보는 것이 온당하다. "하층민은 자신을 대변할 수 있는 사료를 남기지 못했다. 그렇다고 해서 그들의 역사가 없는 것은 아니다."[35] 여성어문생활사 서술은 젠더관계에서 '아래'에 처했던 여성의 역사를 재현하는 방식의 하나다.

어문생활사로의 전환이 반드시 문학 또는 문학사의 독자성을 해치는 데 귀결된다고는 생각지 않는다. 이는 약점인 동시에 강점일 수 있다. 예술로서 어문활동과 일상으로서 어문활동이 어떻게 구분되고 교섭하며 여성어문생활사가 전개되어 왔는지를 살피는 것이 긴요한 과제이다. 적어도 현 단계의 여성문학사 서술은 여성사와 적극적으로 만나는 어문생활사로 나아가는 것이 바람직하다고 생각한다. 그 성과가 일정 정도에 도달했을 때, 다시 문학의 독자적 영역으로 돌아가는 것이 순서이다.

34 안병직 외, 『오늘의 역사학』, pp. 146-147.

35 진즈부르그가 한 말이다. 안병직 외, 『오늘의 역사학』, p. 193.

## 2) 어문생활사의 구조

### ① 문화에 대한 시각: 경험과 구조

어문생활사가 문학을 비롯한 언어문자활동을 문화로 간주한다고 했으나, 문화를 바라보는 시각에 따라 서술방향은 크게 다를 수 있다. 전경수에 따르면, 문화를 바라보는 관점은 크게 두 가지로 나뉜다. 하나는 "표층적인 인간행동과 사고에서 나타나는 생활"로서, 다른 하나는 "인간행동과 사고의 심층구조"로서 문화를 파악하는 관점이다. 전자의 관점에서는 문화의 맥락적·상황적 특수성을 중시한다면, 후자의 관점에서는 문화의 보편적 측면을 추구한다. 각기 문화의 표층과 심층에 주목하는데 두 관점이 상호배타적인 것은 아니다.[36]

여성어문생활사가 여성의 어문활동과 텍스트에 대한 평면적 서술에 그치지 않기 위해서는 어문생활의 구조적 측면에 관심을 기울일 필요가 있다. 어문생활사 서술은 자칫 구체적 경험과 맥락으로서 문화에 경도될 가능성이 크다. '두꺼운 묘사(the thick description)'로 유명한 기어츠(Geertz)는 역사서술이 구조의 역사를 지양하고 경험의 역사로 나아가는 새로운 변화를 주도했다. 그러나 그의 역사서술은 문화에 구조화된 권력관계를 도외시했다는 점에서 뚜렷한 한계를 갖

36 전경수는 두 입장의 차이를 맥락론과 유형론으로 대별했다. 기어츠는 전자를, 레비스트로스는 후자를 대표하는 인류학자이다. 전경수는 양자의 입장을 통합해 문화를 "인간행동과 사고를 개념화할 수 있는 '유형의 맥락적 一襲(a contextual set of patterns)'이라는 준거틀"로 받아들여야 한다고 했다. 전경수, 『문화의 이해』(일지사, 1994), pp. 23-25.

는다고 평가된다.[37] 거시사와 미시사의 관계로 말하자면, 거시적 맥락을 고려하지 않은 일상생활의 역사는 위험할 수 있다.[38] 여성어문생활사가 듣기·말하기·글읽기·글쓰기의 개별적 사례들을 단순 열거하는 데 머물지 않도록 하려면, 어문생활의 심층구조에 주목할 필요가 있다.

언어·문자·문학에 내재한 권력은 여성어문생활사를 구조적으로 파악하려 할 때 핵심 기준이 될 수 있다. 여기서 아비투스[39] 개념으로써 계급문화 재생산의 구조를 이론화한 부르디외의 관점에 주목할 필요가 있다. 개인과 사회, 행위와 구조의 관계를 다루는 사회학 이론들은 흔히 환원론이나 결정론으로 흐르기 쉬운데, 아비투스는 사회구조와 개인의 행위를 효과적으로 통합한 개념으로 주목된다. 일반적 의미의 구조주의에서 구조란 실제 경험과 분리된 이론적 산물로 이해된다는 데 문제가 있었는데, 부르디외의 관점에서 사회구조란 "이미 형성된 것을 단순히 반복하는 것이 아니라 끊임없이 개인의 행위를 통해 구조화되는 것"[40]이다. 이 관점은 '객관적 구조주의'의 한계를 보완할 뿐 아니라, 일차적인 경험적 세계만을 중시해 결과적으

---

37 안병직 외, 『오늘의 역사학』, pp. 150-156.

38 조지 이거스, 『20세기 사학사: 포스트모더니즘의 도전, 역사학은 끝났는가?』, p. 163.

39 '아비투스(habitus)'란 "체득된 코드를 사용하여 문화적 산물과 행위를 해독하는 내면화된 성향의 체계"이다. 예를 들면, 예술에 대한 감상능력, 즉 예술적 코드를 이해할 수 있는 능력이라고 할 수 있는데, 예술에 국한된 것만은 물론 아니다. 아비투스는 걷고 말하고 먹는 방식, 즉 개인이 살아가는 전반적인 삶의 방식에 반영된, 점진적인 주입과정을 통해 획득되는 '성향체계'이다. 피에르 부르디외, 정일준 역, 『상징폭력과 문화재생산』(새물결, 1995), pp. 35, 61-63.

40 이상호, 「아비튀스와 상징질서의 새로운 사회이론」, p. 122.

로 "행위자의 일상적 경험을 가능하게 하는 '조건'"에는 관심을 기울이지 않는 '현상학적' 접근의 한계를 극복할 수 있는 길을 연다.[41]

부르디외에 따르면, 문화는 정치권력보다 더 '권력적'이고 이를 해독하는 문화연구 역시 철저히 '정치적'인 작업이다. 부르디외의 사상은 문화와 권력이라는 커다란 주제를 중심으로 전개되는데, 문화가 생산·유통·소비되는 과정의 이면에 복잡하게 얽힌 권력관계를 파헤치는 데 관심을 집중한다. 문화가 객관적 사회구조와 인간행위 사이에서 매개와 여과 및 조절과 적응의 기능뿐 아니라 은폐와 치장의 기능을 담당한다고 보는 것이 문화에 대한 부르디외의 기본적 시각이다.[42]

부르디외가 언어와 권력의 관계에 주목한 것은 언어학 연구사에서 볼 때도 매우 중요한 의의가 있다고 한다. 소쉬르와 촘스키를 비롯한 '순수한' 언어학자들은 모든 의사소통의 상황에 권력관계가 내재한다는 사실을 도외시하고, 언어의 구조나 언어 내적인 역사에만 몰두했다고 비판된다.[43] 부르디외는 종래의 많은 언어학 이론과 언어철학이 은폐해 온 언어와 권력의 관계, 즉 언어가 "의사소통 또는 지식의 수단일 뿐 아니라, 권력행사의 수단이기도 하다"[44]는 점을 상기시켰다.

여성과 언어의 관계에 대한 페미니즘 연구가 주목하는 부분도

---

41 정선기, 「일상적 활동과 생활양식: 사회불평등 연구의 문화이론적 전환」, 『문화와 권력』, p. 80.

42 피에르 부르디외, 『상징폭력과 문화재생산』, p. 28.

43 피에르 부르디외, 『상징폭력과 문화재생산』, p. 47.

44 피에르 부르디외, 『상징폭력과 문화재생산』, p. 53.

결국 언어에 내재한 권력의 문제라고 할 수 있다. 주로 사회언어학[45]과 기호학에서 시작된 일련의 연구들은 언어가 성차별주의에 오염되어 있으며, 언어가 남성에게 지배되어 여성이 언어에서 소외되어 있다고 주장한다.[46] 페미니스트 언어학이라고 하면 흔히 'history'를 'herstory', 'hurricane'을 'himicane'으로 교체할 것을 요구하는[47] 일련의 실천적 운동으로만 이해하는 경향이 있는데, 그 범위는 사실 훨씬 넓다. '지배자와 무언자 집단'의 모델은[48] 언어활동에 권력관계가 내재함을 분석한 대표적 사례이다. 여성을 지칭하는 어휘 연구부터 여성에 관한 속담 연구, 여성 발화어 연구 등이 가능한 것은[49] 언어에 젠더권력관계가 내재함을 전제한 것이다.

한국에서도 여성어에 대한 연구가 꾸준히 이어지고 있는데, 그 성과들을 여성어문생활사 서술에 적극 반영할 필요가 있다. 예컨대 "암탉이 울면 집안이 망한다"든가 "여자의 말은 잘 들어도 패가(敗家)하고 안 들어도 망신(亡身)한다"는 속담은 여성의 말하기에 대한 부정적 인식을 담고 있다. 전통사회에서 여성의 '말 많음'은 이른바

45 심리학적 언어학자들이 언어의 보편성에 주목한다면, 사회언어학자들은 언어와 문화의 다양성에 기반해 화자의 인종·성·연령·계급 등을 기준으로 언어적 특성을 연구한다. 데보라 카메론, 이기우 역, 『페미니즘과 언어이론』(한국문화사, 1995), pp. 43-45.

46 데보라 카메론, 『페미니즘과 언어이론』, pp. 11-21.

47 마리나 야겔로, 강주헌 역, 『언어와 여성』(여성사, 1994), p. 229.

48 이 모델은 인류학자 셜리 아드너와 에드윈 아드너에 의해 제창된 것으로 이후 페미니스트 언어학에 큰 영향을 미쳤다. 데보라 카메론, 『페미니즘과 언어이론』, pp. 162-167.

49 한국의 여성어 연구사는 박창원, 「여성어 연구사」, 박창원·김창섭·전혜영·차현실, 『언어와 여성의 사회적 위치』(태학사, 1999), pp. 61-78 참조.

'칠거지악(七去之惡)'의 하나로[50] 계녀서에서 누누이 경계했던 여성의 말하기 규범이다.[51] 속담은 비록 짧은 문장 또는 어구로 되어 있지만 여성에 대한 사회 인식을 담고 있고, 오랜 시간에 걸쳐 형성·전승된 만큼 여성어문생활의 변화와 지속을 읽는 자료로 활용할 수 있다.

언어를 비롯한 문화현상을 권력관계의 구조로 파악하는 시각은 어문생활사가 경험의 역사에 머무는 한계를 보완해 줄 수 있을 것으로 기대한다. 일반적으로 현대의 언어문화현상을 대상으로 한 이론을 곧바로 여성어문생활의 과거에 대입할 수는 없겠으나 기본적인 연구시각을 적용할 수는 있을 것이다. 여성어문생활사의 전개에 각 시대와 사회마다 젠더, 계층, 지역, 민족 등 공존하는 집단 간의 권력관계가 끊임없이 개입해 왔다고 보고, 복잡한 권력관계들이 여성의 어문활동에 어떤 영향을 미쳤는지, 여성어문생활을 규제하는 집단권력관계가 어떻게 변화해 왔는지를 해명하는 것이 어문생활사 서술의 긴요한 과제라고 할 수 있다.

여성어문생활사는 언어문자의 구술성과 기록성, 어문활동의 소비성과 생산성에 내재한 계층 및 젠더 권력관계의 위계구조로 파악할 수 있을 것이다. 어문생활에 관련되는 위계질서의 관념은 말과 글의 관계, 상이한 문자들의 관계, 생산활동과 소비활동의 관계, 또한 문학갈래들의 관계에도 투영되어 있다. 어문생활의 제반 영역들 속에 투영된 젠더 및 계층의 권력관계를 포착하는 것이 여성어문생활사 서술에서 중요한 과제다. 이것은 어문생활에서 "남성과 여성이 존

50 "婦가 有七去ᄒᆞ니 … 多言ᄒᆞ거든 去ᄒᆞ며 …."(『內訓』 권1 '婚禮章')

51 박창원, 『언어와 여성의 사회적 위치』, pp. 27-39.

재한 이래로 항구적으로 완수되고 만성 지배의 객관적이자 주관적인 구조들로 계속 이어진 (재)창조의 역사(이를 통해 남성 질서가 세대와 세대를 이어 가면서 지속해서 재생산되었음이 발견되는)를 재구축"[52]하는 작업이 될 것이다.

조선시대 여성의 어문활동은 듣기·말하기·국문 글읽기·국문 글쓰기·한문 글읽기·한문 글쓰기의 영역에서 이루어지는데, 각 영역의 관계는 일정한 위계질서를 이룬다. 즉 중세와 같은 이중언어사회에서 여성 개인이 어느 때 어떤 특정 언어를 선택하는 행위에는 필연적으로 언어문자 간의 권력관계와 그 개인의 정체성이 기반하는 계층· 젠더의 사회적 권력관계가 내재한다고 본다. 예컨대 조선시대 어느 양반 여성이 '한문'으로 된 책을 '읽거나' '국문'으로 글을 '쓰는' 행위는 단순히 개인적 차원의 우연한 선택이나 능력의 문제에 국한되지 않는다. 어떤 문자를 선택하는가, 어문활동이 소비에 그치는가 혹은 생산으로 나아가는가 하는 어문활동의 가능성은 그 개인이 속한 계층 및 젠더의 권력관계에 기반한다. 아비투스에 대한 부르디외의 말을 차용하자면, 글쓰기를 비롯한 중세 여성 개인의 어문활동은 "개개인의 수준에서 실현되지만, 개인의 능력과 습관을 초월한다."[53] 특정 언어와 문자를 소비하고 생산할 수 있는 능력은 이른바 '지위에 따른 능력(statutory ability)'[54]인 것이다.

---

52 피에르 부르디외, 김용숙 역, 『남성지배』(동문선, 2003 개정판), pp. 116-117.

53 피에르 부르디외, 『상징폭력과 문화재생산』, p. 35.

54 피에르 부르디외, 『상징폭력과 문화재생산』, p. 29.

### ② 구술성/기록성의 위계구조

중세의 민족어문자와 공동문어문자의 관계는 넓은 의미에서 구술성과 기록성의 구도로 이해할 수 있다. 중세에 한문은 '진서(眞書)', 곧 '문자(文字)'였으므로 같은 문자수단이라도 중세의 문자체계 내에서 '진서'는 '언문'에 비해 기록성이 크다고 말할 수 있을 것 같다. 성종 때 채수(蔡壽)가 폐비 윤씨 사건과 관련된 '언문' 문건들을 한문으로 번역해서 사책(史策)에 싣도록 청했던 것은[55] "한갓 언문만으로는" 만세의 뒤에 남을 기록으로 삼기에 부족하다는 이유에서였다.[56] 또한 국가의 공문서를 '언문'으로 쓰지 않는 관례는 '언문'의 법률적 효력을 인정하지 않는 것으로서,[57] 중세에 '언문'은 문자는 문자로되 문자성, 즉 기록성은 떨어지는 것으로 인식되었다고 볼 수 있다. 한문과 국문의 관계를 이러한 광의의 기록성과 구술성으로 이해하면, 중세와 근대의 어문생활을 연속선상에서 파악할 수 있는 이점이 있다.

중세 이중언어시대에 공동문어와 민족어의 관계는 공존하는 데 그치지 않고 적어도 관념상에서는 수직적인 위계질서를 형성하고 있었다. 조선에서 '진서(眞書)'와 '언문(諺文)'처럼, 일본에서 공동문어

---

55 "政丞·臺諫六曹堂上, 退在賓廳, 大妃, 令內官安仲敬, 持懿旨及尹氏所造書示之, 皆諺文也. (중략) 蔡壽啓曰: "請以漢字翻寫, 書之史策." 命令蔡壽及李昌臣鄭誠謹, 翻其文."(성종실록 10년 6월 5일(庚寅))

56 "蔡壽啓曰: 臣承旨時, 廢妃事, 以諺文書下, 臣啓曰: '若徒以諺文, 則萬世之後, 孰知以大事而廢之乎? 恐後世以爲小事, 而輕廢之也. 請翻譯書之, 臣與內官安仲敬, 翻譯以啓.'"(성종실록 13년 8월 11일(丁未))

57 관문서는 이두문으로 작성하는 관례가 조선후기까지 계속되었다. 1698년(숙종24)에 편찬된 『受教輯錄』에는 언문을 송사문서로 접수하지 않는다는 규정이 들어 있다. 김재문, 「한국고전소설 속의 법률문서: 춘향전·이춘풍전을 중심으로」, 『고문서연구』 4(한국고문서학회, 1993), pp. 79-114.

문자 '마나[眞名]'와 민족어문자 '가나[假名]'[58] 역시 명명에서부터 두 문자수단의 위계를 대변한다. 태조 때 양녕대군이 왕위를 고사하기 위해 미친 척하며 '진서는 모르고 언문만 안다'고 했을 때,[59] 양녕대군이 버린 것은 '진서'가 상징하는 '권위'였다.

중세에 '진서'와 '언문'이 계층 및 젠더의 우열관계를 상징한다는 사실은 좀 더 강조할 필요가 있다. 여성어문생활사에서 국문문학과 한문문학의 관계는 단순히 문자수단의 차이에 그치지 않기 때문이다. 그 상징성은 흔히 사회의 관습화된 제도나 예의범절 등으로 구체화되어 당대 남성과 여성의 일상적인 어문생활을 통제한다. 따라서 조선시대에 여성도 한문을 알았다거나 한문문학을 향유했다는 사실의 평면적 기술은 어문생활의 위계화된 구조를 은폐할 위험이 있다.

> 漢子는 힘들고, 한글은 쉬워서 여성들이 한글을 수호·애호했다는 것은 사실이다. 나는 이를 부인하려는 것은 아니다. 요는 한글문학을 창작한 여류들이 반드시 漢子에 무식했었다는 상식을 시정할 필요가 있다는 것이고, 한글문학의 독자 역시 여성이 많았지만, 이 여성들이 절대적으로 漢子에 무식해서였다는 상식도 시정될 필요가 있다는 것이다.[60]

58 하루오 시라네·스즈키 토미, 『창조된 고전』, p. 217.

59 "昔在太宗朝, 讓寧大君李禔, 知世宗應符, 卽佯狂, 凡講官所達之辭, 皆托以目不知書, 飜以諺語, 然后方許其達."(선조실록 36년 3월 9일(乙丑)) 선조 때 인성군(仁城君) 이공(李珙)의 사치한 혼례를 올린 데 대한 사신의 논평 일부분에 그런 일화가 소개되어 있다. 사신은 양녕대군에 관한 여러 일화를 들어 고금(古今)의 왕자들이 나라를 근심하는 마음을 대조적으로 보이고자 했다.

60 장덕순, 「한글문화 수호자로서의 女人像」, p. 34.

조선시대 여성의 어문활동에 대한 사실판단 차원에서 이 지적은 전혀 틀리지 않았다. 여기에 덧붙여 '국문문학이 여성만의 전유물은 아니었고 남성이 오히려 더 많이 창작·향유했다'는 식의 언급들을 종종 접할 수 있다. 역시 옳은 말이다. 문제는 여성이 한문도 썼고 국문도 썼다는 언명들이 간혹 별다른 단서 없이 이루어짐으로써 자칫 조선시대 어문생활에 내재한 젠더권력관계와 그 효과를 간과할 위험이 크다는 데 있다.

근대초기 제국주의와 식민지 언어들 사이의 대결이 극심했던 상황에서 "이질적인 언어들의 평화적인 공생"은 이상적인 관념에 그칠 수밖에 없는데,[61] 정도 차이는 있지만 중세에 공동문어문자와 민족어문자의 대결도 같은 맥락에서 이해할 필요가 있다. 이질적인 언어들 사이에는 각각의 언어를 사용하는 집단들의 사회적 권력관계에 따라 필연적으로 권력의 우열이 존재하기 때문이다.

조선시대에 최상층 여성인 왕후들이 조정 신료들에게 혹은 왕에게 자기 의사를 전달할 필요가 있을 때, 그들이 사용한 문자수단은 대개 '언문'이었다고 알려져 있다. 성종 때 수렴청정했던 정희왕후(貞熹王后, 1455~1468)가 정사(政事)에서 물러날 뜻을 밝힌 글도 '언문일지(諺文一紙)'였다.[62] 소혜왕후(昭惠王后, 1437~1504)는 조선 초기에 불교를 적극적으로 옹호했던 왕후들 가운데 한 사람으로, 조정 신료들

61 정백수, 『한국근대의 식민지체험과 이중언어문학』(아세아문화사, 2000), p. 17.

62 〈성종실록 7년 1월 13일(戊吾)〉. 15~16세기 왕후들의 국문 글쓰기가 사적(私的)인 문안편지에 국한되지 않고 왕실과 조정의 중대 사안에 관계되는 공적(公的) 글쓰기로도 활용되었음을 조선왕조실록에서 널리 확인할 수 있다. 이에 관해서는 이경하, 「15~16세기 왕후의 국문 글쓰기에 관한 문헌적 고찰」 참조.

의 억불책에 맞서서 '언문'으로 불교옹호론을 여러 차례 개진한 바 있다.[63] 개인적인 안부를 묻는 서신뿐만 아니라 정치적인 사안에 관한 '공적' 글쓰기에서도 왕후들은 한문 대신 국문으로써 의사전달을 했던 것이다. 왕후들이 공적 의사를 언문의지(諺文懿旨)를 통해 전달했던 것은 그들이 '문자'에 무지해서만은 아니다. 조선시대 왕후들의 '문자' 해독률을 낮게 가정한다 해도, 소혜왕후의 경우는 적어도 '문자'를 몰라서 불교옹호론을 '언문'으로 편 것은 아니었다.[64]

> (上이) 명하여 永敦寧 이상과 의정부·대간·홍문관 관원을 불러서 빈청에 모으고 兩대비전의 諺文一紙를 내려서 승지로 하여금 번역하여 보이고 收議하게 하였다.[65]

> 영의정 윤인경, 좌의정 유관, 좌찬성 이언적, 우찬성 권벌, 좌참찬 정옥형, 우참찬 신광한 등이 임금이 처음 즉위하였다 하여 10개 조항의 경계문을 올렸는데, 두 통으로 나누어 썼다. 하나는 언문으로 풀어서 자전에 올리는 것이었고 하나는 대전에 올리는 것이었다.[66]

---

63 자세한 내용은 이경하, 「소혜왕후의 불교옹호발언과 젠더권력관계」 참조.

64 소혜왕후의 시어머니가 되는 정희왕후는 예종이 죽고 성종이 뒤를 잇게 되었을 때, 수렴청정을 청하는 신료들에게 '문자를 아는' 소혜왕후를 천거한 바 있다. "叔舟等, 請大妃同聽政, 大妃傳曰: "以予薄祐, 遭此鞠凶, 欲就別宮自養, 且予不解文字, 難於聽斷, 嗣君母粹嬪解文, 又識事理, 可以當之."" (성종실록 즉위년 11월 28일(戊申))

65 "命召領敦寧以上及議政府臺諫弘文館會賓廳, 下兩大妃殿諺文一紙, 令承旨飜譯示之, 仍收議."(성종실록 23년 11월 21일(戊子))

66 "領議政尹仁鏡, 左議政柳灌, 左贊成李彦迪, 右贊成 權橃, 左參贊丁玉亨, 右參贊申光漢, 以上初卽位, 進戒十條, 分書爲二通, 一則以諺解之進于慈殿, 一則進于大殿."(명종실록 즉위년 7월 25일(乙酉))

상기 인용문은 각각 1492년과 1545년 궁중에서 있었던 장면이다. 첫 번째 인용은 소혜·안순왕후의[67] '언문일지(諺文一紙)'를 승지에게 '번역하게' 해서 신료들에게 보이는 대목이다. 두 번째 인용은 새 왕의 즉위와 함께 신료들이 경계문 10조를 써서 올리는데 어린 명종에게는 '진서'로, 수렴청정할 문정왕후에게는 '언문'으로 써서 올렸다는 기사다.

소혜왕후와 문정왕후[68]는 모두 조선조 왕후들 가운데 '문자'를 알았다는 기록이 전하는 몇 안 되는 여성들인데, 그럼에도 이들 대비전과 관련된 공식적인 문자는 '언문'으로 나타난다. 또한 첫 번째 인용문에서 '언문일지를 승지에게 번역하게 했다'는 것은 한문으로 옮겼다는 말인데, 굳이 국문을 한문으로 번역한 이유는 무엇일까? 성종 23년, 즉 1492년이면 한글이 창제된 지 약 반세기가 지난 시기다. 당시 조정 신료들이 국문을 해독할 수 없었기 때문이라고 볼 수도 있으나 그 이유가 전부는 아닌 듯하다.

> 전교하기를, "제신들이 이런 행위를 하는 것은 무엇 때문인가. 자전의 언문 전교는 관례에 따라 번역해서 승전색에게 말을 만들어 계품해 주기를 요청하는 것이 도리에 마땅한 것이다. 계품하여도 허락하지 않으면 합문 밖에 나와서 면대하기를 구할 것이요, 면대하기를 구하여도 허락하지 않고 합문을 닫아버리기까지 한다면 이내 합문을 밀치는 것은

---

67 원문에 양전(兩殿)이란 함은 인수대비와 인혜대비를 가리킨다. 인수대비는 성종의 생모 소혜왕후이고, 인혜대비는 예종의 계비 안순왕후이다.

68 "巳時, 大王大妃薨于昌德宮昭惠堂. 史臣曰: 尹氏性剛狠, 能解文字. (하략)"(명종실록 20년 4월 6일(壬申)) 여기서 윤씨(尹氏)는 문정왕후를 가리킨다.

그대로 혹 괜찮을 것이다. 그런데 이렇게 하지 않고 서로 이끌고 곧장 몰려들어 왔으니 어찌 이런 나라의 체면이 있겠는가. 내가 자전의 전교가 소중함을 모르는 바는 아니지만 경들의 처사도 이처럼 할 수는 없는 것이다." (중략) 履素 등이 宣化門 밖에 나와서 면대하기를 요청하고 자전의 언문 전교를 번역하여 바쳤다.[69]

이것은 1794년의 일이다. 왕후의 '언문'은 왕에게 계품할 때나 승정원 등에 내릴 때 '진서'로 번역해 전달하는 것이 관례였음을 정조의 말에서 짐작할 수 있다. 정조가 국문을 몰라서 왕대비의 '언문' 전교를 번역해 오라고 한 것은 아닐 것이다. 또한 정조 개인이 '진서'와 '언문' 사이의 위계질서를 특별히 중시했기 때문에 그런 반응을 보였다고는 생각되지 않는다.[70] 15세기 말, 16세기 중엽, 18세기 말의 시간차를 고려해야 하겠지만, 여기서 특별히 주목할 것은 '진서'와 '언문'의 관계에 설정된 위계질서, 그 상징의 힘이다.

'진서/언문'이란 상징체계의 역사적 변천에 대해서는 별도의 상세한 고찰이 필요하다. 그러나 대비의 '언문'을 조정 신료들에게 보이기 위해 '진서'로 번역한 것, 어린 임금에게는 '진서'로, 수렴청정할 대비에게는 '언문'으로 된 경계문을 올린 것, 왕대비의 '언문'을 임금

69 "敎曰: "諸臣之爲此擧, 何也? 慈敎依例翻謄, 請承傳色措辭啓稟, 道理當然, 啓稟而不許, 則始當詣閣求對, 求對不許, 或至閉閤, 則始乃排闥, 猶或可也. 不此之爲, 相率直入, 寧有如許國體乎? 予於慈敎, 非不知所重存焉, 而卿等之事, 亦非可以如是者矣."(중략) 履素等, 詣宣化門外求對, 翻進諺敎."(정조실록 18년 4월 10일(丙寅))

70 이 대목에서 정조가 관례와 절차를 내세우며 대신들을 나무란 데는 정조와 왕대비 사이의 정치적 갈등이라는 또 다른 변수가 작용하고 있다.

에게 올리기 위해 역시 '진서'로 번역해야 했던 것, 이 세 장면에서 읽을 수 있는 공통점은 '언문'과 '진서'라는 문자 속에 내포된 젠더관념과 그 권력관계이다. 국가의 공식문서는 모두 한문으로 써야 한다는 원칙은 '언문' 상소를 접수하지 않았던 관례에서 잘 드러나는데,[71] 이는 단순히 개개인의 한문 또는 국문 해독력의 문제에 그치지 않는 것이다.

이처럼 어문생활구조에 반영된 젠더권력관계는 종종 어문생활의 특정 국면이 젠더화되는 방식으로 드러난다. 한 사회의 언어문자체계 내에서 한 문자가 남성적으로 혹은 여성적으로 젠더화하는 현상이 조선만의 특수한 사정은 아니다. 16세기 후반~17세기 전반 유럽에서 라틴어는 영어와 비교할 때 상대적으로 질서나 논리와 같은 '남성적' 가치와 연결되었고, 프랑스어나 이탈리아어는 영어에 비해 '여성적인' 것으로 젠더화된 의미가 있었다.[72] 일본에서 가타카나는 남성의 문자, 히라가나는 '여성의 문자[女手]'라는 관념이 오랫동안 유지되었다.[73]

어문생활의 여러 국면은 집단권력관계에 따라 다양한 방식으로 의미화되고 그 의미가 역사적 시기에 따라 변해 왔다고 추정된다. '언문(諺文)'과 '국문(國文)'의 명명에 내포된 상징적 차이는 중세와 근대 어문생활의 구조적 차이를 대변한다. 아녀자의 문자였던 '언문'

71 조선후기로 오면 간혹 예외가 없지 않았다. 이홍로(李弘老)의 처 기씨(奇氏)가 의금부에 언문 소지를 올려 부군의 억울한 죽음을 아뢰었을 때, 언문으로 상언(上言)하는 일이 전례에 없지만 부득이 접했다는 기사가 보인다.(광해군 2년 5월 10일, 16일)

72 Clarke, *The Politics of Early Modern Women's Writing*, p. 18.

73 하루오 시라네·스즈키 토미, 『창조된 고전』, p. 217.

이 '국문'의 지위에 오르게 되고, 종래의 '문자'가 중국문자를 의미하는 '한문'으로 타자화된 것은 한국의 어문생활사에서 새로운 시대를 알리는 징표였다. 1896년 독립신문의 국문전용은 그러한 변화를 상징적으로 대변한다.

> 모도 언문으로 쓰기는 남녀상하귀쳔이 모도 보게 홈이요, (중략) 국문만 잘 ᄒᆞ고 다른 물졍과 학문이 잇스면 그 사ᄅᆞᆷ은 한문만 ᄒᆞ고 다른 물졍과 학문이 업는 사ᄅᆞᆷ보다 유식ᄒᆞ고 놉흔 사ᄅᆞᆷ이 되는 법이라. 죠션 부인네도 국문을 잘 ᄒᆞ고 각석 물졍과 학문을 ᄇᆡ화 소견이 놉고 ᄒᆡᆼ실이 졍직하면 무론 빈부귀쳔 간에 그 부인이 한문은 잘 ᄒᆞ고도 다른 것 몰으는 귀족 남ᄌᆞ보다 놉흔 사ᄅᆞᆷ이 되는 법이라.[74]

신문을 국문전용으로 발간하는 이유가 단지 상하남녀가 모두 볼 수 있게 한다는 실용적 목적에만 있지 않았다. '국문' 시대의 도래를 천명한 1896년 독립신문 창간호의 이 기사는 언어문자생활에서 계층 및 젠더에 기반한 차등관계의 종말을 선언한 것이었다. 계층 및 젠더의 권력관계를 전 시대와는 다른 방식으로 재편하려는 근대의 기획이 '언문'을 '국문'의 지위로 올렸다 하겠는데, 그 배경에는 물론 19세기 후반 세계적으로 진행 중이던 근대국민국가의 형성과 국가 간 권력관계의 변화가 자리하고 있었다.

'국문'의 지위를 얻은 한글이 20세기 전반에 이르러 '조선어'로

---

74 『독립신문』, 논설, 1896. 4. 7.

타자화되고 '방언'으로 격하되는 현상은 조선이 국가권력관계에서 열등한 지위에 서게 되었음을 상징한다. 일제강점기 조선인에게 일본어는 적어도 공식적으로는 '외국어'가 아니라 '국어'였다. 정확하게 말하면 일본 제국주의가 표방한 이념이 그러했는데,[75] 일본은 일본어와 조선어를 '국어'와 '방언'의 관계로 재편하면서 '조선어는 국어[일본어]보다 열등하다'는 '국어[일본어]' 통합 이데올로기를 유포했다. 이로써 이질적인 언어문자, 조선어와 일본어 사이에 위계질서가 성립되고 일정 기간 유지된 것이다.

여성의 국문문학은 이러한 한글 위상의 역사적 변화, 즉 중세의 '언문', 근대계몽기의 '국문', 일제강점기의 '조선어', 광복 이후의 '국문'으로 이행하는 속에서 그 의미를 평가해야 할 것이다. 표기수단이 동일하다는 이유만으로 17세기 여성의 국문 글쓰기와 20세기 초 여성의 국문 글쓰기를 동일하게 취급할 수는 없다. 국문을 사용한 여성의 어문활동이 갖는 의미는 국문의 위상이 역사적으로 변화해 온 과정에서 복합적으로 이해해야 할 것이다. 국문과 한문의 관계를 비롯해, 언어문자생활의 여러 국면 속에서 계층 및 젠더의 권력관계를 반영하는 문화적 상징들을 적극적으로 해석하는 것이 여성어문생활사 서술의 중요한 과제가 될 것이다.

---

75 정백수에 따르면, 일본어의 '국어'화 과정을 통해 조선인들은 오히려 한국어를 '모어(母語)'로서 인식하게 되었다고 한다. "국어화를 진행하는 지배자의 의지와 모어화를 향한 피지배자의 정서작용이 필연적인 수준에서 공모관계에" 있었다고 보는 것이다. 정백수, 『한국근대의 식민지체험과 이중언어문학』, p. 25.

## 2. 어문생활의 젠더권력관계

2장에서 논의했듯이, 여성주의 시각으로 문학사를 서술한다는 것은 과거 여성을 둘러싼 문학현상과 담론을 여성의 시각에서 새롭게 해석하는 작업이다. 문학사 서술이 사실 확인뿐만 아니라 의미 해석을 목적으로 할 때, 그 해석에 관여하는 것이 바로 대상을 바라보는 시각이다. 여성작가의 존재를 복원하고 작품소재로서 여성에 주목하는 것 이상으로, '여성'이라는 기준에 의한 재해석을 통해 기존의 남성중심적 편향을 시정해 문학사 전반에 대한 좀 더 '객관적' 인식에 다가가는 것이 여성주의 시각으로 문학사를 연구하는 목적이다.

앞 장에서는 여성어문생활사를 여성의 어문활동 및 여성담론의 변화와 지속에 대한 역사적 재현으로 규정하고, 그 재현이 어문생활의 구체적인 경험적 사실을 열거하는 데 그치지 않도록 하려면 권력관계에 기반한 어문생활의 구조에 주목해야 한다고 주장했다. 어문생활에는 계층과 젠더를 비롯해 민족, 지역, 연령 등 여러 층위의 권력관계가 복잡하게 얽혀 있으나, 여성어문생활의 구조를 파악하는 데는 젠더권력관계가 핵심적이라고 할 수 있다. 문학사를 여성주의 시각으로 서술하려 한다면, 어문생활의 다양한 장면 속에서 젠더권력관계를 재해석하는 작업이 긴요하다.

젠더란 "문화적으로 구성되고, 역사적으로 변화하는, 종종 불안정한, 차이의 시스템"[76]이다. 다른 말로 정의하면 "성적 차이에 관한,

76 Merry E. Wiesner, *Gender in History* (Malden, Mass.: Blackwell, 2001), p. 2

즉 신체적 차이의 의미들을 형성하는 지식"[77]이라 할 수 있다. 여기서 지식이란 사회와 문화에 의해 생산되는 인간관계에 대한 이해로서, 일련의 관념과 제도, 구조, 의례, 일상생활의 관행 등 사회관계를 구성하는 모든 것을 뜻한다. 지식은 세계를 지배하는 방식이며, 지배와 종속관계, 즉 권력관계가 구성되는 수단이기도 하다.[78] 젠더(성별)와 섹스(성)에 개념상 실질적 차이가 없다는 비판도 있지만, 젠더 개념은 여성의 남성에 대한 종속이 사회적·문화적·정치적·역사적 구성물이며 여성과 남성이 모두 '변화'하는 존재임을 일깨워준다.[79] 지식으로서 젠더는 권력관계를 구성하며 남녀의 어문생활을 각각 일정한 형태로 틀 지운다. 그 틀이 사회적으로 구성되고 역사적으로 변화하는 과정을 해명하는 것이 여성어문생활사 서술의 핵심 과제다.

여성어문생활사 서술에서 어문생활의 젠더권력관계에 대한 해명은 다음 두 가지 질문에 답하는 것을 골자로 한다. 첫째, 남성지배질서는 여성의 어문생활을 어떻게 통제해 왔는가? 둘째, 여성은 남성지배질서의 어문생활통제에 어떻게 대응해 왔는가? 여성어문생활사 서술은 여성어문활동이 왜, 어떠한 과정을 거쳐서, 이러저러한 형태로 이루어져 왔는가에 관심을 둔다. 이 장에서는 여성어문생활사 서술에서 주목해야 할, 남성통제와 여성대응의 메커니즘이 작동하는 방식을 논의하려 한다.

---

77 Joan Wallach Scott, *Gender and the Politics of History* (New York: Columbia University Press, 1999 revised edition), p. 2.

78 Joan Wallach Scott, *Gender and the Politics of History*, p. 2.

79 젠더 개념을 둘러싼 논쟁에 관해서는 이경하, 「'여성/문학/사'에 관한 이론적 고찰」, pp. 236-238.

미리 밝혀둘 것은 남성통제와 여성대응은 서로 맞물려 있어 확연하게 구분되는 현상이 아니라는 점이다. 여성어문생활을 규정하는 젠더권력관계는 통제와 대응의 기제가 교묘하게 맞물려 돌아가고 통제방식이나 대응 양상도 단일하지 않다고 보는 것이 진상에 가깝다. 다만 가부장제로 상징되는 여성의 억압적 현실만을 지나치게 강조하다가 남성통제질서 내에서도 여성이 어문활동의 엄연한 주체였음을 망각하는 것을 피하고자, 남성통제와 여성대응으로 구분해 생각하기로 한다.

### 1) 금지/승인의 통제원리

전근대사회 여성의 어문생활을 규제했던 젠더권력관계가 현실 속에서 작동하는 방식을 살피기 위해 홍석주가 지은 영수합 서씨(令壽閤徐氏, 1753~1823)의 행장을 화두로 삼는다. 여성행장은 대개 상층 남성지배층의 관점에 따라 재구성된 한 개인 여성의 역사이다. 그 여성에 관한 수많은 정보 가운데 행장을 구성할 특정 정보를 '선택'하고 나머지를 '배제'하는 기준은 기록자인 상층 남성 개인의 관점인 동시에, 당대의 보편적인 젠더권력관계를 일정 정도 반영한다.

영수합의 행장에서 홍석주가 어머니의 어문활동을 기술한 대목을 살펴보면, 18세기 후반~19세기 전반에 남성지배질서가 여성어문생활을 규제하는 방식을 엿볼 수 있다. 『족수당집(足睡堂集)』 부록에 실린 「정경부인행장(貞敬夫人行狀)」에서 영수합의 어문활동에 관한 대목만을 발췌해 순서대로 요약하면 다음과 같다.

ⓐ 총명하고 영특하며 책읽기를 좋아했다. (그러나)

ⓑ '여자가 글을 잘하면 팔자가 좋지 못하다' 하여 글을 배우지 못했다. (그러나)

ⓒ 때때로 남자형제들이 책을 읽고 외우는 것을 들으며 經書 등을 섭렵해 갔다. (그러나)

ⓓ 형제들과의 대화가 아니면 文字에 관한 이야기는 꺼낸 적이 없었고, 글을 남자 못지않게 잘하되 절대로 종이에다 글씨를 쓰는 법은 없었으며, '부인의 일은 아니라'고 스스로를 경계했다. (그러나)

ⓔ 남편의 권유로 한시를 지었다. (그러나)

ⓕ 직접 글자를 기록하는 일은 끝내 하지 않았다. (그러나)

ⓖ 곁에서 아들 석주 등이 이를 기록해서 시 수백 여 편을 얻고 詩稿를 엮었다.

홍석주의 기록에서 드러나는 영수합의 어문활동은 중세 공동문어의 글읽기와 글쓰기다. 조선시대에 한문 글쓰기가 남성 젠더화된 행동방식이란 점을 감안할 때, 영수합은 한시 수백 편을 지어 시집까지 남겼으니 조선시대 여성이 누릴 수 있는 어문활동의 자유를 비교적 많이 누렸다고 할 수 있다. 그런데 이 자료에서 얻을 수 있는 정보는 비단 영수합 서씨라는 특수한 개인의 어문생활에 국한되지 않는 듯하다. 이를 통해 전근대사회의 여성어문생활과 관련해 유추해 낼 수 있는 의미망은 다음과 같다.

우선 ⓐ에서 ⓖ에 이르는 과정은 공동문어로 이루어지는 여성어문생활이 소비활동에서 생산활동으로 확대되어 가는 과정이다. 여성어문생활사가 특기해야 할 사항은 글쓰기 결과물로서 텍스트 ⓖ뿐만 아니라, 문학의 소비단계를 포함한 ⓐ에서 ⓖ에 이르는 과정 전체이며, 많은 경우 ⓖ에 이르지 못하고 중도에서 끝나버린 사례들이다.

김창협의 셋째 딸 김운(金雲, 1679~1700)은 그 대표적인 예다. 김운은 남동생과 함께 글을 배울 때 침식을 잊을 만큼 열심이었고 이해력이 뛰어나 육경(六經)을 거뜬히 배웠다. 김창협은 그런 딸과 함께 아침저녁으로 고금치란(古今治亂)과 성현언행(聖賢言行)을 논하는 것이 영평산(永平山) 은거생활에서 큰 즐거움이었다고 술회한다. 김창협이 딸을 시집보내고 삼주(三洲)에 살 때 강학(講學)하는 자리에 들면 딸의 빈자리가 크게 느껴졌다 하니, 김운의 한문 글읽기 수준은 결코 낮지 않았음을 짐작할 수 있다. 그러나 가족들의 묵인과 격려 속에 수준 높은 한문 글읽기에 도달했으되, 출가 후에는 7년 동안 그 남편조차 김운의 글 읽는 모습을 보지 못할 만큼 어문활동이 위축되었다. 김운은 형제들에게, 만약 자신이 남자가 된다면 깊은 산 속에 들어가 책을 실컷 읽는 것이 유일한 소원이라고 말하곤 했다고 전한다. "저는 여자라 이 세상에 아무런 공덕도 드러낼 수 없으니 차라리 일찍 죽어 아버님의 몇 줄 글을 얻어 묘석에 새기는 것만 못합니다"라고 했던 김운은 22세에 유질(乳疾)로 죽었다.[80]

여성의 어문활동이 소비에서 생산으로 확대되는 과정은 여러 차례의 '금지' ⓑⓓⓕ와 '승인' ⓒⓔⓖ의 반복으로 진행된다. 이를 어문생활의 젠더권력관계가 현실 속에서 작동되는 원리라고 일반화해서

80 김창협, 「亡女嗚氏婦墓誌銘」, 『農巖集』 권27; 강혜선, 「아버지의 글로 남은 딸의 삶-김창협과 그 딸 雲」, 『문헌과 해석』(2002 여름호)에 이 묘지명이 자세히 소개되어 있다.

말할 수 있을 듯하다. 여자는 글을 읽으면 안 된다는 '금지', 그러면서도 남자형제들의 어깨 너머 글 배우기를 굳이 막지 않는 '승인', 반복적으로 나타나는 이 이율배반적 태도는 여성어문생활에 대한 남성 통제의 원리가 현실 속에서 작동하는 방식을 대변한다. 후술하겠지만, 여성의 어문활동을 일정한 틀로써 규제하고 이를 평가하는 상층 남성의 태도가 이율배반적인 것은 여성의 교양수준과 부덕(婦德)이 그 가문의 명예와 연결된다는 점과 밀접한 관계가 있을 것이다.[81]

'금지'가 전통사회에서 여성의 공동문어활동에 대한 공식적 입장이라면, '승인'은 계층과 집안과 지역에 따라 많은 편차를 지닌 비공식적 입장이다. '여자가 글을 잘하면 팔자가 사납다'[82], '글은 부인의 일이 아니다'[83] 등의 명제는 그러한 공식적 입장을 대변한다. 여성의 공동문어활동을 금지하는 입장은 성역할 규범의 형태로 어려서부터 남녀 모두에게 주입되며, 각종 여성 규범서와 계녀서는 그러한 '금지'의 원칙을 가르친다. 교육을 통해 형성된 '금지'의 관념은 여성의 어문생활 속에 침투해 평생 그들의 어문활동을 일정한 형태로 틀지운다.[84] 국문사용보다 한문사용에서, 글읽기보다 글쓰기에서, 일상

81 박혜숙·최경희·박희병, 「한국여성의 자기서사(1)」, p. 335, 각주 24; 박무영, 「고전여성한시작가의 문학세계」, 이혜순 외, 『한국고전여성작가연구』, p. 204, 각주 9.

82 "吳外曾祖母李夫人, 尤鍾愛先妣, 常曰: '女子能文辭者, 多薄命.' 以故禁."(홍석주, 「貞敬夫人行狀」, 『足垂堂集』); "婦人解文者, 甚少, 若解文, 則俗謂命薄."(서거정, 『東人詩話』 下)

83 "然絶不肯操筆臨紙曰: '非婦人事也.'"(홍석주, 「貞敬夫人行狀」, 『足垂堂集』)

84 전근대사회에서 공동문어문자의 교육이 계층 및 젠더구조를 동시에 재생산하는 핵심적인 도구로 기능하는 것은 세계 보편적 현상이라 할 수 있다. 예컨대 16~17세기 영국에서도 자녀에 대한 교육, 특히 딸에 대한 고등교육은 그 아버지의 신분을 반영하는 것으로, 이 교육을 통해 계층과 젠더 시스템이 안정적으로 재생산되었다.

적·사적 글쓰기보다 문예적·공적 글쓰기에서 그 '금지' 수위가 높고 엄격했다고 일반화할 수 있다.

> 음식 만드는 책과 바느질하는 기록을 잘 보지 않아서는 안 된다.[85]

> 의복을 재단하여 짓고 음식을 조리하여 만드는 법을 자세히 적어 책으로 만들어 놓고 처녀를 가르쳐 잘 익히게 할 것이다.[86]

> 부인은 경서와 사서, 『논어』, 『시경』, 『소학』 그리고 『여사서』를 대강 읽어 그 뜻을 통하고, 여러 집안의 성씨, 조상의 계보, 역대의 나라 이름, 성현의 이름자 등을 알아둘 뿐이요, 함부로 詩詞를 지어 외간에 퍼뜨려서는 안 된다.[87]

여성이 "문필의 공교함과 詩詞를 아는 것은 娼妓의 본색"[88]이라는 관념은 적어도 18세기 여성의 어문생활을 규제하는 보편적 이념이었다. 그러나 이덕무에 따르면, 여성의 문예적 글쓰기는 금지의 영

---

Clarke, *The Politics of Early Modern Women's Writing*, pp. 21-22.

85 "膳書鍼史, 不可不看."(이덕무, 『士小節』 卷6 '婦儀')

86 "縫裁衣服, 調飪飮食之法, 箚記以爲譜簿, 必教室女使之熟習."(이덕무, 『士小節』 卷7 '婦儀')

87 "婦人, 當略讀書史論語毛詩小學書女四書, 通其義, 識百家姓, 先世譜系, 歷代國號, 聖賢名字而已, 不可浪作詩詞, 傳播外間."(이덕무, 『士小節』 卷7 '婦儀')

88 "여자는 역대 국호와 선대 조상의 名字나 알면 족하지 문필의 공교함과 詩詞를 아는 것은 娼妓의 본색이지 사대부 집안의 취할 바가 아니다." 『閨中要覽』; 이동연, 「고전여성시가작가의 문학세계」, 『한국고전여성작가연구』, p. 302 재인용.

역인 반면, 부공(婦功)에 관계되는 실용적 글쓰기는 긍정될 뿐 아니라 권장된다. 글읽기도 같은 이유에서 억제되거나 권장되었는데, 부공에 관계된 실용적 글은 국문으로 쓰일 가능성이 훨씬 높다.[89] 안동 장씨(安東 張氏, 1598~1680)의 『규곤시의방(閨壼是議方)』[90]이나 빙허각 이씨(憑虛閣 李氏, 1759~1824)의 『규합총서(閨閤叢書)』[91]와 같은 국문 글쓰기는 권장하고 칭송받을 만했다.

여성어문생활을 지배하는 통제기제가 '금지'만으로 일관하지 않고 일정 수준 '승인'을 동반해 교묘하게 얽혀 있다는 점은 특별히 주목할 필요가 있다. 전통사회에서 여성문학 텍스트의 생산과 유통, 전승은 이러한 비공식적 승인을 통해서 어느 정도 가능했다. 이것은 여성어문활동에 대한 남성통제의 공식적 입장과는 달리, 현실적으로 집안이나 개인에 따라서 적지 않은 편차를 이루며 나타나는 비공식적 입장이다. 여성이 시사(詩詞)를 아는 것은 금지사항이었으나, 호연재 김씨(浩然齋 金氏, 1681~1722)의 가족들이 남녀 불문하고 한시를 향유하며 시집을 엮고 삼의당 김씨(三宜堂 金氏, 1769~?)가 부부간에 한시를 주고받았던 것과 같은 사례가 조선후기에 아주 드문 경우만은 아니었다.

---

89 여성이 지은 여성 교양서가 모두 국문으로 된 것은 아니다. 예컨대, 신작이 쓴 「태교신기서(胎教新記序)」에 따르면, 사주당 이씨(師朱堂 李氏, 1739~1821)의 『태교신기(胎教新記)』는 본래 한문으로 쓴 것인데 사주당의 아들 유희가 이를 국문으로 번역했다고 한다. 사주당 이씨, 이연재 역주, 『胎教新記』(문덕사, 1991), p. 15.

90 황혜성 편, 『閨壼是議方(음식디미방)』(한국인서출판사, 1980); 정부인안동장씨기념사업회·퇴계학연구원 공편, 『정부인안동장씨의 삶과 학예』(정부인안동장씨기념사업회, 1999).

91 빙허각 이씨, 정양완 역, 『閨閤叢書』(보진재, 2003 제6판).

전근대사회의 남성통제질서가 여성의 어문생활을 비공식적으로 승인했다고 하나, 그 승인은 어디까지나 일정한 조건하에서였다. 그 조건이란 성역할 규범이 정한 '도를 넘지 않는 것'이다. 성역할 규범에 부합하는 것이라면 글쓰기도 권장되었음을 앞서 거론했다. 여성의 글읽기와 글쓰기를 통제하는 핵심적인 이유는 문자를 이용한 어문활동이 "아침저녁 식사를 마련하고 날씨에 맞춰 의복을 준비하며 제사 지내고 손님 접대하는 일"[92]을 수행하는 데 방해가 될 수 있기 때문이다. 여성의 어문활동에 대한 통제는 결국 중세의 성역할 규범에 근거한다고 말할 수 있겠다.

여성의 성역할 가운데 대표적인 항목은 자녀교육이다. 이 때문에 자녀교육을 담당하는 어머니 역할에 관련될 경우 여성의 글읽기는 긍정적으로 인식될 수 있었다.[93] 김만중의 어머니 해평 윤씨(海平 尹氏, 1617~1689)가 그 대표적인 예일 것이다. 김만중 형제가 외부의 스승 없이 한문의 기본소양을 어머니께 직접 배웠다는 일화는 매우 유명하다. 자녀교육을 위한 어머니의 역할이란 측면에서 여성의 유식

---

92 "讀書講義, 是丈夫事, *婦人有朝夕寒暑之供, 鬼神賓客之奉, 奚暇對卷諷誦哉.*"(이익, 『星湖塞說』)

93 이것은 외국에서도 널리 확인되는 보편적인 현상이라 할 수 있다. 예컨대 16~17세기 영국에서도 상층 여성의 글읽기 능력은 어머니로서 자녀교육을 담당하는 데 필요하다는 점에서 일정 정도 승인되었고, 여성들은 바로 그 점을 명분으로 여성교육을 주장하기도 했다. Dorothy Leigh는 *The Mothers Blessing*(1621)이란 책에서 아이들이 어린 시절에 어머니가 읽어주는 성경을 들으며 자라는 것이 바람직하다고 적고 있다. Clarke, *The Politics of Early Modern Women's Writing*, p. 20. 한편 17세기 중반에 Bathsua Makin은 여성이 사소한 일에 관심을 줄이고 남편을 더욱 잘 내조할 수 있도록 하기 위해 여성교육이 필요하다는 주장을 했다. Benstock, Ferriss and Woods eds., *A Handbook of Literary Feminisms*, p. 32.

함은 감추어야 할 사항이 아니라 오히려 공공연한 자랑거리가 된다.

그러나 여성의 글읽기나 글쓰기가 여성에게 부과된 성역할 수행을 방해하는 데 이르는 것은 용납될 수 없었다. 해평 윤씨는 어린 손자들에게는 놀이를 할 때도 '문자'에서 떠나지 않게 배려한 반면,[94] 며느리와 손녀들에 대한 교육은 "삼베나 모시베 짜는 것과 술 담그고 장 담그는 것에서 넘지 않았다."[95] 또한 해평 윤씨의 박식함은 그 자신의 텍스트를 생산하는 데까지 연결되지는 않았다. 홍석주는 어머니의 박식함과 시작(詩作) 능력을 칭송하면서도, 그러한 어문활동이 부덕(婦德)을 손상하지 않았음을 거듭 강조한다. 영수합의 행장에서 ⓓ와 ⓕ에 그 조건이 부각되어 있는바, 이는 실제로 영수합의 태도가 그러했을 가능성이 높고, 다른 한편 어머니와 가문의 명예를 고려한 서술자의 의식적인 강조일 수도 있다. 영수합의 어문활동이 ⓖ단계까지 이를 수 있었던 것은 그러한 조건부 승인의 대가였다.

### 2) 여성의 공모와 자기검열

여성어문생활을 일정한 틀 내로 규제하는 남성지배질서의 통제방식을 이야기할 때, 실제 여성들의 어문생활이 남성지배질서의 통제에 따라 일방적으로 결정된 것은 아니라는 사실에 유념할 필요가 있다. 어문활동의 주체인 여성이 남성통제에 대응해 스스로 어문생활의 영

94 김진규, 「祖妣行狀拾遺錄」, 박석무 편역, 『나의 어머니, 조선의 어머니』(현대실학사, 1998), pp. 156-157.

95 김만중, 「先妣貞敬夫人行狀」, 박석무 편역, 『나의 어머니, 조선의 어머니』, p. 141.

역을 확장해 온 측면을 적극적으로 해석할 필요가 있다. 모든 형태의 '상징적 지배'는 사회구성원 간에 일종의 '공모'를 전제로 한다는 점에서[96] 어문생활에서 남성통제는 여성대응과 긴밀하게 얽혀 있다. 또한 그 공모의 성격과 실질적 결과가 반드시 부정적인 것만도 아니다.

전근대사회에서 여성이 어문생활에 대한 남성통제에 대응해 자신들의 어문활동 영역을 확대해 왔던 역사적 과정을 이해하기 위해, 여성대응의 한 방식으로서 '자기검열'에 주목할 필요가 있다. 여기서 검열이란 구체적인 법적 규제와 같은 형태를 의미하는 것은 물론 아니다. 검열이 문제적인 것은 오히려 "표현에의 접근통로와 표현형태를 동시에 통제함으로써 표현을 지배하는"[97] 구조 자체이기 때문이다.

젠더분리주의에 입각해 조선시대 상층 여성이 자신의 어문활동에 대해 자기검열을 수행한다고 할 때, 자기검열이 작동되는 방식은 크게 세 층위로 나누어 볼 수 있다.

첫째, 중세 여성의 자기검열이 글/말, 한문/국문, 생산활동/소비활동, 글쓰기 갈래 등 어문활동의 제반 영역을 '선택'하는 단계에서부터 작동한다고 가정해 볼 수 있다. 중세 어문생활구조에서 글이 말에 비해, 한문이 국문에 비해, 말하기·글쓰기가 듣기·글읽기에 비해 상대적으로 남성 젠더화된 영역이었다면, 여성이 그 영역의 어문활동을 수행하는 것은 일종의 남성적 권위에 대한 도전일 수 있다. 전

96 피에르 부르디외, 『상징폭력과 문화재생산』, p. 51. 여성어문생활에 대한 중세 남성 지배질서의 통제기제가 작동하는 방식은 상징폭력의 성격을 띤다. 상징폭력이 실질적인 힘을 행사하는 것은 피억압자의 '공모'에 의해 가능하다.

97 피에르 부르디외, 『상징폭력과 문화재생산』, p. 228.

근대 사회에서 '재주 있는 여자들'이 소설을 지을 때[98] 남성적 필명을 사용하거나 익명으로 돌렸던 현상은 세계 각국에서 두루 확인되는데,[99] 그 원인이 글쓰기의 남성적 권위에 있는 것이다.

사마온공(司馬溫公)에 따르면, 여성은 여섯 살이 되면 여자가 할 일의 사소한 것을 배우기 시작하고,[100] 『내칙(內則)』에 따르면, 일곱 살에는 "남녀가 不同席하며 不共食"하고 열 살이 되면 여자의 일을 배워 옷을 지어 바치게 한다.[101] 중세 상층 여성은 예닐곱 살 때부터 성역할 규범을 지속적으로 학습해 어문생활의 남녀유별을 체화하고, 그 과정에서 특히 한문/글쓰기 영역을 남성의 권역으로 인식하게 된다. 특정 영역에서 "일정 행위자들을 배제함으로써 의사소통에서 제외시키는 것"은 "가장 효과적이고 가장 잘 은폐된 검열"이다.[102] 중

98 조동일은 전근대사회의 한·중·일의 소설을 비교해 한국소설에서 작가를 밝히지 않는 관례는 여성작가가 적지 않았기 때문이라고 추정하고, "일없는 선비와 재주 있는 여자"가 소설을 지었다는 기록에 무게를 실었다. 조동일, 『소설의 사회사 비교론』 2, pp. 153-154.

99 일찍이 Thomas Moer의 딸 Margaret More Roper(1524~1526년경)는 *Erasmus*를 번역 출판했는데, 이것은 영국에서 최초의 '출판된' 여성저술이라고 한다. 이 책은 Roper 생시에 익명으로 출판되었다. Benstock, Ferriss, and Woods eds., *A Handbook of Literary Feminisms*, pp. 5-6. 프랑스에서도 중세에 여성이 글쓰기를 감행하는 경우 그것은 일정한 대가를 치러야 하는 행위였고, 그러한 조건으로 많은 텍스트가 익명으로 되어 있는데, 이 일군의 작가미상 텍스트들이 여성작일 가능성이 점점 높아지고 있다고 한다. Sonya Stephens ed., *A History of Women's Writing in France*, pp. 10-38. 또한 18세기에 프랑스에서는 과학의 영역에서 글을 썼던 여성들이 익명으로 책을 출간하거나 글쓰기를 비밀에 부쳐야 했다. Sonya Stephens ed., *A History of Women's Writing in France*, pp. 102-118.

100 "司馬溫公이 曰ᄒᆞ되 女子가 六歲에 始習女工之小者ᄒᆞ고…."(『內訓』 권3, '母儀章')

101 "內則에 曰ᄒᆞ되 … 男女가 不同席ᄒᆞ며 不共食이니라. … 十年이거든 … 學女事ᄒᆞ여 以共衣服이니라."(『內訓』 권3, '母儀章')

102 피에르 부르디외, 『상징폭력과 문화재생산』, pp. 230-231.

세 여성의 자기검열은 성역할 교육을 통해 그러한 검열구조를 체화하는 데서 출발한다.

남성 젠더화된 어문활동의 영역일수록 여성의 자기검열 강도가 높을 것은 당연하다. 영수합은 형제 간의 대화가 아니면 '문자'를 언급하지 않았고, 출가한 뒤에는 글 읽는 모습을 남에게 보이지 않았으며, 남편의 권유로 시를 지었으되 '글자'를 쓰는 일은 절대로 하지 않았다고 한다. 그런 조심스러움은 어문생활에서 18세기 상층 여성의 일상화된 자기검열을 대변하는 것으로 보인다. 한문 글읽기로 고금의 역사를 논하는 행위, 한자를 이용한 문예적 글쓰기에 동참하는 행위 등은 남성 젠더화된 어문생활의 중심에 들어선 행동이다. 홍석주의 서술이 과장이었는지 몰라도, 행장에 재현된 영수합의 어문생활은 자신의 어문활동이 '도를 넘지 않도록' 순간순간 스스로 경계하는 불안한 모습이다.

둘째, 여성은 각 영역의 어문활동을 수행하면서 향유방식을 변형하는 방식으로 자기검열을 수행한다. 조선후기 어느 시점에서부터인가 여성이 한문을 이용한 어문활동에서 특히 '기록성'과 '생산성'이 갖는 남성 젠더화된 권위를 '구술성'과 '소비성'으로 치환하는 향유방식의 변화가 감지되는데, 그 요인 가운데 하나를 여성의 자기검열 결과로 해석할 수 있다.

> 아버님께서도 시짓기를 좋아하셨으므로 늘그막에 고을을 다스리고 계실 때에 함께 시를 지어서 주고받을 사람이 없으므로 그때에야 어머님에게 강력히 부탁하셨다. 그렇지만 어머님은 오히려 좋아하지를 않으시면서, "아니 平仄도 모르는데 어떻게 합니까?"라고 하셨다. 아버님께서

唐律詩 한 권을 드렸는데 열흘도 못 되어 律詩를 지을 수 있었으며, 장편시나 硬韻詩도 짓지 못하는 것이 없었다. 그렇지만 끝내 손수 글자를 기록하는 일은 하지 않으셨기에, 아버님께서 불초한 저희들에게 명하여 곁에 따르며 가만히 기록하도록 했던 것이 앞뒤로 수백여 편을 얻어냈다. 그때가 어머님 연세 60여 세였다.[103]

여기서 '글자를 기록하지 않았다'는 것은 단순히 붓을 들어 종이에 '글씨'를 쓰지 않았다는 의미에 국한하지 않는 듯하다. 이 기록을 액면 그대로 믿는다면, 영수합의 작시(作詩)는 구술적 행위다. 이러한 향유방식의 변화는 남성의 권역으로 간주되는 한문 기록물 접근의 위험성을 언어문자수단의 교체로써 미연에 방지한 것으로 해석해 볼 수 있다. 18세기 상층 여성의 무의식적인 자기검열의 일환으로 보는 것이다.

조선후기에는 아동이나 여성을 위한 한문 학습서가 적지 않았는데, '한문' 학습서가 정작 한자를 쓰지 않고 한글로만 쓰이는 현상이 후대로 갈수록 두드러진다고 한다. 예컨대 여성들을 위한 『시경(詩經)』 번역서는 일반적인 『시경언해(詩經諺解)』와 달리 한자를 전혀 쓰지 않았고, 19세기 필사로 보이는 한국학중앙연구원 소장 『국풍(國風)』과 『곤범(壼範)』도 마찬가지다.[104] 『호연지유고』의 이본 5종 가운

103 "先考喜爲詩, 晩歲在郡邑, 無可與唱和者, 乃强屬先妣, 先妣猶不肯曰, 余不識平仄何? 先考以唐律詩一卷與之, 未浹旬卽能作律詩, 長篇硬韻無不立就. 然終不肯手自作字, 先考命不肖輩從傍竊書, 前後得數百餘篇, 先妣時年將六十矣."(홍석주, 「貞敬夫人行狀」, 『足垂堂集』 부록)

104 이종묵, 「조선시대 한시번역의 전통과 양상」, 『장서각』 7(한국학중앙연구원, 2002); 허

데 『증조고시고』[105]는 18세기 후반~19세기 초 여성들이 한시를 음사(音寫)·언해시(諺解詩) 형태로 향유하는 방식이 존재했음을 대변한다.[106] 한문학을 향유하면서 정작 한자는 사용하지 않는 것이 조선후기 일군의 상층 여성들이 문자를 사용하는 특징적 현상이었다고 할 때, 이는 단지 여성의 한문교육수준이 낮았다는 사실을 증거하는 데 그치지 않는다. 한글로 한시를 짓고 향유하는 방식이 형성·지속될 수 있었던 것은 그 시기 하층/여성들의 문화적 욕구를 반영하는 동시에, 젠더권력관계에 지배되는 기존의 어문생활구조를 파괴하지 않으면서도 어문생활의 영역을 확대해 갔던 자기검열의 결과로도 해석할 수 있는 것이다. 조선후기에 이처럼 특이한 한문문화 향유방식이 가시화된 맥락과 의미에 대해서는 좀 더 상세한 고찰이 있어야 할 것이나, 어문활동의 소비와 생산에서 여성들의 무의식적인 자기검열이 그러한 변화를 추동한 하나의 요인일 수 있다고 본다. 요컨대 한글로 한시를 향유하는 것은 여성에게 좀 더 '안전한' 어문활동인 셈이다.

셋째, 여성이 생산한 텍스트의 내용, 주제, 표현상의 특정 국면들은 여성의 공모와 자기검열이란 측면에서 해석할 여지가 높아 보인다. 여성의 자기검열은 남성 젠더화된 영역에서는 물론 여성 젠더화된 영역에서도 이루어지는데, 텍스트의 주제와 표현에 영향을 미치는 자기검열 양상은 단순하지 않다. 한문 글쓰기에서도 여성들의 저

---

원기, 「『壼範』에 나타난 여성 독서의 양상과 의미」, 『한국고전여성문학 연구』 6.

105 김호연재의 후손 송규희의 어머니 청송심씨(1747~1814)가 68세에 필사한 한글본이다. 허경진, 『사대부 소대헌·호연재 부부의 한평생』(푸른역사, 2003), pp. 289-290.

106 박무영, 「金浩然齋의 생애와 「호연지유고」」, 『한국고전여성문학 연구』 3, pp. 121-122.

향이 자기검열에 의해 무조건 억제되기만 한 것은 아니다. 호연재의 「자경편(自警篇)」에서 보듯, 성리학적 여성규범을 무조건적으로 수용하는 것이 아니라 여성의 처지에서 수용·재해석하는 경향은 한문 글쓰기에서도 확인된다.[107] 그러나 전체적으로 볼 때, 생산된 텍스트 내에 여성들의 반란이 표출될 가능성은 여성 젠더화된 영역에서 더 높다고 말할 수 있다. 자탄류의 여성가사나 '출장입상(出將入相)'을 꿈꾸는 여성영웅소설 등에서 확인되는 남성중심적 사회질서에 대한 직간접적인 비판과 문제의식은 한문 글쓰기와 같은 남성권역의 어문활동에서 기대하기 어려운 것이다.

한편 여성가사의 자탄조나 여성영웅소설의 '보수적' 결말은 종종 해당 향유층 여성들의 의식적 한계로 지적되는데, 이 부분도 여성 향유층의 자기검열이란 관점에서 다시 생각해 볼 필요가 있다. "모든 언술은 '말하고자 하는 이해관계'(말해져야 할 것)와 언술이 생산되는 시장구조에 고유한 검열 간의 타협의 산물"[108]이란 점을 고려할 때, 배우자와의 결혼에 귀착되는 여성영웅소설의 일반적 결말은 그 향유층과 지배이념 사이의 공모와 타협의 산물로 이해할 수 있다. 즉 여성영웅소설을 소비하고 생산했던 여성들이 무의식적 자기검열을 통해 당대의 보편적 인식이 수용 가능한 범위 내에서 이야기 수위를 조절한 결과로 보는 것이다.

어문생활에서 중세 여성의 자기검열은 일단 젠더분리주의를 수

---

107 박무영, 「호연재 〈自警篇〉의 서술방식과 여성문학적 성격」, 『한국문학연구』 2(고려대학교 민족문화연구원 한국문화연구소, 2001).

108 피에르 부르디외, 『상징폭력과 문화재생산』, p. 68.

긍하고 동조하는 행위다. 지배이념과의 공모에 기반한 자기검열은 어문생활의 불평등한 젠더권력관계를 근본적으로 바꾸지는 못하기 때문에 그 시대적 한계는 뚜렷하다. 중세 여성들이 취했던 자기검열은 어문생활 속에서 학습되고 체화된 것이기에 기본적으로 기존의 어문생활구조를 유지하는 데 기여하는 방향으로 작동할 것이다. 그러나 중세의 대다수 여성이 택했던 현실주의 전략은 여성 젠더화된 어문활동의 영역에서 여성이 상대적으로 운신의 폭을 넓힐 수 있는 토대가 되었다고 평가할 수 있다. 여성의 자기검열은 결과적으로 어문생활 전체의 변화를 추동하기도 한다. 국문문학에서 여성의 기여는 젠더분리주의라는 어문생활의 젠더권력관계를 긍정적으로 전유함으로써 가능했던 것이다.

# 2장 여성어문생활사의 체계와 형식

여성문학사 서술이 어느 정도 본격화된 외국 사례들을 살폈을 때, 여성문학사의 시대구분에 대한 특별한 문제의식은 아예 형성되지 않았거나 문제제기가 있었다 해도 적극적인 대안을 마련하는 데까지 나아가지는 못한 상태였다. 세기, 왕조, 문예사조 등 기존에 자국문학사의 시대구분에서 사용한 기준이 서술의 편의를 위해 답습되는 경우가 많았는데, 관습적으로 사용된 기준이 독자들의 이해를 돕는 데 유용한 측면이 있는 것은 사실이다. 그러나 여성문학사 서술을 통해 문학사적 인식을 새롭게 하는 것이 목적이라면, 기존에 통용된 관습적인 틀로써 그 목적을 달성하기는 어렵다.

이 장에서는 여성문학사의 서술체계와 형식을 다변화할 필요가 있다고 보고 그 가능성을 타진한다. 서술형식의 새로움이 내용과 시각의 변화를 전달하는 효과적인 수단일 수 있다고 보기 때문이다. 체계와 형식의 변화로 기존의 역사서술이 안고 있는 한계를 타개하려는 움직임은 문학사뿐 아니라 역사 일반에서도 감지되는 현상이다. 그 새로운 시도들이 한국의 고전여성어문생활사 서술에 시사하는 바를 검토하고 적용 가능성을 모색하기로 한다.

## 1. 서술형식의 다변화

### 1) 거시적 통사와 미시적 단면사

19~20세기에 이루어진 문학사 서술은 대체로 오랜 시간과 여러 갈래를 포괄하는 형식을 취하고 있다. 문학사 서술은 하나의 학문적 글쓰기 양식으로서, 서술대상이나 서술형식에서 일종의 전형적인 틀을 가지고 있었다 하겠는데, 이것은 문학사가 일반적으로 몇 세기에 걸치는 장구한 시간대와 그 안에서 적지 않은 변화를 겪은 문학갈래들을 총괄해 그 역사적 전개 과정을 해명하는 것을 임무로 삼았음에 기인한다. 20세기 후반에 활발해진 소수민족, 흑인, 여성 등 주변부 집단의 문학사 서술도 대체로 근대 자국문학사 서술의 전형적 틀을 모방하며 이루어졌다.

그런데 20세기 후반에 이르면 역사에 대한 인식론적 전환과 함께 '근대적' 문학사 서술에 대한 근본적인 문제제기가 일면서 사정이 바뀐다. 어떤 면에서 문학사 서술의 근대성을 '비판'하기란 쉽다. "문학사를 쓰지 않기로 한다면 나와는 상관이 없는 일"[109]인지 모르나, 문학사 또는 역사서술의 현장에서 '근대적' 문학사의 대안을 마련하는 일은 결코 단순하지 않아 보인다. 그러한 고민이 구체적으로 가시화되는 방식 중 하나가 문학사 서술의 체제와 형식을 결정하는 문제이다. 이것이 비단 문학사 서술에 국한하지 않고 역사 일반에 관계됨

109 강명관, 「(토론문) 일관된 잣대보다 다양한 준거를」, 『한국문학사 어떻게 쓸 것인가』, p. 139.

은 물론이다.

① 문학사에는 통사와 단면사가 있다. 취급 대상을 처음부터 끝까지 모두 포괄해 다루는 것을 '통사'라고 하는 말은 널리 통용되고 있다. 그 가운데 어느 한 면을 잘라내서 고찰하는 것을 '단면사'라고 하자. 『한국문학통사』는 통사라고 명시하고 썼다. 『세계문학사의 전개』 또한 통사이다. '중위문학'이나 '상위문학'의 역사는 통사로 쓰는 것이 바람직하다. 그래야만 전체적인 판도와 고금의 변화양상을 알 수 있다. 그러나 '하위문학'의 역사에는 같은 원칙이 적용되지 않는다.[110]

② 나는 게르 사건을 담당했던 판사들의 책과 편지, 그들이 맡았던 사건 등등에서 얻어낸 증거에서 시작해서, 다른 형사 법정의 관행과 16세기 판사들이 간행한 형사사건 진행 규약집으로 그 범위를 넓혀나가는 식으로 마치 동심원을 그리듯이 동일한 연구의 영역을 확장함으로써, 사건 당시의 판사들과 그들이 구성하는 법정이라는 세계를 재구성하였다. 나는 연구의 전과정을 통하여, 사료와 그것을 구성하는 규칙들을 평가하고, 많은 곳에서 얻어낸 실마리들을 한데 모으고, 16세기의 증거들이 가장 적합하고도 그럴듯한 의미를 지니도록 추론적 논증을 확립하는 등, 마치 탐정처럼 작업을 진행시켜 나갔다.[111]

①은 지방문학사와 같은 하위단위의 문학사가 세계문학사 또는

110 조동일, 『지방문학사: 연구의 방향과 과제』, p. 201.
111 나탈리 지먼 데이비스, 「'절름발이에 대하여'」, pp. 359-360.

자국문학사의 통사 형식과 잘 맞지 않는다는 점을 지적하고 단면사의 필요성을 시사한 것이다. ②는 『마르탱 게르의 귀향』을 쓴 데이비스가 자신의 역사 연구방법을 설명하는 대목이다. 미시사는 "마치 현미경으로 들여다보듯이 세밀하게 관찰하되 그 연구 대상의 범위를 넓게 잡는"[112] 것이 특징이라고 하는데, 데이비스가 '동심원을 그리듯' 연구영역을 확장했다고 한 말은 미시사적 역사서술 방법을 적절하게 요약한 것으로 보인다.

①에서는 통사와 단면사를 대비했고, ②에서 이야기하는 미시사는 거시사와 대비된다. 모든 통사가 거시사는 아니며 모든 단면사가 미시사도 아니다. 그러나 통사는 역사에 대한 거시적 해명에 장처가 있고, 단면사는 상대적으로 짧은 기간의 복잡한 문제를 치밀하게 다루는 데 좀 더 유리하다. 그런 점에서 '거시적 통사'와 '미시적 단면사'를 이상적 모델로 상정해 볼 수 있다. 거시적 통사가 직선적이라면, 미시적 단면사는 곡선이다.

데이비스가 동심원을 그리며 재구성한 세계의 중심에는 16세기 프랑스 농촌 여성, 베르트랑드가 있었다. 하층여성은 거시사 중심의 기존 역사서술에서 가장 비가시적인 존재였다. 미시사를 비롯한 신문화사 연구가 '아래로부터의 역사'를 주장하며 여성을 비롯한 주변부 집단의 역사적 복원에 주력하고 있음은 앞에서 언급한 바 있다. 한국 여성문학 연구 가운데에도 미시적 단면사의 가능성을 엿보게 하는 성과들이 적지 않다.

112 위르겐 슐룸봄 편, 백승종 외 역, 『미시사와 거시사』(궁리, 2001), p. 32.

예컨대, 1702년(숙종28) 경상북도 선산(善山)에서 일어난 향랑의 죽음과 「산유화(山有花)」 한 가락을 '동심원'의 중심에 놓고, 18세기 문학사의 이른바 '향랑 담론'의 형성과정을 추적한 정출헌의 논문을 주목할 만하다.[113] 논자는 부사 조귀상과 선산부민들이 의기투합해 향랑이 죽은 지 2년 만에 정표(旌表)를 받아내고 이후 향랑이 '국가 열녀'로 만들어지는 과정을 추적하고 있다. 18세기 초 열녀라는 여성상이 사회적으로 구성되는 방식을 밝힌 것으로, 이를 통해 한국여성어문생활사에서 중요한 한 단면이 드러났다 할 것이다. 논의 범위가 좁고 분량이 짧지만, 미시적 단면사 서술의 한 가능성을 여기서 읽을 수 있다.

①에서 '하위문학'의 역사에 통사 형식이 적합하지 않다고 한 것은 주변부 집단의 역사가 거시적인 변화보다 장기지속의 성격이 더 강하기 때문이라고 이해할 수 있다. 하층과 여성이 하나의 문학담당층으로서 한국문학사에 뚜렷하게 가시화된 것은 17세기에 와서의 일이다. 그 이전 시대에도 소수이긴 하지만 문학활동을 했던 여성들이 존재했고 17세기부터 현대까지 결코 짧은 시간이 아님은 물론이지만, 거시적인 변화의 흐름에 못지않게 지속성이 강하다는 사실을 부정할 수 없다. 더구나 문학과 비문학을 포괄하는 여성어문생활사에는 거시적 통사보다는 미시적 단면사로 재현하기에 적합한 부분이 다수 있다.

거시적 통사와 미시적 단면사는 한국여성어문생활사 서술에서

---

113 정출헌, 「〈향랑전〉을 통해 본 열녀 탄생의 메카니즘」, 『한국고전여성문학연구』 3(한국고전여성문학회, 2001).

상호보완적 기능을 수행할 것으로 기대한다. 여성문학사 또는 여성사 서술은 '여성'이란 이름의 추상적 공동체를 상정하고 시작하는 작업이다. 따라서 '여성'이란 보편성 내에서 개개인의 특수성이 지워질 수 있는 위험이 언제나 잠재한다. 미시사는 거시사가 놓치기 쉬운 역사적 실제에 주목하는 만큼, "개인의 모습이 소속 집단의 통계적 평균치로 흡수되어 역사서술에서 소멸되는"[114] 위험을 덜어줄 것이다. 거시사의 문제점을 비판하고 미시사의 가능성을 높게 평가하는 것은 최근 역사학 연구의 일반적인 경향으로 보인다. 거시적 통사가 20세기 역사서술의 주류로 그 틀이 관습화되면서 생명력을 상실했다면, 미시적 단면사는 그 관습적 틀을 깨고 역사 및 문학사 서술을 새롭게 해야 할 책임을 진다.

### 2) 연대기적 서술의 변용

여성어문생활사 서술에서도 단면사의 필요성이 증대되지만 통사가 감당해야 할 부분은 별도로 존재한다. 서술대상의 취급 범위가 다르기 때문인데, 무엇보다 긴 시간대에 걸치는 역사적 변천을 해명하기 위해서는 통사 형식을 취하지 않을 수 없다. 문제는 통사 서술의 관습적 틀과 한계를 어떻게 극복할 것인가 하는 점인데, 이는 두 가지 방향에서 해결책을 모색할 수 있다. 하나는 통사에서 다루는 주제를 특화하는 것이고, 다른 하나는 통사가 일반적으로 취하는 체제를 변

114 위르겐 슐룸봄 편, 『미시사와 거시사』, p. 203.

형하는 것이다.

우선 여성어문생활사의 전 영역을 다루지 않고 하나의 특징적 국면을 대상으로 한 통사 서술을 여러 측면에서 시도할 필요가 있다. 예컨대, 고려에서 조선후기까지 상층 남성문인들의 여성인식을 추출한 성과[115]가 작가론 이상을 넘어 일반화될 수 있다면, 여성어문생활사에서 중요한 테마인 여성인식의 역사를 쓰는 것이 가능할 것이다. 여성의 '자기서사'가 전개되어 온 과정[116] 또한 통사로 쓰기에 적합한 여성어문생활사의 긴요한 주제이다. 여성의 자기서사는 첫째, 전통사회로부터 현대까지 비교적 장기적 역사를 갖고 있고, 둘째, 여성의 정체성에 관한 논의를 역사적 시공(時空) 속에서 구체화하기에 용이하며, 셋째, 자기서사가 특정 갈래에 국한하지 않으므로 갈래사와는 차별화될 뿐 아니라 구술자료까지 포괄한다는 점에서 그렇다.

통사 형식의 관습성을 탈피하기 위해 서술체제의 변혁을 꾀하는 것도 중요하다. 문학사 및 역사서술에서 이루어지는 새로운 시도들에 주목해 보자.

> ③ 일반 독자를 위해 기획된 이 책은 작가나 작품의 단순한 목록으로서가 아니라 현대 비평의 다양한 관점을 통해 역사적·문화적 영역으로서 프랑스 문학을 소개한다. 그 목적을 수행하는 데 전통적인 백과사전적 형식이나 역사적 내러티브 형식, 또는 알파벳 순서에 따른 사전적 형식

---

115 이혜순·임유경 외, 『우리 한문학사의 여성인식』.

116 박혜숙, 「여성의 자기서사와 관련한 몇 가지 문제들」, 『여성문학 연구』 8; 박혜숙·최경희·박희병, 「한국여성의 자기서사」(1)~(3).

중 어느 것도 적합하지 않아 보인다. 백과사전적 형식은 모든 것을 다 다루려는 한편 종종 서로 연결되지 않는 정보들만 잔뜩 소개하게 되고, 내러티브 형식은 문학을 일직선적인 계보 안에 기술적으로 배열하게 된다.[117]

④ 사건사는 바로 이렇게 '총체적인 여성사'라는 숙제에 접근할 때 겪게 되는 어려움과 막막함을 해소해 줄 수 있는 효과적인 형식이다. 한 세기 동안 일어난 가지각색의 사건들을 추스르고 그것에 의미를 부여하면서 실타래처럼 얽힌 역사를 풀어나갈 실마리를 찾을 수 있는 것이다.[118]

③은 『새로운 프랑스 문학사』(1989) 서문의 첫머리이고, ④는 『20세기 여성 사건사』(2001) 서문의 일부분이다. ③에는 문학사의 서술형식에 대한 문제의식이 뚜렷이 드러나는바, 백과사전적·내러티브적·사전적 형식을 모두 극복해야 할 대상으로 지적하면서 '새로운' 문학사란 표제를 내걸었다. ④에서는 20세기 한국여성사를 '사건사' 형식으로 풀겠다고 했다.

『새로운 프랑스 문학사』에서 가장 먼저 눈에 띄는 것은 글 199편이 연대기적 순서에 따라 배열된 책 전체의 구성방식이다. 문학사에서 흔히 기대하는 시대구분과 같은 상위·하위항목이 따로 없고, 갈래나 작가 등 어느 하나의 기준으로써 개별 항목을 설정하지도 않았다.

117 Denis Hollier ed., *A New History of French Literature* (Cambridge, Massachusetts: London, England: Harvard University Press, 1989), p. xix.

118 여성사연구모임길박세상, 『20세기여성사건사』(여성신문사, 2001), pp. 9-10.

예를 들어, "1761년 2월: 루소의 「줄리 또는 새로운 엘로이즈」 출판"이라는 제목 아래, "소설과 젠더의 차이"라는 부제를 다는 방식으로[119] 전체 목차가 이루어져 있다. 각 항목은 이처럼 특정 연대 및 월·일을 제목으로 내세우는데, 그 날짜는 책의 출판, 작가의 죽음, 연극의 첫 공연 등 문학과 관련 있는 어떤 특정한 '사건'을 가리킨다. 그러나 각 항목에서 표제로 내세운 '1761년 2월, 루소의 책 출판'과 같은 사건은 단지 이야기를 시작하기 위한 연대기적 출발점일 뿐, 그것이 그 항목의 서술에서 유일한 관심사는 아니다.[120]

『새로운 프랑스 문학사』가 문학사 서술의 대안으로 모색한 형식은 퍼킨스의 표현을 빌리면 '백과사전적'이면서 '포스트모던적'이다. 포스트모던적이라 함은 그 형식이 시대와 작가의 해체를 지향한다는 점에서 그렇다.[121] 편집진은 전통적인 백과사전 형식이 수많은 정보를 단지 열거하는 데 그친다고 비판했지만, 이 '새로운' 문학사 역시 과거를 '조직'하지 않았기 때문에 심하게 말하면 '역사'가 아니라고 비판된다.[122] 그러나 '새로운' 문학사 서술을 기획하면서 포스트모던적 지향이 백과사전적 형식과 결합한 것은 어떤 면에서 자연스러워 보인다. 내러티브 문학사가 서술자의 의도에 따라 '가공된 허구'가 될 위험이 높았다면, 백과사전적 문학사는 서술자의 의도가 개입할 가능성이 비교적 낮기 때문이다.[123]

---

119 Hollier ed., *A New History of French Literature*, p. 481.

120 Hollier ed., *A New History of French Literature*, p. xix.

121 Perkins, *Is Literary History Possible?*, pp. 58-59.

122 Perkins, *Is Literary History Possible?*, p. 60.

123 백과사전식 문학사의 또 다른 예로 거론되는 *Columbia Literary History of the United*

한편 『20세기 여성 사건사』는 '실타래처럼 얽힌' 20세기 한국여성사를 풀어내기 위해 27건의 '사건'을 선택했다. 사건 선택의 기준은 특별히 밝히지 않았으나, 한 세기에 걸친 여성사의 흐름을 보여줄 수 있는 다양한 층위를 고려했을 것이다. 광복 이전 시기를 보면, 선정된 9건의 사건은 여성의 교육, 직업, 섹슈얼리티, 여성운동 및 노동자운동, 결혼 등에 관계된 것이다.[124] 각 항목의 서술이 개별적인 사건 하나에만 국한하는 것은 아니다. 예컨대 '1931년 동성연애 철도자살 사건'이란 항목은 홍옥임·김용주 두 여성의 동반자살 사건에서 이야기를 시작하지만, 『여인』 창간호에 실린 동성결혼 기사에 이르기까지 1930년대식 커밍아웃에 관한 흥미로운 사실들을 전한다.

역사서술의 형식이란 측면에서 볼 때, ③과 ④의 공통점은 '사건'을 서술 단위로 설정한다는 점이다. 구체적이고 특수한 개별 사건에서 출발해 동시대의 유사한 문학현상 또는 여성의 삶에 관한 일반적인 문제로 서술 범위를 점차 확대해 간다는 점에서도 유사해 보인다. 『새로운 프랑스 문학사』의 경우, 편집진의 기획의도가 서술의 구체적인 현장에서 얼마나 잘 반영되었는지 평가하는 것은 필자의 능력 밖

---

*States* (New York: Columbia University Press, 1987)의 편집자 Emory Elliott 역시 포스트모던적 지향을 거듭 밝히고 있다. "서로 긴밀하게 연결된 서사로써 하나의 단일하고 통일된 이야기를 하려는 의도를 전혀 갖고 있지 않으며, 더 이상 연속성의 이미지를 구성하는 것은 가능하지도 않고 바람직하지도 않다"는 것이다. Emory Elliott, "The Politics of Literary History", *American Literature* 59 (May 1987), p. 269.

124 광복 이전 시기에서 선정된 사건들은 이렇다. "근대여성교육의 시작", "일제시대공창제", "강향난 단발남장 사건", "일제시대 '직업여성'의 등장", "1920년 여성운동과 근우회", "일제시대 기생 이야기", "1931년 평원 고무공장 파업", "1931년 동성연애 철도자살 사건", "나혜석 이혼 사건" 등이 그것이다.

이다. 『20세기 여성 사건사』는 일반 독자를 대상으로 한 대중적인 서적인 만큼 한계가 분명한 것도 사실이다. 그러나 구체적·개별적 '사건'을 실마리로 삼아 그 시대의 문학사·역사 일반으로 지평을 넓혀가는 서술방식은 여성어문생활사 서술에 시사하는 바가 적지 않다.

『새로운 프랑스 문학사』와 『20세기 여성 사건사』는 구체적인 날짜와 사건을 역사서술의 기준으로 삼는다는 점에서 '연대기적'이라고 말할 수 있다. 외국에서는 여성작가의 생애나 작품 출판 등의 사건을 기준으로 연대기를 작성해 여성문학사 서술의 부록으로 첨부하는 경우가 드물지 않다. 『일본여성문학사(日本女性文學史)』(2003)는 '여성과 문학 관련 약년표(略年表)'를 부록으로 제시했는데, 이것은 '여성과 문학', '문학일반', '사회사항'의 세 항목에 유의해 3세기부터 19세기 후반까지 개별 사건들을 연대별로 목록화한 것이다.[125] 벤스톡·우즈 등이 편찬한 영미 여성문학사에서도 페미니즘문학의 형성에서 의미 있는 역사적·문화적 사건들을 중심으로 목록화한 '타임라인(Time Line)'을 제시했다.[126] 여기서 연표 작성의 기준이 되는 '문화적 컨텍스트'란 주로 여성작가의 작품 출판을 가리키고 '역사적 사건'이란 대개 정치적으로 주요한 사건들을 뜻한다. 예컨대, 1688년에 아프라 벤의 소설 『오로노코』의 출판과 영국의 명예혁명을 나란히 기재하는 것과 같은 방식이다. 여성문학연대기가 여성문학사 서술에서 부록으로 첨부되는 형식이 아니라 별도의 단행본으로 간행되기도 했

125 後藤祥子 編, 『日本女性文學史: 古典編』, pp. 17-30(후면).

126 Benstock, Ferriss, and Woods eds., *A Handbook of Literary Feminisms*, pp. 247-279.

다.[127]

개별적 사건들의 연대기적 구성은 역사서술의 초보적 단계로 치부되어 왔다. 연대기 또는 연표에는 구체적인 날짜와 사건들이 시간적 순서에 따라 배열되어 있을 뿐, 그 사건들을 조직하고 맥락화하는 과정은 완전히 생략되어 있기 때문이다. '연대기'와 '연대기적 서술'은 구분할 필요가 있겠는데, 문학사 서술자들이 '연대기적' 서술방식을 취하는 경우 개별 사건들을 조직하고 맥락화하는 정도는 각각의 문학사 서술마다 층위가 다를 수밖에 없다. 모이가 모어즈의 『여성문학인들』(1976)에 대해 "중세기적인 의미의 연대기"[128]라고 한 것은 개별 작가와 작품에 대한 서술의 맥락화 수준을 문제 삼은 것으로 보인다.

작가론 여러 편을 한 권으로 묶되 작가의 생몰연대를 기준으로 순서를 배열하는 방식은[129] 그 자체로서 문학사 서술이라고 볼 수는 없다. 문학사에서 개별 작가 또는 작품은 연대기에서의 '사건'처럼 서술의 중요한 기준이며 단위다. 그런데 작가론 여러 편을 묶어 놓은 '연대기적 서술'에서 사건으로서 작가들은 대개 파편화되고 특수성

---

127 Cynthia J. Davis and Kathryn West, *Women Writers in the United States: A Timeline of Literary, Cultural, and Social History* (New York; Oxford: Oxford University Press, 1996).

128 토릴 모이, 『성과 텍스트의 정치학』, p. 64.

129 한국근대여성문학을 대상으로 작가론 여러 편을 단행본으로 묶은 사례를 출판연대순으로 든다. 이러한 형태는 일종의 여성작가계보로 읽힐 수 있다. 김정자, 『한국여성소설연구』(민지사, 1991); 김지향, 『한국현대여성시인연구』(형설출판사, 1993); 한국여성소설연구회, 『페미니즘과 소설비평: 근대편』(한길사, 1995); 정영자, 『한국여성시인연구』(평민사, 1996); 한국문학연구회, 『페미니즘과 소설비평: 현대편』(한길사, 1997); 서정자, 『한국근대여성소설연구』; 정영자, 『한국여성소설연구』(세종출판사, 2002).

이 극대화되어 있다. 책 한 권에서 선택된 작가의 수는 적고 그 소수의 작가에 대한 서술 분량은 길다. 게다가 서술의 출발점과 도달점을 모두 작가 개인에게 맞추는 것이 작가론의 일반적 경향이다. 동시대 작가들을 한자리에 모아 놓아도 그것이 문학사로 읽히지 못하는 것은 그 때문이다.

연대기적 서술은 연월일과 같은 '날짜'를 기준으로 하고 '날짜'를 선택한다는 것은 곧 '사건'의 선택을 의미한다. 역사서술에서 '사건'의 부활은 조르주 뒤비를 비롯한 일상생활사 연구자들에 의해 이루어졌다고 할 수 있다.[130] 20세기에 역사서술의 일반적 경향이 역사에 대한 구조적 이해를 강조함으로써 특수하고 개별적인 사건의 위상은 상대적으로 낮았던 것이 사실이다. '새로운' 역사서술 방법을 모색하는 과정에서, 오랫동안 초보적 단계로 경시되었던 연대기적 서술방식에 주목하고 이를 변형·수용하는 현상은 작은 것, 사소한 것, 구체적인 것에 대한 관심이 높아진 20세기 후반의 지성사를 반영하는 것으로 해석할 수 있을 듯하다. 통사에서 연대기적 서술의 부활은 미시사에 대한 높은 관심의 이면인 셈이다.

## 2. 조직화의 원리

여성문학사를 연대기로 작성하는 방식은 여성문학사적 사건들을 구

130 Knibiehler, "Chronology and Women's History", p. 34.

체적인 시간과 공간 속에 위치하게 하여 여성문학에도 뚜렷한 '역사'가 있음을 한눈에 알아볼 수 있도록 가시화한다는 데 의의가 있다. 여기에는 남성중심의 역사서술에서 역사 바깥에 존재했던 여성의 존재를 역사 안으로 복귀시킨다는 상징적 의미가 들어 있다. 연대기에서 여성문학사적 사건들을 여타의 문학사적 사건은 물론 사회적·정치적 사건들과 나란히 배치하는 것은 여성과 여성문학이 그 자체로서 고립되지 않도록 하는 의도적인 배려라고 할 수 있다.

일반적으로 전통사회 여성의 어문활동은 익명성을 특징으로 한다고 간주된다. 또한 연대기란 소수의 유명 작가만을 대상으로 하므로, 여성문학사와 연대기는 어울리지 않는다고 보는 것이 보편적인 견해다. 특히 전근대사회의 여성문학에는 작자·연대미상의 작품이 절대다수를 차지하는 만큼, 연대기 작성은 사실상 불가능하다. 단순한 연대기, 즉 작품이나 작가를 포함한 개별 사건들이 상호 어떤 맥락도 조성되지 않은 채 연대순으로 열거만 되어 있다면, 객관적 정보가 필요할 때 찾아보는 사전 이상의 의미는 없다고 할 것이다. 그러나 앞서 살폈듯이, 연대기에서 힌트를 얻어 사건 단위로 기술하는 통사 형식은 문학사의 관습적 틀을 극복하는 방법으로서 주목할 만하다.

연대기적 서술에 좀 더 의미를 부여하고 싶은 부분은 그 서술형식이 문학사의 개별 사건들을 구체적인 시간과 공간 속에 역사화하려는 지향을 갖고 있다는 점이다. 여성어문생활사를 젠더권력관계라는 구조로 파악하는 것도 중요하지만, 구조에 대한 강조는 항상 개별적 사례들의 특수성과 다양성을 은폐할 위험을 안고 있다. 사건 중심의 연대기적 서술은 젠더권력관계를 해석의 중심에 놓되, 구체적인 사건들에 주목함으로써 그러한 한계를 보완할 수 있다. 작자·연대미상이라는 고전여성문학의 특수성 때문에 한계가 있기는 하지만, 동시에 바로 그 이유로 연대기적 서술을 적극적으로 시도할 필요가 있다.

과거 여성의 어문생활은 그들 삶이 대개 그러하듯 '익명'과 '일상'의 공간에 놓여 있다. '익명'과 '일상'의 의미는 늘 누구에게나 있는, 반복되는 삶의 보편성과 연결된다. 이러한 속성은 '사건'이란 단어가 암시하는 일회적 특수성과 상반된다. 흔히 '역사적 사건이 발발했다'라든가 '역사적 순간이었다'라고 말할 때, '역사'와 '사건'은 모두 어딘가 '특별한 것'을 암시한다. 특별하다는 것은 단지 기이하다는 차원을 넘어 그 영향력과 관계된다. 문학사 서술에서 선택의 기준은 어떤 의미에서 작가와 작품이 갖는 문학사적 영향력이라고 할 수 있다. 김만중의 「구운몽」이 국문학사에서 차지하는 위상은 국문소설사의 전개에 미친 그 파급력과 무관하지 않다. 그러나 '사건'이라고 부를 수 있는 상황이 반드시 타인에게 혹은 대외적으로 큰 영향력을 행사해야만 하는 것은 아니다. 사건 중심의 연대기적 서술은 영향력이 큰 문학사적 사건뿐만 아니라 사소하고 일상적인 개인적 사건들을 포함해 여성어문생활사의 다양한 면면을 복원하는 작업이 될 것이다.

연대기적 서술을 위해서는 여성어문생활사의 사건 혹은 장면을 선택해야 하는데, 가능한 한 구체적인 날짜를 확인할 수 있는 대상을 골라야 한다. 작자·연대미상이 많은 고전여성문학의 존재조건에 대한 전체적 진단은 옳지만 과장된 면이 없지 않다고 생각한다. 사건 선택의 몇 가지 예를 들어 보자.

① 1710년 김호연재(1681~1722)가 「자경편(自警篇)」을 짓다.

② 1712년 용인 이씨(1652~1712)의 소설 읽기

③ 1746년 안동 권씨(1718~1789)가 「반조화전가」를 짓다.

④ 1748년 전의 이씨(1723~1748)가 「절명사」를 짓고 자결하다.

여기 선택된 사건들은 18세기 전반 여성들이 문자로써 어문생활을 영위했던 여러 국면을 대변하는 '화두'로 기능한다. 호연재는 한문 글쓰기, 권섭의 어머니 용인 이씨는 국문 글읽기, 안동 권씨(安東權氏, 1718~1789)와 전의 이씨는 국문 글쓰기의 다른 층위를 대변하는 사례이다. 글읽기는 글쓰기와 달라서 진행형의 사건이다. 필사기 등에서 연대를 명확히 밝힌 경우가 아닌 한, 구체적인 어느 한 시기에 국한할 수는 없다. ②에서와 같이 용인 이씨가 사망한 해를 이야기의 출발점으로 삼는 것이 가능한 방법일 수 있다.

각 항목에서 서술할 내용은 고정되어 있지 않다. 해당 작가와 작품을 중심으로 서술하되 여기에 국한하지 않는 것이 바람직하다. 각각의 사건들을 화두로 삼아 실제 서술은 여러 가지 방향으로 전개될 수 있다. 예컨대 「자경편」에서 성리학적 여성규범에 대한 호연재의 생각을 읽어내면서 18세기 초 여성에게 부과된 윤리적 현실 일반으로 서술 범위를 확대하거나,[131] 상층의 유복한 집안에서 부부와 형제자매 등 일가족이 함께 한시를 향유했던 점에 초점을 맞출 수도 있을 것이다.[132] 용인 이씨의 경우 고부와 모녀가 함께 국문소설을 탐독하

131 박무영, 「호연재 〈自警篇〉의 서술방식과 여성문학적 성격」.

132 허경진, 『사대부 소대헌·호연재 부부의 한평생』.

고 필사하던 대표적 모델인데,[133] 이 장면에서 출발해 당시 여성들의 소설읽기 열풍에 대해 서술할 수 있을 것이다. 가족 단위의 문학향유라는 측면에서 ①·②를 하나의 항목으로 설정하는 것도 바람직한 방법이다.

③·④는 국문 글쓰기라는 점에서 같지만 두 자료는 글쓰기 상황과 내용·주제 및 어조 면에서 판이하다. 「반조화전가」가 18세기 상층 여성의 건강한 자부심을 노래하며 남성문화에 대한 조롱까지 담았다면,[134] 「절명사」는 죽은 남편의 뒤를 따르는 '열녀'의 고통스러운 목소리를 전한다.[135] 안동 권씨와 전의 이씨는 다섯 살 차이로 동년배인데 그 삶의 색채가 판이한 것이 각각의 가사 한 편에서 드러난다.

이처럼 연대기적으로 여성어문생활사를 서술한다고 할 때, ①·②·③·④와 같은 사건들의 선택과 배치는 다분히 의도적이며 계획적이라고 할 수 있다. 각 사건을 통해 여성어문생활사의 어떤 면을 부각하려 하는지 그 의도에 따라 하나의 사건에서 강조되는 부분은 가변적일 수 있다. 일반적인 의미에서 연대기는 과거의 사건을 임의로 선택하지 않는다. 그러나 여성문학사를 연대기적으로 서술할 때는 여성어문생활의 특정 국면을 부각하기 위해 사건을 '선택'하고 임의로 배치할 수 있다. 그렇다고 해서 문학사가가 사건을 위조해도 좋다는 뜻은 아니다. 다만 문학사적 사건의 선택에서 문학사가의 해석적

133 박영희, 「장편가문소설의 향유집단 연구」.

134 이경하, 「조선조 여성의 문학생활 연구시론: 〈반조화전가〉의 안동권씨녀를 중심으로」.

135 나정순, 「전의이씨 제문과 〈절명사〉의 상관성 고찰」, 『한국고전여성문학연구』 1(한국고전여성문학회, 2000).

권한을 적극적으로 부여한다는 뜻이다. 예를 들어, 안동 권씨가 「반조화전가」를 지은 1746년을 선택할 수 있지만, 「반조화전가」를 개작했던 1781년에 이 사건을 배치할 수도 있다는 말이다.

사건 ①, ②, ③, ④의 설정은 한시, 국문소설, 가사 등 문학갈래를 우선적으로 고려한 배치다. 18세기 전반 여성어문생활사에서 문자수단 및 갈래에 따른 어문활동의 다양성을 부각하는 방향으로 사건의 배치를 '조직'한 것이다. 즉 ①과 ②, ③과 ④를 대비해 18세기 전반 여성어문생활의 다양성이 부각되는 효과를 의도한 배치라 할 수 있다. 사건 중심의 연대기적 서술에서 여성어문생활의 각 장면은 사건별로 파편화된 듯이 보이지만, 사실상 어떤 사건을 선택하고 어떤 맥락 속에 배치하는가에 따라 그 사건에서 부각되는 측면은 가변적일 수 있는 것이다.

연대기적 서술에서 사건의 선택은 여성어문생활의 여러 국면을 가능한 한 폭넓게 재현하는 방향으로 이루어져야 한다. 국문과 한문, 구술성과 기록성, 소비활동과 생산활동, 글쓰기의 일상성과 문예성 등등 각 영역에 대해서뿐 아니라 상호관계가 드러나는 방식으로 사건을 조직화할 필요가 있다. 여성어문생활사의 연대기적 서술이 개별 사실의 열거에 머물지 않도록 하려면 사건의 선택·배열 및 맥락화 과정이 중요하다.

또한 사건 중심의 연대기적 서술에서 시대적 변화는 사건의 선택과 배치로 드러날 수 있다. 즉 여성어문생활사의 사적 흐름을 드러낼 수 있는 방향으로 개별 사실들을 조직화할 필요가 있다는 것이다. 연대가 확실한 사례를 대표사건으로 설정하고 그 항목 내에 유사한 일군의 사건들을 배치하는 방식이다. 시조갈래를 예로 들어 보자.

⑤ 1528년 이현보의 어머니 안동 권씨(1447~1531)가 「선반가(宣飯歌)」를 짓다.

⑥ 1574년 기녀 홍랑이 임을 보내며 「묏버들 갈힉 것거~」를 부르다.

⑦ 1797년 기녀 계섬(1736~1797)이 죽다.

이것은 조선시대 여성의 시조향유와 관련된 일련의 사건들을 세 단위로 조직화한 것이다. ⑤는 「선반가」에서 이야기를 시작해서 15~16세기 초 여성의 시조향유에 관해 서술하는 장이다. 「선반가」는 장르 귀속의 문제가 아직 해결되지 않았지만, 그런 만큼 시조향유의 초기 단계에서 화두로 삼을 수 있다. 그리고 14세기 말 정몽주 어머니의 시조창작설, 15세기 초반 강릉 명기 홍장의 고사와 시조, 성종조에 영흥의 명기 소춘풍이 군신연(君臣宴)에서 지어 불렀다는 시조 4수, 노진의 어머니 정부인(貞夫人) 권씨(1490~1575)가 지었다는 「모부인답가(母夫人答歌)」 등이 이 항목에 포함될 수 있는 사건들이다. 이보다 조금 후대인 ⑥에서는 황진이, 진옥, 한우, 이매창(李梅窓, 1573~1610) 등 16세기 중후반의 시조향유에 대해 서술하고, ⑦에서는 역시 그보다 뒷 시대로 추정되는 사례들을 배치한다.[136] 이때 '기지의 노래', '상사의 노래', '남녀수작의 노래' 등 시조작품의 성격을 기준으로 기녀시조의 사적 변화를 조망하는 것도 가능할 것이다.[137]

앞서 논의했듯이, 여성어문생활사의 서술대상에는 여성의 어문

136 여성의 시조향유 및 작품에 대한 개관은 성기옥, 「고전여성시가의 작가와 작품」, 『한국고전여성작가연구』, pp. 122-139; 이동연, 「고전여성시가작가의 문학세계」, pp. 289-311 참조.

137 성기옥, 「기녀시조의 감성특성과 시조사」.

활동뿐만 아니라 여성담론이 중요하게 포함된다. 여성담론은 상층남성문인들이 여성을 서술대상으로 삼은 다양한 기록으로 드러나는데, 여성담론의 변화와 지속을 보여 주는 일련의 사건들을 선택해 연대기적 서술의 한 줄기로 삼을 수 있다. 앞에서 거론했던 영수합의 행장이나 난설헌에 대한 시평(詩評)들이 그러한 사건의 예가 된다.

여성어문생활사를 연대기적으로 서술하려 할 때 가장 큰 난점은 아마도 구비문학 자료의 처리방식일 것이다. 전승과 변이를 생명으로 하는 구비문학은 그 특성상 '사건'의 개념이 내포하는 일회성과 배치된다고 볼 수도 있다. 그러나 연대기적 서술에서 구체적인 날짜가 있는 각각의 사건은 여성어문생활의 어떤 특징적인 국면들을 이야기하는 화두로서 의미를 갖는다. 일반적 의미에서 연대기는 '과거 어느 시점에 무슨 일이 있었나' 하는 개별 사실에 대한 정확한 정보 전달을 목적으로 하지만, 여성어문생활사를 연대기적으로 쓰는 목적이 그와 같은 사실 확인에 있지는 않다. 몇 가지 예를 들어 보자.

⑧ 6세기 말~7세기 初(신라 진평왕) 비구니 지혜가 꿈에 선도산 성모를 만나다.

⑨ 1193년 이규보가 「동명왕편」을 짓다.

⑩ 1606년 5월 28일 탕춘대(蕩春臺) 근처에서 수륙회(水陸會)를 크게 열다.

⑧은 문학적 허구를 화두로 삼았다. '신라 진평왕조에 비구니 지혜가 꿈에 선도산 성모를 만났다'는 것은 『삼국유사(三國遺事)』의 '선도성모수희불사(仙桃聖母隨喜佛事)'조에 나오는 기사의 일부다.[138] 이

신화적 허구를 여성어문생활사의 사건으로 설정해 선도성모를 비롯한 문헌소재 시조모 전승과 마고할미 설화와 같은 구비전승을 이야기할 수 있다. 선도성모와 마고할미 등의 여산신들은 '불부이잉(不夫而孕)'의 존재로서 가장 원초적인 여계신성을 대표한다.[139] 반면 ⑨에서 「동명왕편」에 등장하는 유화는 "자기 이야기를 잃어버린, 타자화된 존재"[140]로 신화 속에서 여성신격의 변화를 상징한다. ⑧·⑨에서 보듯이, 구전설화가 문헌설화를 경유해 연대기적 서술에 들어오는 것이 하나의 가능한 방법이다.

⑧이 문학적 허구를 화두로 삼았다면, ⑩은 역사적 사실을 거점으로 삼는다. 그런데 선조39년에 일어난 이 사건[141] 자체가 특별히 중요해서 선택한 것은 아니며, 오히려 무작위적으로 선택된 한 장면에 불과하다. 이 항목에서 서술할 내용은 수륙회 또는 수륙재에서 시작해, 망자천도를 목적으로 하는 무속의 사령굿과 여기서 등장하는 여신의 서사에 관한 것이다.[142] 부녀자들이 죽은 사람을 위해 무당을

---

138 『三國遺事』, 「感通」, '仙桃聖母隨喜佛事'.

139 강진옥, 「'마고할미' 설화에 나타난 여성신 관념」, 『한국민속학』 25(민속학회, 1993); 천혜숙, 「신화로 본 여계신성의 양상과 변모」, 『비교민속학』 17(비교민속학회, 1999), p. 55.

140 조현설, 「웅녀·유화 신화의 행방과 사회적 차별의 체계」, 구비문학회 편, 『구비문학과 여성』(박이정, 2000), p. 2.

141 이날 도성의 남녀들이 철시까지 하고 수륙회로 몰려가는 등 문제가 되었고, 이에 대한 논란이 조정에서 며칠간 계속되었다.(선조실록 39년 6월 2일(己亥))

142 불교의 사령재와 무속의 사령굿, 불교의 지장보살과 무속의 바리데기 성격 비교는 이경하, 「〈바리공주〉에 나타난 여성의식의 특징에 관한 비교고찰」, pp. 90-101 참조.

부르는 행위는 그릇된 것으로 교육되었지만,[143] 그러한 풍속은 조선시대 대다수 여성에게 이미 생활의 일부였다. 특히 굿판에서 구연되는 바리데기, 당금애기, 청정각시 등 여신의 서사는 여성어문생활에서 중요한 위치를 차지한다. 이들 여신의 서사는 남성지배의 정당성을 재생산하는 정치적 효과를 발휘하지만, 동시에 그 교육행위에 저항하는 '여성주의적 주체'의 가능성을 생산하기 때문이다.[144]

여성어문생활의 면면에 배어 있는 젠더권력관계에 대한 해명은 여성어문생활사 서술의 핵심적인 과제다. 이것은 사건 중심의 연대기적 서술에서도 마찬가지다. 여성의 어문활동을 일정한 형태로 틀지우는 젠더권력관계에 대한 분석과, 여성담론 속에 배어 있는 각 시대의 젠더관념에 대한 규명은 매 사건을 해석하는 기본 관점이 된다. 이것을 여성주의적 해석이라 해도 좋다. 물론 여성어문생활사의 모든 장면에서 젠더권력관계가 잘 드러나는 것은 아니다. 그러나 여신의 서사에 대한 여성주의적 독해에서 보는 것처럼, 여성어문생활에서 젠더권력관계가 작동하는 방식과 변화·지속되는 양상을 적극적으로 재해석해 장면화하는 작업이 필요하다.

예를 들어, 15세기의 한 장면에 주목해 보자. 1492년(성종23) 11·12월은 도첩제 폐지를 반대하는 소혜왕후의 언문의지(諺文懿旨)[145]로 대비전과 신료들 사이에 팽팽한 긴장감이 돌았던 때이다.[146]

---

143 『士小節』 권7 '婦儀'.

144 조현설, 「여신의 서사와 주체의 생산」, 『민족문학사연구』 18(민족문학사연구소, 2001), pp. 230, 238.

145 성종실록 23년 11월 21일(戊子)의 '諺文一紙', 11월 25일(壬辰)의 '諺簡', 12월 2일(戊戌)의 '諺文'이 그것이다.

146 자세한 내용은 이경하, 「소혜왕후의 불교옹호발언과 젠더권력관계」 참조.

15세기 후반은 훈민정음 창제로 문자체계에 커다란 변화가 일기 시작한 시기다. 문자를 이용한 여성의 의사 표현 가능성이 대폭 커진 한편, 한문은 상층/남성의 영역으로, 국문은 하층/여성의 영역으로 젠더화·계층화되어 가는 초기였다고 할 것이다. 전체적인 비율로 따지면 국문의 보급 정도는 16세기 초까지 미약했다고 하나, 국문이 여성들의 기초적인 의사 표현 수단으로 기능하기 시작했음은 15세기 후반 궁중 안팎에서 확인되는 사실이다.[147] 여성어문생활에 적지 않은 변화가 일어나던 시점에서 소혜왕후는 "中官이 반드시 나의 뜻을 다 전하지는 못할 것이니 내가 장차 글로 써서 보이겠다"[148] 하고 신료들의 상소에 대해 장문(長文)의 반박문을 썼던 것이다. 소혜왕후와 신료 사이의 갈등은 문자체계가 계층 및 젠더를 기준으로 이원화되고 여성의 글쓰기 가능성이 대폭 확대된 시점에서 여성어문생활에 대한 남성지배질서의 재정비가 요구되는 상황을 대변하는 상징적 사건으로 재해석할 수 있는 것이다.

사건 중심의 연대기적 서술은 20세기의 문학사 서술이 일반적으로 택했던 시대구분법을 수용하지 않는다. 서술의 편의를 위해 왕조나 세기의 전환을 형식적인 기준으로 삼는 방식을 취하지 않고, 문학 갈래의 교체와 같은 기준으로 문학사의 시대변화를 적극적으로 가시화하지도 않는다. 일반적 의미의 연대기가 수많은 독립된 사건의 연속이란 점에서, 연대기적 여성어문생활사도 표면적으로는 사건들의

---

147 이경하, 「15~16세기 왕후의 국문 글쓰기에 관한 문헌적 고찰」.

148 "傳曰: "中官, 必不能盡傳予意, 予將書示." 遂以諺文示之曰: (하략)."(성종실록 23년 12월 2일(戊戌))

병렬적 나열로 보인다. 그러나 사건들의 선택과 배치에 이미 여성어문생활사의 전개에 대한 문학사가의 해석이 반영될 수 있다. 명확한 시대구분은 존재하지 않지만, 여성의 어문활동이나 여성담론에서 어떤 변화의 조짐을 드러내는 사건들을 곳곳에 배치하여 여성어문생활사의 시대적 변화가 간접적으로 드러나게 하는 것이 바람직하다.

1898년 가을에 일어난 일련의 사건들은 한국여성어문생활사에서 새로운 시대가 시작되고 있음을 암시한다. 9월에는 서울의 북촌 부녀자들이 여학교 설립을 주장하는 통문을 돌렸고,[149] 10월에는 고종에게 같은 내용의 상소를 올려 비답을 받아냈으며,[150] 11월에는 신소당(申簫堂, 1853?~1930)이 신문독자투고의 형태를 빌어 근대계몽담론에 동참했다.[151] 신문투고 형식을 빌려 근대계몽담론에 동참했던 여성독자들의 존재는 1910년까지 각종 신문에서 적지 않게 발견되는데,[152] 신소당의 제국신문 투고는 그 첫 번째 사건이다. 1886년 선교사가 세운 이화학당을 화두로 최초의 여학교 설립과 신문독자투고에 대해 서술할 수 있다.

신문독자투고라는 글쓰기 형식의 새로움과 문명개화를 화두로 삼은 글쓰기 내용의 새로움은 한국여성어문생활사에서 주목할 만한

---

149 「五百年有」, 『황성신문』, 1898. 9. 8.; 「녀학교」, 『독립신문』, 1898. 9. 9.; 「잡보」, 『제국신문』, 1898. 9. 9.; 「논설」, 『제국신문』, 1898. 9. 13.

150 「부인상쇼」, 『독립신문』, 1898. 10. 13. 같은 날 제국신문과 황성신문에도 상소 전문이 실렸다.

151 이경하, 「애국계몽운동가 申蕭堂의 생애와 신문독자투고」, 『국문학연구』 11(국문학회, 2004).

152 이경하, 「『제국신문』 여성독자투고에 나타난 근대계몽담론」, 『한국고전여성문학연구』 8(한국고전여성문학회, 2004).

변화이다. 여성이 공적(公的) 경로를 통해, 공적 사안에 대한 개인적 견해를 밝히면서, 동시에 익명성을 탈피하기 시작한 것이다. 여성의 그러한 어문활동은 전통사회에서 '공식적 금지'의 대상이었다. '언문'이 '국문'의 지위를 얻고 바야흐로 "國民一分子之義務는 男女가 一般"[153]인 시대가 도래하면서 여성의 어문활동에 대한 '공식적 승인'이 공론(公論)으로 대두하게 된 것이다. 여섯 차례에 걸친 신소당의 신문투고는 여성의 어문생활에 일어난 그러한 변화 가운데 있다. 물론 '공식적 승인'의 이면에서는 '비공식적 금지'가 오랫동안 여성의 어문활동을 현실적으로 지배했던 것으로 보이지만, 남성지배질서의 공식적인 태도 변화가 다음 시대에 가져올 파장은 절대 작지 않았다.

사건 중심의 연대기적 서술은 형식 측면에서 볼 때 가장 낡은 것일 수도 있고 반대로 가장 세련된 것일 수도 있다. 그것은 일차적으로 문학의 과거에 존재하는 무수한 사례 가운데 사건을 선택하고 배열하는 방식에 달렸다. 또한 구체적인 서술의 장에서 본래 기획의도가 얼마나 충실하게 반영되었는가에 따라, 사건 중심의 연대기적 문학사 서술이 연대기라는 가장 고전적인 형식을 얼마나 효과적으로 변용했는가에 대한 평가가 나뉠 것이다. 그러나 새로운 문학사 인식이 서술형식의 새로움을 통해 구체화되는 측면을 과소평가할 수 없다. '근대적' 문학사 서술의 한계를 극복하는 방안은 더 이른 시기의 역사서술 형태를 재발견하는 데 있을지 모른다.

153 「申氏公函」, 『황성신문』, 1910. 10. 20.

문학사 서술은 작가·작품·갈래 연구와 달리 그러한 개별 연구성과들을 문학사에 어떻게 반영하고 종합할 것인가 하는 과제를 안고 있다. 사건 단위의 연대기적 서술은 향후 새로운 자료 발굴 및 재해석의 가능성을 수용하기에 좀 더 용이한 '열린 체계'라는 장점이 있다. 개별 연구 성과가 충분히 쌓이지 않은 상태에서 성급하게 이루어진 문학사 서술에는 오류가 많을 수밖에 없다. 사건 중심의 연대기적 서술은 본격적인 여성문학사 연구의 역사가 짧은 현 단계에서 무리한 일반화의 위험을 줄이는 현실적인 방안일 수 있다.

제4부

# 조선여성문학사의 실제

# 1장 소혜왕후의 시대

1446년 훈민정음 반포와 여성의 편지 쓰기
1475년 소혜왕후의 『내훈』 편찬과 계녀서
1481년 『삼강행실열녀도』 언해본 편찬
1481년 『동국여지승람』 편찬과 구비설화

'소혜왕후의 시대'는 상층이 한문과 한글 모두로 여성 규범을 설파하기 시작한 시대로, 여성 규범이 최상층부터 성리학적으로 변화하기 시작한 시대다. 고려적 가치관에서 조선적 가치관으로 넘어가는 이른바 과도기인 셈이다. 문자의 면에서나 여성담론의 면에서나 변화가 심해, 여성의 삶에도 표면상 적지 않은 변화가 일기 시작한 때다.

소혜왕후, 즉 인수대비가 상징하는 과도기란 상반된 가치와 이념이 팽팽하게 맞서던 시대였다. 유·불의 대립뿐 아니라, 여성정책에서도 기존의 관습과 새로운 규범이 충돌하고 있었다. 표면적으로는 이미 승패가 결판난 듯 보였지만, 아직은 기존의 질서가 현실 속에서 실질적인 힘을 행사하고 있던 일종의 과도기였다. 소혜왕후는 『내훈』을 지어 유교 이념을 적극적으로 전파하면서도, 유신들의 불교정책에는 강하게 맞섰다.

이 과도기에는 한글이 궁궐 여성들의 편지 쓰기 같은 실용적 의미로 먼저 쓰였다. 소혜왕후가 시아버지인 수양대군을 도와 한글 창제에 공이 컸음은 많이 알려져 있다. 『내훈』 역시 한문뿐만 아니라 한글도 사용하면서, 조선적이고 유교적인 여성 규범을 설파해 이후 양산되는 계녀서의 출발을 알렸다. 『삼강행실열녀도(三綱行實烈女圖)』 언해본도 『내훈』과 같은 맥락에 있다. 한글을 한문과 함께 사용하면서, 조선후기까지 지속된 열녀관을 양산했다.

한편 민중의 문학이라 할 구비문학은 계속 향유되고 있었다. 관찬인 『동국여지승람(東國輿地勝覽)』의 '효불효' 설화와 같은 기록이 과부개가금지를 장려하는 조선의 유교적 기획 가운데 하나였지만, 그것이 전부는 아니었다. 민중, 특히 여성의 생각은 전혀 달랐다.

## 1446년 훈민정음 반포와 여성의 편지 쓰기

세종의 훈민정음 반포는 본래 목적이 무엇이었든, 하층민과 여성의 어문생활에 막대한 영향을 끼쳤다. 『조선왕조실록』에서 여성과 '언문'이 관련된 기사들을 살펴보면 한글 창제 이후 여성의 언어문자생활의 초기 형태가 보인다. 문학연구자가 문학텍스트 중심에서 벗어나기만 하면, 여성의 언어문자생활과 관련된 사실들이 『조선왕조실록』 여기저기서 새롭게 보이기 시작한다.

『조선왕조실록』에서 여성의 국문 사용을 확인할 수 있는 첫 기록은 단종1년 4월 궁중에서의 일이다. 묘단이란 이름의 시녀가 세종의 후궁인 혜빈에게 '언문'을 보냈는데, 일종의 안부편지인 듯한 이 서신을 발단으로 '방자·별감의 사통 옥사'가 발생했다.

묘단이 혜빈에게 보낸 '언문'에는 '방자들이 별감들과 가깝게 지낸다'는 내용이 있었던 모양이다. 묘단의 서신을 받아 본 혜빈은 이를 심각하게 여겨 내전에 상달하고, 이어서 이 사건을 의뢰하는 '언문'이 승정원에 내렸다. 결국 이 사건은 의금부에까지 넘어가, 궁인이 간통을 목적으로 '언문으로 서로 은밀히 연락하고' 물건을 주고받은 사실이 드러났다.

방자라면 궁중에서 잔일을 맡아 하던 가장 낮은 신분의 궁녀다. 일명 방아이 또는 각심이라고 불리는 방자는 내인들 처소에서 붙박이로 있으면서 내인들의 하녀 노릇을 했다. 나인에는 속하지 않지만 넓은 의미에서 궁녀라고 할 수 있다. 복덕이란 이름의 방자는 같은 방자들을 대신해 '청하는 사연을 듣고서 언문으로 그 정을 글로 써서 외방에 통하게 하고, 그 답서가 이르면 이들을 위해 풀어서 설명해 주는' 역할을 맡았다. 이 때문에 복덕은 '중매해 결합시킨' 죄로 곤장 100대에 유배 3,000리의 구형을 받았다.

관련 기사들을 살펴보면, 계층상으로 볼 때, 최상층인 비빈뿐만 아니라 방자와 같은 낮은 신분의 궁녀들까지 국문을 사용해 의사 전달을 하고 있다. 당시 모든 방자가 읽고 쓸 수 있을 만큼 국문이 보급된 것은 분명 아니었다. 그러나 이 기사들은 훈민정음 반포 이후 채 10년이 되지 않은 시기에 이미 궁중 여인들 사이에서 국문이 의사 전달의 수단으로 사용되고 있었음을 짐작케 하는 중요한 단서다.

궁인의 국문 편지로 인해 옥사가 발생한 또 다른 사례로 세조 11년에 궁인 덕중이 귀성군에게 보낸 연애편지 사건이 있다. 궁인이

종친에게 연모하는 뜻을 담은 서신을 보냈다는 사실은 다분히 충격적이다. 덕중의 '언문' 서신을 받은 귀성군이 세조에게 와서 이 사실을 알린 것으로 미루어 보면, 덕중은 귀성군에게 연모의 정을 품은 반면 귀성군은 그렇지 않았던 모양이다. 덕중의 연애편지를 귀성군에게 전달하는 역할을 맡았던 환관들과 궁인 덕중은 이 사건으로 죽임을 당했다.

덕중이 귀성군에게 보낸 '언문' 서신의 구체적인 사연은 확인할 수 없다. 단종1년에 시녀와 방자 등 궁녀들이 국문을 의사전달 수단으로 사용했음을 이미 살펴보았지만, 국문 글쓰기의 수준이 어느 정도였는지는 알 수 없다. 덕중의 '언문'은 구체적인 내용과 분량을 짐작할 수 없으나, 개인적 감정을 토로하는 사적 글쓰기의 선례가 아니었을까 짐작해볼 뿐이다.

궁궐 안팎에서 여성들 사이에 국문 사용이 확대되고 있음을 짐작케 하는 기사들은 15세기 후반으로 갈수록 『조선왕조실록』에서 자주 발견된다. 성종13년에는 제안대군의 아내가 시비들과 동침한 사실이 드러나 문제가 되었는데, 여기에 국문 편지 이야기가 나온다. 박씨는 금음덕과 동침한 다음 날 아침에 '언문'을 써서 금음덕에게 주었다고 한다. 박씨의 사건은 동성애 문제라는 점에서 흥미롭기도 하지만, 15세기에 여성의 국문 사용이 궁궐 바깥에서도 일상생활 속에 서서히 확산되어 가고 있음을 알리는 지표로서 주목된다.

성종21년에는 수춘군의 아내가 쓴 '언문'이 문제가 되었다. 정자제의 세 아들 간에 유산다툼이 벌어졌을 때, 수춘군의 아내가 언문서장(書狀)을 쓰고 정의손이 이를 한문으로 번역해 의금부에 고소했다고 했다. 공적인 문서를 언문으로 제출할 수 없었기 때문에 번역이 필요했다. 제안대군과 수춘군의 아내들은 종실의 여성들이니 지체가 높다. 국문 글쓰기의 수준이 어느 정도였는지 짐작하기는 어렵지만, 적어도 의사전달 수단으로 국문을 활용하고 있음을 확인할 수 있다.

성종25년 풍천위 임광재의 간통 사건에서는 아지가 재상의 첩 들이는 일에 매파 노릇을 하면서 국문 편지를 주고받았음을 알 수 있다. 연산군 때 유인홍 사건과 한곤의 사건 기사들은 16세기 초에 국문 편지가 부부간에 의사전달 수단으로 이용되었던 정황을 엿보게 한다. 유인홍은 자기 집에서 발생한 살인사건을 은폐하기 위해 첩에게 국문 편지를 보내어 입을 맞추려 했다. 겸사복 한곤은 첩에게 보낸 국문 편지 때문에 결국 죽임을 당했다.

상기한 기록들은 15세기 후반과 16세기 초에 국문 편지가 여성들에게도 의사소통 수단으로 활용되고 있는 여러 정황을 보여 준다. 『조선왕조실록』에 오른 사건들의 특수성을 감안해야 하겠지만, 한글 창제 이후 약 반세기 동안 이른바 '어리석은 백성과 아녀자들에게' 국문이 점차 확산되고 있음을 일정 정도 확인할 수 있다.

그러나 국문의 보급은 16세기 초까지 서울에서조차도 미미했다. 연산군10년에 발생한 '언문투서사건'이 그 증거로 거론된다. 이 사건으로 인해 국문 사용이 전면 금지되었음은 널리 알려진 사실이다. 국문을 해독할 수 있는가 없는가 하는 것이 익명서의 주모자를 잡아내는 첫 번째 기준이었다는 사실은 당시에 국문해독자가 많지 않았다는 반증으로 해석되었다.

성종 때 발생한 '언문투서사건'도 같은 맥락에서 이해할 수 있다. 성종 때 기사를 보면, 이 사건은 당시 추진 중이던 시사(市肆) 이전에 대한 불만과 이 사업과 관련해서 호조판서와 호조참판 등이 뇌물을 받았다는 내용의 익명서가 발단이었다. 의금부에서 언문투서 관련자를 색출하기 위해 먼저 표적으로 삼은 것은 철물전(鐵物廛)과 면주전(綿紬廛)의 장사치들이었다. 이들이 저자 이전에 가장 반발이 심했기 때문이다. 그 가운데 주모자를 가리기 위한 기준으로 삼은 것이 바로 '언문해독능력'이었다.

성종과 연산군 때 발생한 언문투서사건에서 '언문을 안다/모른다' 하는 시비가 사건 해결의 방편일 수 있었다는 점은 당시에 국문 보급의 정도가 매우 낮았다는 것을 반증한다. 그러나 성종16년 언문투서사건은 한성부 저자의 상인인 양인들이 주도한 것이었고, 연산군10년 언문투서사건에 연루되어 조사받았던 사람들은 특정 계층이나 성별에 국한되지 않고 다양하다. 당시 국문 보급의 비율은 조선후기와 비교할 때 극히 낮았다. 그러나 이 시기에 국문 사용의 계층·젠더별 비율을 따진다면, '어리석은 백성을 위한다'는 훈민정음 창제의 기본 취지에 대체로 부합했던 것으로 보인다.[1]

## 1475년 소혜왕후의『내훈』편찬과 계녀서

소혜왕후 한씨(昭惠王后 韓氏, 1437~1504) 즉 성종의 어머니, 인수대비는 연산군 생모인 중전 함안 윤씨(咸安 尹氏, 1455~1482)의 폐위·사사 과정에서 핵심적인 역할을 한 것으로 알려져 있다. 폐위의 명분은 중

1 이 글은 이경하,「15~16세기 왕후의 국문 글쓰기에 관한 문헌적 고찰」의 일부를 개고한 것이다.

전이 투기하며 상감에게 불손했다는 것이다. 소혜왕후는 과연 어떤 역할을 했던 것일까? 야사는 그녀가 아주 적극적이었다고 적고 있다.

야사에서 여러 대비들 가운데 인수대비를 콕 집어 윤씨 폐위·사사의 책임을 물은 것이 전혀 근거 없는 말은 아니다. 소혜왕후는 세자빈 시절에 시부모가 '폭빈(暴嬪)'이라 놀릴 만큼 엄격한 성품의 소유자였고, 성종의 생모로서 며느리 문제에 가장 발언권이 컸다고 짐작할 수 있으며, 무엇보다 『내훈(內訓)』을 편찬해 유교적 여성관을 최초로 공식화했던 여성이다.

성종 때는 유교윤리에 따라 여성에 대한 규범이 법적 차원에서 재정비되던 시기다. 예를 들어, 성종16년에는 『경국대전』에 재가한 자손에 대한 금고법이 명시됨에 따라 실질적인 과부재가 금지가 시행되었다. 세종 때 39명의 남자와 간통했던 감동이 변방의 관비로 영속된 반면, 성종 때 유명했던 간통녀 어우동은 감동과 마찬가지로 상층 신분이었음에도 교형에 처해졌다. 그만큼 여성에 대한 성윤리가 보수화되었음을 알 수 있다. 성종 때 법적 재정비가 필요했다는 것은 다른 말로 하면 이전의 윤리와 새로운 윤리가 충돌하면서 사건사고가 많았다는 뜻이기도 하다. 그런 시대를 살았던 소혜왕후는 내명부(內命婦)의 기강을 새롭게 세워야 할 현실적인 필요성을 느꼈을 수 있고, 여성문제에 관한 한 성종에게 조언자 역할을 했을 수도 있다.

『내훈』 편찬의 더 직접적인 동기는 그 당시 왕실의 특별한 상황 속에서 찾아볼 수 있다. 『내훈』이 편찬된 성종6년은 공혜왕후 한씨(恭惠王后 韓氏, 1456~1474)가 죽고 곤위(壼位)가 비어 있던 시기로, 소혜왕후는 책 서문에서 "옥 같은 며느리를 얻고 싶다"는 바람을 피력하기도 했다. 『내훈』이 특히 "시어머니가 며느리에게 주는 규범"이란 의견은 타당하다. 『내훈』은 부모에게 불순하거나 투기하면 내쫓을 수 있다는 칠거지악을 명시하고, 부부는 은혜와 의가 다하면 헤어질 수밖에 없다고 천명하고 있다.

윤씨 폐위·사사의 내막은 본격적인 연구를 통해 보다 소상히 규명되어야 할 과제이다. 현재로서 분명한 사실은 그 일련의 사건들 속에 인수대비가 어떤 식으로든 깊이 개입해 있었다는 점, 그런 그녀가 하필 『내훈』의 저자라는 점이다. 그 때문에 소혜왕후의 이미지는 매우 엄격하고 철저한 '보수적' 색채를 띤다.

그랬던 그녀가, 유신들의 불교정책에 정면으로 맞서는 발언을 강도 높게 개진해 '모후가 정사에 간섭한다'는 비판에 직면한 적이 있다. 『내훈』을 지어 유교적 여성규범을 공포했던 소혜왕후가 유신들에게 '암탉이 울면 집안이 망한다'는 경계를 들을 정도로 강하게 자기 주장을 폈던 것이다.

성종8년 사경(寫經) 시비, 성종11년 원각사 유언비어 문제, 성종15년 안암사 중창 시비, 성종23년 도첩제 폐지 논란 과정에서 소혜왕후의 불교옹호 입장은 점점 확고하고 강하게 표현된다. 도첩제 폐지는 합법적인 승려가 되는 길을 막는 강력한 억불 조치이다. 도첩이란 국가가 승인하는 승려의 신분증으로, 조선 초기에는 군역 면제자인 승려의 수를 억제하는 한편, 승려의 질적 향상을 도모하기 위해 도첩제를 실시했다. 그러나 오히려 도첩이 없는 승려의 수만 증가해 군역의 문제가 커졌고, 결국 1492년에는 도첩제 자체를 폐지한다는 결정을 내리기에 이른다. 성종에게 인수대비의 입김이 세게 작용할수록, 그에 비례해 대비와 왕의 태도를 비판하는 신료들의 목소리도 강도를 더해갔다. 안암사 중창 및 도첩제 폐지를 둘러싼 논박에서 성종은 중개자일 뿐, 실상 소혜왕후와 유학자 간의 논쟁이었다고 할 만하다.

모든 의사소통에 권력관계가 내재해 있다는 점에 유의할 때, 소혜왕후의 불교옹호 발언 역시 발언의 구체적 상황에 따라 유(儒)/불(佛), 모(母)/자(子), 후(后)/신(臣), 남(男)/녀(女) 사이에 존재하는 권력관계에서 자유로울 수 없다. 아래에서 자세히 살펴볼, 성종23년 도첩제 폐지를 둘러싸고 대비전과 임금과 유신 사이에 조성되었던 팽팽한 긴장감도 마찬가지다. 여기서 소혜왕후의 언서들은 불교도의 발언일 뿐 아니라, 때로는 어머니, 때로는 대비, 때로는 여성이라는 상이한 '지위'의 발언이라는 점을 이해할 필요가 있다.

발언 수위가 가장 거셌던 1492년(성종23), 소혜왕후는 도첩제 폐지를 반대하는 언문의지를 내려 유신들이 도첩제 폐지 결정을 재고하도록 요구했다. 도첩제 폐지를 반대하는 취지의 대비전 언서는 『조선왕조실록』에 모두 세 차례 한문으로 번역되어 실려 있다. 11월 21일 '언문일지(諺文一紙)', 11월 25일 '언간(諺簡)', 12월 2일 '언문(諺文)'이 그것이다. 대비전에서 먼저 도첩제 폐지 반대를 표하는 언서를 내리자 신료들이 잇따라 그 부당함을 주장하는 상소를 올렸는데, 이에 맞서 소혜왕후는 오히려 더 강하게 자기주장을 폈다.

유신들은 도첩제의 폐단을 주장하는 데 그치지 않고, 언서로써 정사에 간여하는 대비의 태도를 강하게 비판한다. 성종에게는 모후의 뜻을 따르면 안 된다고 간하며, 모후를 바른길로 인도하라고 요구했다. 각종 고사를 들어 부인의 국사 참여를 경계하며, 소혜왕후의 태도가 그릇됨을 주장하는 상소가 연일 계속되었다. "안의 말은 문지방 밖에 나가지 않고 밖의 말은 문지방 안으로 들어가지 않는다"는 『예기』의 가르침이 인용되고, 대비의 처사를 심지어 한·당(漢·唐)의 망조에 비견하기도 했다.

이처럼 강한 비판에도 소혜왕후는 자기주장을 굽히지 않고 오히려 목소리를 더 높였다. 도첩제를 폐지해 군정을 늘리려는 계산은 한낱 미봉책에 불과하다 하고, "근본을 바르게 하지 않고 그 끝을 다스림이 옳은가?" 물었다. 거기서 더 나아가 "옳은 말이면 대비의 말이라도 들어야 하지 않는가?"라면서, 모후의 정치 간여를 문제 삼는 유신들에게 거꾸로 대간의 태도를 꾸짖는 것으로 맞섰다. 요컨대 도첩제 폐지를 반대하는 대비의 발언은 단순한 신앙적 차원의 옹호가 아니라, 당시 불교 '정책'에 대한 비판이며 정치적 판단이었다.

소혜왕후가 편찬한 『내훈』에도 '암탉의 울음'에 대한 경계가 들어 있다. 이것은 주왕의 비 달기와 관련이 있다. 이 말은 『열녀전』 「얼폐전」에 인용되면서 이후 각종 여성 규범서에 종종 인용되었던 문구로, 여성의 정치 간섭을 경계한다는 점에서 왕후·비빈과 같은 최상층 여성들에게 더욱 의미 있는 경고였다.

이 점을 모르지 않았을 소혜왕후는 유신들의 그런 비난 속에서 자신을 어떻게 합리화했을까? 도첩제 폐지 반대 발언이 정치적 간섭이었다 해도, 인수대비의 입장에서는 그것이 아들 성종에 대한 바른 내조의 일환이었는지 모른다. 『내훈』에는 암탉의 울음에 대한 경계도 있지만, 동시에 훌륭한 내조를 통해 남편 또는 아들의 정치에 도움을 준 황후들에 대한 기사가 자세하게 실려 있다. 결국 소혜왕후의 입장에서는 자신의 이른바 '정치적 간섭'이 『내훈』의 정신에 위배되는 것이 아닐 수 있다.

'유교적 여성규범의 전수자'라는 강한 이미지로 인해 우리가 쉽게 간과하고 있는 소혜왕후의 또 다른 면은 바로 그녀의 지적 수준이다. 소혜왕후의 지적 수준은 우선 『내훈』을 통해서 짐작해 볼 수 있다. 서문과 발문에서 밝히고 있듯이, 소혜왕후는 평소 부녀자들에게 학문이 없음을 개탄하고 근심했다고 한다. 「소학」, 「열녀전」, 「여교」, 「명감」에서 부녀자를 가르치는 데 중요한 요목들을 모아 정리해 『내훈』을 펴낸 것은 그 때문이라 했다. 서문에서는 「맹자」를 직접 인용하기도 했다. 『내훈』은 소혜왕후가 평소에 읽었던 역사서와 유교경전들을 토대로 만든, 여성 수신에 관한 핵심정리인 셈이다.

한편 세조 때 「능엄경」 언해 세주에는, 불경 언해가 어떤 사람들에 의해 어떤 방식으로 이루어졌으며 그 과정이 얼마나 엄격했는가를 짐작게 하는 중요한 정보가 들어 있다. 흥미로운 것은 이 과정에 동참한 사람이 한두 사람이 아니며, 세조가 언해 과정에 실질적으로 참여한다는 점, 그리고 '정빈 한씨(貞嬪 韓氏)'와 '전언 조씨 두대(典言 曹氏 豆大)' 등 여성들도 불경 언해에 직접 관여하고 있다는 사실이다. 먼저 세조가 한문에 구결을 달고, 혜각존자가 구결이 현토된 문장을 확인하면, 그 문장을 소리 내어 읽으면서 교정하는 역할을 '정빈 한씨' 등이 맡았다고 했다. 여기서 정빈 한씨란, 소혜왕후가 세자빈에 책봉될 당시 작명이다. 세조는 맏며느리를 데리고 「능엄경」 언해에 직접 참여했던 것이다. 그리고 '전언 조두대'가 확정된 번역문을 어전에서 소리 내어 읽었다고 했는데, 이는 바로 『내훈』의 발문을 쓴 조상궁을 가리키는 듯하다.

세조7년 6월에 경전간행 사업을 전담하는 간경도감이 설치되었다가 성종2년에 간경도감이 폐지된 후에도 소혜왕후는 그 자신이 주관해 계속해서 불경간행에 힘썼던 것으로 보인다. 1472년에 소혜왕후는 「법화경」, 「능엄경」, 「원각경」을 비롯해 총 29종의 불경을 간행했다. 그 외에도 소혜왕후의 불교언해와 관련된 많은 사례가 있다.

조선시대 불교가 여성신앙화했다고 말할 때, '여성신앙화'란 불교가 주술적이고 미신적인 요소를 더 강하게 지니게 되었음을 뜻한다. 물론 전체적으로 보면, 조선시대 불교가 이전에 비해 그런 변화를 겪었다는 데 동의할 수 있겠다. 그러나 불교가 모든 시대 모든 계층의 신도에게 동일한 색깔을 띠는 것은 아니다. 소혜왕후와 같은 지적 관심이 높은 여성에게 있어서, 불교의 법문은 책을 통해서건 설법을 통해서건 지적 탐구의 대상일 수 있다. 물론 불교에 관한 한 시아버지 세조의 암묵적인 격려가 있었을 것이다. 소혜왕후의 호불 행위는 지적 탐구라는 맥락에서 재규정되어야 한다.[2]

『내훈』이 궁전 안의 여성들에게 특화되었다면, 궁전 밖의 계녀서는 여러 형태로 지어졌고 읽혔다. 중국에서 들어온 『열녀전(列女傳)』은 아주 유명해 상층 여성이라면 다 읽었고, 17세기 송시열의 『우암선생계녀서(尤庵先生戒女書)』나 18세기 한원진의 『한씨부훈(韓氏婦訓)』 등은 민가의 계녀서를 대표한다. 딸이 시집갈 때 책이나 병풍 형태로 주었고, 집안 여성의 교육을 위해서, 남성뿐만 아니라 여성들도 규방가사로 많이 지어 불렀다. 조선전기는 후기에 비해 계녀서의 규범이 아직 충분히 내면화되지 않았고 관련 책도 많이 나오지 않은 시기였다.

2 이 글은 이경하, 「15세기 최고의 여성 지식인, 인수대비」, 『한국고전여성문학연구』 12(한국고전여성문학회, 2006)의 일부를 개고한 것이다. 이 밖에 자세한 것은 소혜왕후, 이경하 주해, 『내훈』을 참조하기 바란다.

## 1481년 『삼강행실열녀도』 언해본 편찬

열녀 110명을 그린 『삼강행실열녀도』는 세종 때 편찬되었다. 역대 충신, 효자, 열녀를 담은 『삼강행실도(三綱行實圖)』 중 하나다. 『삼강행실도』는 유교의 핵심윤리를 백성에게 교육하기 위해 제작 유포된 도서(圖書)다. 세종16년에 처음으로 한문본이 반포되고 성종12년에 첫 언해본인 열녀편이 간행된 이래, 증보를 거듭하면서 17차례나 인쇄되었고 일반 백성의 교육용으로 전국에 배포되었다. 조선의 사림정권이 이른바 '어리석은' 백성들에게 꼭 필요한 필독서 1호라고 여겼던 책이 바로 『삼강행실도』다. 『삼강행실도』의 서사는 충신, 효자, 열녀의 정형화, 유사한 구조의 무한반복이 특징이어서 매우 단순해 보이는 것이 사실이다.

그런데 『삼강행실도』에서 모범적 사례로 제시한 충신, 효자, 열녀의 서사에는 폭력이 난무한다. 충, 효, 열이란 이름을 내세운 무수한 자해와 자살, 심지어 자식에 대한 살해 시도까지 정당화된다. 그런 『삼강행실도』를 '약자에게 가해진 도덕의 폭력'이라고 말하는 것은 단지(斷指), 할고(割股)로 대표되는 온갖 자해와 종사(從死)로 대변되는 자살을 모범적인 효행(孝行)과 열행(烈行)이라고 가르쳐 '자신의 신체에 위해를 가하라고 권하고' 있기 때문이다. 세금감면, 요역면제, 정표 등 실질적인 혜택을 주는 정책이 수반되었고 그것이 일정한 효과를 보았다는 점에서 결과적으로는 그런 혐의를 벗기 어려워 보인다.

『삼강행실도』가 전파하는 충, 효, 열의 윤리가 철저한 위계질서를 전제로 한, 근본적으로 윗사람에 대한 아랫사람의 복종을 가르치는 윤리였다는 점에서, 『삼강행실도』에 내재한 도덕의 폭력성을 일부 인정할 수 있다. 절대적인 상하윤리를 더 이상 인정하지 않는 현대인에게, 핏빛으로 가득한 『삼강행실도』는 하나의 '엽기'로 비칠 수 있다. 열녀편의 경우는 특히 그렇다. 열녀편은 효자편에 비해 주인공의 자해나 자살이 훨씬 많다. 요즘 학생들에게 『삼강행실열녀도』의 첫인상이 엽기적인 것은 무엇보다 『삼강행실도』 시대와 현대 사이에 존재하는 사회윤리의 간격이 매우 큰 탓이다.

『삼강행실도』는 여러 차례 간행되었고, 우리나라 인물로만 구성된 『속삼강행실도(續三綱行實圖)』가 1514년에 편찬되었다. 그러나 그 의도나 그림, 글쓰기 방식은 변하지 않았다. 『삼강행실도』는 백성을 효과적으로 가르치기 위해 마련된 '그림책'이다. 『삼강행실열녀도』는 바로 "여성의 몸에 상해(傷害)가 가해지는 과정과 그 결과의 도해(圖解)"였는데, 정작 팔이 잘리고 스스로 귀를 자르는 열녀를 육체적 고통에 무감각한 듯 그린다. 개가권유에 맞서 머리카락을 자르고 귀를 자르고 코를 베는 열녀의 얼굴은 오히려 미소를 머금고 있다. 자해나 자살에 마땅히 수반되는 인간적 번민과 고통을 모른 척하는 것은 '열녀 되기'의 부조리와 폭력성을 반증하는 것이다.

그림뿐 아니라 글쓰기에서도 열녀의 번민과 고통에 대한 감각은 철저히 거세되어 있다. 그러한 서사화의 특징은 조선후기 열녀전까지 지속되어, 열녀는 끔찍한 자해 속에서도 항상 '침묵하는 몸'으로 그려진다. 신체적 고통에 침묵하는 대신 오히려 자해와 자결의 당위성을 설파하는 열녀의 당당한 목소리를 강조함으로써, 열녀전은 "열을 위해 죽음을 택하는 여성인물이 도덕적인 주체로 완성된다는 생각을 신화화한 텍스트"라고 분석된다.

여기서 18세기 정약용과 15세기 『삼강행실열녀도』의 관계를 생각하지 않을 수 없다. 『삼강행실열녀도』 이후 오랫동안 성행했던 종사형(從死型) 열녀전이 열녀담론 내에서 일종의 메타텍스트와 같은 역할을 했다. 생열녀(生烈女)라는 말이 새롭게 등장할 정도로 조선후기에는 열녀의 종사가 뜨거운 논란거리였다. 정약용은 「열부론(烈婦論)」에서 확고한 목소리로 종사라는 행위와 이를 열행으로 미화하는 사회 분위기를 비판한 것으로 유명하다. 즉 종사는 열행이 아니고 말 그대로 자살일 뿐이며, 그것은 천하에 가장 흉한 일이라고 단언한다. 그렇다고 해서 정약용이 모든 자살을 그릇된 행위로 파악한 것은 아니고, 그 판단 기준을 '의(義)'라고 했다. 종사는 '의에 합당하지 않은 죽음'이기 때문에 천하에 가장 흉한 일이라는 말이다. 정약용의 기준으로 볼 때 『삼강행실도』 열녀편의 상당수는 '의에 합당한 죽음'으로 정당화된다. 개가권유에 맞서는 자살은 의에 합당한 행위로 인정된다는 것이다.

『삼강행실도』 열녀서사는 대부분 여성에게 다친 어떤 특수한 위기 상황을 전제한다. 남편이 범에게 물려 죽게 되었다든가, 도적의 성폭력 위협에 직면했다든가, 원하지 않는 개가를 강요받는다든가, 남편이 갑자기 죽는다든가 하는 상황은 여성의 삶에 커다란 위기였다. 부녀의 예를 지킬 수 없는 상황 역시 하나의 위기이다. 정약용의 분류를 참고해 『삼강행실도』 열녀서사의 위기 유형을 정리하면 다음과 같다. 앞의 숫자는 초간본 110편 중에서, 뒤의 숫자는 성종 때 개찬한 35편 중에서 각 유형에 해당하는 편수이다. 나머지는 '내조형'이라 부를 수 있는, 위기 상황을 전제하지 않은 편들로 그 수가 많지 않다. '내조형'은 아래 편수에 포함되지 않는다.

[A] 10/5편 가족의 신변이 위태로운 상황

[B] 59/14편 변란시(變亂時) 성폭력 위협

[C] 19/10편 개가요구

[D] 5/2편 남편의 갑작스런 죽음

[E] 3/1편 실례(失禮)의 상황

A유형은 남편을 비롯한 가족의 신변이 위태로운 상황에서 기꺼이 자신을 희생한 열녀들의 이야기이다. "남편은 여위고 작아서 먹을 것이 없으니, 살진 나를 잡아먹어라." 하고 남편 대신 끓는 가마솥에 들어갔다는 취가의 이야기 「취가취팽(원)(翠哥就烹(元))」이 가장 극단적인 사례이다.

가장 비중이 높은 B유형은 변란 시의 성폭력에 죽음으로써 맞섰던 열녀들의 이야기이다. 「최씨분매(고려)(崔氏奮罵(高麗))」에서 칼과 창을 들고 복종을 강요하는 성폭력은 직접적이고 가시적인 대인적(對人的) 폭력이다. 그 폭력에 저항했던 네 아이의 엄마는 결국 왜적에게 피살되었고, 그 곁에서 젖을 빨던 젖먹이의 죽음은 서사의 잔혹함을 극대화한다.

전근대 사회에 변란이나 정쟁(政爭) 중에 여성에게 닥치는 성폭력의 위협은 상층도 예외가 아니었다. 변란 시 성폭력 위기를 전제한 B유형 중에 절반 이상이 상층 신분이다. 그들은 적군의 직접적인 폭력이나 간접적인 위협을 받고 자살한다. 「이씨액옥(송)(李氏縊獄(宋))」의 경우, 남편이 군사를 이끌고 싸우다 패한 후 가족들이 체포되자 이씨가 두 아들을 남겨둔 채 자살한다.

C유형에서 공통된 폭력은 개가요구이다. C유형은 B유형 다음으

로『삼강행실열녀도』에서 비중이 높다. 폭력이란 단지 타인의 신체에 위해를 가하는 물리적 힘만을 의미하지 않는다. 폭력이 타인의 인간다움을 침해하는 행위라고 했을 때, 개가요구는 열녀들의 가치관에 반하는 것, 즉 그들의 존엄성이나 자존감을 침해하는 폭력적인 상황일 수 있는 것이다. 개가금지가 여성의 인간다움을 침해하는 제도적 폭력임이 틀림없듯이, 당사자가 원하지 않는데 강제되는 개가요구도 역시 폭력이다. 개가요구라는 세계의 폭력에 맞서는 열녀들의 자기폭력 양상은 다양하다. 개가냐, 죽음이냐 양자택일을 강요하는 직접적인 폭력에 직면해 자신의 외모에 흠을 내기도 한다.

D유형은 변란 시 성폭력이나 개가요구와 같은 직접적인 위기 상황이 전제되지 않은 경우에, 갑작스럽게 죽은 남편을 뒤따라 아내가 죽은 경우이다. 조선후기의 종사형 열녀에 가장 가깝다 할 수 있지만, 미세한 차이가 있다. 조선후기 종사형 열녀서사는 개가금지의 시대를 배경으로 한다.

열녀서사 E유형을 대표하는 백희 이야기는 성종 때 개찬된『삼강행실열녀도』 35편에도 수록되어 있다. 백희는 혼례 때부터 예를 많이 따지더니 급기야 집에 불이 났을 때 '부모(傅姆)와 보모(保姆)가 없으면 당에서 내려서지 않는다'는 원칙을 지키다가 불에 타 죽었다. 백희의 이야기는 조선 내내 여성들 사이에 아주 유명했다. 강조한 것이 '열'이 아니라 유교가 중시하는 '예'였다.

이 밖에『삼강행실도』 열녀서사에는 '내조형'으로 분류할 수 있는 10여 편이 있다. 훌륭한 내조와 효성은 일상에서 요구되는 보편적인 덕목이란 점에서 특별한 위기 상황을 전제하는 열녀서사와는 다르다. 내조형은『삼강행실도』 열녀편 전체에서 차지하는 비중이 작고

대부분 상층 여성들의 어린 시절에 관한 이야기이다. 내조형은 후대의 『삼강행실도』에서는 대부분 빠져 있다.

『삼강행실도』가 처음 편찬되던 당시만 해도 그것은 유자(儒者) 집단의 순수한 열정을 토대로, 폭력에 저항하는 그들의 불굴의 정신과 도덕적 권위를 대변한 것이었다. 그러나 새로운 윤리종교로 새 국가와 사회를 건설하려던 초창기의 순수함이나 열정은 점차 사라지고, 『삼강행실도』는 제도와 이념이 사회적 약자에게 폭력을 행사하는 데 유용한 수단으로 전락해 갔다. 초창기에는 폭력에 저항하는 순수함으로 출발했던 유교윤리가 역사의 흐름과 함께 그 생명을 소진하면서 또 하나의 폭력으로 변질되었다.[3]

## 1481년 『동국여지승람』 편찬과 구비설화

『동국여지승람』은 성종12년에 완성되었는데, 이후 수정 작업을 거치고, 중종25년에는 내용을 보완해 『신증동국여지승람(新增東國輿地勝覽)』을 만들었다고 한다. 『동국여지승람』은 지리서인데, 도별 역사, 풍속, 효자와 열녀, 산과 하천, 토산물, 다리 등이 포함되어 있다.

이 『동국여지승람』에도 실려 있는 '효불효' 설화란, 살아 있는 어머니에게는 효지만 돌아가신 아버지에게는 불효란 뜻에서 붙인 말이

3 이 글은 이경하, 「『삼강행실도』의 폭력성 재고-열녀편을 중심으로」, 『고전문학연구』 35(한국고전문학회, 2009)의 일부를 개고한 것이다. 이 밖에 열녀 전반에 대해서는 한국고전여성문학회 편, 『조선시대의 열녀담론』을 참조하기 바란다.

다. 전국적으로 전승되지만 특히 경상도 지역에 널리 퍼진 유명한 이야기다. 주 내용은 신라 때 정부(情夫)를 만나러 과부인 어머니가 몰래 강을 건너는 것을 괴로워하던 일곱 아들이 어머니를 위해 다리를 놓았는데, 이를 안 어머니가 부끄러워 다시는 강을 건너지 않았다는 것이다.

그런데 『동국여지승람』의 기록이 여성의 성을 통제하려는, 즉 과부개가금지를 장려하려는 조선의 유교적 기획 가운데 하나라는 주장이 있다. 구비 전승되는 설화는 전혀 다르다는 것이다. 아들들이 괴로워하는 장면이 '겨울철 얼음물'로 더욱 장면화하여 극대화되었고, 어머니가 다시는 강을 건너지 않는다는 결말이 아예 반대로 바뀌어 버렸다. 구비 설화인 만큼 전승 시기도, 전승자도 다른데, 이는 향유 계층이나 반영된 가치관이 다를 수 있다는 말이다. 또한 여성 화자의 목소리가 문헌 설화에는 반영이 전혀 안 되어 있다는 문제가 있다. 경주 지역에서 이 설화는 북두칠성의 유래를 설명하는 '칠성다리' 설화로 많이 알려져 있다.

또 다른 설화를 소개하면, '손 없는 색시' 설화는 계모가 죽은 쥐를 이용해 정절을 모해해 손이 잘린 채 추방된 처녀가 우연히 부잣집 남자를 만나 결혼해 아이를 낳은 후 다시 쫓겨났다가, 물에 빠진 아이를 구하려다 손이 재생되어 친정으로 귀환한다는 내용이다. 이 설화에는 여러 가지 환상적 요소가 있다. 왜 하필 쥐인가, 손이 잘렸다가 물에서 재생된다는 건 무슨 뜻인가, 손이 잘려 쫓겨난 처녀가 배나무에 집착하는 이유는 무엇인가, 잘린 손은 왜 새가 물어 가거나 하늘로 올라가는가 등등.

이 설화 유형은 11세기경까지 소급되는 현전 최고(最古) 설화로,

전 유럽과 중앙아프리카, 아메리카 및 동양권에서 널리 채록되었다. 쥐를 이용한 처녀의 정절 모해는 우리나라 설화에서만 발견된다. 세계 보편적으로 분포하는 설화의 '한국적 변형'인 셈이다. 정절 모해 모티프는 우리 고전소설에도 자주 등장하는데, 여주인공이 생명을 잉태할 준비가 되었음을 알려준다. 낙태 모티프에서 피가 강조되는 것은 소녀의 초경을 암시하는 것으로 해석되었다. 쥐는 주인공의 무의식 속에 존재하는 성(性)에 대한 본능적 관심과 동시에 혐오와 두려움을 상징한다.

여주인공이 손이 절단되어 쫓겨나는 것은 입문자가 신체의 절단, 즉 '입문의례'의 '상징적 죽음'을 겪은 후 추방되는 것을 뜻한다. 새로운 사회로의 진입에 앞서 이전 집단에서 격리되는 것이다. 배는 어머니의 풍만한 젖가슴을 상징하는 것으로, 나무는 주인공이 떠나야만 하는 유아기의 어머니를 상징하는 동시에 성숙한 여성으로서의 어머니를 상징하는 것으로 해석되었다.

물에 떨어지는 아이를 붙잡으려는 행동은 주인공이 '모성'을 갖게 되었음을 보여 준다. 이때 여주인공의 손이 재생된 것도 주인공이 이제 '모성의 가슴'을 갖게 되었다는 뜻이다. 주인공은 이후 아이와 함께 친정으로 귀환해 계모를 징치한다. 주인공이 성인이 됨으로써 엄마에 대한 유아기적 인식을 극복했음을 보여 준다.

한편 계모가 악역으로 자주 등장하는 이유를 조선후기 상황과 연결할 수도 있지만, 유아기에 처음으로 적의와 동시에 애정을 품게 되는 대상이 어머니라는 사실에서 찾기도 한다. 어린이들이 흔히 하는 생각 중에 '자신의 부모가 진짜 부모가 아니며 자기는 어떤 고귀한 신분의 자녀'라는 환상이 있다. 여주인공은 부모에게서 독립하고 싶

은 욕구를 어머니가 자신을 내쫓는다고 투사하게 된다는 것이다.[4]

또 다른 유명한 설화로, 마고할미 설화는 여성거인설화라고도 한다. 여성거인설화의 전승은 단편적으로 전승되는 경향이 강하며, 담고 있는 내용도 다양하다. 우선 전국적으로 볼 때 마고할미로 전승되는 지역이 많지만, 제주도 설문대할망처럼 지역별로 특정 명칭을 지닌 여성거인도 존재한다. 제주도의 설문대할망이나 서해안의 개양할미는 바다나 섬에서 활동하는 반면 마고할미, 서구할미 등은 대체로 육지에서 활동한다. 또한 창조신화적 성격을 지닌 것이 있는가 하면, 그 모습이 희화화되기도 하고 비극적 죽음을 맞이하는 경우도 있다. 유명한 고전소설 「숙향전(淑香傳)」에서는 주인공의 후견인 역할, 긍정적 인물, 신선의 모습으로 형상화되기도 한다. 반면 파소골의 마고할미 설화는 왜란 시 아군의 군사기밀을 적에게 알려 아군을 패하게 했다는 결말을 짓기도 한다.

가장 보편적 이름인 마고할미는 주로 흙을 옮겨 지형을 형성하거나 성을 쌓기도 한다. 이는 태초에 지형을 형성하는 창조신적 면모를 뜻한다. 그 한 예로 「설문대할망」, 『한국구비문학대계』 9-2(제주시) 자료의 일부를 보면, 여성거인의 창조주로서의 성격이 드러난다.

여기서 하늘과 땅, 세주노를 만는 것이 설문대할망이라고 했다. 설문대할망의 경우 한라산을 베개 삼고 누우면 다리가 바다에 닿을 정도로 컸다거나 치마폭에 흙을 담아서 쏟은 것이 한라산이 되었다

4 효불효설화에 관해서는 이인경, 「"효불효설화(孝不孝說話)" 연구: 문헌과 구비자료의 비교를 중심으로」, 『고전문학연구』 18(한국고전문학회, 2000)을, 손 없는 색시 설화는 이인경, 「〈손 없는 색시〉설화의 신화적 성격과 심리학적 접근」, 『구비문학연구』 13(한국구비문학회, 2001)을 주로 참고한 것이다.

고 하는 등 거인의 형상을 띤다. 게다가 설문대할망은 제주도 해안에서 당신으로 모셔져 신앙의 대상이 된다. 『표해록(漂海錄)』에 따르면, 제주도 뱃사람들이 바다에서 표류하다 구출되어 돌아오던 중 한라산이 보이는 해상에서 마고에게 살려달라고 빌었다고 한다. 이것이 영조 때 일이다. 또한 개양할미는 전라북도 부안의 수성당을 중심으로 섬겨지는데, 바다로부터 어민을 보호해 주어 신앙의 대상이 된다.

한편 서구할미 혹은 서구암 마고할미의 창조신적 면모는 악신적 존재로서의 성격이 강하게 나타난다. 서구암 마고할미는 조선 지배층에게 심각한 문제로 인식된, 선량한 백성을 현혹하는 존재, 즉 토착신앙의 표상이었다. 『동국여지승람』에도 관련기록이 있다. 토착신앙과 유교이념의 갈등 속에 효를 내세운 유교이념의 일방적 승리를 전한다.

이처럼 마고할미 설화는 한 시대에 이루어진 것이 아니라, 많은 시간 차이를 두고 전승되었다는 점을 기억할 필요가 있다. 그래서 현전 자료의 마고할미 성격이 여러 가지다. 창조신에서 희화화된 신격으로, 숭배의 대상에서 징치의 대상으로, 선신에서 악신으로 말이다. 명칭이 달라도 그 성격은 같지 않나 살펴야 한다. 동일한 존재의 지역적 변이형일 수 있다.[5]

설화는 대체로 그렇다. 『삼국유사』 감통(感通) 제7에 전하는 선도(仙桃) 성모(聖母)는 도가적 취향, 호국신의 면모, 산신신앙, 불교적 윤색, 중국의 영향 등 여러 겹의 윤색과정을 보인다. 즉, 설화와 같은 구

5 마고할미 설화에 대해서는 권태효, 「여성거인설화의 자료 존재양상과 성격」을 주로 참고한 것이다.

비문학은 오랜 시간 동안 생성되고 전승된다. 흔히 신석기 시대에는 씨족 공동체 시기의 신화, 청동기 시대에는 고대 국가 시기의 신화라고 한다. 그렇게 현재까지 오랜 시간 동안 형성된 구전설화는 문헌설화와 함께 살피지 않으면 안 된다.

구비설화 가운데 여성과 관련해서는 선도산 성모, 마고할미 등 '불부이잉(不夫而孕)'의 대모신을 상징하는 설화, 웅녀, 유화, 알영, 당금애기 등 천부신(天父神)의 배우자인 지모신(地母神)을 상징하는 설화, 삼신, 바리데기 등 출산과 죽음을 관장하는 여신을 상징하는 설화에 주목할 필요가 있다. 또한 백주또, 자청비 등은 농업을 관장하는 여신으로 해석되고, 관세음보살의 여신적 성격에 관한 연구, 청정각시에 대한 연구도 눈여겨볼 필요가 있다. 조선 이전은 특히 그렇다.[6]

6 여성과 한국 신화의 관계, 한국 여신에 관한 연구가 많지만, 여기서는 논문 한 편씩만 든다. 전반적인 것을 보고자 한다면, 천혜숙, 「신화로 본 여계신성의 양상과 변모」, 『비교민속학』 17, 비교민속학회, 1999; 강진옥, 「「마고할미」 설화에 나타난 여성신 관념」, 『한국민속학』 25-1, 한국민속학회, 1993; 이수자, 「제주도 무속과 신화 연구」, 이화여자대학교 박사학위논문, 1989; 조현설, 「여신의 서사와 주체의 생산」, 『민족문학사연구』 18, 민족문학사학회, 2001 등을 참조하기 바란다.

# 2장 황진이와 허난설헌의 시대

1527년 이현보 어머니의 「선반가」와 기녀시조

1536년 사임당 신씨와 덕봉의 한문

1545년 인성왕후의 인종 유교와 행록

1591년 난설헌문집과 유성룡의 서문

'황진이와 허난설헌의 시대'는 한문과 한글문학이 각 분야에서 전통시대 여성으로서는 현재 대중적으로 최고 유명 인사를 배출한 시대다. 황진이와 허난설헌은 근대 이후 한국의 전통을 세우려 할 때도, 페미니즘 쪽에서도 모두 좋은 소재였다. 신사임당도 이 시대에 속하지만 문학적으로 유명한 것은 아니고, 율곡의 어머니이자 현모양처의 전형으로 더 유명해졌다. 그래도 성리학적 규범이 상층에서조차 실생활에 깊이 배이지 않은 사례로 사임당의 혼례풍속을 예로 많이 든다.

문자의 기능으로 보면, 한문이 앞선 시대의 맥을 이었으나 한글이 사용자가 점점 늘고 기능도 실용적인 데서 문학적으로 폭을 넓혀갔다. 송덕봉(宋德峰, 1521~1578)의 예처럼, 이 시대의 사대부가 여성은 한문으로 편지를 쓰고 문학을 하는 것이 더 편하고 자연스러웠다. 하지만 인성왕후의 예에서 보듯, 한글이 여성 사이에 퍼지면서 문자로서의 기능을 확대하고 있었던 것은 분명해 보인다. 시조는 처음에는 사대부가의 여성도 불렀으나, 차츰 기녀들에 의한 '여흥의 노래'로 인식되었다. 시조「묏버들 갈히 것거~」로 유명한 홍랑(洪娘), 황진이 등이 이 시대의 대표적인 기녀들이다.

사대부가의 여성이 공공연히 시조를 부르지 못한다는 것도 조선의 성리학적 여성 규범 때문일 것이다. 당시만 해도 사대부가의 여성이 한문으로 시나 문을 짓고 그것을 밖으로 내돌리는 것은 여성 규범에 크게 어긋났다. 그래도 그것을 지지하는 사람들이 소수라도 있었기에 표절과 위작 논란이 많지만, 한문으로 된 최초의 여성 문집인 난설헌문집이 가능했다.

## 1527년 이현보 어머니의「선반가」와 기녀시조

이현보 어머니 안동 권씨(安東 權氏, 1447~1531)의「선반가(宣飯歌)」는 장르 귀속의 문제가 아직 해결되지 않았다. 3장 형태라는 것 외에 시조의 형식과 달라서 시조향유의 초기 단계를 보여 준다. 그리고 14세기 정몽주(1337~1392) 어머니의 시조창작설이 있는데, 역시 시조향유의 초기 단계를 보여 준다. 16세기에는 노진(1518~1578)의 어머니 정부인 권씨(1490~1575)가 시조「모부인답가(母夫人答歌)」를 지었다는 기록도 보인다. 어머니의 수연(壽宴)에서 노진의 시조「모부인수연가(母夫人壽宴歌)」에 대한 화답의 형식인데, 중장이 두 배로 늘어나는 형식 이탈을 보인다. 이 절의 제목이 되는 해 1527년은 농암 이현보가 승정원 동부승지를 제수받은 이듬해로, 이현보의 어머니가 아들이 근친을 온다는 소식을 듣고 아들을 기쁘게 하기 위해 「선반가」를 지었다고 한다.

그런데 시조는 점차 사대부가의 여성이 아닌 기녀들에 의해 불리는 '여흥'의 '노래'로 인식되었다. 사대부가의 여성이 노래를 해선 안 된다는 것이 당대의 보편적인 인식이었다. 시조 역시 한시와 마찬가지로 남성의 전유물이었지만, 그 아성을 깬 것이 기녀였다. 기녀가 남성의 '노리개' 역할을 한 것은 사실이지만, 그래서 시조의 주요 향유자도 될 수 있었다.

기녀시조는 시조집 등에 전하지만, 연도나 작자가 불확실한 경우도 많다. 기녀의 경우, 한자 이름도 별 의미가 없다. 그래서 현재로서는 시조사를 쓰기가 더욱 어렵다. 그나마 짐작 가능한 몇 가지를 말하자면, 먼저 사랑하는 임에 대한 생각을 노래하는 상사의 노래가 절대 다수다. 그 밖에 남성의 수작에 화답하는 노래, 기녀로서의 발랄한 재기를 발휘하는 노래, 자신의 처지를 돌이켜 보는 노래 등 크게 네 범주로 나누어 볼 수 있다.

15세기 초반에는 강릉 명기 홍장(紅粧)의 고사와 시조가 전한다. 홍장은 박신(1362~1444)의 연인으로 '홍장고사'의 주인공이다. 시조 「한송정(寒松亭) 둘 붉은 밤의~」가 16종의 가집에 수록되어 있는데, 그중 8종이 작자를 '홍장/강릉기'로 표기하고 있다. 그런데 "작품 내용이 『고려사』 악지에 나오는 고려전기의 부전가요 「한송정」의 번역 한시와 거의 같아서 신빙성이 떨어진다"고 보아 후대 호사가의 위작이라는 연구도 있다.

성종 조에 함경도 영흥의 명기 소춘풍(笑春風)이 군신연(君臣宴)에서 지어 불렀다는 시조도 있다. ①「유비군자(有斐君子)를~」 ②「당우(唐虞)를 어제 본 듯~」 ③「전언(前言)은 희지이(戱之耳)라~」 ④「제(齊)도 대국(大國)이오~」가 가집에 실려 전해진다. 소춘풍의 이 시조 4수는 왕까지 참석한 군신연의 분위기를 일신(一新)시킨 노래로 유명하다. 성종의 명을 따라 소춘풍이 신하들에게 술을 따르면서, 문신과 무신 사이의 정치적 힘겨루기에서 교묘히 줄타기를 했는데, 기생으로서의 재치가 특히 돋보였다는 평을 들었다. 전해지는 4수 가운데 마지막 수를 보자.

齊도 大國이오 楚도 亦大國이라
죠고만 藤國이 間於齊楚 ᄒᆞ엿신이
두어라 이 다 죠흔이 事齊事楚ᄒᆞ리라[7]

1574년 선조 때는 함경도 홍원 기생 홍랑(洪娘)이 임기를 미치고 떠나는 최경창(1539~1583)을 배웅하고 돌아오는 길에 유명한 시조 「묏버들 갈ᄒᆡ 것거~」를 지어 불렀다고 한다. 홍랑의 시조는 황진이, 매창과 함께 "어느 남성작가도 도달하지 못한 서정시의 절정에 자리하고 있다"는 평가를 받고 있다.

시조 시인으로 특히 유명한 황진이(黃眞伊)는 그 시대 여성들이 대개 그렇듯이 문집이 없음은 물론이고 송도[개성] 명기라는 것 외에

7 성기옥, 「기녀시조의 감성특성과 시조사」, p. 46.

생몰연대도 알려지지 않았다. 그의 생존 시기는 16세기 초로 추정한다. 소세양(1486~1562)이나 서경덕(1489~1546), 임제(1549~1587)와의 일화 등으로 짐작할 뿐 확실한 것은 없다. 그래서인지 조선부터 현대까지 줄곧 야담, 전, 소설 및 TV 드라마, 오페라 등으로 재현되면서 이야기로서 인기리에 소비되고 있다. 17세기 기록부터 19세기 김택영(1850~1927)의 글까지 조선 시대와 근대의 기록이 매우 많지만, 역사적 실존 인물이 아닌 허구적인 상상력의 원천으로 존재한다. 때로는 여류 예술가로서, 때로는 절염(絶艶)의 화신으로, 고결한 성품의 소유자가 되었다가 천박한 요부가 되기도 하는 등 서술자의 관점에 따라 허구적으로 구성된다. 자신을 사모하던 이웃 청년의 죽음을 보고 기생의 길을 스스로 선택했다는 일화는 아주 유명한데, 이것이 처음 보이는 기록은 19세기 김택영의 「황진」에서다. 고결한 여성이라는 판타지와 기생이라는 혐오감이 그를 남성적 욕망이 투영된 허구적 존재로 재현하게 만든 것이다.[8]

그러나 자신이 지은 시조나 한시를 통해서는 문학적 주체로 인정받아 왔다. 시조 몇 편이 전해지는데 대부분 유명하다. 광복 이후 교과서에 줄곧 실려서일 것이다. ①「청산리(青山裡) 벽계수(碧溪水) ㅣ야~」 ②「ᄆᆞ옴이 어린 후(後) ㅣ니~」 ③「내 언제 무언(無信)ᄒᆞ여~」 ④「어져 내 일이여~」 ⑤「동지(冬至)ㅅ돌 기나긴 밤을~」 ⑥「산(山)은 녯산(山)이로되~」 등등. 한 수만 전편을 보자.

8 황진이의 이미지 비평은 우미영, 「'황진이' 담론의 형성 방식과 여성의 재현」, 『한국문학이론과 비평』 28(한국문학이론과비평학회, 2005)을 참조했다.

山은 녯山이로되 물은 녯물이 안이로다

晝夜에 흘은이 녯물이 이실쏜야

人傑도 물과 곳도다 가고 안이 오노믹라[9]

황진이 시조에는 산과 물이 자주 등장한다. 이 시조에서는 자연의 영원성과 인간의 유한성을 대비시키고 있다. 그러면서 자신과 상대할 인걸(人傑)이 다 떠나버린 탄식으로 해석될 여지를 남기고 있다. 아마 기녀들의 마음을 대변한 것이리라. 후대의 기녀시조는 뒤에서 다시 이야기하기로 한다.[10]

## 1536년 사임당 신씨와 덕봉의 한문

사임당 신씨(師任堂 申氏, 1504~1551)의 생애는 50년 남짓이지만 그에 대한 기억은 지금까지도 계속되고 있다. 사임당은 서울 사람인 아버지와 강릉 사람인 어머니 사이에서 다섯 딸 중의 둘째로 태어나, 1522년 서울 사람 이원수(1501~1561)와 결혼해 4남 3녀를 낳았고, 혼인 후 근 20년간 친정인 강릉에 살았다. '화가'이면서 '율곡의 어머니'라는 사실은 변하지 않지만, 오랜 시간 담론 안에서 재구성되었다. 역사적 실제와 담론을 동일시하는 것은 위험하다. 여기서는 16세기에서 19세기까지 담론 안에서 신사임당이 재구성된 과정을 엿보기로

9 성기옥, 「기녀시조의 감성특성과 시조사」, p. 47.

10 기녀시조사에 관해서는 성기옥, 「기녀시조의 감성특성과 시조사」를 주로 참조했다.

한다. 유명한 사람일수록, 종종 역사적 실제와 담론이 현대 대중들에게 혼란을 일으키기 때문이다.

먼저 사임당은 조선의 지식인들에게 화가로서 주목받기 시작했다. 신사임당과 동시대인인 16세기 시인 소세양(1486~1562)을 비롯해 어숙권 등은 율곡 이이(1536~1584)의 존재와는 무관하게 신사임당의 그림에 초점을 두고 있다. 이 장의 소제목인 1536년은 사임당이 율곡을 낳은 해다. 사임당이 조선의 대표적인 어머니 상이 된 것은 율곡을 낳고 기르면서다. 하지만, 어숙권은 신사임당을 세종시대의 유명한 화가였던 안견 다음가는 화가로 평가하기도 했다.

사임당이 용의 태몽을 꾸고 난 후 율곡을 낳았다는 이야기가 유명한데, 율곡의 아명이 현룡(見龍)인 것을 보고 율곡의 태몽 이야기를 만들어 낸 것인지는 알 수 없다. 이항복(1556~1618)에서 이긍익(1736~1806)에 이르기까지 용과 결부된 율곡의 신화가 계속 이어지는데, 그냥 용이던 것이 흑룡(黑龍)으로 바뀌고 용의 등장도 임신에서 출산 때로 바뀌었으며, 율곡의 탄생과 함께 한 용이 죽음과도 함께하는 등 율곡에 대한 신비감을 더하는 방향으로 변개된다.

신사임당이 역사 속의 여성을 대표하는 인물로 자리를 잡게 된 것은 송시열(1607~1689) 때부터다. 사임당 담론은 송시열을 위시한 서인·노론계열 문사들에 의해 주도되었는데 여기서 중시된 사임당의 가치는 여성성, 즉 '모성성'이었다. 사임당과 유사한 행적을 가진 여성은 역사상 많지만, 율곡의 어머니 사임당을 더욱 유명해지게 만든 것은 송시열을 위시한 서인·노론계열의 입과 글을 통해서였다.

송시열도 몇 차례 사임당의 그림에 발문을 쓰긴 했다. 그러나 '외간' 남자에게 시까지 받은 산수도는 사임당의 작품이 아닐 수 있다고 했다. 자의든 타의든 여성의 그림을 밖으로 돌린 것도 송시열의 마음에 들지 않았다. 그런 송시열에게 사임당의 그림은 율곡을 특별하게 해주는 존재일 뿐이다. 율곡을 중국 북송 때 대학자 이정(二程)과 연결하려는 의도 속에서, 신사임당을 이정 즉 정호·정이 형제의 어머니 후부인(侯夫人)에 빗댄다. 이렇게 송시열과 그의 사람들에 의해 사임당은 화가보다는 율곡의 어머니로서 비중이 더 커지게 되었다.

송시열 이후에 전개된 사임당 담론은 주로 '초충도'나 '포도' 등의 그림을 중심으로 전개되었다. 18세기 초부터 사임당 서화에 관한 비평은 주로 송시열의 문인이거나 그와 정치적 입장을 같이하는 사람들 손에서 나왔다. 예를 들어 김진규(1658~1716)는 송시열의 문인이다. 초충도 7폭에 대한 발문을 썼는데, 호칭이 신사임당이 아니라 '율곡 선생의 어머니'로 바뀌었으며, 초충도는 『시경』의 「초충」을 형상화한 것으로 여사(女士)의 일과 무관하지 않다고 했다. 또 율곡의 인물됨을 그 어머니의 태교와 연관시킨 것도 김진규가 처음이다. 송상기(1657~1723) 역시 사임당의 정체성을 화가보다는 아들을 훌륭하게 길러낸 어머니에 두었다. '율곡이 없으면 사임당도 없다'는 것이다. 한편 조선후기의 양명학자인 이종휘(1731~1797)는 사임당을 우리나라 화가 세 사람 중 하나로 꼽았다. 그의 글에 나타난 사임당은 '어머니'의 모습이 전혀 아니다.

19세기의 사임당 담론은 좀 더 개념화되고 추상화된 형태를 보이는데, 그것은 사임당의 '태교'와 율곡의 '효'로 집약된다. 즉 사임당은 부도(婦道)를 실천한 여성으로, 율곡은 어머니의 이름을 세상에 날리게 한 효자로 재구성된 것이다. 사임당 담론 400여 년의 역사를 볼 때, 그림에 천부적인 자질을 보인 구체적 개인은 담론화의 긴 과정을 거쳐 모성성의 담지자로 형상화되었다. 사임당 담론은 율곡을 효시로 하는 서인·노론 계열 학자들에 의해 형성되고 확산되었다. 송시열의 사람들은 그의 논지를 통해 사임당을 이해하고 재생산했다.[11]

사임당과 같은 16세기 여성인 송덕봉(宋德峰, 1521~1578)은 남편 유희춘(1513~1577)과 주고받은 한문 서신과 한시로 유명하다. 유희춘은 『미암일기(眉巖日記)』로도 유명한데, 거기에 송덕봉 관련 내용도 많다. 덕봉은 이름이 아니라 호다. 본이름은 알 수 없다. 송덕봉은 16세에 24세의 유희춘과 혼인해 1남 1녀를 두었다. 사임당이 그랬듯이 혼인 후에도 친정에서 살았다. 16세기에는 시집살이보다 처가살이가 일반적이었다. 송덕봉은 부모가 돌아가신 뒤에도 그 집과 전답을 물려받아 제사를 모시며 살았다. 그러나 송덕봉은 전통적인 삶의 방식을 지키면서도 당시 번지고 있던 성리학적 삶의 방식을 수용하려 한 여성이였고, 그래서였는지 덕봉은 유희춘이 귀양을 떠나자 시어머니를 지극히 봉양했다. 그의 나이 51세에 남편이 처조카를 시켜 그동안 덕봉이 지은 시 38수를 한 권의 책으로 묶어 『덕봉집(德峰集)』을 엮었는데, 오늘날 그 시집은 전해지지 않고 남편이 거의 10년간 매일같이 기록한 『미암일기』와 그 부록에 시문과 편지가 남아 있고, 『덕봉문집병미암집(德峰文集幷眉巖集)』이 현전한다.

1571년에 쓴 송덕봉의 「착석문(斲石文)」은 이응태 부인의 한글편지, 허난설헌의 「광한전백옥루상량문(廣寒殿白玉樓上樑文)」과 함께 현

---

11 신사임당에 관해서는 이숙인, 「신사임당 담론의 계보학(1): 근대 이전」, 『진단학보』 106(진단학회, 2008)을 주로 참고한 것이다. 이 밖에 박석무 편역, 『나의 어머니, 조선의 어머니』를 참조하기 바란다.

재까지 남아 있는 16세기 여성 산문으로 유명하다. 「착석문」은 남편 유희춘에게 친정 부모의 묘소에 비석을 세우는 일을 더 이상 늦출 수 없다고 논리적으로 설득하는 글이다. 여기서 그는 처의 부모라서 차등을 두는 것인가 따져 묻고, '분해서 죽고 싶다'는 격한 표현까지 쓰고 있다.

○ 삼사 개월 동안 홀로 주무신 것을 고상하고 결백한 것으로 말하시면서 덕스러움이 있다 하시니 반드시 전혀 욕심이 없는 사람은 아니시지요. (중략) 저 또한 당신께 잊을 수 없는 공이 있사오니 소홀히 생각하지 마십시오. 공께서 수개월 홀로 주무신다고, 붓을 들어 쓰실 때마다 구구절절 공을 자랑하시는데, 그러나 육십이 가까우신 연세에 만약 이처럼 혼자 지내면 당신께서 기운을 보존하시는 데 크게 이로우실 것이니, 이것은 제가 갚지 못할 은혜가 아닙니다. (중략) 만약 공이 수개월 홀로 머무르신 공을 내 몇 가지 일과 비교한다면 어느 것이(누가 한 것이) 가볍고 어느 것이 무겁겠습니까.[12]

이것은 1570년 6월 12일에 송덕봉이 보낸 편지이다. 유희춘이 서울로 올라와 4개월째 벼슬하면서 여색을 가까이하지 않았다고 자랑하는 내용의 편지를 써서 담양에 있는 송덕봉에게 보낸 적이 있었다. 그러자 덕봉은, 어차피 알게 될 일을 굳이 알려 남이 알아주기를 바라는 병폐가 있는 것 같으며, 예순이 가까운 나이에 그렇게 하는 것

12 이혜순·정하영 역편, 『한국고전여성문학의 세계』(이화여자대학교 출판문화원, 2003), pp. 17-19.

은 자신의 건강을 유지하는 데 이로운 일이지 부인에게 자랑할 일이 아니라고 책망하는 긴 답장을 써서 보낸다. 남편에게 예의를 지키면서도 책망과 동시에 충고와 조언을 하고 있다.

사임당과 송덕봉의 시대, 16세기까지는 혼인제도나 상속 등에서 성차별이 적었다고 알려져 있다. 황진이, 허난설헌도 이 시대 사람이다. 이문건의 『묵재일기(默齋日記)』에 나오는 손녀 이숙희(1547~?) 역시 이 시대에 속한다. 가부장의 권위에 눌리지 않는 송덕봉의 당당함이 가능했던 것도 아무래도 시대적 배경 탓이 클 것이다.[13]

## 1545년 인성왕후의 인종 유교와 행록

조선시대 여성이 국문으로 글쓰기를 했던 정황을 엿볼 수 있는 가장 이른 시기의 자료는 한동안 16세기 후반의 언간들로 알려져 왔다. 1571년에 정철의 어머니 죽산 안씨(竹山 安氏)가 시묘살이하는 두 아들에게 보낸 편지, 채무이(1537~1594)의 아내 순천 김씨(順天 金氏)의 무덤에서 발견된 편지 다발, 이응태(1556~1586)의 무덤에서 발견된 아내의 편지 등이 현전하는 가장 이른 시기의 언간 자료들이다. 왕실의 경우에도 『내훈』의 저자인 소혜왕후를 제외하면 모두 선조 때 이후의 인물들이다. 현전 자료만을 대상으로 할 때, 조선시대 여성의 국

13 송덕봉에 관해서는 김경미, 「조선 여성의 또 다른 삶 — 송덕봉」, 『여/성이론』 통권 제7호(여이연, 2002)와 송재용, 「송덕봉 문학 연구」, 『동아시아고대학』 28(동아시아고대학회, 2012)을 주로 참고했다.

문 글쓰기는 16세기 후반에 와서야 구체적인 모습을 드러냈다.

그런데 『조선왕조실록』에서 관련된 기사들을 살펴보면, 16세기 후반 이전 여성들의 국문 글쓰기가 예상보다 훨씬 활발하고 다양한 양상으로 전개되는 것을 확인할 수 있다. 앞서 살핀 궁녀들의 편지, 소혜왕후의 불교옹호 언서들도 그런 예다. 그 '언문'들은 『조선왕조실록』에 한문으로 번역되어 실렸기 때문에 국문 글쓰기의 실상을 파악하는 데 한계가 있지만, 그 내용과 용도를 짐작하기에는 큰 문제가 없다.

세조비 정희왕후 윤씨(貞熹王后 尹氏, 1418~1483)는 조선시대에 수렴청정을 했던 최초의 왕후다. 의지(懿旨) 또는 자지(慈旨)는 왕후의 전교를 가리키는데, 그것을 국문으로 작성하는 관례가 언제부터 어떻게 시작되었는지 아직 모른다. '왕비들은 대개 한문에 불통하니, 후대에 사신이 언문을 한문으로 번역한 것'이라 여겨졌다. 그런데 『조선왕조실록』에서 의지(懿旨) 또는 자지(慈旨)에 관해 기록할 때 '언문'이라는 별도의 표시가 없어도 왕후의 전교는 모두 국문으로 된 것이었다고 단정할 수 없다. 정희왕후가 수렴을 거둘 뜻을 처음으로 밝힌 글은 '언문일지'로 분명히 명시되어 있는데, 같은 날짜 성종실록에 기록된 정희왕후의 다른 전교들은 '의지'라고만 되어 있다.

정희왕후가 정무에서 물러난 이후 몇 년 동안 성종의 계비 윤씨를 폐위하고 사사하는 문제로 궁중이 소란했다. 그 과정에서 대비전의 '언문'이 빈번하게 『조선왕조실록』에 등장한다. 중전 윤씨를 폐하는 문제를 처음으로 대신들에게 제기한 것이 성종8년에 정희왕후의 '언문일지'였다. 성종10년 소혜왕후가 내린 국문으로 된 의지는 빈청에 모인 당상관들에게 중궁을 폐출한 연유를 전하는 내용이었다. 성종13년에 폐비 윤씨의 사사(賜死)가 결정되었을 때는 삼전(三殿)이 이를 지지하는 '언간'을 내렸다. 삼전이라 함은 세조비 정희왕후, 성종모 소혜왕후, 예종비 안순왕후(安順王后, ?~1498)를 가리킨다.

왕후의 언문의지가 가장 빈번하게 등장하는 것은 아무래도 왕후의 수렴청정 기간이다. 조선시대 수렴청정했던 왕후는 모두 6인으로, 횟수로는 7회다. 수렴청정하는 왕후들의 전교는 모두 국문으로 된 것이었다는 초기 연구도 있으나, 당시 수렴청정하는 왕후들의 전교가 항상 '언문'이란 별도의 단서를 달고 있진 않다.

명종비 인순왕후 심씨(仁順王后 沈氏, 1532~1575)의 경우, 명종이 위독할 때 하성군 선조를 후사로 삼는다는 전교를 내린 바 있다. 이에 관한 일련의 기사들에는 반드시 '언서로 답해 가로되[以諺書答(傳)曰]' 하는 식의 단서가 붙어 있다. 신하가 인순왕후에게 아뢰는 경우에도 '언서로 아뢰었다.[以諺書啓]' 라는 기록이 보인다. 야사에 따르면, 인순왕후는 선조 즉위 후 수렴청정하는 2년 동안 한자를 몰라서 애를 먹었다고 한다. 그 이야기가 얼마나 사실에 부합하는지는 알 수 없으나, 인순왕후의 경우 '능히 문자를 해독할 수 있었다.[能解文字]'라는 사신의 평을 들었던 문정왕후와는 차이가 있었음을 짐작게 한다.

여러 정황을 미루어 보건대, 『조선왕조실록』에 '언문'이라는 단서가 없는 경우에도 왕후의 '의지'가 모두 국문이었다고 단정하기는 어렵다. 특히 문정왕후가 '언문'이 아닌 당시 공식 '문자'였던 한자로써 정사를 처리했을 가능성을 완전히 배제할 수는 없을 것 같다. 수렴청정을 했던 왕후 6인을 기준으로 보면, 적어도 문정왕후의 시대까지 왕후의 의지가 '반드시' 언문으로 된 것은 아닐 가능성이 높다.

인종비 인성왕후 박씨(仁聖王后 朴氏, 1514~1577)는 당대에는 물론

후세에도 별반 주목받지 못했던 인물이다. 인종이 재위 8개월 만에 요절해 32세에 후사도 없이 청상이 되었다. 위로는 조정에서도 막강한 권력을 휘두르는 시어머니 문정왕후가 있었다. 그러나 인성왕후는 16세기 중엽 궁중 여성들에게 국문이 생활화되어 가고 있음을 대변하는 증인이다.

인성왕후의 국문 글쓰기에 관한 『조선왕조실록』의 첫 기사는 1545년 인종의 유교(遺敎)에 관한 것이다. 이 기사들은 인성왕후가 인종의 유교를 언문으로 기록했다는 사실만이 아니라, 중전이 왕의 임종 시 들었던 유교를 조정에 전달하는 구체적인 과정이 드러난다는 점에서도 주목할 필요가 있다.

7월 4일자 『조선왕조실록』에 기록된 '한자로 번역해 별지에 쓴' 유교가 인성왕후의 언문 유교 원본을 얼마나 충실히 번역한 것인지는 확인할 길이 없다. 다만, 언문일망정 글자로 '기록'되고 '봉함'하고 '서명'한 대행왕(大行王)의 유교를 번역하면서 함부로 문구를 보태거나 삭제해 유교문을 고치지는 않았을 것이다. 말하자면, 원문에 충실한 한문 번역이었을 것으로 짐작할 수 있다.

인성왕후의 국문 글쓰기는 대행왕의 유교를 '언서'로 옮기는 데 그치지 않았다. 영의정 등이 인성왕후에게 대행왕의 평소 언행과 덕을 알려 달라고 청해 인종의 행장 수찬(修撰) 과정에 간접적으로 참여했던 것이다. 인성왕후는 인종의 생전 가언(嘉言)과 선행을 적은 장문의 언서 한 장과 임종 시 유언을 적은 다른 언서 한 장을 내렸다. 인종의 평소 가언(嘉言)과 선행을 적은 언서 한 폭은 대단한 장문으로, 언문 행록이라 할 만하다. 전문(全文)은 여섯 단락 정도로 나뉜다. 이 언서는 행장 또는 행록을 기술한다는 의식이 없이 다만 대행왕의 가언과 선행을 기록하느라 그랬을 수 있지만, 전체적인 글의 구성이 왕의 일생을 기록하는 비지문의 일반적인 서술 관습에서 매우 멀다.

왕의 일생을 기록하는 남성 문인의 비지문은 '탄생→세자책봉→등극→집정기의 행적→죽음' 등 시간적 순서에 따라 서술되는 것이 일반적이다. 왕의 비지문은 대개 당대에 명망 있는 문장가가 짓는데, 이때 내용의 선택뿐만 아니라 글자 하나하나까지 신중을 기해야 하기 때문에, 자연히 그 글은 일정한 규식(規式)을 중시하게 되고 자칫 상투적인 표현으로 흐르는 경향이 있다. 즉 왕의 행실을 기록한 비지문들은 서술 순서나 표현에 있어서 일정한 틀을 갖고 있다. 탄생에서 죽음, 자손의 계보에 이르는 서술 순서뿐만 아니라, 왕과 왕실을 찬양하는 수식적 표현, 세자책봉과 왕위계승의 정통성 강조, 이상적 군주의 형상 등 내용과 형식상의 전형성이 두드러진다. 우참찬 신광한(1484~1555)이 지은 「인종대왕묘지문(仁宗大王墓誌文)」도 그러한 틀에서 벗어나지 않는다.

그런데, 인성왕후의 언문 행록 제작은 단지 행장 수찬에 필요한 자료를 제공한다는 목적에서 쓰인 것이므로, 행장의 정해진 틀에서 상대적으로 자유로울 수 있었다. 인성왕후가 행록을 쓴다는 의식이 없었기 때문일 수도 있고, 행장 등 비지문의 관습에 익숙하지 않아서일 가능성도 충분히 있다. 그러나 그 때문에 인종이 어떤 사람이었던가를 더욱 생생하게 전달할 수 있었다.

인성왕후가 지은 인종의 언문 행록이 현재 '언문' 자료로 현전하는 것은 물론 아니다. 승지 등이 한문으로 번역했고, 그 번역문이 『조선왕조실록』에 기재된 것을 현재 확인할 수 있을 뿐이다. 왕대비가 써서 내린 대행왕에 관한 기록을 승지가 함부로 개작하지는 않았을 것이므로, 내용은 동일하다고 믿어도 좋을 것이다. 우참찬이 대행왕의 묘지문을 지을 때 인성왕후의 언문 행록을 참고했을 개연성은 충분히 있다.

인성왕후가 지은 인종의 언문행록은 16세기 중엽에 왕후의 언문 글쓰기가 비록 간접적이긴 하지만, 왕실의 행장 및 지문의 수찬 과정에 관여하고 있음을 증명한다. 조선시대에 왕후가 왕실 사람들에 관한 기억을 언문으로 기록한 사례는 인성왕후가 처음은 아니다. 성종이 죽은 1495년에 성종비 정현왕후(貞顯王后, 1462~1530)가 성종의 행장수찬을 위해 언서를 내렸다는 기록이 있다. 한편, 인성왕후는 인종이 세자 때 지었던 한시 수 편과 중종에게 바치는 제문 등을 정리해 어제초고(御製草稿) 8폭을 내려서 『인묘어제(仁廟御製)』 편찬에도 관여했다. 『인묘어제』는 현재 전하는 최고(最古)의 어제집이다.

인종의 행록 외에, 인성왕후가 왕실 가족들의 행적을 기록한 사례가 두 차례 더 있다. 중종비 문정왕후와 명종비 인순왕후가 세상을 떠났을 때, 인성왕후는 그들의 행적을 글로 써서 내렸다. 명종이 이미 어머니의 행록을 지어 며느리로서 문정왕후의 행적을 기록하는 것이 의무는 아니었으나 인성왕후가 그 임무를 자청했던 것이다.

왕후들이 내린 '언문'은 『조선왕조실록』에 한문으로 번역되어 실려 이를 자료로 활용하는 데는 명백한 한계가 있다. 그러나 전문을 싣지 않고 요지만을 전할 때는 '기서약왈(其書略曰)' 하는 식으로 전체 인용과 구분하는 것이 일반적이었다. 여러 가지 정황상 『조선왕조실록』에 전하는 왕후들의 '언문'은 적어도 그 내용과 용도에 관한 한 신빙성이 있다고 볼 수 있다.[14]

## 1591년 난설헌문집과 유성룡의 서문

여성문인에 대한 평가는 일차적으로 그 개인의 문학에 대한 것이지만, 여성문학 일반에 대한 평가로 쉽게 등치된다. 그것은 평자 개개인의 여성문학인식을 반영하는 것이면서, 동시에 그들이 속한 시대의 보편적 인식을 대변한다. 특히 여성의 언어문자생활에 대한 규제가 윤리규범의 형태로 엄연히 존재했던 시대에는, 규방여성의 시작(詩作) 활동이 갖는 의미가 개인의 취미나 능력의 문제를 종종 넘어선다. 여기서 유의할 점은, 조선에서 공식적으로는 "여자는 역대 국호와 선대 조상의 명자(名字)나 알면 족하지, 문필의 공교함과 시사(詩詞)를 아는 것은 창기의 본색이지 사대부 집안의 취할 바가 아니다."란 관념이 지배적이었지만, 그 이면은 그렇게 단선적이지 않았다는 점이다. 규방여성의 문학활동을 규제하는 공식적인 발언이 이어지는 가운데서도, 개인이나 가풍의 간과할 수 없는 차이와 긴 시간 동안의 적지 않은 변화가 있었다.

여기서는 조선시대 여성문학인식의 지속과 변화를 보여 주는 대표적인 예로서, 난설헌 허씨(蘭雪軒 許氏, 1563~1589)에 대한 평가의 추이를 살핀다. 허난설헌 또는 허난설헌 문학에 대한 조선시대 남성문인들의 평가는 긍정과 부정으로 대별된다. 허난설헌 연구는 대단히 많은데, 16세기 말에서 19세기까지의 짧지 않은 시간 격차를 고려하지 않고 이 자료들을 공시적 현상으로 다루는 경향은 문제가 있다.

---

14 이 글은 이경하, 「15~16세기 왕후의 국문 글쓰기에 관한 문헌적 고찰」의 일부를 개고한 것이다.

남성중심의 시각도 역사적으로 지속될 뿐 아니라 변화한다. 20세기의 새로움이 어느 날 갑자기 주어진 것은 아니다.

심수경(1516~1599)으로부터 황현(1855~1910)에 이르기까지 20인의 남성문인의 기록을 토대로 난설헌에 대한 평가의 역사적 추이를 일반화해 보면, 16~17세기는 긍정적 평가와 부정적 평가가 혼재하고, 18세기의 평가는 대체로 부정적이며, 19세기 후반에는 긍정적인 평가가 주를 이룬다. 여기에는 여러 요인이 있다.

27세로 요절한 허난설헌은 자기가 썼던 원고들을 다 태워 없애라고 유언했다. 허난설헌의 시가 일부라도 세상에 전해진 것은 남동생 허균(1569~1618)에 의해서였다. 난설헌은 선조 때 대문장가 집안의 딸이었다. 남동생 허균은 두말할 것 없고, 아버지 허엽과 둘째 오빠 허봉 역시 당대의 석학과 천재적 문장가로 유명하다. 난설헌은 허봉의 영향을 많이 받았다. 허균은 요절한 누님의 시적 재능을 누구보다 아까워하며 시문집 간행을 위해 애썼다.

1589년에 난설헌이 죽고, 허균이 유성룡(1542~1607)에게 발문을 받아 원고정리와 편집을 끝낸 것이 1591년이다. 이 장 제목의 1591년은 허균이 『난설헌집(蘭雪軒集)』의 발문을 유성룡에게 받아 편집을 끝낸 때다. 임진왜란 때 그 원본을 분실했다가 우여곡절 끝에 최초로 『난설헌집』을 간행한 것이 1608년으로 추정된다. 난설헌 시문집의 발문을 쓰면서 극찬을 아끼지 않았던 유성룡 역시, 난설헌 시문에 대한 긍정적 견해를 가진 심수경과 마찬가지로 난설헌과 동시대 사람이다. 유성룡은 발문에서 난설헌의 시가 대체로 성당시(盛唐詩)에 버금갈 만큼 뛰어나다고 칭송했다. 처음 시고(詩稿)를 받아 보았을 때 "이상하도다, 부인의 말이 아니다"라고 한 것은 그만큼 난설헌의 시문을 높이 평가했음을 의미한다.

난설헌을 부정적으로 평가하는 이수광(1563~1628)은 난설헌과 같은 해에 태어나서 허균 사망 이후에 10년을 더 살았다. 이수광은 난설헌을 가리켜 '근대의 규수작가 가운데 으뜸'이라고 평하면서도 남편 김성립과의 불화설, 표절 및 위작설 등을 주장했다.

난설헌과 동시대를 살았던 문인들은, 평가가 긍정적이든 부정적이든, 난설헌을 개별적 자아로서 평가하는 경향이 강하다. 표절과 위작을 의심하고 시풍을 문제 삼는 부정적 평가의 경우에도, 난설헌은 난설헌 개인일 뿐이고 그녀의 시 창작 행위를 부녀자 일반의 문학활동을 경계하는 논거로 삼지는 않았다.

그보다는 난설헌이 허균의 누이라는 사실이 난설헌의 부정적 평가에 영향을 미치는 듯하다. 신흠(1566~1628)도 표절 및 위작설에 무게를 두었는데, 그 혐의를 허균에게 두고 있다. 이수광과 신흠은 난설헌이 표절을 의심받는 유선시(游仙詩)의 주요 남성 작가일 뿐 아니라, 16세기 후반~17세기 초반에 난설헌 남매와 동시대를 살았고 역모죄로 인한 허균의 죽음을 지켜본 사람들이다. 그들의 정치적 색깔이 허균과는 매우 달랐다.

17세기에는 난설헌의 시문이 세상에 유포되면서 뛰어난 시재로 명성이 높아지는 동시에 이에 관한 시시비비도 그만큼 무성해진다. 그중 김만중(1637~1692)은 표절과 위작설을 일부 긍정하지만 그 책임을 난설헌 문집을 편찬한 허균에게 돌리고, 난설헌에 대해서는 '일대(一代)의 혜녀(慧女)'로서 그 재주를 인정하고 있다. 신흠, 이수광, 김시양, 홍만종 등 난설헌에 대해 부정적인 입장에 섰던 평자들의 경우를 보아도, 그 논지가 여성의 문학활동에 대한 부정으로 일반화되지는 않았다.

개별적 자아로서의 난설헌에 대한 평가가 여성 일반의 문학활동에 대한 평가로 귀결되는 것은 18세기다. 특히 홍대용(1731~1783), 박지원(1737~1805), 이덕무(1741~1793)는 대여섯 살 터울의 동시대인으로 18세기 후반 상층 남성 지성인을 대표하는 인물들인데, 난설헌에 대한 이 세 사람의 부정적인 논조가 대단히 닮았다. 그러나 표면적으로 드러나는 이념의 강화 양상은 거꾸로 규범이나 명분이 점점 힘을 잃어가는 현실을 반영하는 것이다. 한문학사에서 허난설헌만큼 대단한 명성을 누리지는 못해도, 18세기에는 윤지당 임씨(允摯堂 任氏, 1721~1793)나 삼의당 김씨(三宜堂 金氏, 1769~1823)처럼, 일정한 성취를 이룩한 여성들이 규방에 여럿 있었다는 점을 함께 기억할 필요가 있다.

여기서 특별히 주목해야 할 점은 평가가 긍정적이든 부정적이든, 비평의 대상인 허난설헌이 개별적 자아로서 거론되는가 아니면 부녀자 일반을 대표하는 보편적 자아로서 거론되는가 하는 점이다. 16~17세기의 평가가 난설헌이라는 호를 가진 개인에게 초점을 맞추는 데 반해, 18세기에는 난설헌에 대한 평가가 여성 일반의 시작(詩作)에 대한 경계로 귀결되고 있다.

19세기에 신위(1769~1847)는 우리나라 시를 논한 절구 35수 가운데 제30수에서, 난설헌 평가의 다난함을 시 한 수로 요약했다. 난설헌이 저승길에서 광한궁을 가리키며 웃는다고 했는데, 이것은 난설헌의 문학이 세속적인 시시비비를 넘어서 있다는 신위의 평가로 볼 수 있다. 신위는 이 시 뒤에 주석을 붙였는데, 난설헌 시의 위작설과 표절설에 대해서는 '가소롭다'는 한 마디로 소문을 일축했다.

이후 한국한문학사의 마지막을 장식하는 대가 김택영(1850~1927)은 동방의 시사(詩史)를 논하며 백광훈, 권필 등의 대열에 '난설헌 허부인'을 나란히 올렸다. 황현 역시 난설헌을 조선의 대표적인 시인 14명에 포함시켜 점필재, 삼연 등의 남성문인들과 대등하게 평가했다. 이렇게 19세기 후반에 이르면, 난설헌은 조선 한시사(漢詩史)에 독보적인 '규수시인'일 뿐 아니라 뛰어난 '시인'으로 인정받게 된다.

그러한 평가가 이어져, 허난설헌은 20세기 전반에 한국여성문학사의 대표적인 여성시인으로 자리매김한다. 나아가 20세기 후반에는 페미니즘 비평의 흥기 속에서, 허난설헌은 '여자로 태어난 한'을 노래한 불행한 여성시인의 전형으로 재해석되기에 이른다. 허난설헌 평가의 사적 변화는 여성의 언어문자생활을 지배했던 기존의 남성지배질서가 중세적 이념으로 재무장하는 것만으로는 막을 수 없는 시대적 변화로서, 젠더권력관계가 그처럼 변화 지속되는 과정을 상징적으로 보여 준다.[15, 16]

---

15 이경하, 「'허난설헌'을 보는 눈, 그 변화와 지속」, 『(계간) 여기(女氣)』(창간호, 2004)의 일부를 개고한 것이다. 이 밖에 이숙인, 「허난설헌: 동인(東人)의 누이, 소문을 타다」, 『내일을 여는 역사』 55(민족문제연구소, 2014)도 참조하기 바란다.

16 허난설헌의 논란이 많은 유명 작품 중에 「광한전백옥루상량문」이 있다. 작품의 주요 내용은 천상계(天上界)의 모습과 그곳에서 노니는 도교에서 믿는 신선을 묘사하고, 옥루(玉樓)의 현판이 없음을 아쉽게 여겨 상량문을 짓는다는 것이다. 이 작품은 난설헌이 8세 때 지었다 한다. 학계뿐만 아니라 소설과 뮤지컬 등 대중에게도 잘 알려져 있다. 그러나 이 작품이 문학적 기교와 관용적 표현이 많아 8세에 지었다는 주장은 사실이 아닐 것이라는 의심이 꾸준히 제기되어 왔다. 이에 관한 연구로, 최근 대표적인 것이 이철희, 「난설헌시집 수록 산문 2편의 저자 및 저작 시기에 대한 검토」, 『동양한문학연구』 58(동양한문학회, 2021)이다. 이 논문에서 그는 8세 저작설이 중국에서 기원했으며, 김성립 순국설 등 다른 잘못된 정보와 함께 늦어도 19세기에 조선에 역수입되었고 20세기에 보편화되었다고 주장한다.

# 3장 『병자일기』의 시대

1603년 선조가 정숙옹주에게 보낸 중국소설 「포공안」 1질

1606년 수륙회와 서사무가

1623년 『어우야담』 「일타홍 이야기」와 여성 주인공 전

1636년 남평 조씨의 『병자일기』와 전쟁과 여성

1668년 『매창집』의 간행과 기녀한시와 시조

1680년 김수항의 딸 안동 김씨와 장흥효의 딸 안동 장씨

'『병자일기』의 시대'는 문자의 면에서 상층 여성이, 또는 상층 여성에게 한글로 편지나 일기 쓰는 것이, 즉 한글을 이용한 실용적 글쓰기가 자연스럽던 시대다. 중국소설을 읽었지만, 아직 여성에게 한글이 문학 창작의 수단이기 이전이다. 한문과 한글, 번역과 창작, 장르, 이념 등이 여러 면에서 혼용되어 있었다. 여성담론의 면에서 보면, 유교가 조선식으로 변해가고 있었고, 성리학적 이념이 민중에게도 퍼져가는 시대였다. 김수항 딸 안동 김씨와 장흥효 딸 안동 장씨의 삶의 기록은 문학적으로 전혀 특별할 게 없지만 당시의 일반적인 사대부가 여성의 삶을 대변한다.

선조가 정숙옹주에게 중국소설을 보낸 것은 하나의 예에 불과하다. 왕뿐만 아니라 상층이라면 누구나 중국소설을 읽었고 여성도 예외는 아니었다. 『병자일기』는 한글로 쓰이기도 했고, 초기 야담에도 실린 여성 관련 이야기가 많았다. 기녀인 매창은 사실 한 세기 전의 사람인데, 『매창집』이 뒤늦게 간행되었다. 한편 구비문학은 주술적 무속과 함께 서사무가가 당시도 성행했다.

## 1603년 선조가 정숙옹주에게 보낸 중국소설 「포공안」 1질

"「포공안」 한 질을 보내니 부마에게 주어라. 「포공안」은 괴망한 책이니 한가로움을 보내면서 한 번 웃을 뿐이다." 선조가 정숙옹주(貞淑翁主, 1587~1627)에게 중국소설 「포공안(包公案)」 1질을 보냈다는 한글 편지가 전한다. 임금이 여성에게 글을 쓸 때도 한글로 쓰는 게 원칙이었다. 비록 「포공안」은 명나라 소설이지만 임금이 딸을 시켜 부마에게 보라고 전했다는 것이 흥미롭다.

조선전기에는 가전·전기 등 전대의 서사문학적 전통과 중국 소설의 영향 아래에서 『금오신화』와 같은 한문 전기체 소설들이 생산되었을 뿐 아니라, 몽유록계 소설, 「수성지」 등 마음을 의인화한 천군소설 등이 창작, 향유되었다. 관(官) 주도로 중국소설이 원문으로 혹은 번역되어 출판되었는데, 16세기까지 『전등신화』, 『삼국지연의』 등 많은 중국 소설류의 작품들이 간행되었다. 『삼국지연의』는 1569년 선조실록 기사에서 언급되고 있어 이미 널리 유행했음을 알 수 있다. 한편 「설공찬전」 등 인기 소설이 한글로 표기, 유통되었음도 확인된다.

효종비 인선왕후 장씨(仁宣王后 張氏, 1618~1674)가 숙명공주에게 보낸 국문편지에도 중국소설 「녹의인전(綠衣人傳)」, 「하북이장군전(河北李將軍傳)」, 「수호전(水滸傳)」을 돌려보는 상황이 적혀 있다. 조태억의 「언서서주연의발(諺書西周演義跋)」에서는 17세기 서울의 부녀자들이 중국소설 「서주연의」 등을 한글로 번역해 돌려보는 상황이 보인다. 또한 이 시기 이만부의 기록에서 사대부 부녀자가 '언문소설'을 소리 내서 읽다가 나무람을 당한 일이 확인된다.

권섭의 어머니 용인 이씨(龍仁 李氏, 1652~1712) 가족은 고부와 모녀가 함께 국문소설을 탐독하고 필사하던 대표적인 모델이다. 1712년 숙종 때 용인 이씨가 죽는데, 생전에 필사한 소설책을 자손들에게 나누어 준 기록에서 「소현성록」, 「한씨삼대록」, 「소씨삼대록」 등 소설필사목록이 발견되어 17세기 안동 권씨가의 소설 탐독과 필사가 밝혀졌다. 안정복의 어머니 전주 이씨(全州 李氏, 1694~1767)는 '문자를 배우지는 못했으나 역사 이야기를 좋아했고 언문소설 수백여 권을 읽었으며 종신토록 그 이야기를 잊지 않았다.'고 한다. 김만중의 어머니 해평 윤씨(海平 尹氏, 1617~1689)가 언문소설을 좋아했다는 것도 잘 알려진 사실이다. 김만중은 유배 시 어머니의 근심을 위로하기 위해 「구운몽(九雲夢)」을 지었다. 조성기는 어머니가 만년에 소설 듣는 것을 좋아해 「창선감의록(彰善感義錄)」 등 소설을 몇 편 지었다고 한다.

조성기의 「창선감의록」 창작설을 부인하는 연구도 있다. 이 소설은 한문본, 국문본은 물론, 20세기 초까지 여러 형태의 이본으로 인쇄되기도 했다. 「창선감의록」은 사실적이란 평가도 있지만 대체로 규범을 강조하고 체제유지적인 권선징악적 소설로 간주된다. 이는 소설을 교화의 수단으로 여기던 당대의 관념을 반영한 것이다. 여러 이본 간에는 인물 형상화나 주제의식에 차이가 있으나, 규방소설 또는 가정소설의 대표작임은 분명하다.「최척전(崔陟傳)」,「주생전(周生傳)」 등 남성 지식인이 쓴 사실주의적인 한문소설과는 확연히 궤를 달리한다.[17]

「구운몽」은 내용이 널리 알려져 있으니, 여기서는 후대에도 많이 읽히고 영향도 많이 끼친, 당대의 또 다른 대표 작품인「소현성록(蘇賢聖錄)」의 한 장면을 살펴본다. 줄거리가 너무 복잡하고 길어 여기서는 생략하지만, 소씨 집안에서 벌어지는 가족 간의 갈등을 주로 다룬 소설이라는 점만 밝힌다.

> 셕 부인이 (중략) ᄉᆡᆼ[소운성]이 종시 공주게 은ᄋᆡ 업ᄉᆞᄆᆡ 찬물의 바돌 갓ᄒᆞ물 근심ᄒᆞ여 일일은 (중략) 탄왈 네 말이 이럿틋ᄒᆞᄂᆞ 오ᄅᆡ지 안이ᄒᆞ야 ᄃᆡ화 나리니 공쥬 어질고 식식순박ᄒᆞ거ᄂᆞᆯ 네 무단이 박ᄃᆡᄒᆞ리요 ᄉᆡᆼ이 탄식 ᄃᆡ왈 넷 부인은 자식을 소기지 안ᄂᆞᆫ다 ᄒᆞ엿ᄉᆞ온ᄃᆡ ᄐᆡᄐᆡᄂᆞᆫ 이럿틋 쇼ᄌᆞ을 ᄃᆡᄒᆞᄉᆞ 착하지 못ᄒᆞᆫ ᄉᆞᄅᆞᆷ을 착ᄒᆞ다 ᄒᆞᄉᆞ 금슬을 권ᄒᆞ니 쇼자의 바라던 ᄇᆡ 아니로 쇼이다[18]

---

17 「창선감의록」에 대해서는 진경환,「〈창선감의록〉의 사실주의적 성격과 낭만적 구성」,『고전문학연구』6(한국고전문학회, 1991); 이지영,「한문본 〈창선감의록〉의 변이와 독자의 소설향유방식」,『고소설연구』14(고소설학회, 2002); 이지영,「조성기 사유와 〈창선감의록〉 작자의식의 간극에 대하여」,『고전문학연구』38(한국고전문학회, 2010)을 주로 참고했다.

18 임치균,「〈소현성록〉의 여성 인물 연구: 색(色)과 덕(德)의 관련성을 중심으로」,『국학연구론총』18(택민국학연구원, 2016), p. 19.

이것은 소운성과 석부인의 대화이다. 소운성과 결국 혼인하고 소운성의 사랑을 한 몸에 받는 형 소저는 색과 덕을 겸비한 인물이다. 소현성이 주변의 추천으로 석 소저를 만나는 유교적 이념에 충실한 인물이라면, 소운성은 사랑에 따라 행동하는 인물이다. 그 사랑을 방해하는 사람이 명현 공주다. 인용문에서 말하는 공주가 바로 이 명현 공주다. 형 소저는 모든 일이 자기 탓이라며 자살 시도를 하는 등 세 번 죽을 위기에 처한다.

「소현성록」은 상층 집안인 소씨 가문 사람들의 평범한 일상생활을 보여 준다. 대가족 속에서 부부들의 이런저런 모습, 자식들로 인한 갖가지 문제들, 아침저녁 문안 시 가족 간의 담소, 답답한 규방 생활, 계층을 초월한 자매애 등, 규방 여성의 삶을 구체적으로 제시한다고 평가된다. 특히 이 작품에는 부부갈등이 주를 이룬다. 예를 들어, 사소한 오해로 인한 불화, 냉대와 침묵, 이혼 지경에서 아이를 빙자한 주변인들의 회유 등, 조선시대에도 그랬을까 싶을 만큼 사실적이다. 글의 초점을 집 밖보다는 집 안에 두고 있다. 이런저런 이유로 이 소설은 여성주의적 — 현대의 기준에는 당연히 못 미쳐도 — 이란 평을 받는다.[19]

17세기부터 19세기까지 향유된 국문 장편소설은 현재 발견되는 작품만 약 60여 작품이 있다. 이들은 방대한 서사에 다양한 전고(典故)들을 활용하고 있다. 예를 들어, 반악(潘岳)의 외모에 얽힌 이야기

19 「소현성록」에 대해서는 정창권, 「〈소현성록〉의 여성주의적 성격과 의의: 장편 규방소설의 형성과 관련하여」, 『고소설연구』 4-1(고소설학회, 1998); 임치균, 「〈소현성록〉의 여성 인물 연구: 색(色)과 덕(德)의 관련성을 중심으로」, 『국학연구론총』 18(택민국학연구원, 2016) 등을 주로 참고했다.

로 잘생긴 남성을 비유한다. 17~19세기에 꾸준히 읽힌 12편의 국문 장편소설에서 540여 개의 전고가 활용되고 있음이 한 논문에서 드러났다. 여기에 활용되는 전고는 『논어』, 『맹자』 등의 경전, 좌구명의 『국어(國語)』, 『사기(史記)』, 『십팔사략(十八史略)』 등의 역사서, 『열녀전(列女傳)』, 『명심보감(明心寶鑑)』 등의 수신서, 『세설신어(世說新語)』와 같은 일화집, 한시 입문서 『백련초해(百聯抄解)』 같은 문학작품 등 다양하다. 또한 그 전고들이 대개 두 작품 이상에서 사용되며, 작품에 따라 편차를 보이고 있다. 전고를 활용하는 것은 소설뿐 아니라 어느 장르나 그 시대 문학 창작의 한 방식이었다.[20]

## 1606년 수륙회와 서사무가

『조선왕조실록』에 보면, 선조39년 6월 2일에 "이 날 도성의 남녀들이 철시까지 하고 수륙회(水陸會)로 몰려가는 등 문제가 되었고, 이에 대한 논란이 조정에서 며칠간 계속되었다."는 기사가 있다. 수륙회란 구천을 떠도는 망자를 위한 불교제의로 이해하면 된다. 또한 시기가 이보다 조금 앞서긴 하지만, 양반 이문건(1494~1567)은 『묵재일기』에서 "죽은 아들의 칠칠일에 아랫집 남쪽 뜰에서 야제(野祭)를 지냈다. 화원(花園)에서 온 무녀가 굿을 하는데, 위아래 대청에서 모두

20 국문 장편 고전소설의 전고에 관해서는 최수현, 「국문장편소설의 전고(典故) 운용 전략과 향유층의 독서문화 연구」, 『한국고전연구』 36(한국고전연구학회, 2017)을 주로 참고했다.

들 곡을 하였다. 나는 대청에 있었는데 귀가 조용하지 못하였다."라고 적고 있다. 이러한 풍경은 당시로서 보편적인 것이었고 조선후기까지도 지속되었다. 여기서 말하는 죽은 사람을 위한 굿이란 무엇일까? 이와 가장 관련된 작품이 구비문학인 「바리공주/바리데기」(이하 「바리」로 약칭)이다.

「바리」는 구술 전승과 문자 기록의 경계에 있는 구비문학이자, 굿판에서 불리는 이야기노래, 즉 서사무가이면서 다양한 기원을 가지고 현대에도 계속 변화하는 고전으로서, 내용상 이승과 저승, 가부장적 문명의 경계에서 서성이는 한국의 신화다. 「바리」는 종교 텍스트이면서 문학 텍스트다. '서사(敍事)/무가(巫歌)'는 무당이 주관하는 굿의 일부란 점에서 종교의례에 속하고, 그 내용이 어떤 인물을 주인공으로 한 사건의 전개를 다룬다는 점에서 서사문학으로 분류된다.

굿과 무가가 현재와 같은 형태를 이루게 된 것이 어느 때부터인지는 알 수 없다. 관련 기록이 많지 않아서 그 시기를 오래전으로 소급하지는 못하지만, 최소한 18세기 말에는 오늘날 굿의 형태와 무가 사설이 거의 정착되었을 것으로 파악된다. 조선후기 대표적 문인 가운데 한 사람인 이옥이 「봉성문여」에 남긴 당시 경상도 굿의 현장이 오늘날 무가에서 구연되는 사설과 거의 일치하고, 「최생원전」에서 언급되는 서울지방 굿의 거리명칭이나 성주, 말명, 군웅, 삼신, 제석 등 신의 직능도 오늘날 무가와 대단히 유사함이 확인되었다. 또한 1825년 또는 1885년에 제작된 『무당내력』에 소개된 굿거리의 명칭과 순서, 성격 등도 현대 서울지방 열두거리굿과 완전히 일치한다. 굿에도 종류가 다양한데, 목적에 따라 기복(祈福), 치병(治病), 사령(死靈), 무신(巫神)을 위한 의례로 구분할 수 있다. 죽은 사람의 넋을 위로할 목적의 굿이 사령 의례다. 예를 들어, 지역에 따라 서울의 진오기(진오귀굿), 강원·영남의 오구굿 등이 있다.「바리」가 구연되는 현장이 바로 이러한 사령 의례, 즉 넋굿이다.

「바리」 무가는 소개된 각편만 90편이 넘는다.「바리」 텍스트는 별도의 전집이 나올 만큼 채록된 각편의 수가 많다.「바리」는 제주도를 제외한 한반도 전역에서 전승되는 무가다. 여러 제목으로 채록되었는데, 20세기 말에 학계와 예술계에서 「바리」 텍스트가 유명해진 뒤로는 '바리공주'와 '바리데기' 두 명칭이 널리 통용되고 있다.

일반적으로 알려진 「바리」의 줄거리는 중부와 동해안 두 지역의 각편들을 기준으로 한 것이다. 딸이라는 이유로 버려진 여주인공, 죽을병에 걸린 부모, 자기를 버린 부모를 살리기 위한 구약여행, 낯선 서천서역행의 시련과 인내, 가엾은 영혼들의 구원, 신성계 인물과의 결혼과 아들형제 출산, 생명수를 얻어 귀환, 부모의 소생. 이것이 기본 뼈대인데, 서사의 강조점과 세부적인 장면 묘사는 지역과 각편에 따라 편차가 있다.

「바리」 여주인공의 이름이 대체로 중부 지역에서는 바리공주, 동해안 지역에서는 바리데기로 나타나는데, '-공주'와 '-데기'라는 명명에서 풍기는 미묘한 차이는 「바리」의 인물과 서사의 방향에서도 확인된다. 즉 중부 지역의 '바리공주'와 동해안 지역의 '바리데기'는 인물의 성격과 서사의 핵심적인 문제의식 면에서 차이가 있다. 신성성이 좀 더 부각된 중부 지역의 텍스트가 무조신 혹은 저승신이 되는 바리를 통해 죽음에 대한 문제의식을 풀어 간다면, 문학성이 좀 더 확대된 동해안 지역의 텍스트는 버려진 딸 바리를 통해 가부장적 사회에서 소외된 여성의 존재에 대한 문제의식에 더 집중한다.

서사무가 「바리」는 전통사회에서 굿판이 가부장적 지배질서의 논리를 재생산하는 교육의 장이면서, 동시에 현실의 지배논리가 전복될 수 있는 서사 공간이었음을 보여 주는 사례다. 가부장적 질서가 공고화된 중세문명 속에서, 서사무가는 굿판에 참여한 여성들에게 여성이 남성에게 종속된 존재라는 가부장적 논리를 가르치고, 그 결과 여성들을 부당한 현실에 순응하게 만드는 기능을 수행했다. 그러나 동시에 여성이 가진 근원적인 힘에 대한 긍정적 시선으로, 지배논리를 뒤집은 전혀 새로운 세상에 대한 상상을 가능하게 한 문학적·종교적 공간이기도 했다.

무속과 여성의 친연성으로 인해, 서사무가에는 유독 여성을 주인공으로 한 이야기가 많다. 서사무가는 기본적으로 신의 내력을 풀이하는 이야기노래라는 점에서 주인공은 모두 결말에서 신으로 좌정하게 되지만, 여기에 등장하는 여주인공들의 행적은 많은 경우 전통사회의 보편적인 인간 여성의 삶과 문제의식을 대변한다. 굿판에 참여하는 여성들의 집단 무의식이 무속서사시 속에 투영된 결과라고도 말할 수 있다. 「바리」 서사에도 굿판에 참여하는 청중 대다수인 전통사회의 여성들이 공감할 만한 그들 자신의 삶이 녹아 있다.

주인공 바리가 자신을 버린 아버지와 아버지의 나라를 구한 결말을 두고, 이것이 가부장적 질서의 회복인가, 새로운 질서의 창조인가에 대한 해석의 차이가 크다. 바리는 생명수를 구하기 위해 온갖 시련을 감내했지만 그 결과가 불라국을 소생시키는 데 기여했으니, 결국 아버지 나라의 질서에 철저하게 복종하고 협조한 공모자에 불과하다고 해석해야 할까? 아니면 바리가 나라의 반을 떼어준다는 오구대왕의 제안을 사양하고 저승세계를 관장하는 신이 되었으니, 새로운 세계의 주인이 되었다고 평가해야 할까? 무가치하다고 여겨서 버린 딸이 아버지와 이 세계에 다시 생명을 불어넣었다는 설정은 여성의 정체성을 긍정적이고 희망적으로 해석하게 한다.

「바리」에서뿐 아니라 「청정각시 도랑선비」 등 서사무가에서 흔히 발견되는 설정은 가부장적 문명사회에서 남녀의 보편적인 역학관계를 반영함과 동시에 그것을 뒤집고 있다. 서사무가에는 여성의 정체성에 관한 전혀 다른 시각들이 공존한다. 갖은 신체적 고통을 감내하다 결국 목을 매어 자결하는 청정각시의 서사는 남성에 대한 여성의 종속성을 주입한다. 그런가 하면 제주도 「송당본향당본풀이」에서 포태목(胞胎木)의 열매를 삼키고 잉태했다는 한라산의 이씨할망처럼, 임신과 출산이라는 여성 고유의 능력을 대모신적 권능으로 묘사하면서 가부장적 질서 이전의 오랜 기억을 되살리기도 한다.

바리가 불쌍한 영혼들을 저승길로 인도하고 죽은 아버지를 되살릴 수 있었던 힘은 생사여탈권을 쥔 원시 대모신의 권능과 상통하는 데가 있다. 저승신과 무조신으로서의 바리 이야기가 무당의 지위가 한껏 높았던 원시·고대의 기억을 전승한 것이라면, 가부장적 사회에서의 보편적인 여성의 삶에 대한 문제의식을 담은 바리 이야기는 남성에 대한 여성의 종속성이 고착된 중세문명에 대한 비판적 인식을 반영한 것으로 볼 수 있다.

「바리」는 민속학, 구비문학, 비교신화학, 종교학, 교육학, 페미니즘, 현대예술 등 여러 분야에서 관심을 갖는 텍스트다. 「바리」는 더는 서사무가라는 '옛것'으로서의 고전에 한정되지 않고, 국어 교과서에 수록되고 21세기 문화콘텐츠 사업이 주목하는 원천콘텐츠로서 '고전'이 되었다.

최하층인 무당이 부르고 일반 백성이 향유했던 「바리」 서사가 20세기 후반에 대표적인 한국 신화로 재평가된 현상은 하나의 텍스트가 한 사회의 가치 있는 고전으로 재구성되는 과정을 잘 보여 준다. 그것은 「바리」 신화에 내재한 어떠한 요소가 특정한 사회적·문화적 배경 속에서 가치 있는 것으로 재발견되고 재해석되는 과정이었다. 20세기 말에 학계에서나 예술계에서 「바리」 텍스트에 대한 새로운 해석과 재창조의 시도가 활발하게 이루어진 데는, 새로운 세기를 시작하는 시점이라는 시대적 특수성도 한몫했을 것이다.[21]

## 1623년 『어우야담』 「일타홍 이야기」와 여성 주인공 전

「일타홍 이야기」는 일타홍이란 기생과 심희수(1548~1622)와의 사랑 이야기로 유명한 야담이다. 일타홍이 실존인물인지는 모른다. 심희수가 1606년 선조 때 좌의정이 되었는데 일타홍이 그 인물을 알아봤다 해 여성 지인지감(知人之鑑) 이야기로도 유명하다. 『어우야담(於于野譚)』과 『천예록(天倪錄)』에 실리는 등 여러 야담집에 34편이나 실렸다. 그런데 야담집마다 인물 묘사나 사건 설정이 많이 다르다. 이 절의 제목인 해 1623년은 『어우야담』의 편찬자 유몽인이 죽은 해다. 일타홍 이야기라고 하면 흔히 『동패낙송(東稗洛誦)』 계열을 치니, 여기서는 그것을 중심으로 대강의 이야기를 보면 이렇다.

21 서사무가 「바리」에 관해서는 이경하, 『바리데기』(돌베개, 2019)의 일부를 개고한 것이다.

심희수는 명문가에서 태어났지만 자라서 벗들과 어울려 노는 것이 일상이었는데, 어느 날 기생을 희롱하다 미모와 가무를 겸비한 일타홍을 만난다. 이때부터 이팔청춘 일타홍과 심희수는 함께 지내는데, 일타홍은 기생 생활을 청산하고 심희수에게 글공부에 전념할 것을 요구했다. 정실부인과 혼인을 한 뒤에도 심희수는 일타홍만을 사랑했다. 일타홍은 심희수가 자신에게 너무 빠져 공부가 방해받을까봐 '과거에 급제한 뒤에 나를 찾으라'는 편지를 두고 집을 나왔다. 이후 심희수는 공부에 더욱 정진해 일타홍과 다시 만난다. 그리고 10년 후 일타홍이 죽는다.

일타홍 이야기는 일타홍의 지인지감을 부각시키기 위해 심희수의 처지는 더 열악하게 묘사하고, 야담집 후대로 갈수록 합리성을 추구하는 경향이 있다. 심희수는 초기 야담집에서 '선동(仙童)', '천선(天仙)'으로 묘사되는 준수한 인재였는데, 점차 "사람들이 아름답게 칭했다."라고 간접적으로 언급하다가, 후대에는 이름 석 자만 표시하거나 '광동(狂童)'으로 표현된다. 일타홍도 심희수의 공부에 방해될까 잠적했을 때 재상집에 수양딸이 되어 들어갔다 하고, 단순한 병사가 아니라 자신의 죽음을 미리 알았다고도 하고, 죽은 후에 제삿날 찾아왔다고도 한다. 처음부터 신분이 기생이 아닌 경우도 있다. 이인(異人)의 성격이 강할 때도 있고, 부덕(婦德)이 더 강조될 때도 있다. 심희수의 관상이 재상이 될 관상이었음을 일타홍이 알아보았다는 야담집도 많은데, 관상이라는 구체적이고 현실적인 지인지감 능력을 부각하기 위해서라고 한다.

본격적인 야담은 흔히 15세기 성현의 『용재총화(慵齋叢話)』를 필두로 꼽는다. 17세기 유몽인의 『어우야담(於于野譚)』, 18~19세기의

『계서야담(溪西野談)』, 『청구야담(靑丘野談)』, 『동야휘집(東野彙輯)』 등이 있다. 내용이 주로 역사적 사건이나 인물에 얽힌 일화를 바탕으로 하고 사실과 허구의 결합으로 이루어져 있어, 역사에 가까운 것이 있는가 하면, 소설에 가까운 것도 있다. 그래서 문학 갈래를 정하기에 난감하다.

조선후기 3대 야담집, 즉 『계서야담』, 『청구야담』, 『동야휘집』 가운데, 일타홍 같은 여성은 이기축의 처, 참종댁 여종, 급수비 등 많다. 일타홍 이야기는 『어우야담』에 처음으로 등장한다. 편찬자인 유몽인과 심희수가 동시대 인물이고 『어우야담』이 대부분 편찬자가 보고 들은 것을 기록한 것이므로, 일타홍과 심희수는 실존 인물이며, 이 이야기는 어느 정도 사실일 것으로 짐작하게 한다. 그러나 여기에서는 기생과 양반의 사랑 이야기로만 읽힌다. 『천예록』에 와서야 여성이 주인공인 지인지감 이야기로 나온다.

한편 야담과 전(傳)의 친연성에 대한 연구가 있다. 즉 조선후기에 야담이 전의 영향을 받았다는 것이다. 예를 들어, 여러 야담집에 실린 「홍차기 이야기」가 홍차기를 입전한 전들, 예컨대 홍양호(1724~1802)의 「홍효자차기전(洪孝子次奇傳)」을 모태로 했다는 것이다.[22]

그보다 여성을 입전한 경우, 조선전기에는 열녀가 다였다면 조선후기에는 훨씬 다양해진다는 점을 강조해야 할 것이다. 조선후기에도 물론 열녀가 남성 사대부의 주된 관심사였지만, 열녀도 이른바

22 「일타홍 이야기」에 대해서는 강영순, 「「일타홍(一朶紅) 이야기」의 여성 지인담(知人譚) 성격 연구」, 『고전문학연구』 9(한국고전문학회, 1994); 「홍효자차기전」에 대해서는 정명기, 「전과 야담의 엇물림(1)」, 『한국언어문학』 33(한국언어문학회, 1994)을 주로 참조했다.

'생열녀'가 입전되고, 입전의 대상이 넓어진 것은 분명하다. 박지원의 「열녀함양박씨전」은 매우 유명하다. 전의 전통적인 양식을 따르면서도 새로운 인물군을 찾는 것이다.

예를 들면, 남유용(1698~1773)의 「효자박씨전」은 산소 문제로 쟁송(爭訟)이 일어나 아버지가 죽자 원수를 갚기 위해 상대방의 무덤을 파헤친 딸의 일을 기록한 것이다. 남유용은 이 글에서 시시비비를 가리기보다 여성이 직접 나서 원수를 갚는 모습을 긍정적으로 표현했다. 열사(烈士)의 풍모가 있다고까지 했다. 이는 후에 「박효랑전」으로 인기를 끈다. 이덕무(1741~1793)의 「은애전」도 자신의 정절을 모함한 노파를 죽인 사건의 기록이다. 살인인 만큼 용서할 수 없다는 신하들의 반대를 물리치고 정조가 정절을 위한 것이라 하여 용서한다. 이처럼 조선후기에는 원수를 갚기 위해 직접 계획하고 실천하는 여성을 칭송하는 전이 많아진다.

또한 유교의 효나 열과는 상관없는 인물의 등장을 새로운 경향으로 지적할 수 있다. 임성주(1711~1788)의 동생인 임경주의 「매죽당이씨전」과 역시 임성주의 여동생인 윤지당 임씨의 「송씨능상부」를 예로 들 수 있다. 이 주인공 둘은 학문을 좋아하고 남자를 능가하는 식견의 소유자란 점에서 비슷하다. 다만, 「매죽당이씨전」은 기혼 여성의 우정을 깊이 다루어 특이하다. 조선후기 전의 또 다른 특징은 입전 대상으로 서민층 여성의 등장이다. 다른 목적도 있겠지만, 생동감 넘치는 하층민의 모습을 포착해 조선후기의 발랄한 생활상을 보여주는 데 목적이 있었다. 대표적인 예가 뒤에 이야기할 18세기 「향랑전」이다. 또한 정범조(1723~1801)의 「목씨부전(睦氏婦傳)」에서 목씨부는 잠업을 해 부를 축적한 것으로 유명하다. 제주도의 거상(巨商)으로 구휼해 정조 때 실록에까지 이름을 올린 만덕(萬德, 1739~1812)처럼 말이다. 이처럼 서민층 여성 가운데 경제적 관념이 남달라 부를 축적한 경우가 종종 있었다. 전은 이처럼 입전한 사대부 남성의 본래 목적이 무엇이었든지 오늘날 우리에게 많은 정보를 준다.[23]

## 1636년 남평 조씨의 『병자일기』와 전쟁과 여성

『병자일기』는 작자가 남평 조씨(南平 曺氏, 1574~1645)라는 점과 연대가 분명한 이른 시기의 한글 작품이라는 점에서 일찍부터 주목을 받았다. 남평 조씨는 인조 때에 좌의정을 역임한 남이웅(1575~1648)의 아내로, 이 일기를 쓸 당시 60대 노인이었다. 『병자일기』는 1636년(인조14) 12월부터 1640년(인조18) 8월까지의 기록으로, 병자호란을 배경으로 피난생활을 충실하게 기록한 것으로 유명하다. 또한 당시의 생활과 문화를 엿보게 한다는 점에서도 관심을 끌었다. 그래서 실기, 일기문학, 혹은 수필로 규정되었다.

17세기 초 발생한 병자호란은 조선 사회에 커다란 상처를 남겼나. 임신왜란에 비하면 병자호란은 1636년 음력 12월에서 1637년 음력 1월에 걸쳐 단기간에 끝났으나, 그럼에도 조선 사회 전체가 겪은 충격은 엄청났다. 물리적 피해뿐 아니라 명과 청의 교체라는 중화질서의 붕괴와 북벌론 등 정치·사회적 문제와 사상과 이념의 문제가 혼

23 여성의 입전에 관해서는 임유경, 「조선후기 전에 나타난 여성상의 변모」, 『어문학』 75(한국어문학회, 2002)를 주로 참조했다.

재되어 있었다. 그야말로 우리 민족의 역사적 트라우마 중 하나라 할 수 있다.

모든 일이 그렇지만, 『병자일기』가 어느 날 갑자기 나타난 것은 아니다. 한편으로는 그날그날의 일상사를 기록한 한문일기의 전통, 여성화자의 심리를 더 잘 표현하는 한글편지의 글쓰기 방식을 이어받았다. 일기가 모두 한문은 아니었고, 16세기 말 한 군졸이 임진왜란의 상황을 전하는 한글일기가 존재했음이 한문문집을 통해 알려져 있다. 『미암일기』로 유명한 미암 유희춘(1513~1577)의 부인 송덕봉(1521~1578)이 집안의 경제적 사항에 대해서 장부에 기록해 두었다는 기록도 보인다. 16세기 이후에는 일상 가정사를 기록하는 일기쓰기가 많아졌다. 『병자일기』에도 가정경제의 지출 수입 현황이 자주 보이고, 남평 조씨가 여러 사람들과 한글편지를 주고받는 것을 알 수 있다.

> 4월 5일 맑았다. 천계의 기일(忌日)이라 제사를 지내고 나니 새삼스러이 마음이 그지없다. 어찌 내 자식들은 사람 일을 알 만하여 죽었나 하니 더욱 섧다. 어려서 죽은 아이들은 생각도 아니 한다고 하겠지만 두 아들은 십삼 년씩, 이십오 년씩 나를 빌려 모자(母子)되어 살뜰히 사랑하며 살다가 다 죽으니 알지 못할 일이로다. 나를 무슨 죄 때문에 이렇게 간장(肝腸)을 태우게 하시는가? 어느 날, 어느 시(時)에나 마음이 누그러져 풀릴까? 내가 인간 세상을 버린 후에야 잊을까 한다.[24]

24 남평 조씨, 박경신 역, 『병자일기』(나의시간, 2015), p. 82.

이것은 1638년의 기록이다. 『병자일기』에는 제사 기록이 많다. 이문건(1494~1567)의 『묵재일기』와 비교하면, 자식의 죽음을 다루면서도 『묵재일기』에는 작가의 감정이 매우 절제되어 있고 사실만 기록하는 반면, 『병자일기』에서는 두 아들과 며느리의 제사에서 죽은 자식을 떠올리면서 감정을 진솔하게 표현하고 있다. 일상의 기록에서는 주관적인 감정 표현을 하지 않지만, 자식의 제사에 임해서는 그리움과 회한의 감정을 감추지 않는다. 자식과 며느리, 친척과 이웃, 노비 등 가까운 사람들의 죽음은 작자가 일기를 쓰게 만든 동력이었다. 또한 60대 노년에 얼마 남지 않아 닥칠 자신의 죽음 앞에서 인생의 허망함을 토로하고 있다.

『병자일기』에는 꿈이 자주 등장한다. 꿈에서 작자는 죽은 사람들을 만나고 멀리 타향에 있는 남편을 만난다. 즉 꿈을 통해 지금은 부재(不在)하는 이들을 만나는 것이다. 그것은 가정경제를 꼼꼼히 기록하는 대갓집 마나님의 모습과는 사뭇 다르다.[25]

한편 병자호란 당시 포로로 끌려간 여성이 많았는데, '환향녀'란 말에서 보듯, 그 여성들에 대한 기억은 정절 이데올로기와 결부되어 쉽게 회복할 수 없는 역사적 트라우마가 되었다. 끌려간 여성 가운데 많은 수가 청군 장병들의 첩이 되었는데, 그들은 중국에 도착한 뒤에는 본처들의 투기 대상이 되어 고통을 겪었다. 귀환한 이후에는 정절을 더럽혔다는 매도에 시달리는 등 또 다른 수난이 기다리고 있었다.

---

25 『병자일기』에 관해서는 정우봉, 「남평조씨 『병자일기』의 성격과 작품공간」, 『한국고전여성문학 연구』 25(한국고전여성문학회, 2012)와 남평 조씨, 박경신 역, 『병자일기』를 주로 참고한 것이다.

병자호란 당시 수많은 사람들이 적에게 죽임을 당하거나 스스로 목숨을 끊었다. 정부에서는 이들이 순절자라는 정표를 내렸다. 그러니 포로로 끌려갔다 돌아온 여성들이 더욱 떳떳할 수 없었다. 끌려갔다 돌아온 여성에 대한 부정적 인식, 실절(失節)했다는 오명은 대를 이어 내려왔다.

『병자일기』가 병자호란 당시 수난을 사실적으로 그렸다면, 「강도몽유록」에서는 강화도에서 절개를 지키다 죽은 14명의 인물을 등장시켜 끌려간 여성을 비난하고 부정했다. 즉 「강도몽유록」의 여성들은 순절했다는 연대의식과 자부심을 드러내는 반면, 포로로 끌려간 여성들은 더러운 존재로 비하되었다. 「박씨전」은 비범한 여성 주인공인 박씨가 병자호란을 배경으로 활약하는 내용인데, 이시백, 임경업 등 실존인물이 등장하긴 하지만 허구로 간주되는 소설이다. 「박씨전」에서도 피화당 내의 여성들은 온전하게 보호하나 피화당 밖의 나머지 끌려간 여성들의 존재를 끝내 외면하고, 가정과 국가 질서의 회복을 낭만적으로 그린다.

19세기 소설로 추정되는 「유록의 한」은 기생인 유록과 정몽세라는 선비가 만남과 이별을 반복하다가 결국은 애정을 성취하는 내용의 작품이다. 이 소설은 상당 부분을 여주인공이 포로로서 겪어야 했던 고난에 집중한다는 점에서 이전 작품들과 차별화된다. 「유록의 한」에서는 끌려간 여성을 주인공으로 내세워 그가 경험한 고난을 그려내는 한편, 정절 수호 의지를 보여 주면서 현실과의 화해를 시도하고 있다. 현실 속에서 정절 이데올로기는 여전히 견고하기 때문이다. 최근의 위안부 피해자들과 같이 전쟁 속에서 여성이 경험하는 폭력과 그 트라우마의 극복은 우리 모두의 과제다.[26]

## 1668년 『매창집』의 간행과 기녀한시와 시조

앞서 살핀 허난설헌과 여기서 살필 매창이나 옥봉의 문집은 전통 시대에 여성이 '어떻게 기억되는지'를 보여 준다. 여성문집의 발간경과를 통해 여성의 문학활동에 대한 당대의 인식을 엿볼 수 있는데, 옥봉의 경우처럼 남편의 문집에 부록으로 실리면 다행이었다. 조선후기 서영수합도 그런 예다. 허난설헌은 누이의 재주를 아낀 남동생이 문집을 냈고, 매창은 동네 사람들이 문집을 내준 특이한 경우다. 김삼의당과 강정일당은 자기 이름의 문집이 나왔지만, 양반 가문 창달의 수단이 되는 등 또 조금 다르다.

『매창집(梅窓集)』은 현종 때 전라도 부안 아전들이 간행한 것이다. "아전들이 외우며 전하던 여러 형태의 시 58수를 얻어 개암사에서 목판에 새긴다"는 발문이 남아 있다. 매창(梅窓, 1573~1610)이 죽자 그를 평소 아끼던 지인들은 거문고를 같이 묻어 주었다고 한다. 그래도 황량한 공동묘지에 묻힐 수밖에 없는 천한 기생 신분이었는데, 오늘날에는 '매창문화제'를 열만큼 유명해졌다. 그가 죽고 반세기가 지나 여전히 그를 기억하는 나무꾼 등이 그 묘에 돌비석을 세워주었고, 그 글이 닳사 부안 시인들의 모임에서 새 비석을 세웠다고 한다.

매창의 유명한 시조 「이화우(梨花雨) 훗뿌릴 제~」는 여항시인 유희경(1545~1636)이 상경한 후 그를 잊지 못해 지었다는 그리움의 노

---

26 병자호란과 여성의 관계에 대해서는 박양리, 「병자호란(丙子胡亂) 피로(被擄)여성 트라우마의 서사적 대응과 그 의미」, 『여성학연구』 27-3(부산대학교 여성연구소, 2017)을 주로 참조했다.

래다. 유희경을 못 잊어 38세로 요절할 때까지 수절했다는 일화가 유전하는데, 매창이 유희경만 사랑한 것이 아니라는 반론도 있다. 또는 허균과의 만남에 더 많은 영향을 받았다는 견해가 있다. 매창은 시조뿐만 아니라 한시로도 유명하다.

> 李梅窓, 「취한 손께 드림[贈醉客]」
> 취객께서 비단 적삼을 잡아당기니
> 비단 적삼이 손길 따라 찢어지네요.
> 비단 적삼 한 벌이야 아까울 것 없지만
> 은정이 끊어질까 두려울 따름이랍니다.
> 醉客執羅衫 羅衫隨手裂
> 不惜一羅衫 但恐恩情絶[27]

술에 취해 적삼을 찢은 손님을 '취객'이라 부르면서도 표면적으로는 이른바 '해어화'로서 '애교' 있게 말한다. '취객'이라 부른 것은 일상적 어휘지만 경멸적이기도 하다. 아무리 기녀라도 자신을 함부로 다루는 데 대한 분노의 한을 담은 표현이다. 표면적인 것과 다르게 이면적으로는 신분의 상하관계를 뒤집는 것이다.

기녀는 평생 기녀로 늙기도 하고 소실이 되기도 한다. 선조 때 이옥봉(李玉峰, 1550?~1600?)이 그런 예이다. 옥봉은 조원(1544~1595)의 소실이었는데, 후손 조정만이 1704년 『가림세고(嘉林世稿)』를 편찬하

27 박무영, 「기녀한시의 "비틀림"과 "비틀기"」, 『한국한시연구』 10(한국한시학회, 2002), p. 392.

면서 고조부 조원의 소실이었던 옥봉의 시집을 부록으로 넣고 「이옥봉행적(李玉峰行蹟)」을 지었다. 오늘날 전하는 『옥봉집(玉峰集)』은 그렇게 세상에 전해졌다. 『옥봉집』에는 30여 편의 한시가 실려 있다.

기녀한시는 남성의 연인으로서보다는 벼슬아치에 대한 은근한 조롱, 뿌리 없는 삶에 대한 회한, 자연 인식 등 대상이 매우 다양하다. 이 점에서 기녀한시는 대남성적 시가 대부분인 기녀시조와 다르며, 자기실현의 텍스트에 접근하기도 한다고 평가된다. 다음 소홍(小紅)의 한시는 '기녀적 조건'에 대한 성찰을 보여 주는 대표적인 예로 꼽힌다.

小紅, 「절구라[絶句]」
북풍이 눈을 불어 발을 쳐서 물결치니
긴긴 밤 잠도 안 오고 정녕 어이하리.
훗날 내 무덤엔 찾는 이도 없을 테니
가련한 이 세상 한 가지 꽃이로다.
北風吹雪打簾波 永夜無眠正若何
塚上他年人不到 可憐今世一枝花[28]

이 시에서는 극단적인 허무의식을 드러내며 탄식한다. 또 다른 시에서는 기녀의 '몸의 현실'에서 비롯된 자의식의 혼란을 노래한다. '한 번 죽기 어려울 것 없다'면서도 결국 '한 가지 꽃'이란 이름에 간

28 박무영, 「기녀한시의 "비틀림"과 "비틀기"」, p. 386.

힌 현실에 대한 절망을 노래한다. 이처럼 소홍의 시는 기녀의 신분에 대한 깊은 통찰과 한을 담고 있다고 평가된다. 기녀로서의 무력감, 즉 '마음과 몸이 따로 노는 기녀의 현실'과 유교적 가부장제의 경계에 갇힌 신분적 정체성에 대한 성찰, 비극적 인식과 무력한 탄식 등이 담겨 있다.

16세기 중·후반에 진옥(眞玉)의 시조 「철(鐵)이 철(鐵)이라커늘~」은 정철(1536~1593)과 이름을 가지고 수작한 희작시로, 후대의 위작일 가능성도 있다. 한우(寒雨)의 시조 「~오늘은 ᄎᆞᆫ비 맛자신이 녹아잘짜 ᄒᆞ노라」 역시 임제(1549~1587)와 수작한 희작시라 한다.[29]

17세기 기녀시조 시인으로 추정되는 이는 문향(文香)을 들 수 있다. 정곡이 사신으로 중국에 다녀오다가 평안도 성천에서 문향과 친했다는 기록이 『부북일기(赴北日記)』에 있어 추정된다. 『부북일기』는 조선 무관들의 성생활을 잘 보여주는 자료로 유명하다. 문향의 시조 「오냐 말 아니ᄶᅡ나~」는 '싫다는 사람에게는 나도 가지 않겠다'는 내용이다.

함경도 기생 금춘(今春)은 시조 ①「당우(唐虞)도 친(親)히 본 ᄃᆞᆺ~」 ②「아녀(兒女) 희중사(戲中辭)ᄅᆞᆯ~」로 알려져 있다. 박계숙이 선전관으로 함경도 북부 회령에 부임 차 북행하던 도중에 만나 수작한 「화답가(和答歌)」 4수가 전하는데, 15세기 함경도 영흥 기생 소춘풍 시조의 패러디로 보인다.

평양 기생 소백주(小栢舟)는 시조 「상공(相公)을 뵈온 후(後)에~」

---

29 기녀시조는 성기옥, 「기녀시조의 감성특성과 시조사」를, 기녀한시는 박무영, 「기녀한시의 "비틀림"과 "비틀기"」를 주로 참고했다.

로 알려져 있는데, 이는 동음이자를 이용한 희작시로, 평안감사 박엽의 장기판에 대한 노래를 지으라는 명에 따라 지은 즉흥시라고 한다.

또 평안도 기생으로 추정되는 매화(梅花)는 시조 「매화(梅花) 녯 등걸에~」로 알려져 있다. 평안감사 유춘색과 자신의 관계를, 매화와 춘설이란 자연에 비의하여 버림받을까 불안에 떠는 자신의 처지를 표현했다.[30]

## 1680년 김수항의 딸 안동 김씨와 장흥효의 딸 안동 장씨

김수항(1629~1689)의 딸이자 김창협(1651~1708)의 누이동생인 안동 김씨(安東 金氏, 1665~1680)와 장흥효(1564~1633)의 딸이자 이현일(1627~1704)의 어머니인 안동 장씨(安東 張氏, 1598~1680)는 17세기의 이상적인 여성으로 '기억'되는 대표적인 예다. 김창협의 셋째 딸 김운(金雲, 1679~1700)을 비롯해, 비슷한 시기에 태어나고 살다 죽은 상층 여성들에 대한 기록들을 묶어 볼 수 있다. 전통사회에서 여성에 관한 기록이래야 묘지명과 행장, 제문 등이 대부분이지만, 이를 통해 당대 상층 남성의 여성인식에 대해 알 수 있다. 전통 시대에 상층 남성은 기억하고 여성은 기억되는 존재였다.

안동 김씨(1665~1680)는 아버지 김수항, 오라비 김창협과 김창흡(1653~1722)을 비롯한 7창의 막내여동생으로 유명하고, 기혼 후 임

30 17세기 기녀시조에 관해서는 성기옥, 「기녀시조의 감성특성과 시조사」를 참고한 것이다.

신으로 인해 일찍 죽은 뒤 아버지와 오빠들의 글로 유명해졌다. 여덟 살에 어머니를 대신해 편지를 썼다는 것, 열 살에 『열녀전』을 번역한다고 손에서 놓지 않았다는 것, 그리고 뛰어난 기억력이 특별히 강조되고 있다. 오빠들이 시서(詩書)를 가르쳐주려 했지만 여공을 익히기에도 바쁘다며 사양했는데, 그래도 오빠들이 문장을 논하고 이치를 따지는 것을 곁에서 듣는 것은 좋아했다고 적혀 있다. 그럼에도 시비와 득실을 가름에 문자를 배운 사람보다 못하지 않다고 했다.

김씨의 지혜와 식견은 본격적인 한문 읽기를 통해서라기보다 주로 듣기, 즉 간접적인 읽기를 통해 이루어졌다고 볼 수 있다. 김창협이 이 누이동생을 위해 쓴 제문과 애사 등에서도 대개 그 정도의 정보 외에 별다른 것을 얻을 수 없다. 그러나 김창협의 누이동생과 딸 김운의 한문생활은 17세기 후반 장동김문(壯洞金門)의 여식이라는 동일한 조건에 속하지만, 그 층위가 사뭇 다르다. 여기서 개인차가 분명히 존재한다는 것을 염두에 두어야 한다.

김운은 좀 특이하다. 당대 여성들과 달리 이름이 전할 뿐 아니라, 아버지가 당시에 문장으로 워낙 유명했고 그 아버지가 일찍 죽은 딸을 위해 글을 남겼기 때문이다. 김창협과 남편이 쓴 묘지명과 제문 등에 따르면, 김운은 남동생과 함께 글을 배울 때 침식을 잊을 만큼 열심이었고 이해력이 뛰어나 육경(六經)을 거뜬히 배웠다. 김창협은 그런 딸과 함께 아침저녁으로 역사를 토론하는 것이 은거생활에 큰 즐거움이었다고 술회한다. 김창협이 딸을 시집보내고 강학(講學)하는 자리에 들면 딸의 빈자리가 크게 느껴졌다 하니, 김운의 한문 읽기 수준은 결코 낮지 않았음을 짐작할 수 있다. 그러나 가족들의 묵인과 때로는 격려 속에서 수준 높은 한문 글읽기에 도달했으되, 출가 후에는 7년 동안 남편조차 김운의 글 읽는 모습을 보지 못할 만큼 어문활동이 위축되었다. 그것이 당대의 관행이었다.

김운은 형제들에게, 만약 자신이 남자가 된다면 깊은 산 속에 들어가 책을 실컷 읽는 것이 유일한 소원이라고 말하곤 했다고 전한다. "저는 여자라 이 세상에 아무런 공덕도 드러낼 수 없으니 차라리 일찍 죽어 아버님의 몇 줄 글을 얻어 묘석에 새기는 것만 못합니다."라고 했던 김운은 22세에 젖병으로 죽었다. 임신·출산으로 인한 여성의 요절은 당시에 흔한 일이었다.[31]

장흥효의 딸이자 이현일의 어머니인 안동 장씨는 김수항의 딸과 같은 해에 죽었는데, 최초의 한글조리서 『음식디미방』의 저자다. 표지에는 '규곤시의방'이라 되어 있다. 이현일은 재령이씨 가문으로 퇴계학을 잇는 본가의 사람으로 알려져 있다. 이현일이 남긴 어머니 장씨의 행실기에 따르면, 장씨 부인은 당시의 유명한 학자였던 장흥효와 안동 권씨 부인의 무남독녀다. 장씨 부인은 어려서부터 원회운세(元會運世)의 수에 대해 이해하고 필체가 호방하며 시를 짓는 등 총명하고 학식이 높았다고 한다. 「학발시(鶴髮詩)」 등 한시 7수, 한문 1편이 남아 있다.

19세에 장흥효의 제자 이시명(1590~1674)의 후실로 들어가 전실 자식까지 합해 10명의 자녀를 두었다. 열녀전의 내용을 몸소 실천했다거나 자식들에게 교육했다는 내용, 이웃과 종들에게 베푼 관대함 등은 다른 양반가 여성의 묘지명 일반과 별반 다르지 않다.

---

31 임신·출산으로 인한 여성의 사망에 관한 자세한 논의는 이경하, 「상층 여성의 임신으로 인한 죽음의 양상」, 『한국고전여성문학연구』 37(한국고전여성문학회, 2018) 참조.

김창협의 누이동생은 어문활동을 주로 구술에 의존한 경우고, 김창협의 셋째 딸 김운은 혼인과 동시에 어문활동이 끝나버린 대표적인 예이며, 『음식디미방』의 저자 장씨 부인은 여자의 글자로 알려진 언문으로 책을 저작해 혐의를 피했다.[32]

32 이 글은 이경하, 「17세기 사족여성의 한문생활, 그 보편과 특수」, 『국어국문학』 140(국어국문학회, 2005)의 일부를 개고한 것이다.

# 4장 소설과 규방가사의 시대

1704년 향랑의 열녀 정표와 구비 열설화

1710년 호연재 김씨의 「자경편」과 18세기 여성의 한문

1725년 광산 김씨의 언서 상언과 여성의 정치적 발언

1743년 「완월회맹연」과 18세기 여성의 소설열풍

1746년 안동 권씨의 「반조화전가」와 규방가사

1792년 풍양 조씨의 「ᄌᆞ기록」과 여성의 자기서사

'소설과 규방가사의 시대'는 한국문학사에서도 여성이 문학 향유층으로 주목되는 시대이다. 18세기 소설과 규방가사가 많이 발견된 탓이기도 하다. 여성문학사로 봐도, 이 시대의 대표는 한글소설과 규방가사다. 여성담론의 경우, 남성은 보수적으로 변하지만 여성은 성역할의 모순에 더 민감해져, 호연재의 글에서 보이는 것처럼 균열이 일고 있었다. 문자의 기능이란 면에서, 여성 소설 읽기에 대한 남성 문인의 경계가 심했으나, 한글이 문학적 기능까지 충분히 해내고 있었다. 규방가사 창작은 물론이고, 많이 읽은 만큼 여성의 소설 창작도, 자전적 글쓰기도 가능했다.

「향랑전」은 열녀전의 흥기를 알리지만, 구비 열설화는 여성들의 생각이 당시에도 열 이념과 같지는 않았음을 예상하게 한다. 「즈긔록」은 열 이념의 다양한 스펙트럼을 보여 준다. 다른 한편, 조선후기 여성의 한문학도 풍성했다. 집안의 수준 유지를 위해서도 여성의 한문학적 소양은 필요했다. 당시 여성의 한문학은 남성 지배층의 논리에 수긍하거나, 미세하게 균열을 내기도 했다. 그리고 각종 계녀서에서 여성의 소설 읽기가 경계 대상이 될 만큼 18세기는 소설열풍이 대단했다. 급기야는 「완월회맹연」같은 대장편을 여성이 짓기도 했다. 또한 「반조화전가」는 화전가 계열로 분류되는 규방가사다. 규방가사는 당대 남성이 승인한 독자적인 여성 문화로, 20세기까지 이어졌다.

## 1704년 향랑의 열녀 정표와 구비 열설화

여기서 거론할 '향랑 사건'은 조선후기 여성담론의 대표적 테마인 열녀담론을 끌어내는 데 가장 적합한 화두다. 향랑 설화는 남편의 학대를 견디다 못해 강물에 투신해 죽은 여인의 비극적 삶을 다룬 설화다. 이 이야기는 여러 책에 수록되어 있으며, 이를 소재로 한 사대부들의 재창작도 많아, 18세기를 '향랑의 시대'라고도 한다. 내용은 각 버전에 따라 약간씩 다르다. 원전 설화의 내용을 보면 다음과 같다.

> 주인공 향랑은 선산부(善山府)에 사는 박자갑(朴自甲)의 딸로 어려서부터 품행이 방정하고 성정이 정숙했으나, 성질이 불량한 계모는 향랑을 박대하였다. 17세 때 같은 마을 칠봉(七奉)의 아내가 되었는데, 칠봉은

그때 나이가 14세였다. 칠봉은 성질이 포악하여 향랑을 미워하기를 원수처럼 하였다. 나이가 들면 나아지겠지 하였으나 변화가 없어 생각 끝에 친정으로 돌아오니 계모가 박대하고, 다시 숙부댁으로 가니 처음에는 받아 주다가 나중에는 개가할 것을 종용하였다. 향랑은 어쩔 수 없이 시가로 돌아갔으나 시부모가 받아 주지를 않았다. 할 수 없이 낙동강에 가서 빠져 죽을 결심을 하고 강가로 나오던 향랑은 초녀(樵女)를 만나 사정을 말하고 자신이 지은 〈산유화가(山有花歌)〉를 가르쳐 준 다음 자기의 결백을 입증해 줄 것을 부탁하고는 투신하였다. 초녀의 말을 들은 친정아버지가 시체를 찾아 나섰으나, 찾는 일을 그만두고 돌아가니 그때서야 시체가 물 위로 떠올랐다.

각 버전의 변이 양상은 다양하지만, 향랑 설화의 서술 방식은 주로 계모와 남편의 학대, 그리고 숙부의 핍박과 주인공의 투신으로 이루어져 있다. 그런데 이 설화의 서술자들은 한결같이 향랑의 열녀성을 강조하고 있다.

조선후기에 종종 일어났던 종사(從死) 열행에 대한 비판적인 시각을 거침없이 드러냈던 다산 정약용도 언급했듯이 '의에 합당한 행위'는 인정했다. 자살은 천하에 가장 흉한 일이지만, 그것이 의에 합당하다면 정당하다고 했다. 성폭력의 위협 앞에서 정조를 지키기 위해 목숨을 버리는 것뿐만 아니라, 개가의 강압에 맞선 자해나 자살도 의에 합당하다고 했는데, 그 근거는 무엇인가?

오늘날의 독자들은 '열'이라는 개념으로 이해하지만, 실상 앞서 살핀 삼강행실도 열녀서사 110편 중에 '열'을 위해 죽는다고 말하는 경우는 하나도 없다. 그보다는 의(義), 예(禮), 신(信), 절(節) 등의 다른 도덕적 개념이 자주 언급된다. 어떤 의미에서 열은 의(義)의 젠더화된 다른 이름인 것이다.

머리카락을 자르고 코를 자르고 귀를 잘랐던 영녀는 개가하지 않겠다는 강한 의지의 표현으로 그런 자해를 선택했다. 그는 개가하는 것이 절(節)을 잃고 의(義)를 저버리는 행위라고 믿었다. 그의 신념체계에서 의를 버린다는 것은 사람이 사람답기를 포기하는 것이다. 『오륜행실도』에도 실려 조선후기까지 널리 영향을 끼친 백희의 서사는 열녀들이 죽음을 불사하고 지키려 했던 것이 단지 정조만은 아님을 짐작하게 한다. 그가 목숨보다 중하게 지키려 한 것은 '부인의 예'이지만, 그것은 정조를 지키는 것과는 직접적인 관계가 없다.

유교라는 윤리종교에서 '예'란 하나의 권력이었다. 예를 지킨다는 것은 개인의 도덕적 인격을 증명하는 행위로서, 전통사회에서는 특히 자신의 명예와 관련된 중요한 문제였다. 명예란 어떤 공동체 내에서의 공적인 인정이 필요하다. 명예란 철저한 '사회적 상황의 산물'인 것이다. 명예를 중시하는 사람은 명예가 실추됨으로써 느끼는 수치심을 감당하지 못해 자살하기도 한다.

백희는 예를 어겼을 경우 예상되는 공동체의 반응과 그에 따르는 수치심을 견딜 수 없었기에 그런 선택을 했는지 모른다. 전통 시대 여성의 필독서인 유향의 『열녀전(列女傳)』 절의편(節義篇)에 실려 있는 「노의고자(魯義姑姊)」나 「양절고자(梁節姑姊)」는 모두 자신의 행동이 공동체에서 어떤 평가를 받을 것인가를 중시해 천륜마저 저버리는데, 바로 그 행위로 인해 의롭다는 칭송을 들었다. 백희 이야기에서 세계의 폭력은 '실례(失禮)'의 위기다. 예에 어긋남을 감수하고 목숨을 구할 것인가, 아니면 예를 지키다 죽을 것인가 하는 양자택일을 해야 한다. 이런 상황에서 백희는 의를 내세우며 죽었고, '오로지 예를 지키는 데 전심을 다했다'고 칭송되었다.

죽음을 불사하고 의를 지키고자 했던 열녀들의 열행은 이러저러한 현실적인 이해관계 외에도 어떤 초월적 명령을 전제하지 않으면 이해하기 어려운 일종의 종교적 현상이다. 전통적인 유교사회에서 예의 실행에는 현세적 동기와 초월적 명령이 혼재해 있고, 죽음을 불사하는 유교 간쟁의 전통 역시 현대적 합리성으로는 설명하기 어려운 종교적 현상이다. 열녀들의 열행과 왕조 교체기에 '불사이군(不事二君)'의 의를 지키다 죽었던 충신들의 행위는 배교(背敎)와 죽음이라는 양자택일의 상황에서 배교를 거부하는 순교자의 선택과 본질적으로 같아 보인다. 이들은 죽음을 '선택'했지만, 그것은 불가피한 선택이었다.

향랑의 신분이 그렇게 높은 것은 아니었다. 조선후기에 오면 종사를 비롯한 '열'의 관념이 하층민에게까지 퍼진다. 조선 여성들도 많이 읽은 『소학』에도 나오는 말, '충신불사이군(忠臣不事二君), 열녀부경이부(烈女不更二夫)'는 원래 상층 여성들에게 요구되던 관념이었고, '예'를 목숨처럼 여기던 것도 사회 지도층이었다. '명예로운 죽음을 위한 감연한 태도'는 바로 전근대 사회에서 신분적 지배층의 도덕적 권위의 핵심이라고 평가된다. 유교는 하나의 윤리종교였고, 유교의 예는 권력이었으며, 예의 권력은 유교의 사제인 유자들의 권력이었다. 하지만 시간이 흐를수록 유교의 가치는 하층민에게도 퍼졌다. 조선후기 사대부들은 그것이 교화의 증거라 여겼고, 신분이 낮은 향랑에게 집착했던 것도 그런 이유였다.

숙종28년 경상북도 선산(善山)에서 일어난 향랑의 죽음과 「산유화가」 한 가락을 '동심원'의 중심에 놓고, 18세기 문학사의 이른바 '향랑 담론'의 형성과정을 추적한 정출헌의 논문은, 부사 조귀상과 선산부민들이 의기투합해 향랑이 죽은 지 2년 만에 정표(旌表)를 받아 내고 이후 향랑이 '국가 열녀'로 만들어지는 과정을 살핀다. 18세기 초 열녀라는 여성상이 사회적으로 구성되는 방식을 밝힌 것이다.

명예를 지키기 위한 열녀들의 열행은 근대인에게 엽기적으로 보이지만, 중세인에게는 최고의 도덕적 완성으로서 성스러운 행위였을 수 있다. 그래서 각종 글에서 그토록 칭송을 받았는지 모른다. 칭송자가 대부분 남성이긴 하지만. 열녀가 선택했던 자기폭력성은 순교자의 그것과 다르지 않다. 삼강행실도는 유교를 인간관계와 사회질서의 근간으로 삼고자 했던 조선 초기 유자들이 이루어낸 일종의 '성자전(聖者傳)'으로 유교적 성스러움의 극치를 보여 준다.[33]

한편 구비설화에도 '열' 관련 설화가 있다. 여성이 아내로서, 며느리로서, 어머니로서, 혹은 기녀로서도 본질적으로 육체적 '성'을 매개로 인식되었다는 점에서는 같다. 그런데 시대적 차이 때문인지, 이를 구연하는 화자의 계층 때문인지, 전형적인 열녀 이야기와는 좀 다르다. 채록된 구비설화는 과거시대를 배경으로 해도 구연한 화자의 현재적 시대감각을 반영할 수밖에 없다. 또한 '열'에 대한 감각이 여성과 남성이 같을 수 없다.

33 「향랑전」에 대해서는 정출헌, 「〈향랑전〉을 통해 본 열녀 탄생의 메카니즘」, 『한국고전여성문학 연구』 3(한국고전여성문학회, 2001)을 참고한 것이다. 그 외에는 이경하, 「『삼강행실도』의 폭력성 재고: 열녀편을 중심으로」의 일부를 개고한 것이다.

남편과 동침하고도 외간남자와 잤다 생각하고 죽어야 했던 '헛열녀', 여인들의 죽음을 통해 조선사회가 조장한 열녀 이데올로기의 허상을 고발하는 설화도 있다. 또한 어떤 방식이든 아내에 대한 남편의 성적(性的) 지배는 정당하다는 식의 가치관에 대해서, 두루마기의 옷고름을 미리 끊어 놓고 죽지 않은 여성을 내세워 저항하기도 한다. 또 다른 유명한 예를 보자.

> 남편이 만리성을 쌓는 데 끌려가서 돌아오지 않아서 홀로 사는 여인이 있었다. 우연히 만난 소금장수에게 같이 살자고 제의하였다. 소금장수가 동의하자 여인은 만리성 쌓는 데에 가서 남편에게 옷을 전해주고 오면 함께 살겠다고 하였다. 소금장수는 여인과 하룻밤 동침하고 만리성 쌓는 곳에 가서 남편에게 옷을 전해 주었다. 남편은 아내에게 줄 기념품을 사오겠다며(또는 옷을 갈아입을 동안) 자기 대신 성을 쌓아달라고 부탁하여, 소금장수가 일하는 동안 도망을 쳐서 아내에게 돌아와 잘살았다.[34]

이 설화는 소금 장사를 하는 한 남자가 여성과의 단 하룻밤을 지낸 대가로 만리성을 쌓는 일을 하게 되는 일종의 사기를 당한 이야기이다. 여인이 훼절(毁節)의 위기에 처해 죽게 되는 대부분의 열녀 이야기와 달리, 이 설화는 오히려 여성과 남편이 행복한 결말을 맞이한다. 적어도 문면에는 아내나 남편이나 훼절에 대한 의식이 없다. 이

34 이인경, 「口碑說話에 나타난 여성의 '性的 主體性'의 문제」, 『구비문학연구』 12(한국구비문학회, 2001), p. 265.

이야기는 얼핏 보면 주인공 여성이 성적인 자기 욕망에 충실한 듯 보인다. 그러나 자기 성을 남편을 위해 맞바꾼 데 불과하다는 점에서 성적 주체성(性的 主體性)을 갖추었다 말하긴 어렵다. 성적 주체성이란 자신의 성에 대해 갖는 주체적 의지로서, "인간을 성적 도구로서 대상화하는, 더 나아가 성이 사물화되고 상품화됨으로써 교환 가치로 인식되는 일체의 비인간적 상황을 거부하는 태도"이다. 마찬가지로, 성적 자결권(性的 自決權)은 인간이 성적 주체로서 자신의 성으로부터 소외당하지 않을 기본적 권리이다.

전통 사회에 여성의 성적 주체성이나 성적 자결권이 없었음은 물론이다. 그것은 때로 자기폭력으로 나타났다. 특히 상층 여성은 열이나 예의 이름으로 더욱 그랬다. 하층 여성은 이보다는 덜했겠지만 조선후기로 갈수록 열 이념이 퍼졌다.[35]

## 1710년 호연재 김씨의 「자경편」과 18세기 여성의 한문

호연재 김씨(浩然齋 金氏, 1681~1722)는 17세기 말부터 18세기 초까지 생존한 여성시인이다. 호연재가 남기고 있는 몇 종류의 시집 중에서도 『증조고유고(曾祖姑遺稿)』 혹은 『호연지유고』란 언해본 시집이 있다. 이 시집은 음사(音寫)와 언해 형태로 필사되어 있는데, 이러한 형

35 구비설화에서 '열' 관련은 이인경, 「口碑說話에 나타난 여성의 '性的 主體性'의 문제」를 참조했다. 이 밖에 한국고전여성문학회 편, 『조선시대의 열녀담론』을 참조하기 바란다.

태는 호연재의 시문이 이후 규방에서 수용, 향유되었던 상황을 보여 준다. 음사와 언해는 여성을 위한, 여성의 한시 향유방식으로, 특히 『호연재유고』는 18세기 여성문학의 한 경향을 잘 보여 준다.

호연재의 아버지는 안동 김씨 김성달(1642~1696)이고 어머니는 연안 이씨다. 막내로 태어났다. 서울에서 출생했는지는 분명하지 않지만 9세까지 서울의 북촌에서 보냈다. 9세가 되던 해는 노론이 실각하던 기사년, 즉 1689년이었다. 호연재는 9세부터 15세까지 아버지 김성달이 낙향한 해곡(海曲), 즉 갈뫼에서 보낸다. 이때 김성달은 칩거하며 낙향해 있던, 재능 있는 딸을 둔 김창협, 그런 어머니의 아들 오도일 등과 교유하고 있었다. 호연재는 그곳에서 일가족과 어울려 시를 짓고 비평하는 분위기에서 살았다. 시를 짓는 것이 일상적인 일이었던 호연재의 성장배경, 즉 여성의 시작행위를 장려했던 가정 분위기를 보여 준다. 다시 노론이 집권하게 되자 1695년에 호연재의 갈뫼 생활은 끝난다.

1700년 호연재는 19세에 송준길의 증손인 은진 송씨 송요화(1682~1764)에게 출가한다. 호연재의 시부인 송병하는 송시열의 문인이었고 남편 송요화는 김창흡의 문인이었다. 은진 송씨 집안은 성리학적 여성규범에 투철한 집안이었다. 한 살 차이 남편과의 사이는 좋지 않았고, 시가와의 관계도 원만하지 않았다. 1708년에 아들을 낳았고 1716년에 딸을 낳았다. 결혼한 지 10년이 되는 1710년에 「자경편(自警編)」을 짓고, 42세 되던 해인 1722년에 사망한다.

산문 「자경편」은 원래 한문으로 지어졌을 것으로 추정되나, 이미 산멸(散滅)되었다. 대신 일찍부터 언해본을 호연재의 외손자가 1796년에 한문으로 다시 재구(再構)했고, 이것이 현재 전한다. 「자경편」은 민간 부훈서가 제작되던 당시 '규범을 제시하는' 남성의 입장이 아니라 '규범을 수용해야 하는' 여성의 입장을 보여 준다. 예를 들어 「계투장(戒妬章)」에서 호연재는 기존의 '상식'에 더해 이렇게 쓴다.

> 장부가 만약 능히 행실을 닦고 덕을 숭상한다면 여자의 종신의 즐거움이 이보다 더 클 수는 없다. 불행하여 그 행실을 조심하지 않고 여색을 숭상하여 나가 놀면 반드시 창가에서 살고 집안에 있더라도 또한 주색을 끊지 않아서 어느새 황음무도한 지경에 이른다. 그렇게 되면 천성이 비록 본래 현명한 사람이라도 스스로 깨달아 선도로 돌아올 수 없게 된다. 성현의 책을 읽으면 좋은 줄 모르는 바는 아니되, 마음속으로 스스로 부끄러워서 저도 모르게 머리를 숙이고 몰래 탄식하게 된다. 어진 벗을 대하면 흠모하지 않는 것은 아니지만, 그가 비록 아무 말도 하지 않아도 스스로 잘못을 돌아보고는 위축되어서 반드시 감히 소매를 나란히 하지 못한다. 이미 밝은 훈계와 착한 조언을 스스로 깊이 끊어 버렸으니, 어디서 허물을 고치고 스스로 새로워지는 길을 얻으리요? 날마다 비슷한 무리들과 더불어 사니, 듣는 바나 말하는 바가 오직 즐거움에 탐닉하는 일에 있을 뿐이어서 또한 장차 못하는 짓이 없다. 이렇게 되면 여자의 신세가 이처럼 망극할 데가 없다.[36]

여기서 호연재는 투기를 유발하는 남성의 '패덕'을 적극적으로 드러낸다. 호연재의 남편은 방탕했다고 알려져 있다. 그것이 당시의

36 박무영, 「호연재 〈自警篇〉의 서술방식과 여성문학적 성격」, pp. 219-220.

기준에서 심한 것인지 보편적인 것인지는 모른다. 하지만 호연재가 남성의 '패덕'에 대한 문제의식을 갖고 있던 것은 사실인 모양이다.[37]

17세기를 산 다른 양반가 여성을 보자. 이덕수의 어머니 청송 심씨(青松 沈氏, 1649~1727)는 사족 여성의 한문 글쓰기가 문예적이기보다는 일상적인 차원에서 이루어졌음을 보여 주는 사례로 꼽을 수 있다. 청송 심씨가 자기 어머니 한산 이씨의 언행을 기록한 유사(遺事)가 그런 예이다.

이덕수의 어머니 청송 심씨는 어려서 아버지를 여의고 홀어머니 슬하에서 오빠 심유와 함께 자랐으며, 16세에 이징명과 혼인했다. 그 어머니인 이부인은 청송 심씨가 어렸을 때 병약하다는 이유로 침선을 가르치지 않았고 오히려 통감과 소학, 천문지리 등을 가르쳤다. 1689년 기사환국 때 남편의 유배지에 따라갔을 때 소학과 당시를 읽으며 마음을 다스렸다는 것, 자손 가운데 문학에 능한 자가 나오기를 바란다는 이부인의 유지를 받들어 손자를 교육했던 것, 연로한 때에도 독서를 범추지 않았으며 손자손녀들이 모여서 시를 외다 막히는 부분이 있으면 청송 심씨가 즉시 암송해 주었다는 일화 등이 이덕수의 「선비행록(先妣行錄)」에 상세히 전한다.

한문학적 소양이 상당한 수준에 이르렀던 것으로 보이는 청송 심씨가 죽기 얼마 전에 손녀 윤씨부를 불러 당부한 말이 있었으니, 그것은 자신이 직접 기록으로 남긴 어머니의 유사를 잘 보관하라는 것

---

37 김호연재의 생애는 박무영, 「김호연재의 생애와 「호연지유고」」, 『한국고전여성문학연구』 3(한국고전여성문학회, 2001)을, 『호연지유고』에 관해서는 박무영, 「『호연지유고』와 18세기 여성문학」, 『열상고전연구』 16(열상고전연구회, 2002)을, 「자경편」은 박무영, 「호연재 〈自警篇〉의 서술방식과 여성문학적 성격」을 참조했다.

이었다. 이덕수는 어머니의 유지를 받들어 외할머니의 유사를 약간 보태고 다듬어 그러한 전후사정 몇 마디를 뒤에 덧붙여 기록으로 남겼다. 청송 심씨가 지은 어머니 유사가 본래 한글이었는지 한문이었는지는 알 수 없다. 이덕수의 글에서 그런 단서를 찾을 수 없지만, 앞서 언급했듯이 청송 심씨는 한문학적 소양이 상당했던 만큼 한문으로 글을 짓는 것이 불가능하지 않았다.

17세기 사족 여성에게 가능했던 한문생활의 또 다른 층위는 이덕수 어머니처럼 한문을 이용한 글쓰기 단계에는 이르지 못했으나 한문 읽기가 비교적 높은 수준에 오른 경우이다. 이와 관련해 김만중의 어머니 해평 윤씨는 일찍부터 널리 알려졌고, 김창협의 딸 김운은 앞서 언급했다. 송시열의 고모 은진 송씨는 일곱 살 때 이천 자 분량의 긴 글을 하루 만에 외워서 아버지를 놀라게 했고, 자손 중 하나가 『상서』를 외는 것을 곁에서 듣고 있다가 왜 한 문단을 빼고 외느냐고 호통을 쳤다는 일화가 전한다. 이현일의 딸은 이름 희형(喜馨)과 자(字) 혜영(蕙英)이 모두 전하는 특이한 사례로서, 동생 이재가 묘지문에서 거론한 책들을 통해 이희형의 한문 읽기 수준이 당대 여성으로서 평균 이상이었음을 짐작할 수 있다. 그나마 이들처럼 그 재능과 관심을 인정하고 일정 정도 독려해주는 아버지나 남편을 만나면 운이 좋은 편이었다 하겠으나, 그들이 겸비한 한문학적 소양이 읽기에 머물렀음은 보편적인 한계였다.

17세기 사족 여성에게 가능했던 한문생활의 또 다른 층위는 문자로서의 한문에 대한 접근성이 상대적으로 낮은 경우다. 물론 사족 여성이라면 한문전적에 대한 일정 수준 이상의 지식을 갖추고 있어야 하지만, 이 경우 한문에 대한 지식이란 상층으로서 신분유지에 필요한 최소치를 의미한다. 한문생활에 관한 언급이 소략하고 대신 국문생활에 관한 정보가 언급되는 사례들이 여기에 속한다. 17세기 사족 여성의 절대다수가 여기에 속할 것이다. 대개 이들의 한문생활에 관한 정보는 '비록 문자를 배우지 않았지만'이라는 단서 아래 매우 소략한 일반적 진술에 그친다.

17세기 사족 여성이 역사나 유학에 관한 식견을 갖추게 되는 경로는 반드시 한문전적을 통해서만 아니라 국문소설이나 기타 언해서를 통해서도 가능했을 것이다. 이들의 묘지명이나 행장 등에서 국문소설에 대한 언급은 찾아볼 수 없고 한문생활의 폭을 짐작하게 하는 특별한 정보도 거의 없지만, 이들의 '높은 식견'은 국문소설 탐독과 무관하지 않아 보인다.

한문으로써 이루어지는 여성의 언어문자생활이 글읽기에서 글쓰기로 확대되어 가는 과정은 18세기 후반의 홍석주가 지은 어머니 영수합 서씨의 행장에서 잘 드러난다. 이에 관해서는 이 책의 제3부 1장 2절 '어문생활의 젠더 권력 관계'의 1) 금지/승인의 통제 원리'에서 자세히 이야기했다.[38]

또한 윤지당 임씨(允摯堂 任氏, 1721~1793)는 도학자인 임성주(1711~1788)의 누이동생으로 유명하다. 성리학 이론과 사론(史論)을 전개한 조선에서 거의 유일한 여성 학자로 평가된다. 남편은 신광유(1722~1747)인데 일찍 죽었다. 윤지당은 출가 후에도 오빠 임성주와 학문적 교류를 나누었다. 임윤지당의 학문이 독창적인지, 임성주

38 이덕수의 어머니와 홍석주의 어머니 등에 대해서는 이경하, 「17세기 사족여성의 한문생활, 그 보편과 특수」의 일부를 개고한 것이다.

의 학문과 다르지 않은지에 대해서는 논쟁이 있다. 그러나 임윤지당의 성리학 논의가 여성담론으로 읽힐 수 있다는 점에서 양자를 동일시할 수 없다는 관점도 있다. 그녀의 여성인식이 단지 여성의 재능에 대한 단편적인 자부심에 그치지 않고 철학적 기반 위에 형성된 것이기에 그렇다는 것이다.

임성주가 제시한 이기론(理氣論)의 논리체계는 모두 윤지당에게 수용되었으나, 윤지당은 선한 본연지성(本然之性)에 입각해 인간의 평등성을 중시했고, 이는 다시 남성과 마찬가지로 여성의 도덕적 성취도 가능하다는 확신으로 이어졌다. 윤지당은 범인(凡人)도 성인이 될 수 있음을 주장하면서 그 사이에 위치한 안자를 통해 이를 좀 더 구체화하고, 더 나아가 자신도 여자지만 안자처럼 할 수 있다는 자신감을 갖는다. 그리고 주(周) 문왕(文王)과 태임(太妊), 태사(太姒)를 예로 들어 성인과 범인, 남자와 여자의 차이는 하는 일이 다를 뿐 그 본성에는 차이가 없음을 강조한다. 『윤지당유고(允摯堂遺稿)』의 서두에 실린 두 편의 여성 전(傳)을 비롯한 여러 글에서 '나는 비록 여자지만'이라는 전제를 내세우면서도 '본성에서 남자와 여자가 다를 수 없다'는 점을 되풀이한다.[39]

39 임윤지당에 관해서는 이혜순, 「여성담론으로서의 任允摯堂의 理氣心性論: 조선조 후기 여성 지성사 서술을 위한 시론」, 『고전문학연구』 26(한국고전문학회, 2004)을 주로 참고했다. 이 밖에 이혜순, 『조선조 후기 여성지성사』(이화여자대학교출판부, 2007)를 참조하기 바란다.

## 1725년 광산 김씨의 언서 상언과 여성의 정치적 발언

『조선왕조실록』에서 '언문상언(諺文上言)'에 관한 기사는 중종과 광해군 때 두 차례 보인다. 1509년 중종 때 본래 종실의 딸인 철비(鐵非)가 사천(私賤)을 면해 달라는 내용의 상언을 올렸는데, 언문으로 상언한 것이 지극히 무례하다 해 벌을 내린 일이 있다. 1610년 광해군 때는 이홍노의 처 기씨가 '언문상언(諺文上言)'으로 형제의 억울함을 호소해 그 부당성에 대한 논란이 일었다. 그러나 광해군은 여기에 일상적인 법규를 적용할 수는 없다고 하고 언문으로 상언함이 부당하다는 사간원의 주청을 물리쳤다. 이러한 논란은 '상언'과 '언문'이라는 부조화된 두 관념이 충돌한 데서 연유한다고 볼 수 있겠다. 1725년 영조 때 광산 김씨(光山 金氏, 1655~1736)가 역시 언서로 상언해 정치와 전통 여성의 관계에 대해 다시 생각하게 한다.

전통사회에서 여성은 '바깥세계' 정치의 주체일 수 없었다. 집안을 잘 다스림으로써 내치(內治)의 주체가 될 수 있고, 배우자 남성이 바깥세상에 나가 바른 도를 펴도록 돕는 내조(內助)의 공을 세울 수는 있으나, 그 자신이 바깥세상을 다스리는 정치의 주체일 수는 없었다. 적어도 이념적으로는 그랬다. 여성 규범서에서도 '온 나라 백성 중에 왕의 신하 아닌 사람이 없고, 그래서 여자도 충성이나 의리와 무관하다고 말할 수 없다'고는 했지만, 이것이 곧 여성이 정치의 주체임을 의미하는 말은 아니다. 오히려 유교질서를 지탱하는 각종 불문법들은 여성이 정치의 주체일 수 없음을 뚜렷하게 명시하고 있다. "밖에서 하는 말은 문지방 안으로 들어오지 않아야 하고, 안에서 하는 말은 문지방 밖으로 나가지 않아야 한다."라고 했고, "암탉을 새벽에 울리지 마라. 암탉이 새벽에 울면 집안이 망한다."라고 했다.

『예기』는 남녀의 활동영역을 내(內)/외(外)로 확연히 구분함으로써 바깥세상에 관계된 일이 여성의 소관사가 아님을 분명히했다. 『서경』에서 암탉이 울면 불길하다고 한 말은 은나라를 멸망시키고 서주를 세울 때 무왕이 했던 경고이다. 무왕은 은나라 멸망의 원인이 주왕의 비 달기(妲己)에게 있다고 보았기에 그런 경고를 남겼다. 『시경』에서 '장설(長舌)'을 가진 '철부(哲婦)'가 환란의 근원이 된다고 노래한 이 시편은 서주의 마지막 왕 유왕의 비 포사(褒姒)로 인해 나라가 어지러워졌음을 풍자한 것이다.

유향의 『열녀전(列女傳)』에는 부정적 여성상들을 모아 놓은 「얼폐전(孼嬖傳)」이 있다. 그 첫머리에 거론된 사람이 하나라 걸왕의 비 말희(末喜)다. 말희는 용모가 빼어났으나 덕이 없었고 '장부의 마음을 품고 칼을 차고 관을 썼다'고 했다. 그것은 권력에 대한 욕망의 표현일 수 있다. 말희 다음에는 은나라 주왕의 비 달기, 그 다음에는 주나라 유왕의 비 포사에 대한 기록이 이어진다. 유왕이 잘 웃지 않는 포사를 위해 거짓으로 봉화를 올렸다는 고사는 아주 유명하다.

말희, 달기, 포사가 살았던 시대는 하→은→주→춘추전국으로 이어지는 중국 초기의 왕조교체기였다. 하나의 왕조가 무너지고 새로운 왕조가 서는 정치적 격변이 비단 한 개인의 책임일 수 없는데, 「얼폐전」은 온통 그 책임이 왕의 특별한 총애를 받으며 나라를 좌지우지한 여자들에게 있다는 식으로 재현한다. 여성의 정치참여와 외척의 전횡을 막고 유씨 황실의 정권을 공고히 하려는 정치적 의도가 『열녀전』 저술의 중요한 동기였음을 상기하면, 「얼폐전」의 재현방식이 무리는 아니다.

전통사회에서 여성이 정치적 주체일 수 없다는 논리는 유교의 기본경전과 한문문화권의 대표적인 역사서 및 여성 규범서를 통해 형성·강화되어 왔다. 『예기』, 『시경』, 『서경』 등의 경전과 『사기』, 『열녀전』 등의 역사서와 『내훈』과 같은 규범서는 상층 여성이라면 기본적으로 접하는 대표적인 교양서들이다.

조선후기 정치사는 기해예송(1659)과 갑인예송(1674), 숙종 때 일어난 경신환국(1680)·기사환국(1689)·갑술환국(1694), 경종 때의 신임옥사(1721·1722), 그리고 영조 때의 을사환국(1725)·정미환국(1727) 등 굵직한 사건들로 진행된다. 환국이나 옥사가 한 차례 일어날 때마다 당시 현역 정치인들뿐 아니라 남녀노소를 불문하고 전 가솔과 친인척이 연루되어 죽거나 귀양 가거나 노비신세로 떨어지는 일이 빈번하게 발생했다.

당쟁이 벼슬하는 양반 남성들의 이념투쟁이었던 만큼, 권력집단에 속하는 여성들 역시 '바깥세상'에 무관심할 수 없는 것이 시대적 상황이었다. 그 때문에 당시의 급변하는 정치적 상황은 일가친척이 모인 사적인 자리에서 흥미 있는 화젯거리였다. 이덕무의 『사소절』에는 18세기 후반 상층 부녀자들이 사색당파를 비롯해 당대의 정치적 흐름에 결코 무관심하지 않았으며 사적 공간에서나마 정치적 담론에 활발히 동참하고 있음을 짐작하게 하는 대목이 있다. 또한 정치적 격변기에는 양반여성들이 상언(上言)의 방식을 이용해 억울함을 호소하는 일이 종종 있었다. 김만중의 딸이자 이이명의 아내인 광산 김씨(1655~1736)가 그런 대표적인 사례로, 영조에게 올린 상언단자(上言單子)가 상세히 소개된 바 있다.

좌의정을 지낸 이이명은 1717년 숙종과 이른바 '정유독대'를 했던 노론의 거두로서, 경종이 즉위한 후 신임옥사 때 유배·사사된 노론 4대신의 하나다. 이이명뿐 아니라 외아들 이기지도 연좌되어 감옥에서 죽었고, 광산 김씨는 며느리와 손자며느리, 손자 이봉상과 함께 부안으로 유배되는 고초를 겪었다. 이들은 영조가 즉위한 이듬해 1725년 을사처분으로 임인옥사가 무고라는 노론의 주장이 인정되면서 유배지에서 풀려난다. 그런데 1727년 정미환국으로 소론이 재집권하면서 임인옥사는 다시 역옥(逆獄)으로 환원되고, 이봉상은 다시 유배되었다가 이이명이 신원되는 1740년 경신처분 때 비로소 고향으로 돌아오게 된다. 광산 김씨의 상언은 1725년과 1727년에 두 차례 있었다. 국문으로 현전하는 2차 상언의 서두 부분을 본보기로 든다.

> 우 상언(上言) 의단(矣段:~인즉)은 여의신(女矣身: 여자인 저)이 부재(覆載: 하늘과 땅) 사이에 용납지 못할 죄를 지옵고 천고의 업사온 이 은(恩)을 입사와 모진 목숨이 일괴육(一塊肉: 손자 이봉상)을 위하와 시어지지 못하옵고 이제까지 세상의 머물와 일야(日夜) 성은만 축수하옵더니 천만몽매 밖에 손(孫) 봉상(鳳祥)을 대계(臺啓: 사헌부에서 죄를 탄핵한 글) 극률(極律)로 처단하야지라 하옵고 또 의부제(矣夫弟: 시동생) 익명(益命)을 봉상의 망명(亡命)할 때에 지(知)하였다 하옵고 중죄를 주어지라 하옵는 기별을 듣잡고 여의신이 고대 죽어 먼저 모르려 하옵다가 다시 생각하오니 이 궁천극지(窮天極地)한 원혹(冤酷)을 '어진 하늘' 아래 저허 자저(趑趄)하야 폭백(暴白)하지 못하고 그만하야 진(盡)하오면 당초 특명으로 살리오신 성은을 저바리올 뿐 아니오라 또 여의신이 혼자 입사올 죄를 무고한 익명을 횡리(橫罹)하게 되여사오니 실로 지하의 돌아가 의부(矣夫: 남편)를 보올 낮이 업사와 아까 충청도 부여 따으로서 촌

촌(寸寸) 전진(前進)하야 감히 신엄(神嚴: 임금) 아래 한번 애호(哀號)하고 죽기를 청하오니 오직 성명(聖明)은 불쌍히 여겨 살피오소서.[40]

이 글은 1727년 정미환국으로 소론이 재집권한 상황을 배경으로 한다. 사실 내용이 더 흥미로운 것은 1차 상언이다. 『조선왕조실록』에 한문으로 실려 있는 1차 상언에 따르면, 광산 김씨는 임인옥사로 온 집안이 적몰의 위기에 처하자, 당시 16세였던 손자 이봉상을 살리기 위해 '조씨지위고(趙氏之僞孤)'[41]의 계책을 썼다. 손자는 도망하게 하고, 나이와 용모가 비슷한 가동(家僮)을 설득한 뒤 손자를 대신해 죽게 한 후 그 시신을 이봉상이라고 속였다는 것이다. 이처럼 정쟁으로 인해 멸문지화를 입고 가문의 혈통이 끊어질 위기에 처했을 때, 광산 김씨처럼 가모들은 남은 혈육을 보호하기 위해서라면 갖은 편법을 동원하기도 했던 것 같다. 결국 이봉상은 몇 번의 정변 속에 다시 유배를 가지만 말이다.

정치적 격변기에 여성이 아버지나 남편이나 자손을 위해 상언의 방식으로 억울함을 호소하려 했던 사례는 18세기를 전후해 드물지 않게 발견된다. 이이명의 외손녀이자 이유의 처인 안동 김씨(安東 金氏, 1705~1729)는 임인옥사 때 아버지 김시발이 잡혀가자 자기가 아

40 임형택, 「김씨부인의 국문 上言: 그 역사적 경위와 문화적 읽기」, 『민족문학사연구』 25(민족문학사연구소, 2004), pp. 365-366.

41 '조씨지위고(趙氏之僞孤)'란 '조무를 대신해 죽은 아이'란 뜻이다. 중국 춘추시대 진나라에 조순이 도안고란 자에게 모함을 당해 일족이 멸하는 화를 당하게 되었을 때, 조순의 손자인 조무를 도안고가 찾아서 죽이려 하자 그 어미가 다른 아이로 바꿔치기해 조무를 구했다고 한다.

버지를 대신해 죽기를 청하는 상서(上書)를 시도했다. 이처럼 여성이 주체가 되어 위부(爲父)·위부(爲夫)·위자(爲子)의 목적으로 상언을 올리는 것은 고전소설에서도 드물지 않은 설정이다.

공식적으로 여성이 정치적 주체일 수 없던 시대에 '여성의 언문 상언'은 그 자체가 비일상적인 상황을 전제로 한다. 정치적 격변기에 여성의 상언은 위부(爲父)·위부(爲夫)·위자(爲子)라는 명분이 있기에 허용될 수 있었을 것이다. 바로 그런 이유로 절박한 상황에서 여성의 상언은 때로 권장되기도 했을지 모른다. 이들의 상언은 여성으로서의 발언이라기보다 딸과 아내와 어머니라는 '지위'로서 하는 발언이기 때문이다.[42]

지금은 여성의 정치적 발언이 정치인으로서의 활동 외에도 시위나 정당 지원 등 여러 형태로 나타난다. 하지만 예전에는 당연히 그럴 수 없었다. 그래서 더욱 베갯밑송사가 유난했는지 모른다.

## 1743년 「완월회맹연」과 18세기 여성의 소설열풍

1743년은 안겸제의 어머니 전주 이씨(全州 李氏, 1694~1743)가 죽은 해이다. 그런데 조재삼(1808~1866)의 『송남잡지(松南雜識)』 '남정기(南征記)' 조(條)에 이런 기록이 있다. "「완월」은 안겸제의 어머니가

42 이 글은 이경하, 「여성의 정치적 발언, 그 재현의 양상과 의미」(한국고전여성문학회 콜로키움, 2005. 5. 20.)의 일부를 개고한 것이다. 광산 김씨의 상언에 관한 상세한 것은 임형택, 「김씨부인의 국문 上言: 그 역사적 경위와 문학적 읽기」를 참조한 것이다.

지은 것으로, 궁중에 흘려보내 성예를 넓히고자 했다."라는 것이다. 고전소설 연구에서 작품과 여성독자의 관계는 일찍부터 관심의 대상이었고 「완월회맹연」처럼 여성작가까지 거론되고 있다. 「완월회맹연」뿐 아니라, 「소씨명행록」을 이광사(1705~1777)의 자녀 남매가 지었다는 이유원의 『임하필기(林下筆記)』의 기록이 있고, 「옥원재합기연」 필사기처럼 작가를 '규방에 침몰'한 자라 하기도 하고, '재주 있는 여자', 인가의 부녀들이라 하기도 한다. 작자 미상인 소설이 많고, 특히 규방소설로 분류되는 작품은 내용상 여성 친화적인 것이 많아 그런 추론을 뒷받침한다. 그리고 「완월회맹연」에는 홍만종의 「순오지(旬五志)」, 이덕무의 「열상방언(洌上方言)」, 정약용의 「이담속찬(耳談續纂)」 등에서 인용한 속담이 있다. 여성이 그런 것을 어찌 알까 싶지만, 개인차가 있더라도 상층 여성들의 한문 교양이 상당했음은 이후 연구에서도 널리 알려진 사실이다.[43]

채제공(1720~1799)의 「여사서서(女四書序)」를 보면, 1730~40년대 서울에 이미 세책가가 존재했으며 부녀자들 사이에 '소설바람'이 불었음을 반증한다. 이덕무(1741~1793)의 『사소절(士小節)』에도 그런 내용이 있다. 그리고 영조 때 중국소설의 이야기를 판화로 제작한 『지나역사회모본(支那歷史繪模本)』을 보면, 당시 향유되던 중국소설 74종의 제목이 확인된다. 19세기에는 더욱 확대되어, 연경당(演慶堂)을 건립해 일종의 왕실도서관 선향재(善香齋)를 마련했다. 그리고 『연경당

43 「완월회맹연」에 대해서는 정병설, 『완월회맹연연구』(태학사, 1998); 정병설, 「조선후기 여성소설과 남성소설의 비교 연구: 〈옥원재합기연〉과 〈옥린몽〉을 중심으로」 등을 참조했다.

언문책목록(演慶堂諺文冊目錄)』을 작성했는데, '낙선재(樂善齋)소설'로 불리는 한글 필사본 소설들이 여타 비소설 자료들과 함께 수록되어 있었다.[44]

기록이 있는 몇 경우를 제외하면 고전소설의 필사는 필사자를 정확히 지목할 수는 없다. 다만 '낙선재소설'은 필사된 곳이 분명하다. '낙선재'는 창경궁 안에 지은 전각이다. 주로 왕실의 여성들이 책을 볼 수 있는 일종의 왕립 도서관이다. 이 낙선재에 소장된 소설을 '낙선재소설'이라 한다. 낙선재소설들은 대개 중국 작품을 국문으로 번역한 것이지만 우리의 고전소설도 있다. 「홍루몽」, 「고금기관」, 「명주보월빙」, 「삼국지연의」, 「수호지」, 「서주연의」, 「주생전」, 「하진양문록」 등이 낙선재에 있다. 그렇다고 낙선재소설이 낙선재가 만들어지며 생겨난 것이라고는 볼 수 없고, 낙선재에 이전부터 있던 국문소설을 모은 것이라 이해된다. 그중에는 세책가 소설이 흘러든 것도 있다.

일명 '낙선재소설' 중 「하진양문록(河陳兩門錄)」의 내용을 간단히 보기 위해 제목부터 설명하자면, 하씨와 진씨 두 집안의 기록이다. 줄거리는 워낙 복잡하니 생략하고 한 장면만 본다. 물론 ( ) 안의 한자와 [ ] 안에 글은 원문에 없다.

> 일일(一日)은 하생 [하재옥]과 더불어 문의(文意)를 창화(唱和)할새, (중략) 얼핏 하소저로 방불함이 있는지라, 상서[진세백]가 추연(惆然)히 곁

44 여성의 소설독서에 관해서는 임형택, 「17세기 규방소설의 성립과 〈창선감의록〉」; 박영희, 「장편가문소설의 향유집단 연구」; 장시광, 「조선 후기 대하소설과 士大夫家 여성 독자」, 『동양고전연구』 29(동양고전학회, 2007)를 주로 참조했다.

에 나아가 옥수(玉手)를 잡고 흔연(欣然)이 소왈(笑曰), "사림의 작인(作人)이 이렇듯 기이하니 아마도 날마다 경액(瓊液)과 선단(仙丹)을 먹는도다. 원간 이 같은 이혹 있다 한들 어찌 이리 한 판에 박은 듯하뇨? 그대 나의 부인 숙인(淑人)으로 조금도 다름이 없으니, 만일 그대 같은 아내를 얻으면 비로소 나의 심우(深憂)를 풀리니, 또 그대 나이 동년(同年)이라, 어찌 신기하지 않으리오? 하씨를 이별 후 그대를 처음 보나니, 서애몽몽(瑞靄濛濛)하여 눈부시매 상운(祥雲) 같으니 일배(一倍) 승(勝)한 듯하니, 그대 어찌 여자가 되지 못하뇨? 가히 원(願)이 그대로 동처(同處)하여 백년을 즐기면 다시 다른 여망(餘望)이 없으리로다." 하생이 어이없어 헤아리되, 나의 종적을 제 만일 알면 사기(事機) 요란할 바를 근심하여 강잉(强仍) 소왈(笑曰), "형이 취하였나냐? 비록 방불한 이 있다 한들 남녀(男女)의 체용(體容)이 어찌 같으리오? (중략)."[45]

여자주인공이 남장을 하고 남녀주인공이 함께 전장에 나갔을 때 남자주인공이 여자주인공을 좋아하게 되는 것은 여성영웅소설에서 흔하다. 인용문에서 '하생'은 여자주인공이고 '상서'는 남자주인공이다. 「하진양문록」은 짝사랑에 빠진 남자주인공을 통해 사랑의 기쁨과 슬픔, 연인에 대한 그리움과 원망, 절망과 분노 같은 사랑의 보편적 정서를 표현하고 있다. 남녀 간의 사랑 따위에 도통 무관심하고 냉담한 여주인공 탓에 비록 반편의 사랑에 그치지만, 「하진양문록」에서

45 고은임, 「한글장편소설의 동성애적 감성 형상화 장면: 『소현성록』, 『하진양문록』, 『명행정의록』 중심으로」, 『민족문학사연구』 66(민족문학사학회·민족문학사연구소, 2018), pp. 103-104.

남녀주인공 사이에 지속되는 갈등의 핵심은 애정문제라 할 수 있다.

여주인공의 영웅적 행각이나 여성으로서의 고뇌에만 주목한다면, 「하진양문록」의 소설적 재미 가운데 절반은 잃는 셈이다. 그만큼 이 소설은 사랑에 빠진 사람이라면 누구나 느낄 법한 행복과 불행의 다양한 감정을 비중 있게 다루고 있다. 남장여자 화소는 남자주인공이 여자주인공의 남장 사실을 모른 채 호감을 가진다는 점에서 매우 흥미로운데, 여자주인공의 정체를 알고 있는 여성영웅소설의 독자들에게 흥미진진한 요소임에 틀림없다.[46]

소설을 말하면서 판소리계 소설을 언급하지 않을 수 없다. 「흥부전」과 「흥부가」 등 판소리계 소설과 판소리의 관계는 분명하지 않고, 그 영향관계가 단선적이지도 않다. 판소리계 소설과 판소리는 엄연히 다른 장르다. 하지만 향유층을 상류층에 국한하지 않는 한 여성문학사에서 판소리도 간략하게라도 다루지 않을 수 없다. 판소리사는 여기서 자세히 다루지 않겠지만, 판소리의 탄생이 무가와 관련이 깊다는 점, 판소리사에서 신재효의 고향인 고창이 특별히 중요시된다는 점, 19세기 중엽까지도 판소리는 남성 창자들만의 전유물이었다는 점, 20세기 초 전통사회의 판소리 감상문화도 바뀌게 되었다는 점 등을 기억해야 할 것이다.

다만 여기서는 여성 창자들의 등장에 대해서만 간략히 적는다.

---

46 여성영웅소설과 페미니즘의 전반적인 관계나 여성영웅소설의 주요 연구현황은 박혜숙, 「여성영웅소설과 평등, 차이, 정체성의 문제」, 『민족문학사연구』 31(민족문학사연구소, 2006)을 주로 참조한 것이다. 「하진양문록」의 소설적 재미에 관해서는 이경하, 「〈하진양문록〉의 애정갈등과 여성독자의 자기검열: 남자주인공을 위한 변(辯)」, 『인문논총』 65(서울대학교 인문학연구원, 2011)의 일부이다.

진채선(陳彩仙, 1842~?), 허금파(許錦波, ?~?) 김여란(金如蘭, 1907~1983), 김소희(金素姬, 1917~1995)는 모두 고창의 유명한 판소리 창자들이다. 전통사회에서 여성이 소리를 하는 경우는 크게 둘이다. 무속 집안에서 태어난 여자의 길은 무녀로 거의 정해져 있었고, 기생의 경우 시조, 가곡 및 가사를 배우는 것이 일반적이었다. 최초의 여성 판소리 명창은 고창 출신의 진채선 등으로 알려져 있는데, 이전에 이미 판소리를 잘 부르는 여성 창자가 존재했더라도 진채선 등과 전문성에서는 차이가 있었다. 특히 진채선은 기존 남성 판소리 창자와 소리 실력 면에서 차이가 없었고, '여성적 소리'는커녕 남장을 하고 소리를 했다. 여성 창자들이 서편제 소리를 주로 했을 것이라는 주장들이 종종 제기되지만 '서편제는 여성적 소리'라는 선입견에 대한 해명도 필요하다. 여성 판소리 창자의 등장이 판소리사에 부정적 영향을 끼쳤다고 논의되기도 하는데, 이는 여성 창자의 등장 때문이라기보다 사회문화적 환경의 변화로 인한 경우가 많다.[47]

## 1746년 안동 권씨의 「반조화전가」와 규방가사

여기서 다룰 안동 권씨(安東 權氏, 1718~1789)의 「반조화전가(返嘲花煎歌)」는 여성과 남성 간의 논쟁을, 「기수가」 연작은 여성과 여성 간의

47 판소리에 관해서는 김종철, 「실전 판소리의 종합적 연구: 판소리사의 전개와 관련하여」, 『판소리연구』 3(판소리학회, 1992); 성기련, 「고창과 여성명창」, 『판소리연구』 20(판소리학회, 2005)을 주로 참조했다.

논쟁을 담은 이른바 '문답형' 혹은 '화답형' 규방가사이다.

특히 「반조화전가」는 아주 유명하다. 이 작품은 경상북도 봉화군을 배경으로 하고 있다. 「조화전가(嘲花煎歌)」를 쓴 홍원장과 「반조화전가」를 쓴 안동 권씨는 6촌 간의 같은 문중이다. 「조화전가」는 마을 부녀자들이 화전놀이를 간 것을 조롱하는 가사이고, 「반조화전가」는 그에 대한 답으로 당시 20대 후반인 안동 권씨가 지었다고 한다. 안동 권씨는 권매(權邁)의 무남독녀이고, 진성이씨 이중실(李重實)의 아내다. 안동 권씨의 『잡록(雜錄)』이 전한다. 『잡록』에는 1781년 남편을 위한 제문을 포함해, 소설과 가사 등이 수록되어 있다.

「반조화전가」는 「조화전가」와 비교해 보면 더 재미있고 이해가 잘 된다. 우선 「조화전가」에서는 화전놀이를 준비해서 다녀오는 여성들의 행동을 희극적으로 묘사한다. 화전 일정을 잡아 통문을 돌리는 여성들의 모습을 우스꽝스럽게 그리고, 화전놀이를 가기로 한 바로 전날 비가 와서 걱정하는 여성들을 아이같이 운다고 비웃으며, 화전놀이를 가게 되자 단장하느라 늦어 버린다고 조롱한다. 이에 대해 「반조화전가」에서는 주관하는 사람이 없어 화전놀이를 성사시키지 못한 남성들에 대해 우습다면서 몇 달 동안 논의하면서도 허송세월만 하는 모습이 한심하다고 반박한다.

또한 「조화전가」에서는 여성들이 화전놀이 가서도 남편 흉보고 집안 살림 걱정이나 하다가 신세한탄에 눈물을 흘리고 저녁 지을 생각과 집에 두고 온 아이 생각에 황급히 자리를 거두는 모습을 희화화해 여성 놀이문화를 폄하한다. 가기는 가는데 무얼 보고 오는지 모르겠다는 것이다. 마지막 부분에서는 여성들의 화전놀이에 대해 산신령도 조롱한다면서, 온갖 초목과 금수들도 여성들이 놀 때는 빛을 잃다가 정작 여성들이 가버리니 춤을 춘다는 식으로 표현하면서 여성들의 놀이가 가당치 못함을 주장한다.

이에 대해 「반조화전가」에서는 「조화전가」에서 들었던 '벽도화', '양뉴디' 등을 차례로 들어가며 이들이 오히려 자신들의 산수유람을 반기고 있다고 했다. 벽도나무 꽃이 자신을 위해 웃고, 버드나무 가지는 의연하게 춤을 추며, 앞내의 맑은 물이 '격분ᄒᆞ여 슬피' 우는 것이 아니라 고요하고 한가하기만 하다고도 했다. 「반조화전가」는 또 이렇게 말한다. 사서삼경, 제자백가를 읽어 사람된 도리를 배우고도 행하지 못하니 결국 남자들의 책읽기가 장님이 단청 구경하는 것과 다름없다고 했다. 부녀자들이 화전놀이 가서 봄 경치를 완상하는 것만 못마땅해 하지 말고 남자들 할 도리나 제대로 좀 하라는 말이다. 이처럼 「조화전가」와 「반조화전가」는 조롱과 반박이 마치 말을 주고받듯해, 두 편을 같이 보면 더 재미있다.

결국, 「조화전가」의 요지가 여성들의 화전놀이에 대한 조롱이라면, 「반조화전가」는 화전놀이를 비롯한 여성문화의 정당성과 자부심을 유감없이 드러낸 작품이라고 할 수 있다. 규방가사에서 흔히 표출되는 여성으로서의 신세한탄이나 한의 정서는 여기서 찾아볼 수 없다. 그렇다고 해서 남녀의 성역할에 대한 비판적인 의식을 담고 있는 작품은 아니다. 남성들의 한심함을 비웃지만, 그것은 단순한 조롱 이상이 아니며 근본적인 문제제기나 심각한 비판은 아니다. 「반조화전가」에 담긴 여성문화에 대한 자부심은 중세질서를 자신의 가치관으로 체화하고, 비교적 유복한 삶을 살았던, 18세기 경북 봉화 지역 양반 계층의 한 젊은 여성의 자기발언이었다.

화전가란 규방가사의 일종으로, 화전놀이의 풍류를 읊은 일군의 문학 갈래인 가사를 말한다. 화전놀이란 조선의 양반 부녀자들이 매년 한식절을 전후해 경치가 아름다운 곳을 찾아 꽃잎으로 전을 구워 먹으며 봄날의 한때를 즐기는 풍습이다. 화전놀이의 연원은 신라까지 거슬러 올라가지만, 현재 남아 있는 화전가는 18세기에서 20세기까지, 즉 규방가사가 어느 정도 정착된 단계의 자료이고, 지역적으로는 영남 지방이 압도적으로 많다. 성별로 말하면, 남성이 화전놀이를 조롱하기 위해 지은 경우도 있지만 주도적인 것은 역시 여성이었다.

화전가는 흔히 화전놀이를 끝내고 집으로 돌아와 그 회포를 기록하면서 개인적으로 이루어진다. 그런데 화전가에는 화전놀이 현장에서 집단적으로 가사를 지어 부르는 상황이 묘사되는 경우가 종종 있다. 화전가는 윤작이나 화답 형식이 흔하다. 다음은 함께 놀러 간 부인네들이 돌아가면서 가사를 지어 부르는 모습이다.

여보소 벗님네야　　이뇌말삼 들어보소
젹막심규 깁흔속에　　셔러담은 하소연을
노래가사 지엇거든　　이자리에 하소하세
좌즁이 하는말슴　　그대답 박수친다
어느부인 남먼저　　나셔던되
홋튼머리 소복에는　　얼굴도 서면하다
품속에 화전가사　　양수로 바쳐들고
좌중을 다시향해　　절한번 구진후에
낭낭한 목소리로　　긴가사 낭독하니
(중략)
그소래 긋치나니　　만장박수 일어난다

수집은 그부인은　　　　　　인사하고 돌아오니[48]

화전가 계열 규방가사의 향유 방식은 대단히 집단적이다. 이러한 집단성은 문학의 소비와 생산의 경계가 모호할 뿐만 아니라, 소비에서 생산으로 넘어가는 과도기적 상황을 보여 준다. 여럿이 둘러앉아 가사를 짓고, 서로 돌아가며 읊조린다. 집에 돌아오면 대개는 곧 일상으로 돌아가지만, 혹 그중 누군가는 나중에라도 자기들이 지은 가사를 상기하며 자신의 가사 한 편을 완성했을 수 있다. 요컨대 화전가는 화전놀이와 규방가사라는 여성문화의 두 가지 전통이 만나서 이루어진, 조선후기에 존재했던 독자적인 여성의 문학이자 생활이었다.[49]

한편「덴동어미화전가」는 소설화한 서민가사의 대표적인 작품으로, 지금까지 막연히 여성 작자의 창작이라 간주되었다가 작자가 남성임이 밝혀져 주목을 끌었다. 작자로 추정된 이는 석창(石窓)이라는 호(號)의 구(舊) 향촌사족 출신의 남성으로, 영주에 거주했고 일제강점기에는 산중에 은거했다고 한다. 이 작품은 여성의 연대를 보여 주는 예로서 전형적인 여성 작품으로 간주되어 온 만큼 충격이 컸다. 그만큼 작가의 성별과 관련된 고정관념이 무섭다는 것을 여실히 보여 준다.[50]

---

48 이경하,「조선조 여성의 문학생활 연구 시론: 〈반조화전가〉의 안동권씨녀를 중심으로」, p. 126.

49 「반조화전가」에 대해서는 이경하,「조선조 여성의 문학생활 연구 시론: 〈반조화전가〉의 안동 권씨녀를 중심으로」의 일부를 개고한 것이다.

50 「덴동어미화전가」에 대해서는 박혜숙,「덴동어미화전가의 작자 문제」,『국문학연구』

「기수가(淇水歌)」 관련 8편 가사는 서로 기롱하는 규방가사의 또 다른 전형이다. 이번엔 올케 시누이 간의 기롱이란 점이 「반조화전가」와 다른 점이다. 이 「기수가」 연작은 1867년을 전후해 경상남도 합천군 파평 윤씨 가문의 고택인 화양동(華陽洞)을 배경으로 한다. 이 윤씨 가문에서 연회를 가졌는데, 출가한 부인 가운데 하당댁이 첫 작품인 「기수가」를 지었고, 며느리의 입장에서 「답기수가(答淇水歌)」를 지었다고 한다. 시누이들이 친정에 돌아와 무절제하게 노는 모습, 이에 반박하는 출가부인 쪽의 가사, 이 논쟁을 끝내려는 가사 등 「기수가」 연작은 「반조화전가」와 마찬가지로 여성의 문학이자 생활을 잘 보여 주는 예이다.[51]

「덴동어미화전가」와 같이 가사의 소설화의 하나로 자주 거론되는 「복선화음가(福善禍淫歌)」는 가난한 시가에서 치산(治産)으로 집안을 일으킨 양반가 여성, 반대로 부잣집에 시집가서 가산을 탕진하는 여성 '괴똥어미', 둘을 주인공으로 내세워 여성 치산에 대해 이야기하는 가사이다. 이 작품은 이본이 많은데, 각 이본에 따라 주안점이 달라 주제가 전혀 다르게 파악되기도 한다. 이본 중 하나인, 반면교사에 해당하는 괴똥어미를 전면에 내세운 「괴똥전」은 극적 형상화가 뛰어나 독자의 흥미를 더욱 자극한다. 그러나 실제 텍스트 내용은 「복선화음가」 제명의 텍스트들과 별 차이가 없다. 「복선화음가」는 경상도 지역에서 발생해 전국적으로 확산했을 것으로 추정된다. 조선후

---

38(국문학회, 2018)을 주로 참고했다. 또한 이전의 해석에 대해서, 그리고 「덴동어미화전가」의 전문은 박혜숙 편역, 『덴동어미화전가』(돌베개, 2011)를 참조하기 바란다.

51 「기수가」에 대해서는 박경주, 「〈반조화전가〉, 〈기수가〉 연작에 나타난 해학과 풍자의 변주」, 『한국문학이론과 비평』 26(한국문학이론과 비평학회, 2005)을 주로 참고했다.

기에 몰락사족이 많았고, 치산은 특히 여성에게는 현실적인 요구사항이었다. 야담에도, 소설에도 그런 예가 많이 보인다.[52]

## 1792년 풍양 조씨의 「ᄌᆞ기록」과 여성의 자기서사

사람은 누구나 태어나고 늙고 병들고 죽는다. 「ᄌᆞ기록」은 풍양 조씨(豊壤 趙氏, 1772~1815)라는 상층 여성의 한글 산문으로, 모친과 남편을 잃은 슬픔을 중심으로 자신의 생애를 기록한 글이다. 작자는 서울의 경제적으로 풍족한 무반의 집안에서 나고 자랐으나, 어려서부터 가족의 죽음을 많이 겪어야 했다. 동생 세 명이 죽었고, 어머니와 할머니가 죽고, 20세에는 급기야 남편이 죽는다. 이 글에는 특히 어머니와 남편에 관해 자세히 썼다. 일찍이 「ᄌᆞ기록」은 자료가 발굴되고 소개된 이후에, 죽은 남편을 따라 자결하지 않았기에 '실패한 열녀' 이야기로 읽히기도 했다. 이후 작가의 관계성 등 많은 연구가 이루어졌다.

조선 시대 상례 절차는 현대에 많이 간소화되었다. '무가치한 것'으로 간주되는 것 중 하나가 예란 이름으로 행해진 상례의 복잡한 절차이다. 초혼 같은 의식, 상주가 여러 날 음식을 먹지 않는 것, 그리고 오복제(五服制) 등 번다한 예제가 없어졌고, 임종 시 남녀유별은 말도 안 되는 것으로 치부된다. 초·종례 전반에서 크게 간소화되었으며,

52 「복선화음가」에 대해서는 이동연, 「조선후기 여성치산과 〈복선화음가〉」, 『한국고전여성문학 연구』 4(한국고전여성문학회, 2002)를 참조했다.

대행업체까지 생겼다.

「주긔록」은 곁에서 남편이 병이 나서 임종하기 전까지 다 지켜보고, 살아남은 자의 입장에서 쓴 한글 산문이다. 이른바 열녀의 자결시도도 있었고, 임종 시 남녀유별도 지켰다.

병이 들어 한쪽이 누우면 환자나 보호자나 서로 눈치를 보게 된다. 가능한 환자 앞에서 눈물을 보이지 않으려 하고, 보호자는 환자의 뜻을 받들면서도 환자에게 미음이나 약을 억지로 권한다. 「주긔록」에도 그런 기록들이 많이 보인다.

예전에 죽을 때는 평소 기거하던 곳에서 죽는다는 원칙도 있었다. 「주긔록」의 저자 풍양 조씨의 친정에서 요양하던 남편도 가망이 없다 싶자 주변의 권유로 자기 집으로 돌아간다. 풍양 조씨는 집으로 돌아가기 전, 언니와 남편을 따라 죽는 문제에 대해 심각하게 상의를 하고, 언니는 이를 만류한다. 풍양 조씨는 친정 언니와 아버지 때문에 열을 결행하지 못하고, 자기 팔뚝에 칼로 생혈을 내어 남편의 목숨을 연장하려 한다. 남편은 임종에 임박해서도 회복을 믿었는지, 칼을 쓴 아내를 나무라는 눈짓을 한다.

> "네 아내와 무슨 말이라도 하여라." 남편이 불편한 빛을 고치지 않고 또 대답도 없었다. 내가 그 기동을 보고 애간장이 끊어지려 하였으나 굳게 참고 낯빛을 부드럽게 하여 나아가 정신이 드는지 물어도 답이 없었다. 내가 억지로 웃으며 말하기를, "제가 무슨 잘못한 일이 있나이까?" 하였다. 남편이 머리를 저어, 다시 물었다. "무슨 일인지요?" 남편이 숨을 헐떡이며 겨우 말하기를, "지금은 긴 말을 못하겠으니 내 낫거든 하리라." 하니, 이는 스스로 회복을 믿는 까닭으로 소생한 뒤 경솔하고 망령되이

칼을 잡고 들던 나의 행동을 꾸짖고 한바탕 즐겁게 웃으려 한 뜻이었으리라.[53]

남편의 임종 직전에는 "고서(古書)에 죽을 때에는 남녀가 같이 있지 않는다 하니 종신대사(終身大事)의 예" 운운하며 임종 시 남녀유별을 지키려 했다. 풍양 조씨는 앞서 시어머니와 잠깐 나와 있다 곡소리를 듣는다. 그게 진짜가 아니었는지 시할아버지의 호통 소리를 듣는다. 방에 들어가서는 할머니 옆에 엎드려 있었다고 했다. 곧이어 진짜 곡소리가 나고, 누군가 조씨의 머리를 풀어헤친다. 이제 진짜 죽은 것이다.

조선 시대 궁중에서도 임종 시 남녀유별이 반드시 지켜진 것은 아닌 듯하다. 앞에서 거론한, 인종비 인성왕후 박씨가 그런 예다. 인성왕후가 인종의 유교(遺敎)를 언문(諺文)으로 기록했던 것이다. 이처럼 왕실에서도 임종 시 남녀유별이 반드시 지켜진 것은 아니었다.

「ᄌᆞ긔록」에 나오는 임종 시 남녀유별의 근거는 『예기(禮記)』「상대기(喪大記)」에 있는 "남자불사어부인지수(男子不死於婦人之手), 부인불사어남자지수(婦人不死於男子之手)"라는 문장이다. 사전에는 남자가 여자 손에서 죽지 않는다는 것이 "장수(將帥)가 전쟁터에서 죽기를 각오하며 하는 말"이라는 해석도 있다. 진호(1261~1341)의 『예기집설(禮記集說)』 주석에 따르면, "남자불사어부인지수(男子不死於婦人之手), 부인불사어남자지수(婦人不死於男子之手), 악기설야(惡其褻也)"라 했다. 여기서 설(褻)은 '더럽다', '친압하다'의 뜻이다.

---

53 풍양 조씨, 김경미 역주, 『자기록』(나의시간, 2014), pp. 102-103.

죽음은 죽는 자에게나 산 자에게나 삶의 일부다. 조선 시대까지 임종 때도 남녀유별이 예의 명분으로 존재했다. 여성을 대상으로 한 제문, 묘지명, 행장 등과 「ᄌᆞ긔록」 등 죽음을 계기로 지은 글에서 임종 시의 남녀유별의 사례를 고찰해보면 현실에서는 지켜지기도 하고 지켜지지 않기도 했다.[54]

「ᄌᆞ긔록」과 비슷한 시기의 「규한록」은 고산 윤선도의 8대 종손부(宗孫婦)인 광주 이씨(廣州 李氏, 1804~1863)가 시어머니에게 보낸 편지글이다. 광주 이씨는 전남 대곡에서 출생했으며, 17세 되던 해에 해남 윤씨 문중으로 출가했다. 그러나 한 살 아래이던 남편 윤광호가 사흘 만에 요절해 청상과부가 되었다. 광주 이씨가 31세 되던 1834년 잠시 시댁을 떠나 친가에 있을 때, 그때까지 겪었던 일과 앞일을 적어 시어머님께 편지를 보낸 것이 「규한록」이다.

「ᄌᆞ긔록」과 「규한록」은 조선후기 양반 여성에 의해 쓰인 가장 대표적인 '자기서사'로 일컬어진다. 자기서사란 "화자가 자기 자신의 이야기를 진술하는 텍스트"다. 이 작품들은 허구가 아닌 사실을 기록한 텍스트라는 점, 여성 작가가 자신의 삶을 서술한 것이라는 점, 즉 19세기 사대부 여성의 자전적 글쓰기라는 점으로 주목을 많이 받았다. 또한 「규한록」은 자기 일생의 억울함을 4부에 걸쳐서 호소하고 있는데, 여기에 보이는 비논리성과 감정의 분출은 여성적 글쓰기 혹은 여성 정체성과 연관되어 이해되기도 한다. 즉 「규한록」에는 사건

54 『자기록』에 대해서는 이경하, 「임종과 남녀유별: 여성생활사자료집과 『자기록』을 중심으로」, 『인문논총』 76-1(서울대학교 인문학연구원, 2019)의 일부를 개고한 것이다. 이 밖에 풍양 조씨, 김경미 역주, 『자기록』을 참조하기 바란다.

들의 시간적 순서나 논리적 연관은 무시되고, 같은 사건의 반복, 해명과 사죄, 원망과 분노, 푸념 등이 뒤섞여 있다. 그래서 종잡을 수 없는 문체로 독자를 당황하게 하고, 정확한 문면 파악도 쉽지 않다. 내용을 요약하면 이렇다.

① 양자 정한 일을 시숙에게 아뢰었으나 크게 화를 내시니 실로 죄스럽다.
② 양자를 들인 일은 며느리를 위한 것이 아니었다.
③ 종들이 며느리의 말을 듣지 않는다.
④ 적은 곡식으로 제사 지내기가 힘들다.

광주 이씨는 「규한록」 곳곳에서 양자를 얻은 일이 자신을 위한 일이 아니었다고 강조한다. 또한 자신이 여태 살아 있는 이유가 남편이 죽었을 때 자신의 종사를 시숙들이 굳이 만류했기 때문이라고 거듭 밝힌다. 시숙들의 간곡한 설득이 있었다는 것이다. 종부로서의 소임과 시숙들의 설득이란 다름 아닌 양자를 들이고 집의 경영, 제사를 받드는 것이다. 삼종지도(三從之道)는 끊어졌지만 종부의식(宗婦意識)으로 버틴 것이다.

그런데 10년이 넘는 동안 종부로서의 역할을 수행하는 것은 여러 면에서 어려웠다. 양자 문제와 경제적 문제로 시숙이나 시어머니와 사이가 좋지 못했고, 종들도 자신에게는 순종하지 않았다. 종부로서의 당당한 지위는 어디에도 없었다. 그 와중에 광주 이씨는 살아 있는 것을 몇 번이나 후회한다고 술회하고, 자신을 “열 번이나 죽어야 옳고 마땅한 자부”, “밥 먹는 귀신”, “숨 있는 송장”이라고 지칭한다. 또한 자신의 삶이 “개똥의 버러지”보다 못하다고 여기는 그는 종들의 무례함을 견딘다. 종부로서 버텼지만 타인의 시선에서 자유롭지는 못하다. 광주 이씨의 자기비하, 자책, 자학은 수긍하면서 부정하고 싶은, 진심이기도 하고 아니기도 한 어떤 것이다. 조선 후기 이른바 '생열녀'들의 마음이 이렇지 않았을까?[55]

55 「규한록」에 대해서는 박혜숙, 「여성적 정체성과 자기서사: 〈ᄌᆞ기록〉과 〈규한록〉의 경우」를 주로 참조했다.

# 5장 『규합총서』의 시대

1795년 혜경궁 홍씨의 『한중록』과 천주교

1797년 기녀 계섬과 기녀시조

1802년 연안 이씨의 『부여노정기』와 여성의 기행가사

1809년 빙허각 이씨의 『규합총서』와 여성의 실용적 글쓰기

1830년 금원의 금강산 유람과 삼호정시사

1835년 「쌍금쌍금 쌍가락지」와 여성 주인공 민요

1836년 『정일당유고』 편찬과 삼의당 김씨의 문집

1886년 최초의 여학교 설립

1895년 윤희순의 의병가와 왕비간택담

'『규합총서』의 시대'는 문자의 면에서나, 여성담론의 면에서나 지향점이 극과 극으로 갈렸던 시대다. 한글이 여성의 글로 굳어져 자전적 글쓰기나 실학적 글쓰기, 기행 산문과 가사 등이 쏟아졌다. 대부분 한글을 썼지만 한문을 이용해 문집을 내는 여성들도 있었다. 여성이 한문을 쓰는 것이 양반 신분 또는 가문의 과거 영광을 되찾는 척도이기도 했다. 한글이 우리글임을 천명한 「독립신문」 이전에도, 여성교육

에 대한 관심으로 여학교 설립의 열망이 있었다.

지향점은 전혀 다르지만 같은 시기를 배경으로 한 『한중록』이나 「옥중서간」과 같은 자전적 글쓰기처럼, 이 시대의 여성 문학은 결이 다양했다. 여성의 입장에서 일방적이지도, 그러니까 진보적이지도 보수적이지도 않았다. 『태교신기』와 『규합총서』는 당시 여성의 글쓰기가 각각 한문과 한글을 사용해 얼마나 당대 여성에게 실용적이었는지 보여 준다. 「쌍금쌍금 쌍가락지」 같은 민요의 세계 역시 당연히 지향점이 다양했다. 또한 금강산 여행을 홀로 떠났던 금원의 『호동서락기』 같은 산문, 장남의 부임지에 동행하는 과정에서 느낀 감회를 쓴 사대부가 여성의 「부여노정기」 같은 가사 모두 여성에게 금기시된 기행을 소재로 하면서도 각각의 지향점이 아주 달랐다. 기녀들의 시조와 한시, 왕비간택담 같은 구비문학도 계속 있었고, 『정일당유고』나 『삼의당고』 같은 여성의 한문 문집은 양반들의 마지막 자존심이었다. 이 시기 여성들은 근대식 여학교 설립을 주장하는가 하면, 조선 왕조를 지키기 위한 의병에도 동참했다.

## 1795년 혜경궁 홍씨의 『한중록』과 천주교

혜경궁 홍씨(惠慶宮 洪氏, 1735~1815)가 『한중록』을 한 번에 다 쓴 것은 아니다. 『한중록』의 명칭은 『읍혈록』, 『한중만록』 등 다양한데 여기서는 가장 많이 알려진 『한중록』을 쓴다. 혜경궁 회갑 때이자, 이 글의 제목 일부인 1795년 「기일(其一)」을 짓기 시작해 1806년까지 작성되었다. 정조 말부터 순조 초까지다. 『한중록』이 정치적 글쓰기라면, 여기서 천주교의 예로 다룰 「옥중서간」은 종교적 글쓰기다. 전자는 자기 삶에 중요한 것이 시집과 친정, 후자는 천주교라는 차이가 있다. 『한중록』이 궁중문학으로, 실기문학으로, 한글문학으로 유명하다면, 문학사적으로 「옥중서간」은 그렇게 유명하지는 않다. 여성의 국문 글쓰기라는 공통점에도 불구하고, 하나는 최상층의 글이고, 하나는 신분은 양반이나 당시 배척받던 천주교 신자가 죽기 전에 옥에서 쓴 글이다. 동시대 산물이지만, 둘은 지향이 많이 다르다.

『한중록』은 내용상 크게 3부로 구성되어 있다. 제1부는 회갑 때 장조카 홍수영이 혜경궁의 필적을 남겨 달라고 해서 쓴 자기 일생에 대한 회고, 제2부는 사도세자의 죽음을 다룬 것인데, 자기가 겪은 사건들의 진상을 손자인 순조에게 알려야 하겠다는 생각에서 쓴 글이다. 제3부는 사도세자 사후에 친정의 몰락, 대표적으로 홍봉한의 아들이자 혜경궁의 동생인 홍낙임이 천주교도와 관련되어 유배되었다가 사사되는 등 친정이 겪은 여러 정치적 고난과 신원을 위한 논리적 글이다. 즉 1-3부의 저작 배경과 저술 동기가 각각 다르다.

『한중록』은 사도세자의 죽음으로 많이 알려진 작품이다. 『한중록』은 노론 골수인 혜경궁이 말년에 쓴 회고록으로 친정과 당파를 위한 '자기합리화를 위한 회상기'에 불과하다는 견해가 있었다. 사도세자는 광증이 아니라 당쟁으로 인해 희생되었고, 혜경궁은 친정 편에서 사실을 왜곡했다는 것이다. 이에 대한 반박도 만만치 않다. 역사학계에서도 『한중록』이 다른 기록들과 비교할 때 사료로서의 가치가 있다는 연구결과가 계속 나오고 있다.

문학계에서도 사도세자는 단순한 광증도 아니고, 그렇다고 당쟁의 희생양으로만 볼 수도 없다는 주장이 나왔는데, 간단히 말하면 광증으로 인해 영조를 시해하려다 목숨을 잃었지만, 그 원인을 따져보면 아버지 영조가 지나쳤기 때문이란 것이다. 광증설과 당쟁희생설은 『한중록』에도 나오는 말로, 당쟁의 희생양이 되었다는 것은 세자가 심각한 병이 없고 오히려 똑똑한데 당시 집권세력인 노론의 모함을 받아 억울하게 죽었다는 것이다. 당시에도 존재했던 세간의 이설을 반박하기 위해서는 사도세자의 광증을 세세히 보여 주는 것밖에 혜경궁에게 다른 도리가 없었다.

이ᄯᆡ 의ᄃᆡ(衣襨) 병환(病患)이 극(極)ᄒᆞ오시니 그 어인 일이런고. 의ᄃᆡ 병환의 말ᄉᆞᆷ이야 더욱 형용(形容) 업고 이샹ᄒᆞ온 괴질(怪疾)이오시니, 대뎌 ᄒᆞᆫ 가지나 넙으랴 ᄒᆞ오시면, 열 벌이나 이삼십 벌이나 ᄒᆞ여 노흐면, 귀신(鬼神)원디 므어신디 위ᄒᆞ야 노코 혹 쇼화(燒火)도 ᄒᆞ고, ᄒᆞᆫ 벌을 슌히 ᄀᆞ라넙ᄉᆞ으시면 만ᄒᆡᆼ(萬幸)이오, 시죵(侍從) 드ᄂᆞ ᄂᆡ가 조곰 잘 못ᄒᆞ면 의대ᄅᆞᆯ 넙디 못ᄒᆞ오셔 당신이 ᄋᆡ쓰오시고 사ᄅᆞᆷ이 다 샹ᄒᆞ니 이 아니 망극ᄒᆞᆫ 병환이냐.

엇던 제ᄂᆞᆫ 하 만히 ᄒᆞ니 무명인들 동궁(東宮) 셰간의 므어시 만흐리오. 밋처 짓도 못ᄒᆞ고 필(匹)것도 엇디 못ᄒᆞ면, 사ᄅᆞᆷ 죽기가 호흡(呼吸) ᄉᆞ이의 이시니 그ᄅᆞᆯ 아모조록 ᄒᆞ랴 ᄒᆞ기 ᄆᆞᄋᆞᆷ이 쓰이ᄂᆞᆫ디라. 션친(先親)이 이 말을 드ᄅᆞ시고 우탄(憂歎)이 무궁ᄒᆞ신 밧 ᄂᆡ 애쓰ᄂᆞᆫ 일이나 사ᄅᆞᆷ 샹ᄒᆞᆯ 일을 민망ᄒᆞ셔 그 의대차(衣襨次)ᄅᆞᆯ 이워주시니, 그 병환이 뉵칠년(六七年)이나 그러틋ᄒᆞ여 극히 셩ᄒᆞᆫ ᄯᆡ도 잇고 져기 진뎡(鎭靜)ᄒᆞᆫ ᄯᆡ도 이시니, 그 의ᄃᆡᄅᆞᆯ 넙디 못ᄒᆞ여 애ᄅᆞᆯ 쓰오시다가, 엇디엇디ᄒᆞ야 좀거시나 ᄒᆞᆫ 벌 텬ᄒᆡᆼ으로 넙ᄉᆞ오시면, 당신도 다ᄒᆡᆼ다ᄒᆡᆼᄒᆞ니 ᄀᆞᆺ치 넙ᄉᆞ오셔 더럽도록 넙ᄉᆞ오시던 거시니, 그 므ᄉᆞᆫ 병환이런고. 쳔ᄇᆡᆨ 가지 병 듕 옷 넙기 어려운

> 병은 ᄌᆞ고(自古)로 업ᄉᆞᆫ 병이니 엇디 지존(至尊)ᄒᆞ신 동궁이 이런 병을 드르신고, 하ᄂᆞᆯ을 불너, 알 길이 업더니라.[56]

의대증은 사도세자의 광증 가운데 대표적인 것이다. 의대증은 옷을 갖춰 입으면 불안을 느끼고 스트레스를 받는 정신병, 한 마디로 옷을 못 입는 병이다. 그런데 사도세자는 옷을 갈아 입는 과정에서 입혀 주는 사람을 죽이는 일이 많아, 의대증 때문에 살인을 했다고까지 말한다. 현대식으로 말하면, 분노조절장애나 조현병이었는지 모른다. 위의 인용은 혜경궁이 곁에서 지켜본 사도세자의 의대증에 관한 것이다. 반면에 아버지 영조는 옷을 갖춰 입는 것을 중시하고 지나치게 깔끔한, 결벽증에 가까운 사람이었다. 지나친 결벽증도 일종의 정신병이다.

『한중록』은 여성문학의 전통 속에서, 당대 서울 상층 여성의 독서취향 속에서 나왔다. 더구나 혜경궁의 친정은 문학 전통이 강한 집안이다. 특히 야담의 중요한 발원지로 알려져 있다. 일찍이 『계축일기』의 주요 인물인 정명공주 역시 혜경궁의 친정으로 시집왔다. 또한 혜경궁은 스스로도 번역된 야사를 많이 읽었다고 말하고 있다. 그러한 독서 경험이 『한중록』으로도 이어졌을 것이다.

이러한 문학적 배경에서 탄생한 『한중록』이 지닌 여성문학으로서의 특징은 무엇보다 섬세한 사건 묘사와 감정 표현을 통한 심리 분석이다. 영조의 까다로운 성격, 편집증이나 강박증, 영조와 사도세자

---

56 혜경궁 홍씨, 정병설, 『원본 한중록』(문학동네, 2010), pp. 85-86.

의 심리 분석 등등. 『한중록』은 남들이 잘 알 수 없는 것, 알아도 감히 말할 수 없는 것을 쓴 기록이라고 하는데, 이러한 성격과 심리 묘사도 혜경궁의 위치이기에 가능했을 것이다. 이처럼 『한중록』은 조선 후기 서사문학 또는 한글문학사에서, 그리고 여성문학사에서 중요한 작품으로 평가된다.[57]

1795년은 조선에 천주교가 들어와 세를 펴기 시작한 초기다. 천주교 박해는 그 전에도 있었는데 규모가 매우 작고 본격적이지 않았다. 신해박해로 불리는 1791년에 윤지충 등이 조상의 신주를 태운 사건이 먼저 있었다. 이때 많은 사람들이 순교 또는 배교했다. 1801년 신유옥사는 정조가 죽고 수렴청정을 하던 정순왕후가 노론 벽파와 함께 천주교도를 대대적으로 붙잡아 처형한 사건이다. 이 사건으로 정약용 등 400여 명이 유배를 떠나고 중국인 선교사 주문모, 이승훈, 이가환, 정약종 등 신도 100여 명이 죽었다. 이때 일을 고발하는 내용의 편지를 베이징 주교에게 보내려다 적발된 '황사영(1775~1801)의 백서'가 유명하다. 「옥중서간」도 그 와중에 나왔다.

「옥중서간」의 저자 이순이(李順伊, 1782~1801, 세례명 루갈다)는 유중철(세례명 요한)의 아내로, 둘은 동정부부로 유명하다. 이순이는 초기 천주교회 설립에 깊이 관여했던 이윤하와 권씨 사이의 딸로 태어났다. 어머니 권씨는 권철신과 권일신의 조카 즉, 권암의 딸이었다. 천주교 신앙이 강한 집안의 분위기에서 자라난 이순이는 전주의 대

57 『한중록』에 관해서는 정병설, 『권력과 인간: 사도세자의 죽음과 조선 왕실』(문학동네, 2012), 정병설, 「『한중록』의 신고찰」, 『고전문학연구』 34(한국고전문학회, 2008)와 혜경궁 홍씨, 정병설, 『원본 한중록』을 주로 참고했다.

지주 유항검의 아들인 유중철과 위장 결혼해 동정 부부로 생활하다가 1801년 신유옥사 때 부부가 약속한대로 같은 날은 아니지만 함께 순교했다. 외가와 친정과 시가 모두 친천주교였다. 유중철이 먼저 죽고, 이순이는 처음에 유배형에 처해졌다가 1802년 천주교도로서 칼을 받는다.

이순이가 쓴 두 편의 옥중편지가 전하는데, 전주 옥에서 어머니와 친언니 및 올케언니에게 쓴 편지다. 이에 대해서는 이견이 있다. 어쨌든 이들 옥중편지는 많은 천주교도들에 의해 필사되었고, 현재 남아 있는 것은 1868년 순교한 김종륜의 필사본이다. 이 본이 이후 각 판본의 저본이 되었다. 이것이 다블뤼 주교의 불어번역본의 한글본과 내용상 차이가 있는 이본이라는 견해도 있다. 그런데 김종륜 필사본과 불어번역본 사이의 차이 중 대부분은, 다블뤼 주교가 한글 자료를 불어로 번역하는 과정에서 발생한 것으로 봄이 더 타당하다.

이순이 부부에게 동정을 지키는 것은 남다른 의미를 갖는다. 부부생활 중에 유혹도 여러 번 있었다. 「옥중서간」의 한 대목을 보자.

> 9월에 시집에 와서 10월에 우리 부부 두 사람이 발원하여 맹세했지요. 그렇게 하여 사 년을 동정으로 지냈으니 이름은 부부지만 실상은 남매와 같았어요. 중간에 유혹을 받아, 그것도 근 십여 차나 받아, 거의 어쩔 수 없게도 되었지만, 성혈의 공로를 일컬으면서 유혹을 면했어요. 내 일이 어찌 되었나 답답히 여기실까 이리 아뢰니, 이 편지를 제 생명처럼 여기시어 반기세요.[58]

---

58 정병설, 『죽음을 넘어서』(민음사, 2014), pp. 111-112.

당시에 조선의 천주교 신자들은 동정을 지키는 것을 하느님을 위해 순교하는 것만큼이나 중요한 일로 여겼다. 그 때문에 이순이는 자신과 남편이 동정을 지켰다는 사실을 「옥중서간」을 통해 가족에게도 분명히 밝힌 것이다. 또한 유중철은 이순이의 신앙이 얼마나 굳센지 잘 알고 있었기에, 마지막 순간에도 아내가 아닌 누이에게 편지를 써 신앙적 권면을 했던 것이다.[59]

1801년에 일어난 신유박해는 당시 지식인 사회에서 큰 사건이었다. 천주교, 이른바 서학은 이미 18세기 후반에 널리 퍼지고 있었다. 조선 천주교회의 자생적 성립과 관련하여, 이벽(1754~1786)을 필두로 한 강학 모임도 있었다. 이벽은 조선 천주교 초기 교회의 지도자 중 한 명이었다. 남인의 일원으로서 권일신·권철신·이가환·이승훈·정약용 등과 교유했다. 그들은 모두 신유박해 때 죽거나 유배를 갔다. 혜경궁의 동생 홍낙임이 천주교도와 관련되어 사사되었다는 것은 앞에서도 다뤘다. 신유박해가 있었던 1801년은 강완숙(姜完淑, 1760~1801, 세례명 골롬바)이 순교한 해이기도 하다.

강완숙은 남편과의 종교적 불화 때문에 자녀를 데리고 서울로 와 1795년에 영세를 받는다. 그리고 여자 교우를 돌보는 회장 직을 수행하며 교회의 모든 일을 맡는다. 그리고 주문모 신부를 6년간 자신의 집에 숨겨준다. 이것이 천주교가 음란하다는 빌미가 된다. 신유박해로 서울 서소문 밖에서 참수될 당시 강완숙의 나이는 41살이었다.

강완숙은 자신은 기록을 남기지 않았다. 그녀의 죽음은 황사영의

---

59 이순이에 대해서는 정병설, 『죽음을 넘어서: 순교자 이순이의 옥중편지』를 주로 참고했다.

『백서(帛書)』와 샤를 달레의 글에 기록되어 있고, 『조선왕조실록』과 여러 학자의 글에 인용된다. 강완숙은 황사영의 『백서』에서는 성인으로 기록되지만, 『조선왕조실록』에서는 사교에 빠진 여자, 요녀(妖女)로 묘사된다. 당시에 천주교는 황건적처럼 민간 도교 결사와 같았다. 지배층이 두려워했던 것은 정권을 전복시키는 것, 삼강오륜의 질서가 무너지는 것이었다. 절의를 연상시키는 강완숙의 의연한 죽음과 천주교의 확산은 당시 지식인 남성들의 불안감을 고조시켰다. 이 시기를 보내면서 천주교에 대한 논의는 조선 지식인 사이에 긍정이든 부정이든 확장되었다.

한편 유한당 권씨(柳閑堂 權氏)의 『언행실록』 현전 필사본에는 숙부인 권철신이 썼다고 하는 서문이 있는데 작성 시기는 1795년으로, 필사 시기는 1900년으로 추정된다. 이순이와 이종사촌인 유한당은 이벽의 아내다. 유한당이 『천주실의』, 『칠극』 등을 번역했다는 설도 전하는데 이것은 확실하진 않고, 다만 유한당이 한문 서학서를 번역했다고 알려질 만큼 한문과 서학에 익숙했다고 추정할 수는 있다. 『언행실록』에 '텬쥬'를 여러 번 언급하고 있긴 하나, '옛 성현께서 말씀하시기를'과 크게 다름이 없다. 천주교 교리에 대한 정확한 이해에 바탕을 둔 것은 아니었던 것이다. 유한당의 남편을 제외하면 시가나 친정도 천주교에 호의적인 분위기가 아니었다.

그러나 천주교의 유입은 조선후기 여성들의 의식에 큰 변화 가능성을 주었다. 천주교 교리에서는 부부간의 평등, 일부일처제, 개인의 자유로운 의지에 따른 결혼, 남성과 동등한 교리 교육 및 종교 의례를 강조했다. 그래서 천주교 도입이 '근대화'와 동일시되기도 하는데, 이에 대한 반론도 있다. 동정녀 집단이 여기저기 많았다 하는데, 조선후기 장편소설에 종종 등장하는 신앙공동체가 이 집단일 수도 있다. 신앙공동체는 주로 여주인공을 한동안 숨겨주는 비구니들로 나타나지만, 천주교나 기독교가 아직 나라에서 인정받기 전이니, 아무리 소설에서라도 신분을 함부로 드러낼 수는 없었을 것이다.[60]

## 1797년 기녀 계섬과 기녀시조

계섬(桂蟾, 桂纖, 1736~1797)은 황해도 송화 출신 기녀다. 당대 최고의 명창으로 이름났던 기녀로, 시조「청춘(青春)은 언제 가고~」가 전한다. 일생이 심노숭의「계섬전(桂纖傳)」에 유전한다. 16세부터 창을 배웠고 1760년대 전반에 이정보의 지도로 완숙의 경지에 들어 전국에 이름을 떨쳤다. 당시 최고의 가객 이세춘 등과 함께 이정보, 심용 등의 후원 아래 장안의 가단을 주름잡다가, 41세부터 8년간 홍국영 관비로 예속되었고, 만년에 심용에게 몸을 의탁했다 한다.

> 青春은 언제 자고 白髮은 언제 왓노.
> 오며 가는 길을 아드면 막을 난다.

---

60 천주교와 여성의 관계에 관해서는 김윤경,「'강완숙의 죽음'을 통한 여성·천주교 담론 변화」,『열상고전연구』69(열상고전연구회, 2019); 이승희,「조선 후기 천주교 유입과 여성의 의식 변화에 대한 일고찰」,『한국고전여성문학 연구』27(한국고전여성문학회, 2013); 이유진,「이순이 루갈다 옥중편지 현전 필사본의 자료적 가치와 해독의 문제」,『교회사연구』40((재)한국교회사연구소, 2012); 김옥희,『한국천주교여성사』I·II(한국인문과학원, 1983)를 주로 참고했다. 그 밖에 송지연,「조선시대 천주교 여성사 다시 읽기」, 송지연·김현주 외 공편,『두 조선의 여성』(혜안, 2016)을 참고했다.

알고도 못 막을 길이 그를 스러ᄒᆞ노라.[61]

이 작품은 전형적 탄로가지만, 계섬이 이미 기녀 신분에서 벗어나 경기도 파주에서 살아가던 만년에 쓰인 작품이기 때문에 현전하는 기녀시조로서 일반적이지는 않다. 그러나 누구에게나 찾아오는 노화도 기녀에게는 그 의미가 더 클 것이다.

18세기 기생 시조 시인으로 추정되는 사례들은 많다. 다복(多福)의 시조 「북두성(北斗星) 기울어지고~」가 있다. 김수장의 호 '십주(十洲)'가 중장에 나오는데, 김수장에 대한 애타는 그리움과 원망의 노래다. 구지(求之)는 시조 「장송(長松)으로 ᄇᆡ를 무어~」로 알려져 있는데, 다른 남자들의 유혹에도 끄떡하지 않겠다는 내용이다. 대동강이 작품 배경이다.

송이(松伊)는 시조 14수로 알려져 있는데, 유명한 시조 「솔이 솔이라 ᄒᆞ니~」는 유혹에 흔들리지 않겠다는 자기 다짐을 노래했다고 알려져 있다. 「내 사랑(思郞) 남쥬지 말고 남의 사랑(思郞) 탐치 마소 / 우리의 사랑(思郞)에 잡사랑(雜思郞) 셧길세라 / 아마도 우리 사랑은 류ㅣ 업슨가 ᄒᆞ노라」의 경우, 종장에서는 자긍심을 보이면서도 동시에 중장에서는 불안의 심리를 보인다.

「ᄃᆞᆰ아 우지 말아 닐 우노라 ᄌᆞ랑말아 / 반야(半夜) 진관(秦關)에 맹상군(孟嘗君) 안니로라 / 오ᄂᆞᆯ은 님 오신 ᄂᆞᆯ이니 안니 운들 엇더리」의 경우도 님과 함께 보내는 이 밤이 더디 새었으면 하는 소망을 초

61 성기옥, 「기녀시조의 감성특성과 시조사」, p. 51.

장에서 노래하고 있지만, 이 역시 이별이 예고되어 있다. 종장에서 토로하는 시적 자아의 내면에는 이별의 불안심리가 깔려 있다.

이 외에 계단(桂丹)의 시조 3수, 송대춘(宋臺春)의 시조 2수, 강강월(康江月)의 시조 3수, 입리월(立里月)의 시조 2수, 부동(夫同)의 시조 4수, 명옥(明玉)의 시조 등이 전한다. 이 가운데에는 이별한 임에 대한 그리움을 노래한 연작시, 섬으로 유배된 임을 그리는 연작시도 있다.

19세기 기생 시조 시인으로 추정되는 사례들로는 천금(千錦)의 시조 「산촌(山村)에 밤이 드니~」, 이별한 임에 대한 그리움을 노래한 연작시인 매화(梅花)의 시조 4수, 금홍(錦紅)의 시조 「벽천(碧天) 홍안성(鴻雁聲)에~」, 옥선(玉仙)의 시조 「뉘라샤 정됴타 ᄒᆞ던고~」 등이 있다.[62]

한편 조선후기 시조하면 사설시조를 빼놓을 수 없다. 사설시조가 지닌 의외성과 파격성, 더구나 대담한 성적 발언을 주도하는 이가 적어도 문면에서는 여성이라는 사실을 간과할 수 없다. 사설시조의 기원과 발생 시점, 담당층에 관한 많은 문제가 있지만 여기서는 여성에 관해서만 잠깐 이야기한다.

널리 알려져 있듯 사설시조는 문면에 애욕과 성욕이 전면적으로 드러나고 있다. 그런데 성욕을 거리낌 없이 드러내는 여성화자가 많아 문제가 된다. 중이나 떠돌이 장사치 같은 외간 남자와의 은밀한 관계도 자랑스럽게 드러내기 때문이다. 이런 여성화자가 진짜 여

62 기녀시조에 관해서는 성기옥, 「기녀시조의 감성특성과 시조사」를 주로 참고한 것이다.

성이라고 판단할 수 있는 객관적 정보가 별반 없어서 문제지만, 더러 여성의 문제의식이 느껴지기도 한다.

> 얽고 검고 킈 큰 구렛나루 그것조차 길고 넙다.
> 졈지 아닌 놈이 밤마다 ᄇᆡ에 올라 죠고만 구멍에 큰 연장 너허두고 흘근 할 적ᄒᆞᆯ 제ᄂᆞᆫ 愛情은 커니와 泰山이 덥누로ᄂᆞᆫ듯 ᄌᆞᆫ 放氣소릐에 졋 먹던 힘이 다 쓰이노ᄆᆡ라.
> 아모나 이 놈을 다려다가 百年同住ᄒᆞ고 永永 아니 온들 어느 개ᄯᅡᆯ년이 싀앗새옴 ᄒᆞ리오.[63]

이 작품은 '성행위의 고통'을 호소하고 있다는 점에서 성적 수세에 놓일 수밖에 없는 여성의 위치를 보여 준다. 즉 정서적 교감이 없으면 부부 사이라도 성행위는 고통일 수밖에 없다. 또한 장사치와 여인의 대화로 이루어진 이른바 '댁드레'류가 유명한데, 대화체의 사실성이 매우 강하나, 걸쭉한 육담이 오히려 상황을 비사실적이게 한다. 여성화자와 실질적 발화자가 일치하는 경우는 사설시조에서 많지 않다. 여기서 계층을 초월한 이른바 '여성성'을 찾는 것은 무모하다.[64]

---

63 박애경, 「사설시조의 여성화자와 여성 섹슈얼리티」, 『여성문학 연구』 3(한국여성문학학회, 2000), p. 99.

64 사설시조에 관해서는 박애경, 「사설시조의 여성화자와 여성 섹슈얼리티」를 주로 참고했다.

## 1802년 연안 이씨의 「부여노정기」와 여성의 기행가사

이 장에서는 연안 이씨(延安 李氏, 1737~1815)의 「부여노정기(扶餘路程紀)」와 은진 송씨(恩津 宋氏, 1803~1860)의 「금행일기(錦行日記)」, 광주 이씨(光州 李氏, ?~?)의 「이부인기행가사」 등 19세기 여성 기행가사를 주로 본다. 「부여노정기」는 작자 66세경에, 「금행일기」는 43세경에 지어졌고, 「이부인기행가사」는 1821년 작인지, 1881년 작인지 잘 모르는데, 앞의 두 작품에 비해서는 상대적으로 작자가 젊은 나이에 창작했다고 추정된다.

또한 이 셋은 19세기 여성 기행기자란 공통점 외에도, 도보 여행이 아니라 가마 등을 이용했다는 점, 여행 동반자들의 숫자가 많다는 점, 단기간의 여행이 아니라는 점 등이 공통적이다. 이는 이들의 여행 자체가 가문의 합의와 후원이 있었기에 가능했음을 보여 준다. 이들은 가문 내의 일원으로서 참여하는 등 여행 동기가 뚜렷했다.

연안 이씨는 예조판서 이지억의 차녀로, 유사춘의 아내다. 「부여노정기」는 1800년에 장남 유태좌가 부여현감으로 부임함에 연안이씨 내외가 함께 부여까지 동행하는 과정에서 느낀 감회를, 2년이 지난 후에 승정원수찬으로 전임되는 소식을 듣고 쓴 작품이다. 「금행일기」의 은진 송씨는 목사 송기정의 장녀로, 논산의 안동 권씨 권향규와 혼인했다. 「금행일기」는 은진 송씨의 시숙 권영규가 판관으로 재직하던 공주 관아에 가서 달포간의 여정을 마치고 그간의 정리를 술회한 작품이다.

「부여노정기」와 「금행일기」는 19세기 사대부가 여성의 기행가사지만, 여행에 충실한 글이라기보다 집안의 행사를 수행하는 데 부수

되는 체험을 적은 글이다. 「부여노정기」는 지명 나열식이고, 언급되는 지역이나 유적들이 이 작품에서 새롭게 의미를 부여받고 있지도 않다. 화자는 이미 잘 알려진 풍경들을 여정에서 빠뜨리지 않고 살필 뿐이다.

반면 「이부인기행가사」는 여행의 본질에 좀 더 부합한다. 모든 지명을 기계적으로 나열하지 않고, 자신이 감명 깊게 보았던 경치만을 집중적으로 그리고 선택적으로 제시해 노정을 재구성하고 있다. 예를 들어, 은진미륵을 보고 그 기원이나 종교적 의미를 찾기보다는 몸집의 육중함에 대한 솔직한 놀라움을 표현한다. 즉 정서적 체험에 집중하여 역사적 사실에 대한 언급은 거의 없다. 유적이나 자연물 앞에서 그에 대한 무지에 비굴해 하기보다 오히려 당당하다. 그 대목을 보자.

은진을 더위잡아 대촌뒤흘 지낸 길의
졔손을 드러 저거시 미륵이라
어와 네여인고 네 근본을 내모ᄅᆞ니
따ᄒᆞ로 ᄉᆞ사ᄂᆞ냐 안잘줄 모ᄅᆞ거ᄃᆞᆫ
힝보ᄅᆞᆯ 어이ᄒᆞᆯ고 냥슈의 공역인가 화옹의 슈단인가
신쟝을 의논ᄒᆞ면 쳔쳑이나 될거시오
몸퀴를 헤아리면 열아ᄅᆞᆷ이 나믈러라
무쇠로 대은 가시 구름 속의 ᄀᆞᆷ초이고
휜돌노 무은 엇게 구소의 다핫ᄂᆞᆫᄃᆞᆺ
쳔강을 슬ᄏᆞ장 바다먹고
남쳔북국은 눈알ᄑᆡ 두어시니

옥경션혜를 몃번이나 지경우게

경작을 얼마나 먹엇관딕

천천만급 디내드록 죽을줄 모르는다[65]

상대적으로 여성들은 남성들에 비해 특정 공간의 문화적, 역사적 상징이나 의미를 확인하는 일이 적다. 즉 어떤 강박이나 편견으로부터 보다 자유롭게 여행한다. 남녀를 통틀어, 물론 대부분이 남성 작품이지만, 17세기 이전의 기행가사들이 심성 수양과 이념의 구현에 집중된다면, 18세기에 들어오면 견문 및 문화 활동으로서의 의미가 확대된다. 그러다가 19·20세기로 오면서 유람의 성격이 두드러지게 되면서, 특정 공간을 대상으로 한 작품들이 늘어난다. 그런데 19세기 여성기행가사는 남성들의 심신 수양이나 산수 유람과는 차이가 있다.

여성기행가사는 화전가 계열과는 비교할 수 없는 상당한 수준의 규모로 구성되어 있다. 「부여노정기」에서 보듯, 발행 규모가 커진 것은 지방관으로 부임하는 아들의 위세와도 관련이 있다. 자신의 성공적인 삶을 일정 부분 반영하고 있다는 자긍심 때문에, 여행 자체에 특히 더 의미부여를 한다. 화전가 계열에서 비슷한 체험을 다룰 때, 중점적으로 다루어지는 부분은 정서적 해방감이다. 당시 여성에게 외출은 규방 바깥으로 나간다는 심리적인 체험일 뿐 아니라 실제로도 새로운 공간적, 물리적인 체험이다.

그런데 「부여노정기」의 연안 이씨처럼 그것이 별반 중요하지 않

65 김수경·유정선, 「〈이부인기행가사〉에 나타난 19세기 여성의 여행체험과 그 의미」, 『한국고전여성문학 연구』 4(한국고전여성문학회, 2002), p. 322.

은 사람도 있었다. 어찌보면 현실에 잘 적응한 사람들이었다. 「부여노정기」나 「금행일기」의 작자들이 여행 자체에 의미를 부여하는 이유는 여행 체험이 자신의 성공적인 삶을 반영하고 있다는 자긍심 때문이었다. 「금행일기」의 후기를 보면, 작자가 상정한 독자는 양가 어머니, 동기와 제질들을 포함한 여성 독자들이다. 이처럼 여행 체험의 충실한 기록보다는 자신을 포함한 여성 독자들의 심리적 위무의 수단이자 당대 여성으로서의 성공적인 삶을 보여 주는 수단으로 기행가사가 이용되었다고 본다.

한편 규방가사는 내용에 따라 계녀가류, 탄식가류, 화전가류로 나누어진다. 이 가운데 탄식가류는 말 그대로 규방여성들의 애환을 탄식조로 읊은 것으로, 대개 결혼생활에서의 불행, 남편과의 사별, 늙음에 대한 한탄, 여성으로서 느끼는 한으로부터 비롯된다. 예를 들어, 「청승가」는 탄식류 가사의 전형적 작품인데, 혼인 뒤 남편의 죽음이라는 보편적인 내용이 탄식의 이유다. 계녀가류로는 앞서 살핀 「복선화음가」 등이 대표적이고, 화전가류로는 「반조화전가」, 「덴동어미화전가」 등이 대표적이다. 규방가사는 여성의 삶에 밀접해 가사체 자장가인 「휵양가(畜養歌)」도 있다.[66]

66 이 글은 김수경·유정선, 「〈이부인기행가사〉에 나타난 19세기 여성의 여행체험과 그 의미」와 백순철, 「조선후기 여성기행가사의 여행 형태와 현실인식」, 『고전과 해석』 5(고전한문학연구학회, 2008) 등을 주로 참고한 것이다.

## 1809년 빙허각 이씨의 『규합총서』와 여성의 실용적 글쓰기

빙허각 이씨(憑虛閣 李氏, 1759~1824)가 지은 『규합총서(閨閤叢書)』는 한글로 된 가정실학백과라 할 수 있다. 그런데, 이 책의 권4 「청낭결(青囊訣)」에 임신, 태교, 출산에 관한 정보가 담겨 있다. '청낭결'은 중국 후한 말기에 명의로 유명한 화타(華陀)가 지었다는 의서 『청낭비결(青囊祕訣)』을 가리킨다. 『규합총서』는 1809년에 완성되었다. 이 장의 화두로 삼은 해다. 빙허각은 어린 시절 간니를 망치로 뽑을 만큼 성격이 급하고 샘이 많았다고 한다.

한편 빙허각의 외숙모이기도 한 사주당 이씨(師朱堂 李氏, 1739~1821)가 저술한 『태교신기(胎教新記)』는 임신의 전 과정에서 매우 중요한 태교에 관한 이론 및 지침서이다. 1800년에 사주당이 한문으로 짓고, 사주당의 아들인 조선후기의 대학자 유희(柳僖)가 이듬해 한글로 번역했다. 사주당의 며느리 안동 권씨는 남편의 일생을 적은 『유희의 전기』를 한글로 남겼다.

『태교신기』가 임신과 출산에 관한 이론서라면 『규합총서』「청낭결」은 실제편이다. 임신과 출산은 여성의 건강 심지어 목숨에 직결된 중요한 사안인 만큼 여성들의 관심이 집중된 것은 당연하다. 『태교신기』와 『규합총서』는 당대 여성의 대표적인 실용적 글쓰기다.

몇 년 앞선 『태교신기』를 먼저 본다. 『태교신기』에서 사주당 이씨는 "스승의 십 년 가르침이 어미가 잉태하여 열 달 기름만 같지 못하고, 어미 열 달 기름이 아비 하루 낳는 것만 같지 못하다."라고 전제하고, 임신을 준비하는 단계에서부터 태교가 시작되며 그때 아비의 역할이 매우 중요하다는 점을 강조한다. 잠자리에서나 평시에나

아비의 태도와 마음가짐이 태아의 자질에 절대적인 영향을 미친다는 것이다. 반면 『규합총서』 「청낭결」은 일단 임신이 된 것을 전제로 태교에 관한 서술부터 시작된다.

『규합총서』에는 임신 이전 단계에 대해서는 언급이 없는데, 『언해태산집요(諺解胎産集要)』 같은 의서를 통해 임신의 준비단계와 진단방법이 어떠했는지를 추정할 수 있다. 『언해태산집요』는 1608년 왕명에 의해 허준(許浚, 1539~1615)이 편찬한 산부인과 계통의 의서로, 세종 때 편찬된 『태산요록(胎産要錄)』을 개편해 언해한 책이다. 『언해태산집요』에서는 태기(胎氣)를 관찰하는 두 가지 방법을 제시한다. 첫째는 진맥이다. 여자가 임신을 하면 평상시보다 맥이 빨라진다고 한다. 둘째는 약을 쓰는 방법이다. 맥이 빠르긴 하나 임신인지 다른 병인지 의심스러우면, 조제한 가루약을 물에 타서 먹이는데, 이것을 먹고 4~6시간이 지난 뒤에 배꼽 아래가 자주 꿈틀거리면 임신이라고 판정했다. 그런데 진맥이나 진단시약을 통한 진단이 그리 정확하지는 않았던 것 같다. 임신인 줄 알고 부인병을 방치했다가 죽음에 이른 경우가 종종 있었다. 임신인지 아닌지 의심하다 병을 키웠고, 부모는 숨이 잦아드는 딸의 손을 쓰다듬으며 애통해해도 이미 어쩔 수 없었다.[67]

일단 임신임을 알았을 때 배 속의 아이가 아들인지 딸인지를 궁금해 하는 것은 동서고금을 막론한 모든 임신부와 가족들의 마음일 것이다. 남아선호가 유별났던 조선후기에는 태아가 아들이기를 바라

67 더 자세한 것은 이경하, 「상층여성의 임신으로 인한 죽음의 양상」, 『한국고전여성문학 연구』 37(한국고전여성문학회, 2018) 참조.

는 마음에 그 궁금증이 훨씬 컸다. 심지어 『언해태산집요』와 같은 의서에도 딸을 아들로 바꾸는 방법이 제시되어 있는데, 『규합총서』에는 더 많은 '비법'이 소개되어 있다. 석 달까지는 아직 남녀가 정해지지 않기 때문에 방술로 딸을 아들로 바꿀 수 있다는 믿음은 당시로서는 의학적 지식이었다. 그 과학적 타당성은 차치하더라도, 태아가 엄마 배속에 있는 동안 변화하는 존재임을 전제하고 있다는 점은 주목할 만하다.

『규합총서』에도 몇 가지 예를 제시하고 있지만, 『규합총서』의 저자는 마지막에 이렇게 적었다. "무릇 수태한 초기에 남녀가 각각 나뉜다 하니 어찌 여아를 남아로 바꿀 수 있겠는가마는, 의서에도 그런 기록이 있고 세속에도 경험한 사람이 있으므로 쓴다." 그리고 담이 크지 않은 임신부는 한밤중에 놀라서 유산할 수 있으니 조심하라고 경고한다. 딸을 아들로 바꿀 수 있다는 속신과 비법들을 인용하고는 있지만, 빙허각이 그런 이야기를 모두 사실로 믿은 것은 아닌 듯하다.

『규합총서』의 「청낭결」 첫머리는 『내칙』에서 인용한 옛 부인들의 태교법이다. 'ᄐᆡ즁당니법(胎中將理法)'이란 제목하에 이어지는 내용은 임신부의 바른 몸가짐에 대한 부연설명이다. 현대에도 적용되는 세세한 것 외에도 『규합총서』는 금기음식의 부정적 효과를 전하고, 'ᄐᆡ살금긔(胎殺禁忌)'를 중요하게 지적했다. 태아를 해치는 나쁜 기운에 대한 경계인데, 임신부는 그러한 '태살 노는 곳'을 일체 피해야 한다 하고, 피해야 할 때와 장소를 자세하게 기록해 두었다. 『규합총서』의 저자도 태살을 경계해야 한다는 믿음은 확실했던 것 같다.

『규합총서』가 태교의 실천적인 면에 한정해 기술하고 있다면, 사주당 이씨의 『태교신기』는 임신부가 유념해야 할 태교의 구체적인 방법뿐 아니라 태교가 왜 필요하고 중요한지에 대한 원론적인 설명을 시도하고 있다. 태교는 유교문화권이 공유하는 보편적인 관념으로 그 기원이 기원전 2세기 가의(賈誼)의 『신서』(新書)까지 거슬러 올라가는데, 중국과 조선의 전통적인 태교 관념을 계승하며 태교에 관한 이론을 본격적으로 개진한 최초의 문헌이 바로 『태교신기』이다. 『태교신기』가 조선후기 양반여성의 학문과 글쓰기가 도달한 또 하나의 경지를 보여 준다는 점에 주목한 논문들이 나왔으며, 이를 통해 사주당의 태교론이 여성의 입장을 옹호하는 동시에 남성중심적 가치를 내면화하고 있다는 측면이 지적되었다.

임신부가 아무리 몸가짐을 조심하고 마음을 다해 태교에 힘쓴다 해도 중간에 유산하거나 혹은 달이 차서 사산하는 경우가 있기 마련이다. 열 달 이전에 태아를 유산하는 것을 반산(半産) 또는 낙태(落胎)라고 하는데, 『규합총서』에도 기술하고 있다. 만일 유산을 했을 때는 정상적으로 아이를 분만했을 때보다 열 배는 더 몸조리에 신경을 써야 함을 강조한다. 비유컨대 정산(正産)은 다 익은 밤이 나무에서 저절로 떨어지는 것이라면, 반산(半産)은 익지 않은 밤을 베어낸 것과 같기 때문에 산모의 몸이 더 많이 상한다고 한다.

조선시대에는 주로 임산부의 얼굴이나 혀 색깔 등을 관찰해 유산이나 사산을 진단했다. 유산의 위험을 막거나 죽은 태아를 꺼내는 약, 출산이 임박했음을 알리는 징후들, 순산을 돕는 방법, 출산 시 산모의 여러 가지 자세, 출산 후에 포의(胞衣) 즉 태반이 나오게 하는 법 등이 『언해태산집요』에 상세하게 기술되어 있다. 이 같은 전문적인 지식은 『규합총서』에는 생략되어 있다. 대신 순산을 기원하는 민간의 의례에 대한 설명이 상세하다.

오래 전 무(巫)와 의(醫)가 분리된 이후에도 부적과 미신이 상당 기간 동안 의료에 이용되었다. 17세기 문인 학자인 김창협(金昌協)의 누이동생과 둘째 딸처럼, 조선의 명문가 여성들도 출산 직후에 요절하는 일이 드물지 않았다. 아이는 낳았지만 태반이 나오지 않거나 유선염이 악화되어 죽는 경우도 흔했다. 조선시대 여성들에게 출산은 신분의 고하를 막론하고 삶과 죽음의 경계를 넘나드는 일대의 모험이었을 테니, 순산을 기원하는 민간의 의식들을 한갓 미신이라고 비웃고 말 일은 아니다.

빙허각 이씨는 『규합총서』의 「청낭결」 마지막에 이렇게 적었다. 부인의 임신은 태아 아비의 성을 받아 아비에게 돌려보내는 것이라고. 그것이 곧 삼종지도(三從之道)의 하나라고. 임신·출산의 지식이란 측면에서 사주당이나 빙허각의 시대와 21세기의 가장 큰 차이가 있다면, 아마도 이 대목일 것 같다. 오늘날 임신과 출산은 더 이상 삼종지도를 구현하기 위해 여성의 신체를 도구화하는 과정이 아니다.

『규합총서』는 한글로 된 가정백과서이다. 『태교신기』의 저자는 자신의 경험을 토대로 여성에게 가장 중요하다 할 수 있는 책을 한문으로 썼다. 앞서 지적했듯, 『태교신기』와 『규합총서』는 당대 여성의 경험을 토대로 하고 당대 여성에게 가장 긴요한 임신과 출산에 관한 정보를 담은 대표적인 실용적 글쓰기였다. 사주당과 빙허각이 외숙모와 조카 사이로서 같은 가풍에 있었고, 두 사람 모두 여성실학자로 평가된다. 그러나 빙허각은 학문적 동지였던 남편 서유본이 사망하자 식음을 전폐하고 뒤따라 죽는다. 그의 주체적인 삶이 시대적 한계를 뛰어넘지 못한 것이다.[68]

## 1830년 금원의 금강산 유람과 삼호정시사

김금원(金錦園)은 생존 연대가 정확하지 않은데, 대략 1817년에 태어나 1850년대 이후까지 살았다. 양반으로 태어나 김덕희의 소실이 되었다. 여행을 홀로 떠났다가 『호동서락기(湖東西洛記)』를 남긴 것과 삼호정시사(三湖亭詩社)의 일원인 것으로 유명하다. 1830년 부모님의 허락을 받고 14세에 남장을 한 채 여행을 떠나, 제천 의림지를 거쳐 금강산, 관동팔경, 설악산, 서울을 여행하고 돌아왔다.

> 마음에 계획을 정하고 어버이께 여러 번 간청하기를 부지런히 힘쓰니, 오래 후에 이를 허락하셨다. 이에 흉중이 호연해짐이 마치 매가 새장에서 나와 바로 하늘 높이 올라가는 기세가 있었고, 천리마가 말 재갈에서 벗어나 곧 천리를 치닫는 뜻이 있었다. 즉일로 남자 옷으로 갈아입고 짐을 꾸려 먼저 사군(四郡)을 향해 길을 떠났다.
>
> 때는 경인년 춘삼월로 내 나이 바야흐로 열네 살이었다. 머리를 동자처럼 땋고 수레 안에 앉았는데 수레는 푸른 실 휘장을 두르고 앞면을 내다보이게 했다. 제천의 의림지를 찾았다. 애교 띤 꽃들은 웃음을 터뜨리려 하고, 꽃다운 풀들은 안개 같았다. 초록 잎사귀는 처음 벌려지고 푸른 산이 사방을 둘러싸서 마치 비단 수놓은 휘장 안으로 들어가는 것 같아 벌써 흉금이 상쾌해지는 것이 마치 폐부를 씻어 내고 먼지를 닦아내는

68 이 글은 이경하, 「불임을 치료하고 아들 낳는 비법을 기록하다: 『규합총서』와 『태교신기』가 전하는 임신과 출산」, 규장각한국학연구원 편, 『실용서로 읽는 조선』(글항아리, 2013)의 일부를 개고한 것이다.

듯했다. 의림지에 이르니 못 주위가 20리쯤 되었으며, 푸른 물은 맑고 밝아 촉나라 비단을 깐 듯했고, 청부(青蕈)는 수면에 용솟음쳐 나왔다가 물에 잠기기도 하고 뜨기도 했다. 버드나무는 천실 만실 늘어져 반은 수중에 들어가고 반은 땅에 끌렸고, 그 위에서 한 쌍의 꾀꼬리는 왔다 갔다 하는 사이에 비단옷을 펄럭이면서 예쁘게 울고, 백구는 사람을 놀라게 하면서 반공에 날아간다. 돌아보며 장난스럽게 "우리말 노래에 '백구야 날아가지 마라. 너의 벗이 내 아니냐'라 했는데 이제 나 또한 그렇게 말하고 싶을 뿐이다."라고 했다.[69]

이것은 금원의 『호동서락기』 일부이다. "흉금이 상쾌해지는 것이 마치 폐부를 씻어 내고 먼지를 닦아내는" 것 같다는 말이 단지 의림지의 위용 때문만은 아닐 것이다. 남장한 금원의 금강산 여행은 당대 여성들의 답답함을 해소하는 방편이었을 수 있다.

이후 금원은 시기(詩妓)로 이름을 알리고, 29세인 1845년에 김덕희의 소실이 되었다. 그리고 남편의 별장인 용산 삼호정(三湖亭)에서 운초(雲楚), 경산(瓊山), 경춘(瓊春), 죽서(竹西)와 함께 모여 시회(詩會)를 열었다. 금원의 남편 김덕희가 벼슬에서 물러나 삼호정으로 갈 때 금원도 그를 따라가 시회를 열었다고 한다. 『호동서락기』 끝에 운초, 경산, 경춘, 죽서의 발문 등이 전한다.

금원, 운초 등이 삼호정에서 일회적으로 시회를 가졌던 것은 아니다. 오히려 운초의 오강루(五江樓), 경산의 일벽정(一碧亭) 등 각자

69 이혜순, 정하영 역편, 『한국고전여성문학의 세계』, pp. 375-376.

의 별장을 다니며 활발하게 시회를 열었다. 당시 오강루는 운초의 남편 김이양(1755~1845)의 별장이었고, 일벽정은 경산의 남편 이정신(1792~1858)의 별장이었다.

오강루, 일벽정, 삼호정 등에서는 운초, 경산, 금원 등의 시회뿐만 아니라 그들의 남편들이 주관하는 시회도 종종 열렸다. 그리고 운초 등이 그 시회에 참여했다. 또한 운초 등은 남편들이 교류한 주변 권세가들, 정치에서 소외된 사대부 문인층, 중인층 등 다양한 문사들과 교류하며 19세기 남성 시회의 영향을 받았다.

또한 이름을 전하는 운초, 경산, 금원, 경춘, 죽서 외에 다수의 관기 출신의 소실들이 이 시회들에 참여했다. 이 중에 죽서는 서얼 출신 소실이었고, 금원은 기생이 아니었다는 연구도 있다. 운초 등이 별장에서 시회에 참여할 수 있었던 것도 정자를 소유한 당대 명문가의 소실이었기에 가능했다. 남편들이 운초 등의 문화적 후원자 역할을 담당했다는 말이다.

운초 등은 남성을 상대로 한 연회에서의 규칙에 따라 시를 짓는 임무를 잘 수행했을 뿐만 아니라 개성적인 시도 지을 수 있었다. 그러나 아무리 시를 짓고 화려한 생활을 해도 소실이란 신분은 변하지 않기에, 운초 등이 남성들의 문화에 종속되었지만, 자신들 중심의 또 다른 시회, 즉 사적인 공간을 만들어갔다. 특히 금원의 여행 경험은 그들의 생각에 많은 영향을 주었을 것이다.

오강루 같은 별장에서 열었던 시회는 사대부 여성들에 비해 비교적 자유롭게 다닐 수 있었던 관기 출신의 문화에서 탄생한 것으로 보인다. 운초 등은 신분 때문에 가부장제의 경계에서 소외되었지만 오히려 이 위치를 주체적으로 활용한 것이다. 또한 운초 등은 관기 출신이라는 소외감과 동질감 외에, 모두 고향을 떠난 이방인, 시재(詩才)에 빼어난 인재로서 서로의 마음을 알아주는 사람이었으며, 한강변에 이웃해 정자를 가지고 있다는 공통점이 있었다.

삼호정시사 등이 얼마나 오래 남아 있었는지는 확실하지 않다. 운초는 금원, 경산, 경춘, 죽서 등과의 만남이 15년 이상 지속되기를 염원했지만, 죽서가 먼저 세상을 떠나고 후원자 김이양도 세상을 떠났다. 생겼다 없어지는 이치가 여기서 예외일 리 없었다.[70]

## 1835년 「쌍금쌍금 쌍가락지」와 여성 주인공 민요

여기서는 여성을 주인공으로 한 민요, 특히 서사민요를 다룬다. 「쌍금쌍금 쌍가락지」, 「누명쓰고 자살한 며느리」, 「진주낭군」, 「큰어머니 노래」 등이 그것이다. 민요는 구비문학이니 기원은 훨씬 오래 되었겠지만, 한시와 민요의 관계에 관심이 많았던 이학규(1770~1835)가 한역한 시에 「쌍금쌍금 쌍가락지」가 있어 이미 그 시기에 많이 불리는 노래였음이 확인된다. 이 절에서 화두로 삼은 1835년은 이학규가 죽은 해다.

성호가문(星湖家門)의 실학적 학문 분위기 속에서 성장한 이학규는 1801년 신유사옥에 삼종숙(三從叔) 이승훈 등과 함께 구금됐고 조사결과 천주교와는 무관함이 밝혀졌지만 전라도로 유배되었다가, 같

70 이 글은 박영민, 「19세기 여성 시회(詩會)와 문학 공간: 운초 그룹을 중심으로」, 『민족문화연구』 46(고려대학교 민족문화연구원, 2007)을 주로 참고한 것이다.

은 해 10월 천주교 박해를 외부에 알리는 내종제(內從弟) 황사영의 백서사건(帛書事件)으로 다시 김해로 유배지를 옮긴다. 이학규는 「영남악부」를 짓기도 했는데, 이것은 1808년 이학규가 김해에 유배되어 있을 때 당시 강진에 유배되어 있던 정약용의 「탐진악부」를 보고 감발(感發)해 지은 것이다.

이학규는 김정희, 김택영 등 조선후기를 대표하는 한시의 대가 8명 중 하나로 꼽힌다. 조선후기에는 정약용 등 사대부 사이에서도 민요에 대한 새로운 인식을 갖게 되어, 민중들의 생활양상과 감정을 나타낸 민요를 한시로 수용하기도 한다. 이학규의 5언 한시 「쌍랍환(雙鑞環)」도 그중 하나다. 영남 지역의 「모심는 소리」를 한역한 「앙가오장(秧歌五章)」 중 한 작품으로 선택한 것이다. 「쌍금쌍금 쌍가락지」는 다음과 같다.

| | |
|---|---|
| 쌩금쌩금 쌩가락지 | 호독질로 딱아내니 |
| 먼 데 보니 달일레라 | 자태 보니 처잘레라 |
| 그 처자야 자는 방에 | 숨소리로 둘일레라 |
| 발소리도 둘일레라 | 홍덜홍덜 오라바니 |
| 거짓 말씀 말아주소 | 동지섣달 서난풍에 |
| 문풍지 우난소리 | 에라 조년 요망한 년 |
| 문풍지 소리 모리고 | 인간 숨소리 모릴소냐 |
| 죽고져라 죽고져라 | 자는 듯이 죽고져라 |
| 열두 가지 옷을 입고 | 아홉 가지 약을 먹고 |
| 맹지수건 석 자 수건 | 목을 매여 죽고져라 |
| 내 죽거든 내 죽거든 | 앞산에도 묻지 말고 |

뒷산에도 묻지 말고　　　연당밭에 묻아주소
연당꽃이 피거들랑　　　날만이게 돌아보고
울 아부지 날 찾거둥　　　약주 한잔 대접하고
우리 엄마 날 찾거든　　　떡을 갖다 대접하고
우리 오빠 날 찾거든　　　책칼 한 잘 대접하고
우리 언니 날 찾거든　　　연지 한 통 대접하고
내 친구야 날 찾거든　　　연대밭에 보내주고
내동상야 날 찾거든　　　연대꽃을 끊어주소[71]

처자는 쌍가락지를 반질반질하게 닦고 쳐다보았을 뿐인데 오빠로 대변되는 남성은 처자의 정조를 의심한다. 노래의 각편은 이 앞부분의 차이는 별로 없고 처자의 유언이나 한탄과 같은 독백에서 차이가 난다. 실제로 죽는 각편은 적고, 대부분 위에서처럼 '자는 듯이 죽고 싶다'고 상상으로 노래한다.

이 민요는 대개 '①처자의 방에서 숨소리가 둘이 난다고 한다, ②처자가 오빠에게 거짓말이라고 한다, ③처자가 죽겠다고 한다, ④자신을 잘 묻어달라고 한다, ⑤꽃이 피면 자신인 줄 알아달라고 한다.'로 전개된다. 각편은 이 중 ①+②로 이루어진 '항변형'과 여기에 각각 ③, ④, ⑤ 단락이 더해진 '죽음형', '매장형', '환생형'으로 나뉜다. 이 민요가 널리 퍼졌을 것으로 보이는 조선후기는 여성의 정절을 매우 중시하는 사회로서, 여성이 부정을 저질렀다는 의심을 받았다는

71 길태숙, 「민요에 나타난 '여성적 말하기'로써의 죽음」, 『여성문학연구』 9(한국여성문학학회, 2003), pp. 191-192.

것은 당시 사회에서 제대로 살기 어려울 만큼 최대의 치욕을 안게 된 것이라 할 수 있다.

또 하나 민요의 유명한 레퍼토리는 시집살이 고충과 남편의 축첩이다. 전자의 예가 「누명쓰고 자살한 며느리」다. 나무가 그냥 죽어도 며느리 탓, 원래 끊겨있던 베틀대도 며느리 탓, 시누이가 끓어 먹은 양초도 며느리 탓, 절편이 없어지기만 하면 며느리 탓, 자연 현상이든 누구의 잘못이든 시집에서 일어나는 모든 잘못된 일이 며느리 탓이다. 그리고 며느리를 구박한다. 나중에 등장하는 남편은 현실적으로 아무 도움을 못 주고 아내가 죽은 뒤에 애도만 한다.

시집살이 경험담 중 흔하게 나오는 이야기 중 하나가 시어머니가 제대로 밥을 주지 않아 배를 곯았다는 것이다. 시집살이 경험담에서 반복적으로 서술되는 시집살이의 고난은 그대로 시집살이 노래의 관용구가 되었다. 자신의 시집살이는 책으로 묶어도 몇 권이 될 것이라고 하는 것은 20세기에도 거의 모든 시집살이 구연 제보자들이 하는 말이다.

「시집식구가 구박하자 중이 되는 며느리」 노래에서는 며느리가 시집살이의 구박을 견디지 못하고 중이 되어 나간다. 「그릇 깬 며느리」 노래에서는 며느리가 시집식구를 불러 놓고 항의함으로써 시집식구들의 사과를 받아낸다. 각편에 따라서는 시집식구들이 사과를 하는 데도 뿌리치고 출가하거나 자살하기도 한다. 이렇게 시집살이 노래의 '나'는 현실의 '나'가 시도하지 못하는 과감한 행동을 함으로써 시집살이의 고난에 대한 해결을 시도한다.

남편의 축첩을 다룬 「진주낭군」과 「큰어머니 노래」는 축첩이 자연스러웠던 시대를 배경으로 하며, 남편의 배신으로 자기 현실을 깨

닫는다는 공통점이 있다. 「진주낭군」은 '울도 담도 없는 집에'로 시작하는 아주 유명한 민요다. 겉으로 보기에는 아무 문제가 없어서 결말부 여성의 자살은 더욱 충격적이다. 시부모의 구박도 없고, 울도 담도 없는 가난한 집에 시집가서 군소리 없이 일만 하던 여성이 믿었던 남편의 축첩에 그만 무너지고 만다.

울도 담도 없는 집에　　석삼년을 살고나니
시어머니 하시는 말씀　　야야 며느리아가
진주낭군을 보라거둥　　진주낭간에 빨래로가라
그것을 듣던 며느리아가　　진주낭간에 빨래로가니
물도좋고 돌도야좋은데　　오족초족 빨래로하니
난데없는 말자죽소리　　터벅터벅 나건대라
앒나래기로 거터나보니　　하늘같은 서방님이
우산같은 갓을씌고　　구름같은 말을타고
울렁출렁 가는구나　　본체만체 가는구나
껌동빨래는 껌기하고　　흰빨래는 희기하고
자금자금 담어이고　　집이라꼬 돌아오니
시어머니 하시는말씀　　야야 며느리아가
진주낭군을 볼라거둥　　사랑방문을 열고나봐래이
그것을듣던 며느리아가　　사랑방문을 열고나보니
기생첩을 옆에다끼고　　오색가지 술을놓고
열두야가지 안주를놓아　　권주가로 하는구나
그것을보던 며느리아가　　여던방문을 다시나닫고
나이방을 돌아와서　　명지야 수건 석자 수건 목을매여

자는아듯이 죽었구나　　하늘같은 서방님이
버선발로 뛰어나와　　와죽었노 와죽었노
첩으야정은 석달이고　　본처야정은 백년인데
아이고야답답 내팔자야[72]

「큰어머니 노래」는 본처가 첩의 집에 갔다가 첩과 비교되는 처지에 상심해 자살하는 노래다. 여기서 큰어머니는 칼을 품에 품고 호기롭게 첩의 집을 찾아가는데, 거기서 오히려 첩의 삶이 더 낫다 여겨 자살한다. 본처는 집에 돌아와 문을 열었다 닫았다, 일어났다 앉았다 하며 기다리는데 남편은 오지 않는다. 새소리, 풀소리에도 남편인가 한다.

「큰어머니 노래」는 첩의 집에 갔다가 본처가 자살하는 경우와, 처자식을 두고도 후실을 보려는 남편을 본처가 저주해 남편이 죽는 경우로 크게 나뉜다. 결말은 달라도 '그래도 본처로 사는 것이 첩으로 사는 것보다는 낫다'는 신념이 깨져, 즉 본처가 첩과 비교되는 처지에 상심해 자살한다는 공통점이 있다.

자살은 특히 자기표현의 통로가 차단된 전통사회의 여성이 자기 생각을 전달하는 최후의 수단으로 문학에서, 그리고 가끔은 현실에서 쓰였다. 이때 '여성'은 성별이 아니라 '사회적 약자'를 가리킨다. '사회적 약자'는 종종 '강자' 앞에서 무조건 참으며 침묵하거나 자살을 선택한다. 비현실적 결말에는 시집살이의 고난을 현실에서 해결

72 길태숙, 「민요에 나타난 '여성적 말하기'로써의 죽음」, pp. 197-198.

할 수 없다는 운명론적이며 비극적인 인식이 내포되어 있다고 할 수 있다. 조선 시대에는 더욱 그랬을 것이다.[73]

## 1836년 『정일당유고』 편찬과 삼의당 김씨의 문집

헌종 때 『정일당유고(靜一堂遺稿)』가 편찬되었다. 당시는 앞서 제시했던 서영수합의 예에서 보듯, 사대부가 여성이 가족과 함께 간혹 한시를 짓긴 했어도 독립적인 시문집 간행은 희귀할 뿐 아니라 부덕(婦德)에 반하는 것이었다. 그런데 그런 일이 실제로 일어났다.

윤광연이란 남성이 경제적 어려움 속에서, 아내 사후 정일당 강씨(靜一堂 姜氏, 1772~1832)의 『정일당유고』를 간행한 것이다. 더구나 가문 밖의 '외간남자들'에게 서문과 발문, 묘지명, 그리고 비상식적으로 많은 만시(輓詩)를 첨부했다. 이는 당시 사대부가 여성의 문집으로서는 대단히 파격적인 편집이었다. 그리고 필사본이 아닌 인쇄본으로써 세상에 모습을 공개적으로 드러내었다. 어떻게 이런 일이 가능했을까? 윤광연이 특별히 아내를, 혹은 그 재능을 사랑해서였을까?

결론부터 말하면,[74] 윤광연의 그러한 출판행위는 19세기 몰락 경

---

73 이 글은 길태숙, 「민요에 나타난 '여성적 말하기'로써의 죽음」; 서영숙, 「시집살이 이야기와 시집살이 노래의 비교」, 『구비문학연구』 32(한국구비문학회, 2011)를 주로 참조했다.

74 이에 대해서는 이견이 있을 수 있다. 이 글은 대체로 박무영의 논지를 따르지만, 윤광연이 특별히 아내의 재능을 아껴서일 수도 있다. 이런 관점은 김남이, 「姜靜一堂의 '代夫子作'에 대한 고찰」, 『한국고전여성문학연구』 11(한국고전여성문학회, 2005)을 추천한다.

화사족으로서의 욕망 때문이었다. 즉 문집의 발간을 가문 유지의 수단으로 삼기 위해서였다. 윤광연은 명문가 출신이지만 벼슬을 하지 못했고 경제적으로 극심히 궁핍해 사족 신분을 유지하기 어려웠다. 그런 와중에도 윤광연이 계속 힘쓴 것은 가족의 문집, 선산, 족보였다. 『정일당유고』 출판을 통해서도 자기 가문의 전통을 자랑하고 사회적 인맥을 과시하려 한 것이다.

자기 가문의 전통을 자랑하려는 욕망이 잘 드러나는 대목은 『정일당유고』의 첫머리에 실은 고부의 도학적 수답시다. 고부란 윤광연의 어머니 지일당 전씨(只一堂 全氏)와 아내 정일당 강씨다. 이들의 호 역시 윤광연이 지었다고 하는데, 호로 불리는 고부가 선도(善道)를 닦을 것을 다짐하는 수창시를 실어 이 집안이 원래 글하는 집안임을 드러내고 싶었을 것이다.

또한 정일당의 글이 대부분 '대부자작(代夫子作)', 즉 남편을 대신해 쓴 시문이 많다는 점이다. 대작은 한문학에서 종종 볼 수 있지만 여성이 '대부자작'을 남긴 경우는 드물다. 더구나 정일당처럼 산문 대다수가 대작인 경우는 거의 없다. 『정일당유고』를 편집한 것이 정일당이 아닌 남편이란 사실도 관계가 있을 것이다.

제문이나 행장을 통해 볼 때, 천지 귀신에서부터 곤충 초목에 이르기까지 정일당과 윤광연의 학문 탐구 영역은 매우 다양했는데, 정일당의 시는 도학과 실천 수양을 다짐하는 내용이 대부분으로 매우 간결하고 직설적이면서도 평담하다. 대부자작 산문은 서신, 기문, 묘지명, 행장, 제문 등으로, 산문의 대부분을 차지한다. 첫 번째 대부자작 산문은 서신이다. 예법과 경의를 묻는 편지들로, 질문의 핵심만 요약해 윤광연이 가르쳤던 젊은이들에게 주는 글이다.

사회적 인맥을 과시하려는 목적이었다는 것은 『정일당유고』에 대량의 남성 인명이 등재되었는데, 그 대부분이 당시의 집권층이라고 할 수 있는 노론이었다는 점 때문이다. 윤광연의 스승인 송치규(1759~1838)처럼 대개 윤광연의 부탁으로 추만시를 지은 인사들은 윤광연이 맺은 사회적 인맥을 보여 준다. 또한 『정일당유고』 본문을 통해서 거론된 '외간 남성'들, 즉 송치규와 홍직필(1776~1852), 영의정을 지낸 김재찬(1746~1827), 홍석주(1774~1842), 유한준(1732~1811), 최한기(1803~1877) 등의 이름이 등장한다.

이 명단은 윤광연이 당대 노론의 핵심 인사들과 두루 교유하고 있었다는 것을 드러낸다. 노론 학자들은 여성시문집의 출판이 부덕과 어긋난다는 것을 지적하면서도, 여성 작가로서는 드물게 '도학'과 '군자'를 강조한 '여성 성리학자'로서의 정일당 강씨를 인정함으로써 몰락 경화사족의 바람을 이루어준다.

19세기 전반의 서울 문화에서는 그럴 수 있었다. 노론 가문들에 영수합이나 호연재 김씨, 윤지당 임씨 같은 여성시인이나 성리학자의 전례가 있었고, 청나라 문인들의 영향으로 여성의 예술 활동에 대한 경험이 어느 정도 누적되어 있었다. 신위(申緯)가 대표적이다. 그는 정일당의 「탄원기(坦園記)」에 제후(題後)한 시를 짓기도 했다. 여기에 출판의 보급, 문집의 발간을 가문 유지의 수단으로 삼는 풍조도 더해져 있었다. 윤광연의 『정일당유고』 편찬에는 이러한 배경이 있었다.

정일당은 문자를 알면 박명한다는 이유로 여성에게 공부를 시키지 않는 세상을 비웃는 편지를 쓰기도 했다.

저는 일개 부인으로 몸이 규방에 갇혀 있고 듣는 것도 아는 것도 없습니다. 오히려 바느질하고 닦고 청소하는 틈에 옛 경적을 열람하며 그 이치를 궁구하고 그 행실을 본받아 이전의 수양한 사람들과 함께 돌아가고자 생각하고 있습니다. 하물며 당신은 장부로서 마음을 세워 도를 찾고, 스승을 좇아 벗을 취하며, 열심히 진보하여 더욱 나아지면 무엇을 배워 할 수 없고, 무엇을 강론하여 밝히 알지 못하며, 무엇을 행하여 도달하지 못하겠습니까. 인을 통해 중정(中正)을 세움에 이르면 성인이 되고 현인이 되는 것이니, 누가 그를 막을 수 있겠습니까. 성현도 장부이고 나도 장부입니다. 무엇을 두려워해서 하지 못하겠습니까. 만 번 애원하오니 당신께서는 날로 그 덕을 새롭게 하셔서 반드시 성현이 되실 것을 기약하십시오.[75]

이 인용문의 "일개 부인으로"는 정일당이 인용한 윤지당의 글 한 구절이기도 하다. 정일당이 윤지당의 글을 읽었다는 사실은 유명하다. 정일당은 대부자작과 같은 방식으로 자기 학문의 영역을 넓혀 갔으며, 남편에게 교유 관계를 권면했던 것은 어쩌면 그것이 자신에게 필요했기 때문일 것이다.[76]

한편 1930년에 간행된 『삼의당고(三宜堂稿)』는 그 진위가 의심된다. 진짜든 가짜든, 어느 쪽이든 결정적 증거가 없다. 간행본과는 여러 면에서 다른 필사본이 있다. 삼의당 김씨(三宜堂 金氏, 1769~?)의 시댁인 진양 하씨라는 인물이 이 사람에서 저 사람으로 오락가락

75 이혜순·정하영 역편, 『한국고전여성문학의 세계』, pp. 328-329.

76 정일당에 대해서는 박무영, 「여성시문집의 간행과 19세기 경화사족의 욕망: 『정일당유고』의 간행을 중심으로」, 『고전문학연구』 33(한국고전문학회, 2008)을 주로 참고한 것이다.

해 간행본과 필사본 사이에 차이가 있다. 즉 일명 '효자 만들기 프로젝트'를 하면서 등장인물이 진양 하씨 중에 이 사람 저 사람 바뀐다는 말이다. 필사본이 초고인지도 알 수 없어 필사본을 다 믿을 수도 없다.

삼의당 김씨와 담락당 하립(1769~1830)은 조선 시대 시인 부부로서 특별히 유명하다. 이것은 우선 그들의 생년월일이 같다는 기연과 신혼 초야부터 부부가 한시를 주고받았다는 일화에서 기인한다. 같은 마을에서 자란 이들이 화촉을 올린 것은 18세 되던 1786년이었다. 그런 하립의 집안은 경기 지방 사족 출신이었지만 몇 대째 벼슬이 끊긴 채 시골 남원에서 가난하게 살고 있었다. 삼의당은 가문의 '사업'으로 추진된 과거급제사업의 적극적인 협조자였다.

『삼의당고』에는 하립이 과거 공부를 위해 집을 떠나 있던 시절, 부부가 주고받은 시와 편지도 포함되어 있다. 여기에는 부부의 서로에 대한 그리움은 물론, 아내에게 미안해하는 남편과 그런 남편을 격려하는 아내의 진정이 들어 있다. 이따금 집에 돌아가는 꿈을 꾸며 공부를 이루지 못할까 염려하는 하립에게, 삼의당은 악양자의 고사를 인용하며 공부를 독려한다. 의기소침해 있는 남편을 '남자는 뜻에 죽고 사는 법'이라며 격려하고, 하립은 '죽을 때까지 한번 해 보겠다'며 다시 힘을 낸다. 그렇게 의연하게 남편을 위로하고 독려하는 삼의당이지만, 때로는 외로움을 한시로 노래하기도 하고, 그리움과 기다림의 고통을 직접적으로 토로하기도 한다.

과거 준비를 하던 기간 내내 하립이 감당해야 했던 심적 부담감은 결코 작지 않았을 것이다. 하립의 등과는 하씨 집안의 숙원이었기에 개인이 마음대로 포기할 수도 없는 문제였다. 그것을 알기에 삼의당도 10여 년의 독수공방과 극심한 생활고를 겪으면서도 남편을 독려할 수밖에 없었다. 그것은 하립 부부가 함께 꾸었던 꿈이면서 동시에 함께 진 짐이었다. 이들의 20대가 그렇게 지나갔다.

1801년 33세에 하립은 부모님의 명을 받들어 조상의 묘를 관리한다는 명분하에 과거 공부를 포기했다. 삼의당과 남편이 중앙에 갖고 있던 유일한 연줄인 심상규가 실각한 1801년에 과거를 완전히 포기한 것이다. 그리고 이들 부부는 남원에서 진안으로 이사해 새로운 생활을 시작한다.

『삼의당고』는 남원 시절과, 과거를 포기하고 이사한 진안 시절로 양분된다. 경제적 어려움은 비슷했겠지만, 삼의당의 마음가짐이나 의식지향은 크게 달랐을 것이다. 남원에서는 과거를 준비하는 유생의 아내였다면, 진안에서는 자영농으로서 향촌에 정착해야 하는 과제가 있었다. 삼의당은 이 시기에 담담하게 자연을 관조하거나 전원생활의 멋을 노래한 시를 많이 남겼다.

진안에 이들 부부의 시비(詩碑)가 있다. 『삼의당고』는 19세기 향촌 사족층의 현실과 욕망을 반영해, 가문의 남성 구성원들이 가지지 못한 부분, 즉 삼의당의 문필 능력을 강조하고, 대외적으로 가문을 선전하는 역할을 맡았다. 『삼의당고』와 『정일당유고』는 어떤 면에서 닮았다.[77]

---

77 삼의당에 대해서는 이경하, 「꿈도 가난도 함께 했던 시인 부부, 삼의당과 담락당」, 『시인세계』 21(2007)의 일부를 수정하고, 박무영, 「19세기 향촌사족의 여성 형상: '金三宜堂'(Ⅰ) - 향촌사족 연구와 『三宜堂稿』 살리기를 겸하여」, 『고전문학연구』 25(한국고전문학회, 2004)를 주로 참고했다.

## 1886년 최초의 여학교 설립

한국 최초의 여학교는 선교사가 세운 1886년의 이화학당이다. 그 전의 배재학당 등은 모두 남성 교육을 위한 것이었다. 1895년에는 최활란(崔活蘭, 1888~1984)이 이화학당에 입학했다. 본명은 김점순이고 헬렌은 세례명인데, 최병헌 목사의 아들인 최재학과 결혼하고, 김활란과 동명(同名)이란 이유로 성을 바꾸었다고 한다. 일본에 유학했고, 이화학당 한국인 초대 교사를 지냈다. 양주 농가의 딸이 서양식 교육과 문화를 전수받고 계층상승한 전형이다.

『독립신문』 창간이 1896년 4월, 여자신문으로 알려진 『제국신문』 창간이 1898년 8월이다. 1898년 9월에 여권통문, 10월에 여학교 설립을 청하는 부인상소를 올린 것이 그 즈음이다. 박에스더(1876~1910)가 한국 여성 최초 의학박사학위를 취득하고 귀국해, 산부인과라 할 수 있는 보구여관 의사이자 이화학당 교사인 홀 부인의 영어 통역을 맡았다. 1906년에는 흔히 엄상궁이라 불리는 고종의 계비 순헌황귀비 엄비(純獻皇貴妃 嚴妃, 1854~1911)가 4월 진명(進明) 여학교, 5월 명신(明新) 여학교, 양정의숙(養正義塾)을 설립한다. 1906년부터 1908년까지 『가뎡잡지』, 『여자지남(女子指南)』, 『자선부인회잡지』 등이 발행되었다.

애국계몽기 신문지상에서 가장 널리 확인되는 여성담론은 여성교육에 관한 것이라 해도 과언은 아니다. 여성교육을 위한 '여자계'의 활동은 '부녀통문'과 '상소'로 가시화되기 시작했다. "정부에서 사나이 아이들을 위하여 학교 하나를 지으면 계집아이들을 위해서 또 하나를 짓는 것이 마땅한 일"이라는, 교육에 있어 남녀동등의 대원칙은 독립신문 발간 초기부터 줄곧 이어진 여성교육 담론의 공통된 논조였다.

독립신문 1898년 1월 4일 기사에 따르면, "정동 새 례ᄇᆡ당에셔 청년회 회원들이 모혀 회쟝 노병션씨가 ᄀᆡ회ᄒᆞ고 남녀를 ᄀᆞᆺᄒᆞᆫ 학문으로써 교휵ᄒᆞ며 동등권을 주ᄂᆞᆫ 것이 가ᄒᆞ다ᄂᆞᆫ 문제로 남녀 간에 좌우편에셔 강론들 ᄒᆞᄂᆞᆫᄃᆡ 쟈미잇고 긴요ᄒᆞᆫ 말이 만히 잇더라."라고 했는데, 의사 제손씨가 찬성론을 펴고 의관 윤치호는 반대론을 펴고 여러 부인네들이 또 찬성론을 펴는 식이었다.

당시 여성독자들이 여성교육에 기울인 관심이 결코 작지 않았음을 보여 주는 여러 사례가 있다. 1898년 가을, 경성 대안동 40통 전 판서 김규홍 씨 댁. 40대로 보이는 한 여인이 신문사에 보낸 글이 11월 5일 자 『제국신문』에 실렸다. "어떤 여인이 귀 글을 지어 본사에 보내며 자칭 평안도 여노인이라 하였는데 유리한 말이 많기로 기재하노라."라는 신문사 측의 설명이 첫머리에 붙어 있다. 여학교 운영에 관한 소견을 개진한 부분을 현대 표준어에 맞게 고쳐 인용하면 이렇다.

> 날마다 신문 보니 논설마다 절담일세. 남자로 행세하여 충의가 없게 되면 남자라 할 것 있소. 남자로 생겼거든 대장부 사업하오. 사업이라 하는 것은 충효의리 으뜸이라. 충효의리 품었으면 두려울 것 전혀 없소. 충성 충 굳게 잡아 보국안민 합세다. 나라가 태평하고 백성이 안온하면 그 아니 좋으리까. 삼천리 우리 강산 격양가를 부르려면 부국강병 속히 되게 절용절검 하오소서. 절용절검 하오시면 부강이 될 듯하오. 대한천지 창생들은 동심합력 하오소서. 개명진보 속히 하여 강국침노 받지 마

오. 개명이 더디 되면 삼천리 가난보 될 듯. 독립협회 연설 소문 절절이 충군이요 사사이 애국이라. 우매한 여자들도 연설을 들어보니 충애지심 격발하나 여자 몸이 되었으니 보국안민할 수 있소. 여학교 설시하여 개명규칙 배운 후에, 남자와 동등 되어 충군애국 목적 삼아 황실을 보호하고 민생을 구제하면 그 아니 좋으리까. 여학교 회원들은 깊이 생각 하여 보오. 국재가 핍절한데 제국신문 난 것 본즉, 탁지로 지출한 돈 사천원이 적잖거든 양삭 경비 쓴다 하니 어찌들 요량하오. 사천 원 되 바치고 나라에서 예산하여 학교 설시하게 하되, 회원들에 숙식일랑 처소에서 하게 하고 공일이면 집에 와서 의복 입고 가게 하되, 대한국 피륙으로 검소하게 입게 하오. 규칙을 엄히 하여 방탕잡념 없게 하고, 학원 중에 호사하면 회장이 걱정하고, 걱정하여 안 듣거든 회중에 축출하면, 기강이 엄정하고 공부가 착실할 듯. 아무쪼록 성취하여 외국 치소 받지 마오. 각 국 부인 보조금은 설교 위해 준 것이니, 학교 시종 없게 되면 그 치소 어이하리. 학교가 굳게 되면 외국에도 빛이 날 듯.

아마도 11월 2일 자 『제국신문』 잡보란에서, 여학교 설립에 필요한 11·12월 두 달 치 경비를 학부(교육부)에서 탁지부(재정부)에 청구했다는 내용의 기사를 읽었던 모양이다. 이에 대해 '여노인'은 여학교 회원들에게 절용절검을 학교의 운영방침으로 삼으라고 충고하고 있다. 회원들의 숙식이나 의복 등 여학교 운영에서 실제로 돈이 드는 문제들에 대해 규칙을 엄격히 해 회원과 학생들이 사치하지 못하게 해야 한다는 것이 그녀의 생각이다. 여기저기서 보조금을 받아 학교를 설립해 놓고는 제대로 운영하지 못해 외국의 비웃음을 사는 일이 없어야 한다고 당부했다. '평안도 여노인'도 신문과 풍문을 통해 여학교 설립에 관한 소식을 접했을 것이고, 부녀자와 관련된 문제인 만큼 할 말이 더 많았을 터다.

여성교육에 높은 관심을 기울인 또 다른 예를 들면, 1903년 3월 20일 자 제국신문에 실린 '안연희'의 「조여교장서(吊女校長書)」가 있다. 양현당 김씨(養賢堂 金氏, ?~1903)는 순성여학교(順成女學校) 교장직을 맡아 사재를 털어가며 학교운영에 악전고투하다가 병사했다. 순성여학교는 찬양회가 주축이 되어 1899년 2월에 임시로 개교한 여학교다. 양현당 김씨는 찬양회의 부회장이었다. 안연희가 그를 조의하며 신문에 투고문을 쓴 것이다.

투고자 안연희에 대한 다른 정보는 전혀 없지만, 투고문을 통해 두 가지 사실을 짐작해 볼 수 있다. 첫째, 그녀가 전통사회에서 여성에게 허용되었던 국문문학의 교양을 일정 수준 갖추고 있었던 인물이란 점이다. 안연희의 투고문은 4.4조 가사체의 영향을 받은 점과 조선후기 국문제문의 전통을 잇고 있다는 점이 두드러진다. 둘째, 여성교육 문제에 평소 관심이 많았던 여성이라는 추론을 해볼 수 있다. 안연희는 양현당 김씨의 얼굴을 알지 못하지만 '높은 성명을 들었다'고 하면서 양현당의 노고를 치하했고, 여학교 운영을 위한 일본과 러시아의 찬조 소식도 알고 있었다. 무엇보다 양현당의 죽음을 애도하는 글을 지어서 부의금과 함께 신문사에 보내는 일을 자청할 정도니, 여성교육 문제에 대한 안연희의 높은 관심을 충분히 짐작할 수 있다.

아무리 당시의 여론이 여학교 설립에 우호적이었다 해도 현실에서 여학교의 설립과 운영이 용이하지는 않았다. 안연희는 그런 열악한 환경 속에서 양현당 김씨가 여학생을 가르치기 위해 애쓴 노고를 치하하는 한편, 여학교 운영을 방관하는 정부당국을 원망하고 남성들의 무관심을 '나라의 수치'라고 비난했다.

흥미롭게도, 안연희의 투고는 제국신문의 독자들에게 작은 반향을 일으킨다. 그 이튿날 3월 21일 자에는 "안씨의 학문을 원하는 뜻"이 아름답다고 칭송하고 여성교육의 필요성에 찬동하는 '청구산인'의 글이 실렸다. 23일 자에는 독일인 '고솔긔씨' 집에 고용인으로 있는 박창준이라는 사람이 신문사에 부의금 삼 원과 함께 편지를 보내온 소식이 실렸다.

『제국신문』 1898년 11월 7일 자 논설에서는 첩이나 기생들은 여학교나 부인회 사업에 함께 참여하지 못하도록 규칙을 마련하자고 했다. 사부가(士夫家)의 부녀자들이 그들을 꺼려서 개화운동에 동참하지 않으면 곤란하다는 것이 그 이유였다. "첩을 얻는 사람이든지 첩이 되는 계집들은 세계에 제일 천한 사람으로 대접하여야 마땅"하다는 논리는 독립신문에서부터 일찍이 천명한 것이었다. 하지만 첩이나 기생들이 여학교 설립과 이용에는 더 적극적이었다.[78]

한편 송설당 최씨(松雪堂 崔氏, 1855~1939)는 영친왕의 보모이자 사립 김천고보를 세운 사람으로 유명하다. 집안이 멸문의 위기를 겪으면서 가문의 신원과 부의 축적에 전념한 대신 여성으로서의 평범한 삶을 포기했다. 40년간의 김천 생활을 청산하고 서울에 올라가 엄비와 인연을 맺었다. 1930년 2월 23일 전 재산을 사립 김천고보를 짓기 위해 쾌척하겠다는 선언을 전국 일간지에 발표하고, 학교법인 송

78 여학교 설립에 관해서는 이경하, 「『제국신문』 여성독자투고에 나타난 근대계몽담론」과 이경하, 「애국계몽운동가 申蕭堂의 생애와 신문독자투고」, 『국문학연구』 11(국문학회, 2004)의 일부를 개고했다.

설학원을 설립한다. 그 학교는 현재 김천중학교, 김천고등학교로 이어지고 있다.

또한 영친왕의 보모로 활동하며 개화의 흐름에 적응하면서, 200여 수의 한시와 49편의 규방가사를 남겼다. 1922년 67세 때 『송설당집(松雪堂集)』을 간행했다. 이 가운데 「언문사조(諺文詞藻)」 작품들은 1914년 이전에 완성되었을 것으로 짐작되는데, 특히 그의 삶과 의식을 살펴볼 수 있는 자료로 간주된다. 이 작품들은 전통적 양식을 고수하면서도 내용적으로는 근대의 변화를 수용하고 있다.[79]

## 1895년 윤희순의 의병가와 왕비간택담

1895년은 이른바 '민비 시해 사건'이 일어난 해다. 윤희순(尹熙順, 1860~1935)은 강원도와 만주 일대에서 활동한 여성 독립운동가다. 서울 출생으로, 16세에 춘천의 의병장으로 유명한 유홍석(1841~1913)의 아들 유제원과 결혼한다. 유홍석의 6촌 형인 의병대장 유인석(1842~1915)이 집안의 웃어른이었다. 시아버지와 남편, 그리고 아들 유돈상(1894~1935)까지 3대가 독립운동에 앞장섰다. 윤희순은 구한말 의병활동에 참여한 우국지사인데, 시아버지의 의병활동을 돕다가 국권 피탈 후 만주로 망명했고, 두 아들의 독립운동을 뒷바라지하다가 만주에서 사망한다.

79 송설당 최씨에 관해서는 백순철, 「최송설당의 「언문사조」 수록 가사들」, 『오늘의 가사문학』 11(고요아침, 2016)을 주로 참고했다.

을미의병 때 지은 「ᄋᆞᆫᄉᆞᄅᆞᆷ 으병ᄀᆞ」, 「의병군ᄀᆞ」 등 의병가(義兵歌) 다수와 「외놈압ᄌᆞ비들ᄋᆞ」 등 포고문, 그리고 가사가 전한다. 만주에 있을 때인 1927년에 지은 「신세타령」만 가사고, 나머지 의병가는 노래, 즉 의병의 군가에 해당한다. 당시 민요조의 의병가도 있었고 창가도 있었지만, 윤희순의 의병가가 어디에 속하는지는 분류하기 어렵다. 윤희순은 효과적인 독립투쟁을 위해서는 여성들의 인식을 변화시키는 것이 중요하다고 판단해 교육을 통한 계몽을 자신의 과제로 인식했고 의병가 등을 효과적인 수단으로 활용했다.

윤희순의 초창기 연구는 사학계에서 시작했는데, 초기에는 윤희순의 의병활동이 남녀평등에 입각한 것으로 오도되었다. 그러나 지금은 유인석의 남녀평등 사상은 매우 보수적이었고, 윤희순의 의병활동도 전통적인 내조의 성격을 띤다고 평가된다. 「해주윤씨일생록」은 윤희순의 여성으로서의 개인적 삶이 아니라 일종의 항일 활동 증언록이다. 화서학파였던 윤희순의 시집 고흥 유씨 일가는 '위정척사(衛正斥邪)' 사상을 바탕으로 독립운동에 투신했다. 이들은 아름다운 과거로의 복귀와 복원, 즉 조선왕조의 재건을 염원했고, 의병을 일으킨 것도 같은 맥락에서였다. 친정과 시가 모두 화서학파였던 윤희순을 적극적으로 의병활동에 참여하게 한 동인 역시 충·효·열과 같은 중세적 가치였다.

ᄋᆞ무리 외놈들리 ᄀᆞᆼ승ᄒᆞᆫ들 우리들도 뭉처지면 외놈잡기 쉬울시ᄅᆞ / ᄋᆞ무리 여ᄌᆞ인들 ᄂᆞᄅᆞᄉᆞᄅᆞᆼ 모룰손야 / ᄋᆞ무리 ᄂᆞᆷ여ᄀᆞ 분별ᄒᆞᆫ들 ᄂᆞᄅᆞ옵시 소용인나 / 우리도 ᄂᆞᄀᆞ 으병ᄒᆞ러 ᄂᆞᄀᆞ보ᄉᆡ 으병ᄃᆡ를 도와주ᄉᆡ / 금수에ᄀᆡ 븟잡피면 외놈시정 밧들손야 우리으병 도와주ᄉᆡ / 우리ᄂᆞᄅᆞ 성공ᄒᆞ면 우

리나ᄅᆞ ᄆᆞᆫᄉᆡ로ᄃᆞ / 우리 ᄋᆞᆫ사ᄅᆞᆷ ᄆᆞᆫᄉᆡ ᄆᆞᆫᄆᆞᆫᄉᆡ로ᄃᆞ.[80]

이것은 「ᄋᆞᆫᄉᆞᄅᆞᆷ 으병ᄀᆞ」의 일부다. '아무리 여자라도 나라 사랑을 모르지 않으니' 국난 극복을 위해 남녀구별 없이 단결하자는 내용이다. 1895년 민비 시해 사건으로 항일 의병이 거세졌는데, 이때 윤희순의 시부도 출정한다. 윤희순은 의병들의 밥을 지어 주고 동네 여성들을 설득하면서 의병 활동에 참여했다. '을미년 십이월 십구일'이란 기록이 있는 「붕어ᄌᆞᆼ」을 보면, 원수 같은 왜놈들이 조선 사람을 농락하고 민비를 시해했으니 의병을 하자고 했는데, 이 노래가 을미년에 지어졌다고 하니 민비 시해가 하나의 명분인 것이다.[81]

민비는 수렴청정을 하진 않았지만 임금 못지않게 정치적 세력의 중심에 있던 인물임은 널리 알려진 사실이다. 조선에서 수렴청정을 했던 여성은 모두 6명이다. 그중 정순왕후를 소재로 한 설화 '왕비간택담'을 보자. 『금계필담(錦溪筆談)』(1873) 제22화, 『대동기문(大東奇聞)』(1926) 권4, 구비설화 등에 이 이야기가 전한다. 왕비간택담은 인물 전설적 유형으로 전승되는 정순왕후 일화에 기반하고 있다. 정순왕후는 정치적으로도 말이 많지만, 경주 김씨 전승에 근거했다고 판단되는 『금계필담』의 서사단락을 정리하면 이렇다.

---

80 고순희, 「윤희순(尹熙順)의 의병가(義兵歌)와 가사」, 『한국고전여성문학연구』 1(한국고전여성문학회, 2000), p. 259.

81 윤희순에 관해서는 고순희, 「윤희순(尹熙順)의 의병가(義兵歌)와 가사」; 신성환, 「여성독립운동가 윤희순의 현실인식과 대응」, 『동양고전연구』 71(동양고전학회, 2018)을 주로 참고한 것이다.

1. 정순대비 김씨는 오흥부원군 김한구의 따님이며 본댁은 서산인데, 집이 가난했다.

2. 5살 때, 전염병을 피해 나간 움막 밖에 도깨비 무리가 왔다가 '중전이 계시다'면서 가므로 그 어머니가 기이하게 여기다.

3. 기묘년 1월, 오흥부원군 일가가 서울로 오는데 날씨가 매우 추웠다.

4-1. 길에서 만난, 호남 관찰사로 부임하는 이사관이, 그 딸이 동상에 걸릴까 염려해, 입고 있던 돈피 갖옷을 벗어 주고 갔다.

4-2. 왕후는 이 일을 깊이 고맙게 여겼다.

5. 정성왕비의 3년 상이 끝나자 영종은 친히 중궁을 간택했다.

6-1. 여러 여자 중 왕후만이 방석을 밀치고 앉아 있으므로, 왕이 그 이유를 물으니 부친의 이름이 써 있기 때문이라고 했다.

6-2. 어떤 물건이 가장 깊은가 물으니, 왕후만이 사람의 마음이 제일 깊다고 했다. 다른 사물의 깊이는 헤아릴 수 있으나 사람 마음의 깊이는 헤아릴 수가 없기 때문이다.

6-3. 어떤 꽃이 가장 좋은가 물으니, 왕후는 목화 꽃이 가장 좋다고 했다. 다른 꽃은 한때의 완상거리에 불과하지만, 목화 꽃은 꽃도 좋고 옷을 만들어 사람들에게 입힐 수 있기 때문이다.

7-1. 이때 15살인데, 정궁으로 간택되었다.

7-2. 입궐 전 예복을 만들려고 상궁나인이 '등 모양을 재려하니 돌아 앉아 달라'고 하자 왕후가 '상궁이 왜 뒤로 돌아와 잴 수 없는가?' 하므로 놀랐다.

8. 임금이 어려운 때 구제한 사람이 있었는가 묻자, 왕후가 이사관의 도움을 말해 발탁 기용, 곧 재상이 되었다.

9-1. 김노충을 총융사로 제수한 일로 경연관이 경계하자, 이를 사과하

고 그의 정직함을 칭찬했다.

9-2. 서학의 기세를 깨끗이 없애고 유학을 뿌리박게 했으니 종묘사직에 그 공이 있다.

왕비간택담의 핵심은 여주인공의 등장과 간택장에서의 문답이다. 왕비간택담은 지역이나 특정 가문의 연고가 없는 민담에서 흔히 위에서 제시한 서사단락 6을 중심으로 한 며느리 간택담으로 변이되기도 한다. 지혜로운 며느리 고르기로 이야기가 변한 것이다. 「대원군의 자부 간택」이 그렇다. 대원군의 자부는 결국 왕비가 되긴 하지만 말이다.

왕비 대신 며느리가 구술시험의 대상인데, 삽화가 빠지기도 하고 다른 삽화가 더해지기도 한다. 예를 들어, 기와 삽화는 『대동기문』에 있던 것인데, 기와가 몇 줄이냐고 물으니 주인공이 고개를 숙이고 침묵하고 있다가 대답했는데, 낙수가 떨어지는 곳을 세어서 알았다고 답한다. 또한 『삼국유사』 권2 「태종무열왕 춘추조」에서 처음 보이고 이후 『고려사』와 『동국여지승람』에서도 되풀이하는 매몽설화, 즉 문희와 보희처럼 꿈 사는 이야기가 삽화로 앞부분에 끼어든다.

여성 관객이 왕비간택담을 좋아한다는 구연자의 말도 있다. 지혜로운 며느리는 집안의 흥망과도 연결된다는 것이 당시의 생각이었다. 19세기의 왕비들은 「김대비훈민가(金大妃訓民歌)」, 「부인훈민가(婦人訓民歌)」 등을 지어 백성과 여성을 교화하려 했지만, 그 내용은 이미 시대착오적이었다.[82]

82 왕비간택에 관한 설화는 강진옥, 「〈왕비간택담〉의 서사적 성격과 인물형상」, 『한국

구한말에 의병 활동을 한 윤희순이 있다면, 20세기에는 4.19혁명을 노래한 조애영(趙愛泳, 1911~2001)이 있다. 은촌(隱村)은 그의 호다. 청록파 시인 조지훈의 고모이기도 하다. 한양 조씨 집성촌인 경북 영양군에 있는 '주실마을'에서 어린 시절을 보냈다. 15세 이후 상경하여 1927년 봄에 배화여고에 입학했다가, 1929년 11월 3일 '광주학생항일운동' 사건에 주모자로 입건되어 무기정학을 당하고 이듬해 복학한다. 이후 이화여전에서 신교육을 받고 결혼한다. 1960년대 이후 50대에 접어들면서 시조집과 『은촌내방가사집』(1971) 등을 간행하고, 문단활동과 사회활동을 다시 활발히 하며 4.19혁명과 관련하여 「한양비가」를 지었다. 작자는 조선의 역사부터 일제강점기와 해방, 이 혁명의 과정까지의 역사를 그려내었다. 또한 「학생의거혁명가」를 지어 3.15 부정선거를 통해 드러난 자유당의 부패와 4.19혁명의 전개 과정을 생생하게 기록했다.[83]

고전여성문학연구』 3(한국고전여성문학회, 2001)을 주로 참고하였다.

83 조애영에 관해서는 백순철, 「은촌 조애영의 〈한양비가〉, 〈학생의거혁명가〉」, 『오늘의 가사문학』 10(고요아침, 2016)을 주로 참고했다.

## ❁ 찾아보기

**이경하**

서울대학교 국어국문학과를 졸업하고, 같은 대학 대학원에서 바리공주에 관한 논문으로 석사 학위를, 여성문학사에 관한 논문으로 박사 학위를 취득했다. 서울대, 서원대, 서울시립대 등에서 강의했으며, 현재 서울대학교 인문학연구원 HK교수로 재직 중이다. 대표적인 업적으로 논문 「17세기士族 여성의 한문생활, 그 보편과 특수」, 「소혜왕후 『내훈』의 『소학』 수용 양상과 의미」, 「임종과 남녀유별」 등과 저서로 『내훈』 주해 등이 있다.

## ✿ 문명총서 발간사

서울대학교 인문학연구원은 2007년 11월 한국연구재단의 인문한국(HK) 사업을 수탁하여 HK문명연구사업단을 출범시켰다. 한국과 아시아, 세계를 향한 문명 연구의 허브를 구축하기 위해 '한국 인문학'의 정립을 목표로 인문학 제 분야는 물론 인근 분야의 전공자들까지 한 지붕 아래 모였다.

인문학연구원이 한국 인문학의 도약을 위해 핵심 과제로 주목한 것은 문명에 대한 새로운 이해이다. 문명이란 장구한 세월 동안 인류가 일구어낸 정신적·물질적 성과들의 종합이며, 타 문명들과 서로 영향을 주고받으며 진화해 온 복합적 실체이다. 이에 대한 심층적인 이해가 선행되지 않는다면, 현재와 미래에 대한 유효 적절한 준비와 대응은 불가능하다.

문명텍스트총서는 인문학 안팎의 다양한 전공을 가진 우리 연구원의 연구자들이 자신의 영역에서, 과거와 현재 문명의 정수와 그에 대한 인식을 담은 중요한 텍스트를 선정하여 번역하고 주해한 결과물이다. 이는 긴 시간의 노동을 요하면서도 성취가 단기간에 가시화되지 않는 우직한 작업이지만, 인류의 유산을 한국화하는 이 같은 작업이 주체적으로 세계 문명을 사유하고 새로운 문명을 개척하는 데 발판이 되리라고 믿는다. 문명텍스트총서가 현재와 과거를 엮는 씨줄 놓기 작업이라면, 문명공동연구총서는 인간과 세계를 총체적으로 이해하려는 날줄 엮기라고 할 수 있다. 오랫동안 자신의 분야에서 전문화를 추구했기에 공동 연구가 쉬운 일은 아니지만, 문명 이해의 융합적 시각뿐만 아니라 한국 인문학의 새로운 전망을 써 내려가는 방법론을 제시할 수 있기를 희망한 결과물이다. 또한 문명지평총서는 연구원 안팎의 연구자들이 참여한 연구서와 교양서를 아우르고 있다.

아무쪼록 문명총서 시리즈가 동서고금의 문명을 더 깊고 더 넓게 이해하는 창발의 효과를 가져오길 기대하며, 국내외의 학자들이 참여하고 교류하는 열린 연구 공간이 되길 바란다.

2014년 4월

서울대학교 인문학연구원 원장